LES LUTTES DE CLASSES EN FRANCE AU XXIe SIÈCLE

EMMANUEL TODD

LES LUTTES DE CLASSES EN FRANCE AU XXIe SIÈCLE

Avec la collaboration de Baptiste Touverey

ÉDITIONS DU SEUIL
57, rue Gaston-Tessier, Paris XIXe

Cartes et graphiques : Légendes Cartographie

ISBN 978-2-02-142682-3

www.seuil.com

Pour Jean-Pierre

Every night and every morn
Some to misery are born.
Every morn and every night
Some are born to sweet delight.
Some are born to sweet delight,
Some are born to endless night.

William Blake,
« Auguries of Innocence »,
extrait.

Introduction

Libérer l'esprit en situation d'urgence

L'histoire, en France, s'accélère. Nous avons vécu, depuis quelques années, des événements de plus en plus inquiétants et violents : l'effondrement du système industriel, l'effacement (et pas seulement la crise) de la démocratie représentative et un soulèvement social – les Gilets jaunes – spectaculaire non pas simplement par son ampleur, mais par sa nouveauté. Nous sentons venir la menace d'un régime de plus en plus autoritaire puisque, quatre ans seulement après l'épisode Charlie, nous nous retrouvons dans un monde où il devient plus dangereux de porter un vêtement jaune qu'un foulard islamique.

À situation exceptionnelle, méthode exceptionnelle. J'ai l'habitude d'écrire mes livres tout seul, patiemment ou rapidement, mais en assurant moi-même toutes les étapes de la rédaction. L'accélération de l'histoire m'a imposé une accélération du processus de travail. Pour comprendre ce qui se passe dans notre pays, il m'a fallu parcourir en quelques mois l'ensemble du champ des transformations de la société française – l'évolution des niveaux de vie, des catégories socioprofessionnelles, des niveaux éducatifs, des taux de suicide, des mentalités – puis suivre la séquence des événements politiques correspondant à ces évolutions.

Ce livre est donc civique et expérimental. Et expérimental par civisme. J'ai pris le parti de ne pas travailler tout seul, mais de « me partager le boulot » avec mon ami Baptiste Touverey. J'avais déjà eu l'occasion de collaborer avec lui pour l'écriture d'articles dans l'excellent magazine *Books*, selon un protocole extrêmement simple : nous déjeunions ensemble, je racontais et critiquais l'un des innombrables livres anglais ou américains dont la lecture constitue ma vie quotidienne et Baptiste me faisait une mise en forme écrite, en général parfaite, où je corrigeais deux ou trois mots. Le résultat partait à l'impression à notre satisfaction mutuelle. Ce travail avait lui-même dérivé du compte rendu strict vers des réflexions plus spéculatives. Elles concernaient, par exemple, le rapport problématique de l'être humain à la réalité (sur lequel le romancier de science-fiction Philip K. Dick nous en apprend davantage que n'importe qui), ou des questions générales associant russophobie et obsession des transgenres. Peu à peu, ces séances ont pris la forme d'un véritable processus de recherche.

Confronté à l'urgence d'une analyse des tendances profondes qui agitent et menacent la société française, j'ai donc décidé de reproduire, sur une large échelle, une méthode de travail déjà éprouvée. Je me suis déchargé du premier jet de l'écriture sur Baptiste qui, je dois le dire, connaît mon œuvre aussi bien que moi et dont il m'arrive de craindre qu'il ne connaisse mon cerveau mieux que je ne le connais moi-même. J'ai pu ainsi concentrer un maximum d'énergie sur la recherche des données, statistiques ou qualitatives, sur leur sens et leur articulation, découvrant à cette occasion qu'une telle concentration sur la recherche était plus éprouvante pour les nerfs que l'écriture elle-même. Baptiste a dû « subir », pour chaque chapitre, une conférence privée de deux à trois heures, selon le cas. Il enregistrait et remettait en ordre. Il a eu sa juste part de souffrance parce que, selon moi, rien n'est plus difficile dans un travail d'écriture que la première mise en forme. J'ai ensuite repris et retravaillé l'ensemble, mais sans revenir, pour l'essentiel, sur les séquences agencées par Baptiste. Celui-ci a enfin contrôlé et peaufiné mon propre travail sur le texte. Le gain d'efficacité et de vitesse s'est révélé, de mon point de vue, prodigieux. Il m'a permis la découverte de faits nouveaux et l'élaboration d'une interprétation inattendue de l'évolution sociale de la France. En passant, j'ai dû admettre le caractère périmé – enfin ! – de certaines de mes analyses concernant la permanence des structures familiales régionales en France.

Mais ce ne fut pas là le seul gain de cette méthode. Il ne s'agissait pas uniquement d'aller vite par civisme, parce que la France est menacée et que publier, dans dix ans, un livre – écrit sans doute en exil en Angleterre – sur les raisons de l'effondrement de la démocratie dans notre pays aurait présenté très peu d'intérêt. Le chercheur, et particulièrement le vieux chercheur, finit par se trouver prisonnier de ses propres modèles et conceptions. Penser à voix haute libère l'esprit, ce que j'avais déjà senti, du reste, dans des conférences que j'avais eu l'occasion de donner.

L'une des origines du projet est précisément une conférence à Sciences Po que m'avait forcé de faire, presque sous la menace, le jeune et dynamique Étienne Campion (né en 1995) de l'association Critique de la raison européenne. On peut la trouver en vidéo sur Internet sous le titre « Qu'est-ce que le macronisme ? ». Certains de ses thèmes réapparaissent ici.

Les Luttes de classes en France au XXIe siècle est un livre d'« histoire problème », comme on disait autrefois lorsque régnait l'École des Annales. Il cherche à comprendre un double paradoxe, qui n'en est peut-être qu'un seul. En 1992, la France a voté à une courte majorité le traité de Maastricht. Un quart de siècle plus tard, l'échec économique de l'euro est absolu : la France y a perdu une bonne partie de son industrie, son autonomie politique, et elle y perdra bientôt aussi son niveau de vie. Mais la contestation de la monnaie unique et des règlements commerciaux européens, qui interdisent toute action de l'État, n'a cessé de faiblir – et ce, particulièrement depuis la Grande Récession qui a commencé en 2007-2008. La première question est donc la suivante : comment un échec économique aussi formidable peut-il s'accompagner d'une acceptation de plus en plus forte de ses conséquences ? À cette première interrogation, nous en ajoutons une autre, aussi fondamentale : cette acceptation de la monnaie unique n'a pas mené à l'émergence d'une société pacifique, mais au retour de la lutte de classes, avec des violences comme on n'en avait plus vu depuis la guerre d'Algérie. Comment expliquer ce nouveau paradoxe, cet état simultané d'apathie et d'explosion ?

Ce livre est un livre d'histoire. Il raconte les années 1992-2018. Mais il tente aussi de se projeter dans ce qui va suivre, car nous ne sommes qu'au début d'un cycle. L'implosion de la société française ne fait que commencer. Il s'agit donc aussi d'un exercice fondamentalement spéculatif. Il ne prétend pas établir des vérités absolues. Il aspire à ouvrir des pistes pour de jeunes chercheurs ou pour des militants politiques qui voudraient – pourquoi pas ? – sauver la démocratie, ou qui seraient, autant que moi, attachés aux notions d'égalité et de liberté et à leur pays, la France. Un livre spéculatif et un livre instrument, donc. Pas un livre pour affirmer une vérité unique. L'un de mes espoirs est que le lecteur, même s'il n'accepte pas toutes mes conclusions, ou même aucune, trouve des éléments nouveaux pour nourrir sa propre réflexion et peut-être agir. Nous sommes dans une situation historique inédite : la réalité est obscure, l'avenir ne sera pas la répétition d'une forme connue. L'improvisation orale libère souvent le grain de folie qui mène à la vérité, ou plutôt à une vérité parmi d'autres.

Le plan de l'ouvrage a été conçu dès le départ. Première partie : transformation de la structure sociale française entre 1992 et 2018. Deuxième partie : transformation politique entre 1992 et 2016. Troisième partie, l'entrée en crise de 2017-2018. Mais l'interprétation, elle, est venue à mesure que les découvertes se faisaient. En toute honnêteté, au début de ce travail, lorsque je commençais à collecter les données pour le premier chapitre, je n'avais pas les réponses aux questions posées plus haut et aucune idée de ce sur quoi j'allais tomber. L'une des conséquences de cette manière de procéder est que tout ce qui est exposé dans ce livre ne sert pas à l'explication finale. Il y a, dans les chapitres qui vont suivre, un véritable plaisir de la découverte pour elle-même, auquel le lecteur, je le souhaite du moins, sera sensible. Et, bien que réécrit, j'espère qu'ils gardent quelque chose de leur formulation orale initiale. Reste que je suis frappé, après relecture de l'ensemble, par la cohérence de la démarche. Comme si une main invisible m'avait guidé vers quelques conclusions simples.

Baptiste Touverey, cet éminent polygraphe, n'a pas été simplement passif. À l'issue de mes exposés, représentant à lui seul toute une salle d'auditeurs protestant contre mes insuffisances ou mes inexactitudes, il m'a ramené plusieurs fois dans le droit chemin de l'analyse historique et sociologique. Plus fondamentalement encore, parce qu'il connaît mon œuvre par cœur, il m'a suggéré de revenir à l'esprit libre et prospectif de mes deux premiers livres : *La Chute finale. Essai sur la décomposition de la sphère soviétique* et *Le Fou et le Prolétaire*[1]. Dans ce dernier ouvrage, que je considère un peu comme mon « livre maudit » parce qu'il part dans trop de directions à la fois, j'avais

1. Emmanuel Todd, *La Chute finale. Essai sur la décomposition de la sphère soviétique*, Paris, Robert Laffont, 1976, et *Le Fou et le Prolétaire*, Paris, Robert Laffont, 1979 ; rééd., Paris, Hachette, « Pluriel », 1980.

pourtant réussi à m'arracher au modèle économiste qui dominait à l'époque et commencé de m'intéresser aux phénomènes de pathologies mentales et sociales : à la veille de 1914, la hausse du taux de suicide et l'incidence des internements psychiatrique dans les classes bourgeoises. On retrouvera ici ces paramètres mais leur évolution apparaîtra sans doute au lecteur très étonnante.

Aussi libre sur le plan spéculatif et dans l'expression qu'il soit, ce livre contient cependant des données solides. J'y ai recouru avec plus de rigueur que d'habitude à la théorie statistique la plus simple et la plus classique. J'ai en particulier ajouté aux graphiques et aux cartes un usage systématique du coefficient de corrélation appliqué au niveau des 96 départements français métropolitains, ce que je ne faisais pas dans mes précédents livres, dans lesquels je me contentais le plus souvent de comparer les cartes « à vue d'œil ».

J'aimerais expliquer brièvement ici en quoi consiste un coefficient de corrélation et permettre au lecteur profane de se familiariser avec cet outil, certes technique, mais indispensable si l'on veut comprendre les grandes forces qui animent une société. Un coefficient de corrélation sert à établir s'il existe ou non un lien entre deux variables et, si oui, à quel degré. Ces deux variables peuvent être, par exemple, le nombre d'immigrés et le vote en faveur du Front national par département ou bien la tradition catholique (mesurée par le nombre de personnes allant à la messe) et la fécondité. Je passe sur le détail des calculs. L'essentiel est de savoir interpréter le résultat. Un coefficient de corrélation est toujours compris entre 0 et 1 (ou 0 et – 1 si la corrélation est négative). Plus il est proche de 1 (ou de – 1), plus la corrélation est forte, autrement dit plus l'une des variables « détermine », en positif ou en négatif, l'autre. Pour reprendre l'exemple du nombre d'immigrés et du vote en faveur du Front national par département, le coefficient de corrélation entre ces deux variables était, dans la seconde moitié des années 1980, de + 0,84, ce qui est très élevé. Cela signifie que le vote Front national était, en très grande partie, déterminé par la présence ou non d'immigrés.

Avec 96 unités d'analyse (dans ce livre, les 96 départements de la France métropolitaine), un coefficient de corrélation R est significatif au seuil de 1 % s'il est supérieur à + 0,26 ou inférieur à – 0,26. En d'autres termes, en déclarant qu'une association linéaire existe entre les deux variables dès lors que R est entre – 1 et – 0,26 ou entre + 0,26 et + 1, on accepte de se tromper une fois sur cent. Plutôt que cette approche fondée sur le risque d'erreur, je préfère me fixer un critère de « taille d'effet », et n'admettrai comme présentant un intérêt analytique que les coefficients de corrélation supérieurs en valeur absolue à 0,32 – critère plus strict, donc, que celui d'un risque d'erreur à 1 pour cent (le risque d'erreur étant alors de l'ordre de 1 pour 1 000). La part de variance expliquée étant donné par le carré du coefficient de corrélation, R = 0,32 correspond à une variance expliquée de 10 % – raison du choix de ce seuil. Cette approche repose sur quelques simplifications (elle néglige notamment les phénomènes de diffusion), mais permet de fixer rapidement les idées sur ce qu'est une association remarquable. J'utilise ce critère des 10 % de variance comme un « tamis à hypothèses » : pour affirmer qu'un élément de la vie sociale influe sur un autre, une condition nécessaire est de retrouver une association significative entre les deux à l'échelle des territoires. Il est ensuite crucial d'expliciter un mécanisme causal plausible reliant les deux. Libre aux hypersceptiques fanatiques d'invoquer l'existence toujours possible de facteurs de confusion. Compte tenu de la complexité des facteurs envisagés, de la multiplicité des interactions sur le territoire, 10 % d'explication de la variance n'ont en soi rien de négligeable. On verra en pratique apparaître des coefficients de corrélation beaucoup plus élevés. L'un, proprement stupéfiant, nous permettra de comprendre que le lepénisme et le macronisme constituent en réalité le même phénomène. Je remercie Philippe Laforgue pour son aide dans l'analyse et l'interprétation statistique, ainsi que dans la conception des graphiques et des cartes.

J'ai eu la chance d'être aidé par de jeunes chercheurs indépendants. Yoan Gwilman (né en 1990) a réalisé un travail exceptionnel sur l'attitude réelle des banlieues pendant la crise des Gilets jaunes ; Geoffrey Pion, géographe (né en 1984), a réussi une analyse cartographique mieux qu'originale, stratégique, du mouvement des Gilets jaunes. Tous deux sont, pour ainsi dire, venus à moi pour me communiquer, sans que je l'aie demandé, des données inédites et nécessaires à l'analyse. Ils m'avaient vu me lamenter, dans la vidéo d'un débat avec Marcel Gauchet, organisé par Étienne Campion – toujours lui –, sur l'absence de certaines données.

J'ai conscience que le point de départ de ce livre, l'échec économique de l'euro, nié par nos élites, laissera certains dubitatifs. Il est pourtant reconnu par la plupart des économistes hors de France. On devine déjà que l'incapacité des classes éduquées françaises à tenir compte de la pensée extérieure à l'Hexagone fait partie du problème sociologique que nous allons étudier. Je m'appuie ici, pour sortir du bocal national, sur la somme d'Ashoka Mody, *EuroTragedy : A Drama in Nine Acts*, qui retrace de façon magistrale le désastre annoncé qu'a été la monnaie unique[1]. L'euro, bien entendu, n'a pas eu des effets uniformément catastrophiques dans tous les pays. Il a nui à certains (la majorité) et bénéficié à une poignée d'autres. Une étude allemande de février 2019, dont notre gouvernement s'est empressé de nier l'importance, a calculé que la France est le pays qui, après l'Italie, y a le plus perdu tandis que l'Allemagne, comme tout le monde s'en doutait un peu, est la grande gagnante de l'affaire[2]. Alors que, depuis l'introduction de l'euro, en 1999, notre pays accuserait un manque à gagner, en termes de PIB, de 3 591 milliards d'euros (soit 55 996 euros par habitant), notre voisine d'outre-Rhin en aurait, elle, tiré un profit de 1 893 milliards d'euros. Je précise que cette étude a été réalisée par le Centre de politique européenne de Fribourg, un think tank libéral et proeuropéen. Hans-Werner Sinn, professeur d'économie à l'université de Munich, président entre 1999 et 2016 de l'IFO, institut de recherche économique allemand réputé, concluait dès le 30 juillet 2018 : « Vingt ans après la création formelle de l'euro, peu pourraient honnêtement affirmer que la monnaie unique est un succès[3]. »

Mais avons-nous vraiment besoin de ces témoignages savants pour accepter l'évidence, transparente dans les sondages français, de la baisse du niveau de vie ?

Le lecteur doit cependant savoir que ce livre n'est nullement écrit « contre l'euro ». En tant que militant opposé à la monnaie unique, je

1. Ashoka Mody, *EuroTragedy : A Drama in Nine Acts*, Oxford, Oxford University Press, 2018.

2. Alessandro Gasparotti et Matthias Kullas, « L'euro a 20 ans : qui sont les perdants ? qui sont les gagnants ? Une étude empirique », Centre de politique européen, février 2019.

3. Hans-Werner Sinn, « Twilight of the Euro », Project Syndicate, 30 juillet 2018. Voir son livre : *The Euro Trap : On Bursting Bubbles, Budgets, and Beliefs*, Oxford, Oxford University Press, 2014.

me considère comme un vaincu de l'histoire. J'écris ici en tant qu'historien et je rappelle simplement que ma perception des effets économiques de l'euro sur l'économie française est proche de celle des économistes américains ou des patrons allemands. J'accepte leur verdict et j'y ajoute la constatation que l'échec économique s'est accompagné en France d'un succès politique. Il y a là une contradiction apparente que j'accepte parce que je suis redevenu, sur cette question, chercheur. Le bon modèle méthodologique est ici Einstein. Au début de son petit livre de vulgarisation sur la relativité, il rappelle son point de départ : le développement de la physique est bloqué par une contradiction entre la loi de propagation de la lumière d'une part, et le principe de relativité d'autre part[1]. Il se demande alors : mais que se passe-t-il logiquement si l'on admet que les deux sont vrais à la fois ? Et il bouleverse notre conception de l'espace et du temps. À une échelle beaucoup plus modeste, c'est, je crois, la bonne attitude pour tout chercheur confronté à une contradiction importante : ne pas rejeter sans réfléchir les données, mais essayer de trouver une issue logique à la contradiction. Ici, la combinaison, en France, d'un échec économique et d'une victoire politique de l'euro. Appliquée à l'histoire de la monnaie unique, cette attitude peut nous mener dans deux directions. Dans un premier temps, chercher la cause de la coexistence de l'échec économique et de la victoire politique de l'euro, ce que j'ai fait dans mon livre précédent en montrant la prédominance dans la zone euro de structures familiales et religieuses autoritaires[2]. Dans un deuxième temps, la contradiction, une fois acceptée, nous permet de suivre, au présent et au futur, ses conséquences, c'est-à-dire, tout simplement de comprendre ce que nous vivons et ce que nous risquons de vivre. Cet effort d'acceptation et de rigueur m'a mené à plusieurs révisions radicales de mes propres croyances.

Je suis sans doute classé parmi les opposants les plus féroces au système, mais je redoute un peu, par ce livre, scientifique et sans illusion, de faire baisser fortement le capital de sympathie dont je dispose dans cette opposition. Cette exploration de la société française, de ses comportements électoraux et de ses groupes sociaux, ne va

1. Albert Einstein, *La Relativité. Théorie de la relativité restreinte et générale*, traduit de l'allemand par Maurice Solovine, Paris, Payot, 2016.

2. Emmanuel Todd, *Où en sommes-nous ?*, Paris, Seuil, 2017, chapitre 17.

pas faire apparaître les monstres habituels, les *usual suspects*. On n'y trouvera pas l'immonde capitalisme néolibéral en première ligne. Ni l'incroyable montée des inégalités dont on nous rebat les oreilles. Les partis contestataires, lepéniste ou mélenchoniste, y apparaîtront comme tout aussi prisonniers du système que les membres du système qu'ils dénoncent. Nous y découvrirons que les classes sociales les plus importantes sont aujourd'hui surtout remarquables par leur degré d'inconscience et d'inactivité, et que les forces qui sont censées polariser la France, les *winners* de la société ouverte de Macron ou les *loosers* de la société fermée de Le Pen, ne sont finalement que des agrégats périphériques en perte de vitesse.

On ne trouvera pas non plus dans ce livre une énième version du modèle de fragmentation, de division, d'archipellisation, d'ethnicisation qui domine la pensée commune. Ce qui se dessinera, c'est le tableau d'une société homogène qui se prépare pour un choc frontal entre ceux d'en haut et les autres, même si cette lutte finale est loin d'être pour demain 17 heures, ou même pour dans cinq ans. La première leçon des Gilets jaunes, c'est que la France existe, plus homogène que jamais, on le verra, avec sa tradition de lutte des classes qui peine un peu, il est vrai, à se remettre en marche.

Un mot sur le titre, *Les Luttes de classes en France au XXIe siècle*, qui place ce livre sous le patronage de Karl Marx. La direction du Seuil m'avait demandé un titre provisoire. J'ai proposé celui-ci et les enthousiasmes précoces d'Hugues Jallon et de Séverine Nikel ont grandement contribué à l'orientation de la recherche et à la conception du texte.

Marx a dit beaucoup de bêtises, mais Marx était un esprit libre, il était capable de regarder la société de son temps avec ironie et cruauté. Il est le remède contre le panglossisme, c'est-à-dire cette propension à croire que tout va pour le mieux dans le meilleur des mondes possibles. Il m'a été indispensable pour oser une description libre et sans complexe de la structure sociale. Par ailleurs, il apparaît clairement que nous sommes à la fin d'un cycle ouvert en 1968. Ce cycle de cinquante ans fut admirable. Parmi ses acquis, définitifs, l'émancipation des femmes et de l'homosexualité. Mais il est clair que le nouveau cycle qui s'ouvre sera dominé par des problèmes économiques et, donc, l'affrontement des classes. Dans un tel contexte, la référence et un retour partiel à une représentation marxiste s'imposent. Le marxisme que j'évoque dans ce livre, cependant, est le vrai, celui qui fut subtil et pragmatique, celui qui n'avait pas oublié qu'il émergeait, à sa manière, si ce n'est de la religion, du moins d'un monde dominé par la religion.

Parmi les acteurs de nos nouvelles luttes de classes du XXIe siècle, nous n'allons pas trouver seulement le capitalisme mondialisé, des financiers aux dents longues, mais aussi des petits bourgeois, très nombreux, des policiers, des enseignants et surtout l'État profond, dont nous observerons la montée régulière et menaçante. Nous décrirons des classes sans conscience et aussi des classes en grand état de fausse conscience. Nous découvrirons ainsi des dominés qui se prennent pour des dominants.

Les luttes de classes, c'est la France. Marx a certes étendu le concept à l'échelle planétaire, mais il ne faisait aucun doute pour lui que le lieu de naissance des luttes de classes modernes, c'était la France. Beaucoup plus que la chasse aux Arabes ou aux homosexuels, la lutte des classes est notre identité.

PREMIÈRE PARTIE

Le changement social : 1992-2018

Ouverture sociale

La France a fait un choix étrange : s'effondrer économiquement et imploser socialement plutôt que changer de cap. Alors que son intégration à la zone euro ravage son industrie et met sa cohésion nationale en péril, cette intégration est de moins en moins remise en cause et l'opposition à la monnaie unique, au lieu de croître, a faibli au point de ne plus représenter que 1,80 % des électeurs[1]*. Afin de comprendre comment une société développée peut ainsi s'enfoncer dans l'autodestruction et la fausse conscience – ou plus modestement la non-conscience – de ce qui se passe, il convient, dans un premier temps, de rendre compte, de manière aussi objective que possible, de l'évolution récente de cette société, d'en dresser un état des lieux fondé sur des données et des faits solides, vérifiés. Il convient, en d'autres termes, avant d'explorer l'obstination de notre classe dirigeante, l'incompréhension et les révoltes de notre population, de s'ancrer dans le réel ou, du moins, de s'en approcher au plus près.*

Dans cette première partie, je décrirai donc l'évolution de la société française au cours d'une période bien déterminée : entre 1992, année où fut accepté par référendum le traité de Maastricht, à une courte majorité (51 %) et l'automne 2018, le soulèvement des Gilets jaunes, qui marque, mieux que la révolte des banlieues de 2005 ou la fièvre du « Je suis Charlie » de 2015, le début de l'implosion de la société française. L'examen sera systématique mais ne recherchera la cohérence en aucune manière. Il s'agira de repérer et de décrire tous les éléments – qu'il s'agisse de structures ou d'évolutions – qui

1. Si on cumule les scores des deux listes en faveur du Frexit aux dernières européennes, celles de l'UPR, le parti de François Asselineau (1,17 % des voix), et celle des Patriotes de Florian Philippot (0,65 % des voix).

pourraient nous servir, dans les deuxième et troisième parties de ce livre, historiques, séquentielles, à comprendre les événements. La démarche est absolument empirique, ce qui revient à dire que tout, dans cette description, ne servira pas. Il s'agit d'une recherche, non d'une tentative pour plaquer une interprétation a priori *sur des événements. Bien des faits, d'ailleurs, m'ont surpris dans cet examen méthodique de l'évolution de la société française entre 1992 et 2018. Et je n'avais aucune idée, en commençant cette recherche, je le répète, de ce que serait sa conclusion.*

Toute cette période s'est caractérisée par une étonnante continuité – « inflexibilité », serait-on tenté de dire – de la politique économique. Entre ce qui avait été mis en place par Mitterrand vers 1987 – franc fort et austérité –, ce qu'a fait ensuite Chirac, ce qu'a fait Sarkozy, ce qu'a fait Hollande, ce que fait Macron, le phénomène frappant des trois dernières décennies, en matière de politiques publiques, est le non-changement de ligne. Depuis 1999 particulièrement, parce que la France n'est plus maîtresse de sa monnaie et prisonnière d'une gestion de l'euro inadaptée à son économie, cette ligne consiste à ne voir de solution que dans des « réformes » qui reviennent toujours à la même chose, au même refrain, ou litanie – on ne sait plus guère comment appeler ce chant funèbre : la flexibilisation du marché du travail. Macron, qui s'était présenté comme le président de la rupture avec le monde ancien, n'incarne que la forme hystérisée, finale, de cet immobilisme.

Cette belle inflexibilité trouve une illustration « axiale », pourrait-on dire, dans la stabilité du taux de chômage. En 1992, il était de 9 % et, en 2018, de… 9 %. Il est vrai qu'il a connu entre ces deux dates de petites oscillations : à deux reprises, il est passé au-dessus de 10 %, lors des deux récessions provoquées ou aggravées par le culte de la « stabilité » de la gestion monétaire européenne. J'expliquerai aussi le sens tragique de la baisse du taux de chômage qui s'amorce. Mais, dans l'ensemble, si l'on compare notre situation à celle d'autres grands pays développés, comme l'Allemagne, qui sont parvenus, dans la même période, après avoir connu un taux de chômage aussi élevé que celui de la France, à le ramener à 3 ou 4 %, une telle non-évolution est tout à fait remarquable. Elle l'est d'autant plus qu'elle masque des bouleversements technologiques et sociaux d'une ampleur inédite. Souvenons-nous qu'en 1992, 0,3 % seulement des Français utilisaient Internet. En 2019, ils étaient 90 %, autant dire, si l'on exclut les plus âgés et quelques réfractaires, la totalité de la population. On ne saurait minimiser l'influence de cette mutation sur notre façon de vivre : une bonne partie de notre existence se déroule désormais « en ligne », nous travaillons sur Internet, nous nous y informons, y aimons, y insultons, y payons nos impôts[1]*. Le contraste entre notre taux de chômage coincé à 9 % et ces + 90 % d'utilisateurs d'Internet a de quoi rendre perplexe. Tout semblait possible mais rien ne bouge.*

Autre évolution, moins spectaculaire, mais plus fondamentale encore, parce qu'elle encadre toutes les autres : celle de la population. Entre 1992 et 2019, nous sommes passés de 58,6 à 67 millions d'habitants en France, soit une augmentation de 14 %. Si l'on examine cette progression selon l'âge, on obtient simultanément une impression d'extrême lenteur et d'extrême vitesse. Les 0-19 ans passent de 15,5 millions à 15,4 millions, donc une évolution quasi nulle (ou, pour être tout à fait exact, une très légère décrue). Les plus de 65 ans, en revanche, passent de 8,2 millions à 13,1 millions, soit une augmentation de 60 %. Ce «+ 60 % de personnes âgées » traduit à lui seul la vitesse et le ralentissement. Il a fait qu'entre 1991 et 2016, l'âge médian de la population a augmenté de six ans et demi, passant de 33,7 à 40,2 ans[2]*. Ce vieillissement soudain et massif de la population, qui est intervenu depuis Maastricht, explique bien sûr une partie du trouble qui s'est emparé de notre pays, non pas seulement son immobilité – la première idée qui vient à l'esprit – mais aussi sa révolte puisqu'on a pu récemment constater l'entrée en scène sur les ronds-points de Gilets jaunes âgés. D'ailleurs, avec une population encore plus brutalement vieillie, l'Italie a mis un moment ses « populistes » de la Ligue et du Mouvement 5 étoiles au pouvoir. Aucun démographisme simplet ne rendra jamais compte de la totalité d'un processus historique. Beaucoup d'autres éléments fondamentaux de notre vie sociale sont à prendre en considération.*

1. En 2015, d'après la Direction générale des finances publiques, 73,6 % des contribuables payaient l'impôt sur le revenu et 50 % leurs impôts locaux en ligne.
2. « Bilan démographique 2018 », Insee, chiffres détaillés du 15 janvier 2019.

Les années 1992-2018 ont été aussi une période décisive de l'émancipation féminine, le début d'une sorte de rush final : les femmes arrivent à parité – ou presque à parité – dans l'emploi. Il suffit de songer aux secteurs médicaux, à l'enseignement ou à la justice. Bien sûr les postes les mieux payés du privé, les grandes écoles scientifiques et, d'une façon générale, une sorte de pellicule supérieure de la société, restent à dominante masculine. Mais au-dessous, c'est-à-dire partout hors du monde ouvrier, les femmes constituent désormais presque la moitié et parfois plus que la moitié de la force de travail.

Graphique 0.1. Le taux d'activité des femmes par rapport à celui des hommes entre 1990 et 2017

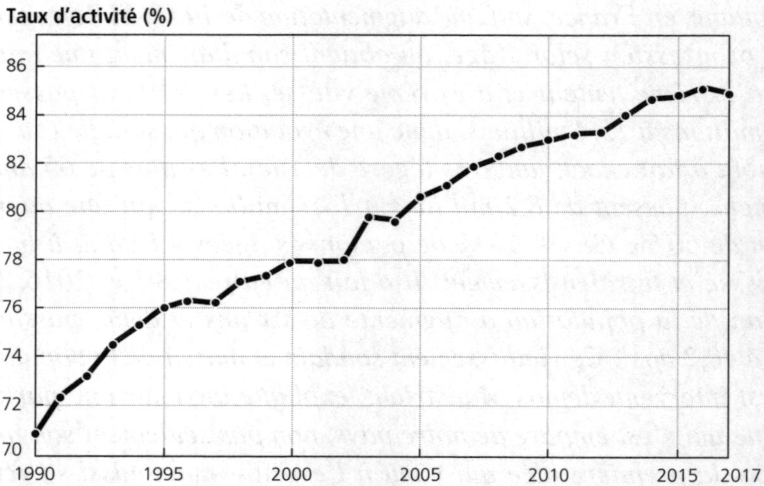

Sources : Banque mondiale.

Pour décrire systématiquement les changements qu'a connus la société française depuis 1992 – et qui ne vont pas toujours dans le sens qu'on imagine –, pour en saisir l'ampleur et les ordonner, je procéderai en suivant le modèle d'interprétation historique auquel j'ai eu recours dans mes précédents ouvrages[1]*. Il distingue trois niveaux :*

1. D'abord dans *L'Illusion économique. Essai sur la stagnation des sociétés développées*, Paris, Gallimard, 1998, p. 29-44. Puis, plus récemment, dans *Où en sommes-nous ? Une esquisse de l'histoire humaine*, Paris, Seuil, 2017, p. 16-26.

le conscient, le subconscient et l'inconscient. Comme dans la topique freudienne, qu'il pastiche sans lui être le moins du monde fidèle, le niveau conscient représente la surface des choses, ce qui occupe les journaux, les chaînes d'information en continu et l'esprit de la plupart des gens la plupart du temps, ce que l'on croit déterminant, mais ne l'est pas nécessairement. Il correspond à la strate économique et politique de la vie sociale. Notons que, dans mon premier chapitre, plus que de politique, il sera question de la dimension socio-économique.

Le niveau subconscient renvoie, lui, à l'éducation. Il est subconscient parce qu'il lui arrive d'affleurer à la surface consciente : chaque parent sait que les études joueront un rôle clé dans le destin social de son enfant. Pour autant, ces questions occupent moins le devant de la scène médiatique et, surtout, les gens ne savent pas, en général, ou ne savent plus, comme ils le savaient au XIXe *siècle, que le mouvement de l'éducation définit la dynamique même de l'histoire.*

Le niveau inconscient, enfin, correspond aux strates les plus profondes, celles de la famille et de la religion. Il obéit à des règles et s'organise selon des structures impossibles à appréhender directement, instinctivement. Leur explicitation peut provoquer – comme l'inconscient freudien, du reste, quand on tente de l'élucider – un violent rejet. De la publication en 1983 de mon premier livre sur cet inconscient, La Troisième Planète. Structures familiales et systèmes idéologiques, *à celle, en 2015, de* Qui est Charlie ? Sociologie d'une crise religieuse, *j'ai pu tester la férocité occasionnelle de cet inconscient*[1]*. Pour parler franchement, l'inconscient des classes moyennes françaises (et des chercheurs en sciences sociales qui souvent l'expriment) m'a « pourri la vie » jusqu'à m'en rendre malade.*

Dans un quatrième chapitre, je définirai, contre les habitudes sociologiques courantes, une morphologie dynamique, une typologie « active » de la société française, inspirée simultanément du sérieux de l'Insee et du tempérament artistique de Marx. La société française a changé simultanément de classe dominante et de centre de gravité, et elle ne le sait pas. Le recours à une nouvelle nomenclature, inspirée

1. Emmanuel Todd, *La Troisième Planète. Structures familiales et systèmes idéologiques*, Paris, Seuil, 1983, et *Qui est Charlie ? Sociologie d'une crise religieuse*, Paris, Seuil, 2015.

des temps plus violents de la lutte des classes du passé, est nécessaire pour tenter de prévoir les conflits de classes du futur.

Pour clôturer cet état des lieux, je montrerai, dans un cinquième chapitre, comment l'atomisation socio-économique du bloc central de la société française est doublée et aggravée sur le plan psychologique par l'émergence d'un individu de type nouveau, non pas libéré par l'effondrement des idéologies, non pas « augmenté » par les techniques nouvelles, électroniques ou biologiques, mais, bien au contraire, diminué, fragile et mimétique. Il ne s'agira pas là d'expliquer mais de constater, de décrire, en s'appuyant sur quelques données statistiques inhabituelles. Il ne s'agira surtout pas de juger et je tiens d'avance à me démarquer des moralisateurs qui, depuis de longues années, en veulent aux Français d'être ce qu'ils sont. Je m'appuierai ici sur Émile Durkheim, théoricien de l'homme anomique et suicidaire du passé, et sur Alain Ehrenberg, théoricien de l'homme déprimé et incertain du présent.

Il s'agit donc de mettre en place, dans cette première partie, les éléments qui nous permettront de comprendre l'histoire qui avance. Alors seulement, nous pourrons, dans une deuxième et une troisième partie, par une relecture séquentielle des années 1992-2019, comprendre ce qui nous arrive, ce qui ne se passe pas et ce qui risque de se passer dans notre beau pays. La conclusion, enfin, consistera en un effort prospectif.

Chapitre 1

Une France plus pauvre : le commencement de la chute économique

Commençons par la couche consciente. Quelle a été l'évolution économique de la France entre 1992 et 2019 ? Son examen nous réserve d'emblée une surprise. Dans un monde qui critique, avec raison, le capitalisme globalisé et qui a fait un triomphe mérité à l'ouvrage de Thomas Piketty, *Le Capitalisme au XXIe siècle*, on s'attendrait à une montée en flèche des inégalités[1]. Or, en France, ce n'est pas ce qui s'est passé. L'inégalité ne semble pas être le principal problème de notre pays, bien plus affecté par le début d'une substantielle baisse du niveau de vie qui touche tous les groupes sociaux ou presque.

Pas d'explosion générale des inégalités

La montée de certaines inégalités est réelle. Il est évident que nous avons assisté à un décrochage vers le haut de ces fameux 1 % supérieurs – et plus encore des 0,1 % supérieurs – par rapport au reste de la population. Pour situer les choses, rappelons que « pour rejoindre ce club très fermé des "1 %", il fallait percevoir en 2015 au moins 106 210 euros par unité de consommation, soit 8 850 euros par mois pour une personne seule ou 18 590 euros par mois pour un couple avec deux enfants de moins de 14 ans[2] ». Sachant qu'on

1. Thomas Piketty, *Le Capital au XXIe siècle*, Paris, Seuil, 2013. On remarquera que l'ouvrage de Piketty, s'il avait fait parler de lui lors de sa sortie en France, doit en fait une grande partie de son succès à l'accueil qu'il a reçu, par la suite, aux États-Unis, pays où effectivement le niveau d'inégalité a crû de façon massive ces dernières décennies.

2. D'après une étude de l'Insee, citée dans un article de *Challenges* du 5 juin 2018, « Rémunération, profession, patrimoine : qui sont vraiment les 1 % des Français les plus riches ? », par Rémi Clément.

compte en France 37,4 millions de foyers fiscaux, ces 1 % supérieurs représentent 374 000 foyers. Ce qui excède légèrement le nombre de foyers qui étaient assujettis à l'impôt sur la fortune (ISF) avant sa suppression : à peu près 330 000.

Notons que plus on remonte l'échelle des revenus, plus il devient difficile de les évaluer avec exactitude, et le revenu réel des 0,1 % supérieurs, assimilables en gros aux personnes vivant largement des revenus du capital, est une tâche quasi impossible : les meilleurs spécialistes – Camille Landais, par exemple – admettent qu'une bonne partie de leur richesse accumulée s'évapore dans des lieux insaisissables, paradis fiscaux ou autres. L'administration française contribue à ce manque de transparence : alors qu'elle publie le nombre de contribuables par tranche d'impôt sur le revenu, rien de tel pour l'impôt sur la fortune[1]. Mais il est vrai que le ministère des Finances fait partie du système nouveau de pouvoir. Bien des inspecteurs des Finances (pas tous) font partie de ces 1 ou 0,1 %, et nous les retrouverons, jeunes à Bercy, mûrs dans les grandes banques ou en politique.

Certains chiffres permettent néanmoins de se faire une idée de l'enrichissement disproportionné dont ont pu bénéficier les plus fortunés : entre 1988 et 2012, la part du revenu versé aux actionnaires issue des excédents bruts d'exploitation des entreprises est passée de 12 à 28 %, par exemple. On a pu sentir ces dernières années leur pouvoir grandissant dans la vie sociale, à travers notamment des rachats de journaux (souvent moribonds). Symbole de cet accaparement de la presse par une poignée de milliardaires : *Le Monde*, ex-grand quotidien de référence qui désormais n'est plus tenu par ses journalistes. Cette mise au pas a été facilitée par la mutation du système d'information : à l'âge d'Internet, les journalistes constituent un groupe menacé de disparition et donc extrêmement vulnérable. Ils ont beau appartenir à la catégorie des cadres et professions intellectuelles supérieures, ils se retrouvent dans la même situation de dominés que les ouvriers de l'industrie : ils n'ont aucune capacité de négociation et doivent donc, sans que les choses soient explicitement dites, obéir. Ou être virés.

1. Ce que regrette Thomas Piketty dans un article du *Monde* du 26 janvier 2017 signé Mathilde Damgé, « Transparence sur l'ISF : les données qui manquent au débat démocratique ».

Si certains d'entre eux appartiennent à un monde réellement privilégié, beaucoup d'autres, les plus nombreux, me font une peine infinie.

Ce creusement de l'écart entre les 1 % supérieurs (et, encore une fois, surtout, les 0,1 % supérieurs) et les 99 ou 99,9 % qu'ils surplombent, existe. Les ultrariches ont une action tangible sur l'économie, des capacités de financement de l'action politique, un pouvoir de corruption des hommes. Ils peuvent, non pas faire l'opinion, mais contribuer, par le contrôle des médias dominants du système d'information, à l'occultation d'une partie de la réalité sociale. Ils peuvent aussi réparer Notre-Dame, laissant ainsi maladroitement apparaître la cruelle matérialité de leur richesse. Car les ultrariches sont aussi souvent des benêts, ainsi que l'avait si bien senti Lénine. Ils peuvent donc tout cela, mais ils ne sauraient déterminer à eux seuls l'évolution d'un pays. L'équilibre d'une société ne pourrait reposer sur un groupe si restreint. La dynamique principale, progressive ou régressive, égalitaire ou inégalitaire, reste celle d'une population qui sait lire et qui vote. L'histoire, n'en déplaise aux élitistes et aux complotistes, faces complémentaires d'une même incompréhension, est faite par des masses, aisées, pauvres ou médiocres. Pour s'en convaincre, il suffit de se rappeler que les niveaux d'inégalité et de concentration des richesses étaient bien supérieurs au XIXe siècle et dans la première moitié du XXe siècle à ce qu'ils sont aujourd'hui : comme l'indique le graphique 1.1, pendant tout le XIXe siècle, les 1 % supérieurs captaient plus de 40 % de la richesse de la France (et plus de 50 % à la veille de la Première Guerre mondiale). Cela n'a pas empêché une marche irrésistible de l'égalitarisme au XIXe siècle et l'épanouissement de la démocratie. Seuls, les 1 % ne sont pas grand-chose en termes de pouvoir politique et social.

La bonne mesure des inégalités de revenus, si l'on cherche à déterminer dans quelle mesure elles influencent les choix sociaux, est celle qui distingue les déciles : les 10 % supérieurs des cinq déciles inférieurs (50 %) par exemple. Contrairement aux 1 ou 0,1 %, les 10 % supérieurs constituent déjà en eux-mêmes une masse électorale et socioculturelle significative. Ils sont, par ailleurs, plus faciles à étudier avec précision, car l'évasion fiscale y reste marginale.

Graphique 1.1. Les inégalités de richesses en France : 1807-2014

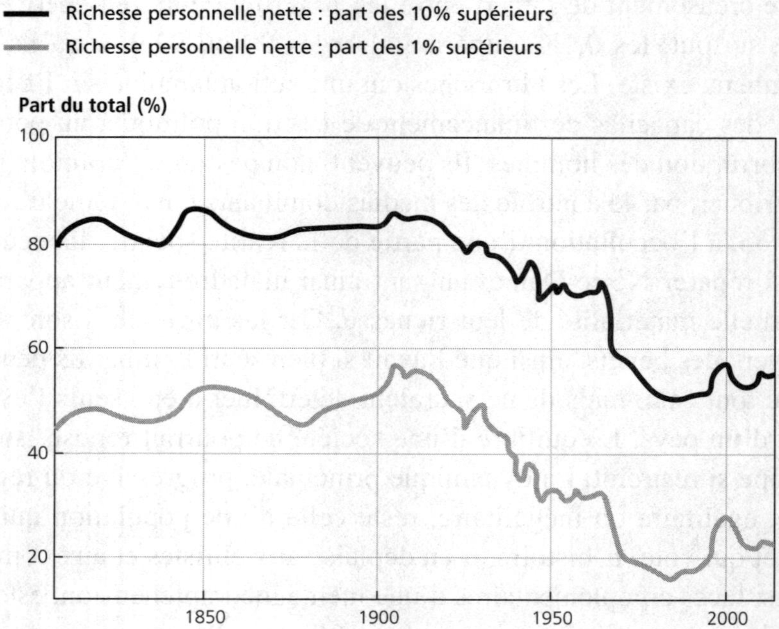

Sources : *World Inequality Database*.

Or qu'observe-t-on quand on s'intéresse à ces grandes masses ? Que la montée des inégalités n'est pas le problème de la France. Durant notre période (depuis 1992 donc), l'écart de revenus entre le décile supérieur et les 50 % inférieurs est toujours resté sous contrôle. À aucun moment, il n'a suivi l'emballement anglo-américain. On constate une légère hausse globale, avec, par exemple, un petit bond autour des années 2000 et après 2009, mais rien de bien spectaculaire. Les études qui tiennent compte des transferts, c'est-à-dire des prélèvements par impôts puis des redistributions, montrent que, si montée des inégalités il y a, elle n'atteint pas pour le moment des proportions susceptibles de déstabiliser le corps social. En 2016, nous indique une étude de l'Insee de 2018, les inégalités globales, stationnaires en 2015, ont même légèrement diminué[1].

1. *Insee Première*, n° 1710, 11 septembre 2018.

Graphique 1.2. Indicateurs d'inégalités de niveaux de vie

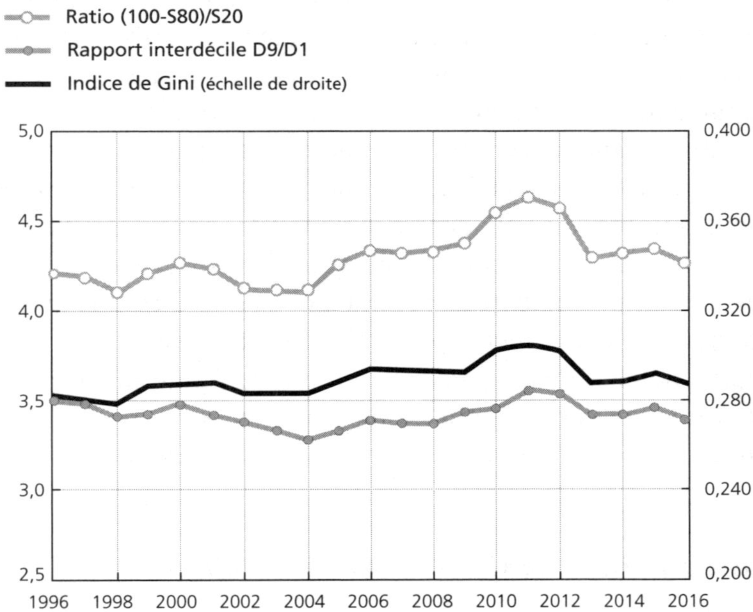

« En 2016, les principaux indicateurs d'inégalités montrent une faible baisse des inégalités. L'indice de Gini est en repli de 0,4 point de pourcentage (0,288 en 2016 au lieu de 0,292 en 2015). Cette baisse est plus marquée que celle estimée par simulation en octobre 2017, qui était de – 0,2 point de pourcentage. Le rapport interdécile, qui mesure le rapport entre le neuvième décile, niveau de vie plancher des 10 % les plus aisés, et le premier décile, plafond des 10 % les plus modestes, est aussi en baisse (– 0,05 point pour atteindre 3,40). Enfin, en 2016, les 20 % de personnes les plus modestes disposent de 8,9 % de la somme des niveaux de vie (+ 0,1 point), les 20 % les plus aisées de 37,9 % (– 0,4 point). Le rapport entre la masse des niveaux de vie détenue par les 20 % de personnes les plus aisées et celle détenue par les 20 % les plus modestes s'établit donc à 4,27 et diminue de 0,08 point »

Sources : *Insee Première*, n° 1710, 11 septembre 2018.

La situation de la France est-elle atypique ou non ? Depuis 2008 et la Grande Récession, aggravée à partir de 2011 en Europe par l'inaction de la Banque centrale européenne (BCE), on observe une évolution différenciée entre les deux côtés de l'Atlantique. Aux États-Unis, la hausse des revenus des 1 % supérieurs n'a pas été enrayée. En Europe, en revanche, la dominante est plutôt à une rupture de tendance dans la plupart des pays significatifs. Même au Royaume-Uni, pourtant censé être proche du modèle américain, la part du revenu national accaparée par les 10 % supérieurs a vu sa croissance s'arrêter, celle des 1 %

supérieurs aussi, mais pas celle des 0,1 %. En Allemagne, l'arrêt de la hausse pour les 1 % supérieurs n'est pas clair. Il l'est, en revanche, pour les 10 % supérieurs, après impôts. Et la baisse des 50 % inférieurs a été jugulée. Notons que, dans chacun de ces pays, cet arrêt de l'augmentation des inégalités s'est accompagné d'une hausse du revenu moyen des populations – ce qui, nous le verrons, n'est pas le cas en France.

L'exception suédoise vaut la peine d'être mentionnée puisqu'il s'agit du grand pays social-démocrate égalitaire de l'histoire européenne. Il semble toujours dans une phase de montée des inégalités, même quand on ne tient compte que des 10 % supérieurs. Mais, évidemment, dans un contexte de revenu moyen dont l'augmentation n'a pas été notablement affectée par la Grande Récession.

L'Italie, notre « sœur », présente un cas de figure inverse et commence à nous parler de notre destin : la croissance des inégalités y est arrêtée, mais dans un contexte de baisse des revenus.

La baisse du niveau de vie : oser dire non à l'Insee

Le problème auquel la France doit actuellement faire face n'est pas la montée des inégalités. C'est la baisse du niveau de vie. Une baisse sans équivalent depuis l'après-guerre et peut-être même depuis le début de l'ère industrielle. Et ce, alors même que l'Insee nous dit le contraire.

Dans l'étude de 2018, à propos des niveaux de vie en 2016, citée plus haut, on lit : « En 2016, selon l'enquête Revenus fiscaux et sociaux, le niveau de vie médian des personnes vivant dans un ménage de France métropolitaine est de 20 520 euros soit 1 710 euros par mois. Ce montant partage la population en deux, la première moitié ayant moins et la seconde ayant plus. Pour un couple avec deux enfants de moins de quatorze ans, ce montant correspond à un revenu disponible de 43 090 euros par an, soit 3 591 euros par mois[1]. » Notons que l'Insee a ici raison de saisir le niveau de vie médian, mesure plus fiable que le niveau de vie moyen, qui est biaisé parce que tiré à la hausse par les très hauts revenus. « En 2016, poursuit l'étude, le niveau de vie

1. *Ibid.*

médian est en hausse de 0,9 % en euros constants, sa plus forte progression depuis 2008. » Relevons ici l'adjectif « constants », qui aura son importance par la suite. « Cette hausse reste cependant mesurée par rapport à l'évolution annuelle moyenne antérieure à la crise (+ 1,4 % entre 1996 et 2008). Le niveau de vie médian a diminué continûment de 2009 à 2013, avant de repartir légèrement à la hausse en 2014 et 2015 (respectivement + 0,2 % et + 0,4 %). La hausse plus franche de 2016 le rétablit pour la première fois à son niveau d'avant-crise, en 2008. » L'Insee conclut donc sur une petite note d'optimisme.

Immédiatement surgit une question : comment se fait-il que cet optimisme ne soit pas partagé par une grande partie de la population ? Ce n'est un secret pour personne que les Français, en tout cas beaucoup d'entre eux (66 % d'après un sondage cité par *Le Monde*), ont l'impression que leur niveau de vie baisse, et que cette impression a été à l'origine du soulèvement des Gilets jaunes[1]. Mais l'institut officiel leur explique que, sur longue période, leur revenu a augmenté, que, certes, pendant un temps il a stagné mais qu'il recommence à croître. Qui a raison ?

Pour répondre à cette question, il faut au préalable nous pencher un peu sur l'Insee et ses méthodes. L'objectif de ces premiers chapitres est, rappelons-le, de tenter de définir une France objective, avant d'examiner la subjectivité des groupes sociaux entraînés dans l'histoire, leur conscience, inconscience ou fausse conscience. Mais dès que l'on étudie les structures socio-économiques de la France, on ne peut se passer des données de l'Insee (qui est l'Institut national de la statistique et des études économiques). Or l'Insee est, à parité avec la presse écrite ou audiovisuelle, un acteur majeur de la fausse conscience nationale.

L'institut relève du ministère des Finances. Il est une branche de l'État. Son indépendance est, autant que celle de la justice, un problème théorique et pratique. Il a certes une mission d'information statistique objective mais, de fait, il est aussi sous le contrôle de ce pouvoir politique qui a produit, gère et continue de produire

1. Assma Maad, « Hausse du pouvoir d'achat : l'éternelle nuance entre les chiffres et le ressenti des Français », *Le Monde*, 3 avril 2019. Cet article propose un développement sur le pouvoir d'achat contraint qui n'est pas inintéressant mais qui reste très en deçà de la réalité.

les évolutions qu'il s'agit de décrire. Cela ne signifie pas que les 5 463 personnes qui y travaillent, et dont la compétence est hors de tout soupçon, falsifient les chiffres collectés. Disons-le clairement : les chiffres ne sont *jamais* truqués. Mais ces statisticiens de haut vol vivent sous contrainte politique et idéologique. Il leur est, par exemple, interdit de travailler sur les conséquences positives de mesures protectionnistes ou sur la possibilité et les modalités d'une sortie de l'euro. Tenter d'inventer un avenir meilleur pour leur pays mettrait fin à leur carrière, même si, fonctionnaires, ils risquent, à l'inverse des journalistes le placard plutôt que la porte. Mais, comme pour, d'ailleurs, bon nombre de journalistes, ne nous exagérons pas leurs souffrances morales. Ils appartiennent dès leur milieu de carrière à une catégorie sociale qui se croit dominante, les 10 % supérieurs. Eux aussi baignent dans l'idéologie de l'époque, eux aussi souffrent de fausse conscience. Ce mélange d'interdits d'État explicites et de préjugés de classe (nous verrons laquelle au chapitre 4), peut ainsi, sans que les données soient à proprement parler falsifiées, mener à des contre-vérités d'ampleur soviétique.

Un exemple parmi beaucoup d'autres des biais subjectifs de l'Insee : l'institut ne calcule plus que le produit intérieur brut (PIB) et a abandonné le concept de produit national brut (PNB) qui permet, lui, de distinguer l'activité des entreprises sur le territoire national, selon leur nationalité, et l'activité des firmes françaises à l'étranger. Un choix purement idéologique de dépassement du niveau national, dans une phase de montée de l'européisme idéologique. Les États-Unis n'ont évidemment pas fait ce choix.

En somme, au contraire de la statistique démographique, la statistique économique sue l'idéologie.

Je serais tenté de diviser ce que produit l'Insee en deux catégories : « Insee sérieux » et « Insee fumée ». Son calcul du niveau de vie, sociologiquement et historiquement crucial, relève, selon toute vraisemblance, de la « fumée ». Quand on traite de données économiques et que l'on analyse des biens, on est obligé d'attribuer une valeur à des objets ou services et donc de recourir à un indicateur de prix. Cette attribution est nécessairement affaire de conventions et offre une marge interprétative. Dans un livre aussi concis que pertinent, Philippe Herlin a montré à quel point la façon dont l'Insee calcule le pouvoir d'achat des Français est aberrante[1]. Pour déterminer celui-ci, il faut connaître non seulement le revenu des gens, voir comment il évolue, mais il faut regarder aussi comment les prix évoluent à travers ce qu'on appelle l'indice des prix (l'inflation, dans le langage courant). Cet indice des prix joue un rôle crucial dans la vie économique puisque c'est en fonction de lui que le SMIC est réévalué (et que les salaires l'étaient jusqu'à la désindexation de 1983, ainsi que toutes les retraites jusqu'à Macron).

Comment l'Insee le calcule-t-il ? En s'appuyant sur l'évolution des prix (à partir d'une longue liste de produits tenue secrète) et sur des critères pour le moins contestables. Herlin propose un développement passionnant sur « l'effet qualité », magnifique tour de passe-passe statistique permettant de minorer l'augmentation des prix. Lorsque le prix d'un produit augmente, pour peu que ce produit présente quelques améliorations, la hausse est... effacée. Herlin prend l'exemple du « nouvel iPad d'Apple [qui] coûte le même prix que l'ancien mais – attention – comme il est plus puissant que le modèle précédent, l'Insee considère que "*vous en avez pour votre argent*" et inscrit dans sa base un prix en baisse, inférieur au prix affiché[2] ». Même chose pour un jus de fruits auquel auraient été ajoutées quelques vitamines. Sur le long terme, poursuit Herlin, « l'effet qualité donne des résultats aberrants[3] » : ainsi « un ordinateur, qui valait environ 6 500 francs (1 000 euros pour simplifier) en 1996, ne vaudrait plus aujourd'hui que 50 euros ! » Il est bien entendu impossible, dans la vie réelle, de se procurer un ordinateur neuf (et même d'occasion) à un prix pareil.

Certains prix baissent, incontestablement : celui des communications, des transports aériens et de la plupart des produits électroménagers. Mais, d'après les estimations d'Herlin, ce n'est pas le cas de l'alimentation ni de l'automobile et du carburant qui, contrairement à l'avion et aux produits électroménagers, constituent des dépenses contraintes.

Arrêtons-nous un instant sur l'évolution du pouvoir d'achat des ménages populaires pour l'automobile. Philippe Herlin en fait une analyse très fine en utilisant les valeurs Argus à un an sur longue période. Il évoque bien sûr « l'effet qualité » qui rend les comparaisons

1. Philippe Herlin, *Pouvoir d'achat. Le grand mensonge*, Paris, Eyrolles, 2018.
2. *Ibid.*, p. 26.
3. *Ibid.*, p. 29.

difficiles, mais ne justifie pas des baisses de prix théoriques exagérées. Le graphique qu'il propose évoque plutôt, de 1992 à 2004 une stabilité de tendance du coût, à travers des fluctuations, mais une hausse rapide du coût entre 2007 et 2015, pendant la Grande Récession donc[1]. Si nous doutons, nous pouvons nous replier en dernière instance sur la démographie des acheteurs de voitures neuves : en 1991, leur âge médian était de 44 ans, il est de 56 ans en 2016[2]. Plus de douze ans d'augmentation de l'âge médian des acheteurs, contre six ans et demi d'augmentation de l'âge médian de la population pendant la même période.

La baisse des prix, surtout, n'a pas concerné la dépense contrainte par excellence : le logement.

Nous touchons là à un problème aux conséquences bien plus grandes encore pour le calcul du pouvoir d'achat que « l'effet qualité » : la manière dont l'Insee intègre le coût du logement. Ou plutôt ne l'intègre pas, puisque, dans son calcul de l'indice des prix, le coût des loyers vaut pour 6 % du budget total des ménages et le coût des remboursements bancaires (que l'immense majorité des gens est obligée de contracter pour s'acheter un logement) pour… 0 % ! Autrement dit, dans le monde de l'Insee, la part de leur revenu que les ménages français consacrent à se loger est soit négligeable, soit inexistante. C'est d'autant plus ridicule que des enquêtes du même institut constatent l'envolée du prix du logement depuis 1999. Dans l'édition 2017 des *Conditions du logement en France*, on lit : « Entre 1996 et 2016, les prix à la consommation ont augmenté de 31 %, le revenu disponible brut par ménage de 40 %, tandis que le prix des logements anciens était multiplié par 2,52 (2,67 en Île-de-France)[3]. » On remarquera que l'Insee écrit « multiplié par 2,52 » pour ne pas dire que le prix a augmenté de 152 %. Les chiffres sont là, certes présentés de façon biaisée, mais ils sont là. Et néanmoins, sous le prétexte qu'acheter un bien immobilier ne relève pas de la consommation, mais constitue un placement, cette dépense, qui représente en moyenne un tiers du budget des Français, est considérée comme nulle[4].

1. *Ibid.*, p. 67.
2. *Ibid.*, p. 69.
3. Insee, *Les Conditions du logement en France*, 2017.
4. Une autre enquête de l'Insee, « La consommation des ménages depuis cinquante ans », remontant à 2009 et citée par Herlin, reconnaît que la part du logement dans les dépenses des Français est passée de 20 % en 1960 à 30 % en 2007. Voir Philippe Herlin, *Pouvoir d'achat, op. cit.*, p. 24.

Et, sous aucun prétexte du tout, le quart de ses ressources (25,7 %) qu'un locataire consacre en moyenne à payer son loyer est ramené à 6 %.

Si l'on tient compte de tous ces éléments, qu'en est-il de l'évolution du niveau de vie réel des Français ? Citons la conclusion d'Herlin : « En supprimant l'effet qualité et en mettant le logement à sa vraie place, l'indice des prix à la consommation [l'inflation donc] gagnerait facilement 1 à 2 % par an ou plus, et automatiquement le pouvoir d'achat basculerait dans le rouge[1]. »

Pour mesurer complètement la baisse du niveau de vie, nous devons ajouter à cette estimation du « pouvoir d'achat » la chute des prestations « hors-marché » financées par l'impôt. Cruciale est, de ce point de vue, la mise en sous-effectif et la surcharge du système hospitalier, qui constituent aussi, pour les Français, une baisse de leur niveau de vie (et bientôt sans doute de leur espérance de vie), qui s'ajoute à la baisse de leur pouvoir d'achat.

Si l'on veut comprendre ce qui se passe en France, on doit admettre qu'après une période de croissance phénoménale depuis la guerre, qui, d'un univers où les Français n'avaient pas de toilettes, pas de baignoire, pas de voiture, pas de Frigidaire, nous a fait passer au monde actuel, qui est et reste un monde riche, après donc cette hausse du niveau de vie sans précédent dans l'histoire, on a assisté, depuis 1992, à une stagnation, qui s'est transformée en baisse depuis au moins la Grande Récession.

Le décalage entre cette réalité et le discours de notre classe dirigeante peut être qualifié, au choix, de curieux, de préoccupant ou de révoltant. Comment sont censés réagir nos concitoyens lorsqu'ils entendent le gouverneur de la Banque de France François Villeroy de Galhau déclarer sans rire sur France Inter que « l'euro a contribué à plutôt bien protéger le pouvoir d'achat des Français », que ce même euro « est un succès », que grâce à lui les prix augmentent moins[2] ? De toute évidence, à l'instar de l'Insee, M. Villeroy de Galhau oublie de tenir compte du prix du logement. Et il semble ignorer que s'il a plus que doublé (et presque triplé à Paris) depuis la fin des années 1990, ce n'est pas uniquement dû à une tension sur le marché du logement, mais que c'est aussi l'effet des politiques monétaires et donc de l'euro. Herlin montre très bien

1. *Ibid.*, p. 100.
2. Cité dans l'article du *Monde* du 3 avril 2019, mentionné plus haut.

comment, en raison de l'effet Cantillon, la façon dont l'argent dégouline de la BCE vers les banques a contribué à renchérir les biens immobiliers[1]. Le taux d'intérêt demandé aux banques est si faible qu'il leur permet de se procurer en masse de l'argent qui, dans le contexte d'une économie industrielle en perdition, est prêté aux consommateurs à bas taux, nourrit la spéculation immobilière et fait monter le prix des logements. L'actuel directeur de la Banque de France a une excuse cependant : sa fiche Wikipédia nous apprend qu'il est né en 1959. Il appartient donc à une génération qui se souvient (en théorie, du moins) de ce qu'était le monde d'avant, le monde de la pauvreté. Bien entendu, si l'on compare le niveau de vie actuel à celui des années 1970 ou même des années 1980, on peut croire que nous sommes sur une trajectoire ascendante. L'inflexion à la baisse est récente, elle concerne la période que nous nous sommes proposé d'étudier (1992-2018). Il se pourrait, d'ailleurs, que l'un des éléments cruciaux pour comprendre la colère engendrée par ce début de baisse du niveau de vie soit l'arrivée en masse dans la vie active de générations qui, elles, n'ont pas connu le monde plus pauvre d'avant : leur existence s'inscrit, avant le déclin de ces dernières années, dans un monde prospère. Ces générations sont d'autant plus sensibles à la chute.

Je considérerai par la suite que le niveau de vie baisse depuis 2008 au moins, ce qui est admis par l'Insee pour la période 2009-2013. Mais la manipulation de l'indice des prix rend le rattrapage postérieur à 2013 peu vraisemblable et, de plus, il n'est pas impossible que la baisse ait commencé avant la Grande Récession, dès le tout début du XXIe siècle. Il s'agit ici d'effectuer un saut épistémologique. Lorsqu'un système statistique d'État se refuse à décrire la réalité, nous ne devons pas reculer devant une décision radicale : donner une évaluation alternative, certes grossière, mais plus proche de la réalité, en fonction de tout ce que nous savons, pour aboutir à la description raisonnable d'un mouvement historique. C'est d'ailleurs ce que j'avais fait il y a bien longtemps, lorsque, m'appuyant sur la statistique de mortalité infantile et sur celle du commerce extérieur, j'avais rejeté la statistique soviétique du PIB pour écrire *La Chute finale. Essai sur la décomposition de la sphère soviétique*[2]. Nous verrons, dans l'examen

1. Philippe Herlin, *Pouvoir d'achat*, *op. cit.*, p. 85-89.
2. Emmanuel Todd, *La Chute finale*, *op. cit.*

de l'histoire sociale et politique de la France des années 1992-2018, que cette décision a un potentiel explicatif indubitablement plus élevé que le maintien dans une croyance traditionnelle en l'indicateur de niveau de vie de l'Insee. L'hypothèse d'une société qui implose dans le contexte d'un niveau de vie qui monte n'est pas raisonnable.

Les indicateurs démographiques en berne

Nous avons vu que les statistiques économiques, qui agrègent des produits de consommation à travers des indices de prix, peuvent être sujettes à caution et perdre le contact avec le réel. Ce contact avec le réel, on le retrouve quand on s'intéresse aux statistiques démographiques, beaucoup plus fiables. Autant la valeur de biens saisie à travers le filtre des indices de prix est discutable, autant, quand on a affaire à des individus qui naissent, se déplacent, meurent, on sait précisément à quoi correspond concrètement chaque chiffre. Or que nous disent les données démographiques ? Elles confirment l'hypothèse d'une baisse du niveau de vie.

La tension sur les revenus et la difficulté de plus en plus grande à se loger produisent déjà une baisse de la mobilité géographique. Les Français non seulement s'appauvrissent, mais bougent de moins en moins, même si l'on n'est qu'au début de l'inflexion. D'après le rapport 2018 de l'Observatoire des territoires sur « les mobilités résidentielles en France », entre 1997 et 2001, 33 % des Français ont changé de logement. Entre 2009 et 2013, le chiffre était tombé à 27 %. Soit une chute de 6 points en douze ans[1].

Bien évidemment, cela n'empêche pas les mouvements sur le territoire. En particulier, le mouvement général de déplacement de la population du Nord-Est vers l'Ouest et le Sud-Ouest continue. Il en va de même pour la conquête du périurbain ou, dans une phase plus récente, la reconquête de certaines zones rurales et un début de retour vers les centres-villes[2]. Mais ces dynamiques se sont ralenties, ce qui est une façon indirecte de valider l'hypothèse d'Herlin d'une baisse du niveau de vie.

1. Rapport 2018 de l'Observatoire des territoires, « Les mobilités résidentielles en France. Tendances et impacts territoriaux ».

2. Rapport 2018 de l'Observatoire des territoires, « Cinquante ans de mobilités : une géographie reconfigurée », p. 28-29.

Carte 1.1. Les migrations en France

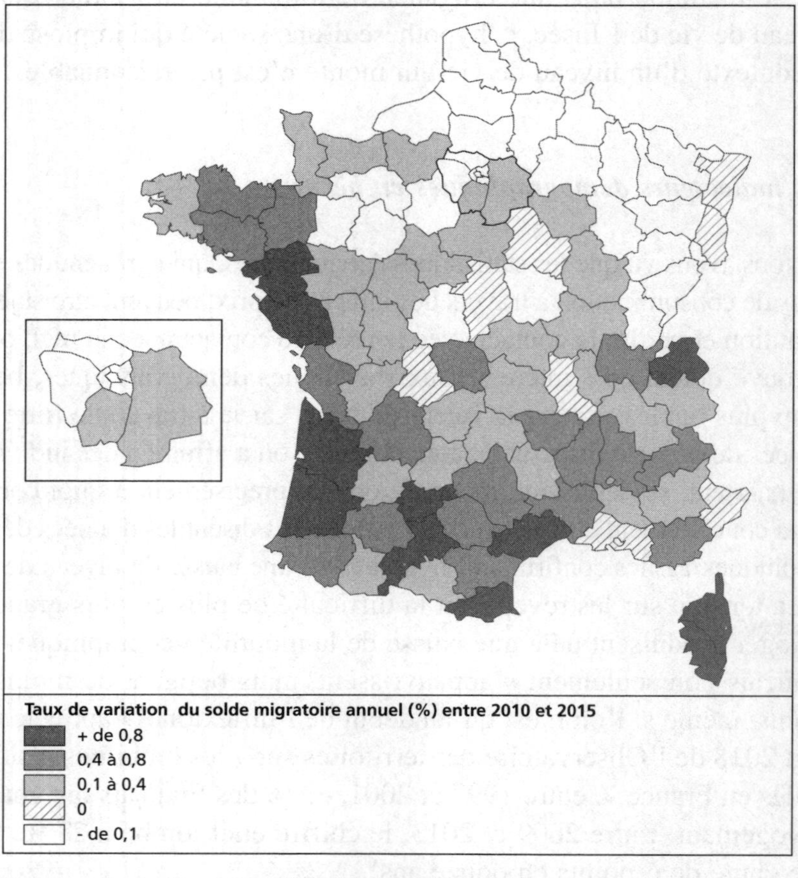

Sources : *Insee Focus*, n° 107, 27 décembre 2017.

Si toutefois on doutait encore de cet appauvrissement réel, d'autres indicateurs aident à trancher. En premier lieu, la récente chute de la fécondité, bien saisie, elle, par l'Insee (qui, confronté à des données démographiques simples, ne peut pas travestir leur mise en forme) : « Les femmes ont eu moins d'enfants en 2016 qu'en 2013, quel que soit leur niveau de vie. La baisse apparaît plus précoce pour les femmes des milieux modestes et très modestes (premier et deuxième quartiles) alors que les femmes plus aisées (troisième et quatrième quartiles) sont aussi fécondes ces deux années. Ce n'est qu'en

2016 que la fécondité semble diminuer pour la moitié des femmes au niveau de vie le plus élevé. Elles ont eu moins d'enfants en 2015 qu'en 2013[1]. » Cette évolution semble valider aussi bien l'hypothèse d'une baisse du niveau de vie que celle d'une société qui évolue, en dépit des décalages, de façon homogène. L'une des caractéristiques de la France, comme des pays scandinaves, est un différentiel de fécondité relativement faible entre les catégories sociales. La baisse récente touche tout le monde – les classes populaires comme les classes aisées – et tous les âges. Je ne sais pas d'autre façon de l'interpréter que d'y voir le signe de grandes difficultés économiques.

Le nombre d'enfants par femmes était de 2,01 en 2008, quand s'est déclenchée la crise financière. Il a continué à monter jusqu'à 2,03 en 2010. On a donc pu, dans un premier temps, s'émerveiller de la résistance de la France à la Grande Récession. C'était oublier le fameux effet retard : les difficultés économiques influent sur la natalité en décalé. En 2018, l'indice de fécondité n'était plus que de 1,87 enfant par femme. Certains argueront qu'il s'agit là de *l'indicateur conjoncturel de fécondité*, évaluation obtenue d'après les seules naissances de l'année, et non de la *descendance finale*, qui cumule les naissances pour chaque génération de mères – au bout du compte, la donnée la plus importante. Lors de la précédente baisse de fécondité – ce qu'on a appelé la « seconde transition démographique », commencée un peu avant 1968 –, l'indicateur conjoncturel de fécondité était descendu nettement en dessous de 2 (à 1,68 en 1994). Il était remonté par la suite légèrement au-dessus de 2 mais la réalité est que, pendant toute cette période, la descendance finale de chaque génération n'était jamais tombée en dessous de 2. Simplement les femmes s'étaient mises à faire leurs enfants plus tard.

On pourrait, en théorie, tenter d'imaginer un phénomène similaire pour expliquer la baisse récente. Dans la mesure, néanmoins, où la baisse actuelle de fécondité touche tous les âges et où les femmes font déjà leurs enfants très tard, le plus probable est que nous ayons affaire à une baisse non rattrapable, qui apparaîtra comme une baisse de la descendance finale aussi. Nous sommes sans doute en train de passer pour la première fois depuis l'après-guerre en dessous du seuil de reproduction des générations. Si le but des élites françaises est d'imiter l'Allemagne

1. *Insee Focus*, nº 136, 13 décembre 2018.

(à 1,4-1,5 enfant par femme durant des décennies, 1,6 selon les chiffres les plus récents), il était temps de s'y mettre[1].

Concluons sur l'évolution du taux de mortalité infantile. Il a continué sa baisse séculaire entre 1996 et 2005, de 4,94 à 3,78 pour 1 000 naissances vivantes, mais il a remonté une première fois à 3,86 en 2009, pour redescendre à 3,45 en 2011 et remonter à 3,80 en 2018. Les variations sont faibles mais parfaitement significatives. La carte pour 2014-2016 montre d'ailleurs que la distribution géographique faiblement cohérente du passé s'ajuste de plus en plus sur les régions en difficulté, particulièrement au Nord et à l'Est.

Carte 1.2. Le taux de mortalité infantile entre 2014 et 2016

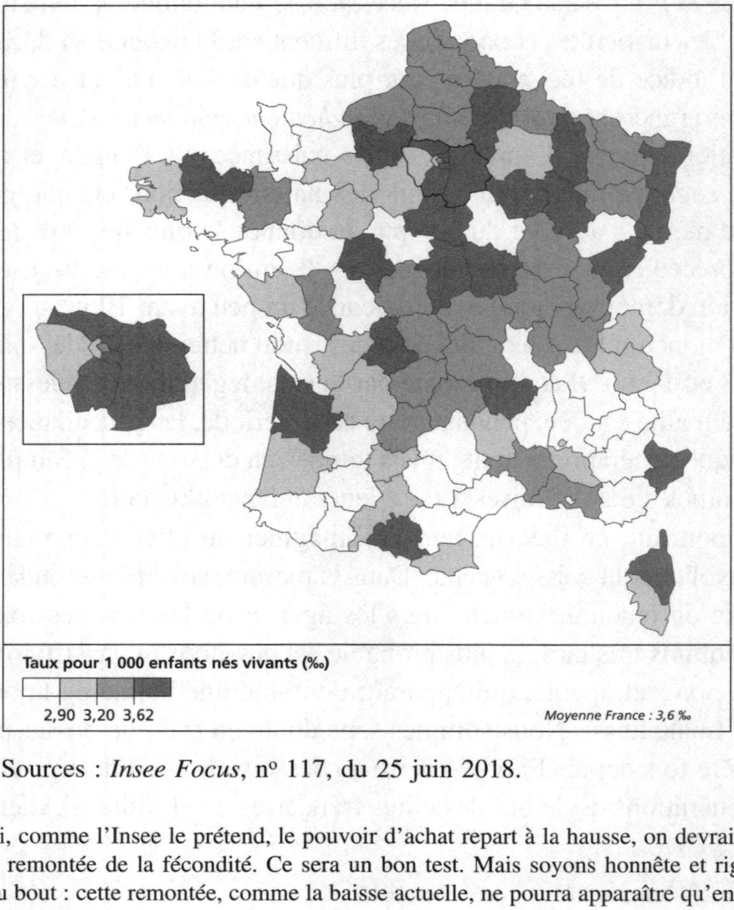

Sources : *Insee Focus*, n° 117, du 25 juin 2018.

1. Si, comme l'Insee le prétend, le pouvoir d'achat repart à la hausse, on devrait observer une remontée de la fécondité. Ce sera un bon test. Mais soyons honnête et rigoureux jusqu'au bout : cette remontée, comme la baisse actuelle, ne pourra apparaître qu'en décalé.

C'est la remontée très légère de la mortalité infantile en URSS entre 1970 et 1973 (de 24,4 à 26,3 pour 1 000) qui m'avait permis, en 1976, de prédire la décomposition de la sphère soviétique[1]. Cet indicateur est très sensible et peu susceptible d'interprétations apaisantes : on imagine mal l'Insee calculant pour nous rassurer un indice de qualité, en hausse, des bébés survivants.

Entre l'opinion des 66 % de Français qui pensent que leur niveau de vie baisse et l'avis des experts de l'Insee, qui estiment qu'après un léger tassement il repart à la hausse, j'aurais donc tendance à donner tort aux seconds. Du reste, avec ses escalators en panne, ses accidents de train à répétition, ses usines et cathédrales qui flambent, la France, où la pauvreté est devenue un motif d'angoisse générale, me semble moins évoquer un pays sur la pente ascendante qu'une société en voie de re-sous-développement. Lorsqu'on revient d'Allemagne ou de Scandinavie et qu'on atterrit à Roissy, il est difficile désormais de ne pas avoir le sentiment de faire un bond en arrière sur le plan temporel.

Stabilité des inégalités et chute du niveau de vie : l'effet historique global

Si nous voulons aboutir à une représentation complète de la façon dont la dynamique économique régressive de la société française affecte les différents groupes sociaux, nous devons combiner stabilité des inégalités et chute du niveau de vie. Le deuxième élément, la chute, produit inévitablement, dans un premier temps, le sentiment d'une aggravation des différences de conditions d'existence entre les classes et une dramatisation de la perception des inégalités, du sentiment d'injustice en bas et du sentiment de privilège en haut, même si ce haut n'est pas bien haut.

Car il est évident qu'à inégalités relatives constantes, si les revenus baissent, les moins bien lotis au départ vont être les premiers à passer au-dessous de la « ligne de flottaison », qu'on pense selon le

1. Voir Emmanuel Todd, *La Chute finale*, *op. cit.*

critère peu satisfaisant statistiquement de « seuil de pauvreté » ou, de façon concrète, en termes d'impossibilité de se chauffer et de se nourrir correctement soi-même ou ses enfants. Un temps même, à inégalité constante, mais avec des revenus qui baissent pour tous, certains peuvent commencer de manger bio tandis que d'autres s'essayent à la nourriture pour chiens.

L'histoire continue cependant et l'effondrement économique et social du pays nous garantit, à terme, si ce n'est la pauvreté pour tous, du moins une pauvreté accessible à de plus en plus de groupes : après les employés et les ouvriers de certaines régions, ceux d'autres régions, et puis des strates jusqu'ici épargnées mais fragiles, jeunes diplômés, retraités de niveau moyen, etc. La modélisation complète du processus représenterait une chute des groupes sociodémographiques suivant des axes décalés par leur point d'origine, plus ou moins élevé, mais décrivant dans le temps des chutes obliques parallèles. Les unes après les autres, elles crèveraient le plancher d'un « seuil de pauvreté » (qui ne serait pas celui de l'Insee). Un tel graphique nous donnerait la date de l'entrée en fureur ou en désespoir des divers groupes qui constituent la société française.

L'évolution des catégories socioprofessionnelles

Ce modèle « lent » de stagnation puis de régression ne doit pas nous empêcher de voir les transformations de la structure sociale intervenues dans la période. Le niveau de vie général s'est bloqué, il tend à régresser, mais entre 1992 et 2018, on assiste à une évolution rapide de la masse relative des diverses catégories socioprofessionnelles. Le centre de gravité de la société française a basculé.

Le concept de catégorie socioprofessionnelle appartient lui aussi à l'univers de l'Insee, qui parle désormais de PCS (professions et catégories socioprofessionnelles), qui ont remplacé depuis 1982 les fameuses CSP (catégories socioprofessionnelles). C'est toutefois cette dernière désignation que nous privilégierons dans cet ouvrage parce qu'elle est restée la plus courante. Ce découpage de la population est imparfait mais d'une utilité indiscutable. Voyons plutôt.

On distingue six groupes dans l'approche la plus grossière :

1. les agriculteurs exploitants ;
2. les artisans, commerçants et chefs d'entreprise ;
3. les cadres et professions intellectuelles supérieures ;
4. les professions intermédiaires ;
5. les employés ;
6. les ouvriers.

Chacun de ces groupes mêle des notions de statut, de métier, de niveau de vie et de niveau éducatif. Mais leur degré d'homogénéité est très variable : on voit à peu près ce que recouvre la catégorie des « agriculteurs exploitants », celle des « artisans, commerçants et chefs d'entreprise » aussi et, bien sûr, celle des ouvriers. Pour les trois autres, c'est moins évident.

Prenons celle qui est censée correspondre au haut de la société : les cadres et professions intellectuelles supérieures. On y trouve, en vrac, les cadres administratifs et commerciaux, les ingénieurs, les magistrats, les avocats, les médecins, les psychanalystes, les journalistes, les auteurs littéraires, les scénaristes et les dialoguistes – c'est-à-dire, s'ils sont correctement payés, ce qui est loin d'être toujours le cas, des métiers qu'instinctivement on rangerait dans la catégorie des dominants. Cette catégorie accueille aussi les professeurs agrégés et certifiés de l'enseignement secondaire qui, certes, ont un niveau éducatif tout à fait appréciable, mais dont les revenus sont loin d'être mirobolants. Rappelons qu'en France, les professeurs du secondaire sont, par rapport à leurs homologues européens, extrêmement mal payés et que leurs revenus sont plutôt en baisse, comme ceux de beaucoup de fonctionnaires[1]. En 2013, le salaire net moyen des enseignants a ainsi diminué de 1 % en euros constants (en raison, pour l'essentiel, du gel du point d'indice de la fonction publique depuis 2010 et de la hausse des cotisations sociales) pour s'établir à 2 640 euros. Ce chiffre recouvre cependant de fortes disparités selon l'âge et la qualification, puisque, d'après la grille salariale du ministère de l'Éducation, en début de carrière, un professeur agrégé gagne 2 076 euros

1. Voir Philippe Pottie-Sperry, « Évolution des salaires des enseignants français », GMF, 23 août 2018.

brut mensuels et 4 555 euros en toute fin de carrière, et qu'à dix ans d'ancienneté, il touche 2 896 euros brut mensuels contre 2 306 pour un professeur certifié, au même degré d'avancement.

Appartenir à la catégorie « cadres et professions intellectuelles supérieures » n'est donc pas une garantie de très hauts revenus. D'ailleurs, on trouve aussi dans cette catégorie les « allocataires de la recherche publique » (dont le niveau de précarisation n'a parfois rien à envier à celui des livreurs Deliveroo) et même, croyez-le ou non, les… « artistes du cirque et des spectacles divers ».

Carte 1.3. Les cadres et professions intellectuelles supérieures

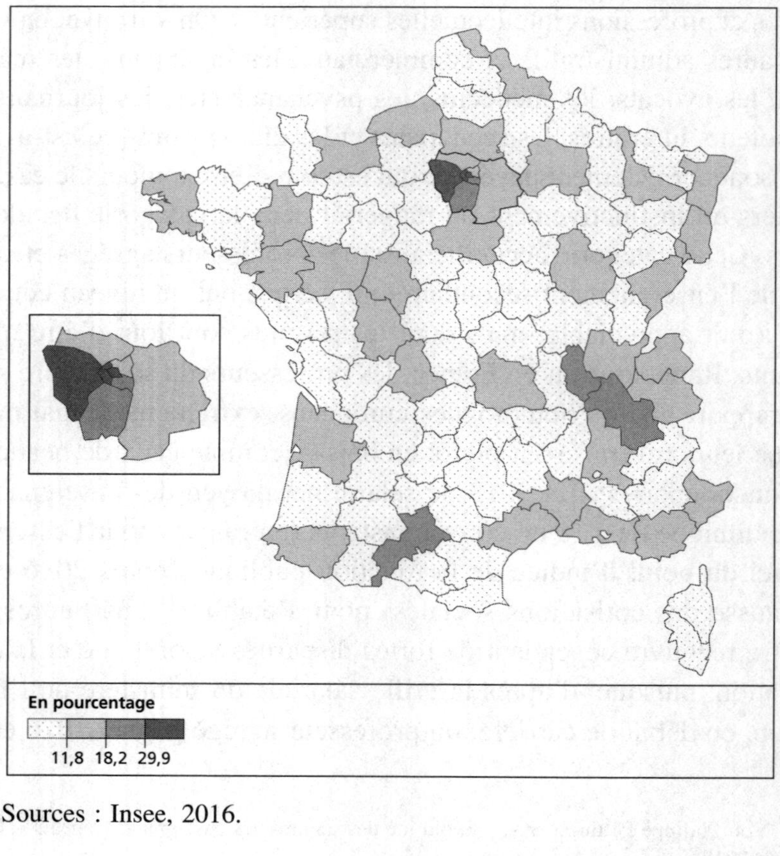

Sources : Insee, 2016.

Passons aux intermédiaires. Qui sont-ils ? Les instituteurs, les moniteurs d'écoles de conduite, les conducteurs de travaux, les infirmières (la nomenclature de l'Insee indique « infirmiers », mais en pratique ce sont plutôt des infirmières), les professeurs d'enseignement général des collèges et – plus surprenant – le clergé séculier et régulier. Découvrir ainsi le clergé placé dans une catégorie inférieure à celle des clowns tendrait à valider l'hypothèse développée par Jérôme Fourquet dans *L'Archipel français* : le catholicisme semble bel et bien mort, non seulement dans la pratique mais dans les statistiques de l'Insee[1].

Carte 1.4. Les professions intermédiaires

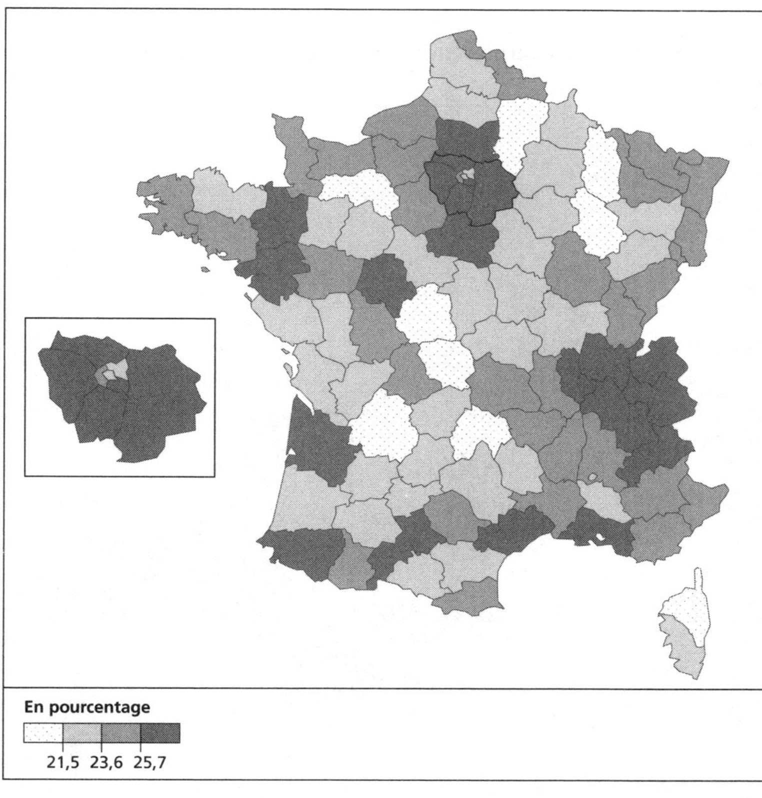

Sources : Insee, 2016.

1. Jérôme Fourquet, *L'Archipel français. Naissance d'une nation multiple et divisée*, Paris, Seuil, 2019.

Les « intermédiaires », ce sont également les chefs de petite surface de vente, les ingénieurs de contrôle de navigation aérienne, les inspecteurs et officiers de police, les techniciens, les chargés de clientèle bancaire, les agents de maîtrise, les interprètes et les traducteurs. Pourquoi les interprètes et les traducteurs, dont le niveau intellectuel est exceptionnel, ne sont-ils pas dans la catégorie supérieure et se retrouvent-ils en dessous des clowns ? Difficile à dire.

Le groupe des « employés », enfin, va comprendre, par exemple, les employés de la poste, les aides-soignantes, les hôtesses de l'air, les caissières, les serveurs dans les restaurants ou les agents de police. Il convient désormais de distinguer, comme le propose l'Insee dans ses projets de nouvelles nomenclatures, les employés qualifiés des

Carte 1.5. Les commerçants, artisans et chefs d'entreprise

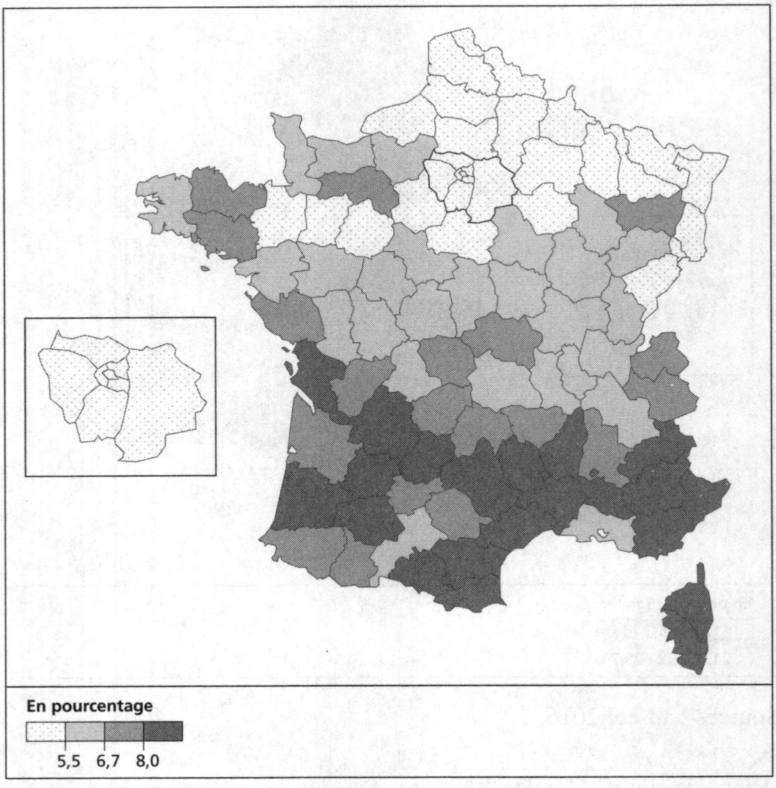

Sources : Insee, 2016.

employés non qualifiés, comme on distingue les ouvriers qualifiés des ouvriers non qualifiés.

Pour situer ces différentes catégories les unes par rapport aux autres, on peut commencer par examiner leurs revenus médians respectifs. En 2016, il s'élevait à 20 000 euros (par an) pour les agriculteurs, artisans, commerçants et chefs d'entreprise (ce chiffre représentant surtout le revenu des commerçants, qui dominent statistiquement la catégorie), à 33 000 euros pour les cadres et professions intellectuelles supérieures, à 24 000 euros pour les intermédiaires, à 18 700 euros pour les employés et à 18 200 euros pour les ouvriers. Pas de différences de niveau de revenu vraiment spectaculaires, donc, puisque entre les 33 000 euros des cadres et professions intellectuelles supérieures et les

Carte 1.6. Les employés

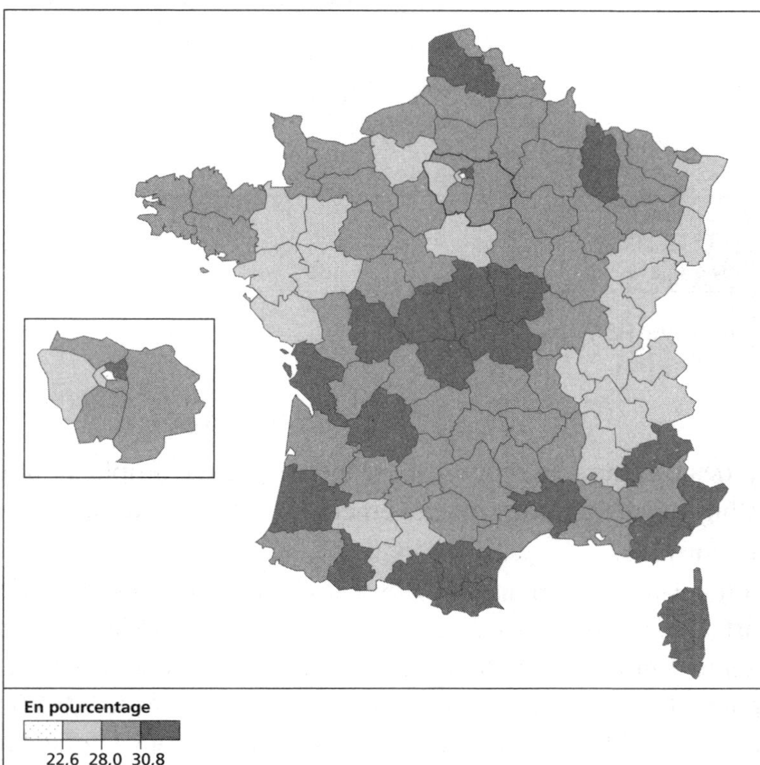

Sources : Insee, 2016.

Carte 1.7. Les ouvriers

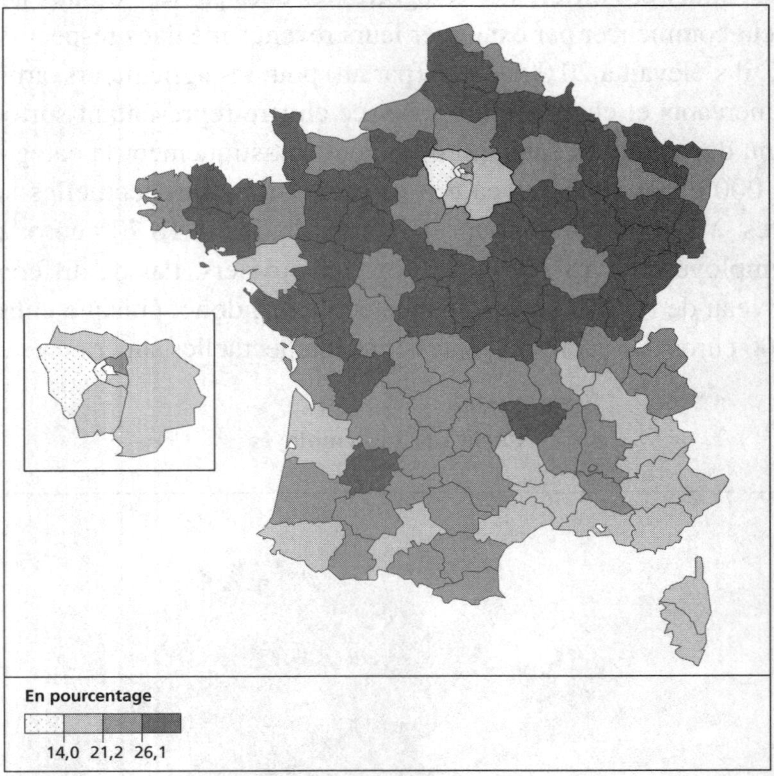

Sources : Insee, 2016.

18 200 des ouvriers, le rapport n'est même pas du simple au double. Rappelons qu'il s'agit des revenus médians, plus significatifs que les revenus moyens.

Qu'en est-il, maintenant, de l'évolution du poids respectif de ces catégories socioprofessionnelles pendant notre période ? Elle a été importante. Entre 1990 et 2018, les agriculteurs chutent de 4,5 à 1,5 % de la population active totale, les artisans-commerçants de 7,9 à 6,5 %, les ouvriers de 29,4 à 20,4 %. Les cadres et professions intellectuelles supérieures montent de 11,7 à 18,4 %, les intermédiaires de 20,0 à 25,7 % et les employés de 26,5 à 27,2 %, soit une quasi-stagnation.

Tableau 1.1. L'évolution des catégories socioprofessionnelles en pourcentage de la population active

Catégories socioprofessionnelles	1990	2007	2018	Évolution 1990-2018
Agriculteurs exploitants	4,5	2,0	1,5	– 3,0
Artisans, commerçants et chefs d'entreprise	7,9	6,6	6,5	– 1,4
Cadres et professions intellectuelles supérieures	11,7	13,1	18,4	+ 6,7
Professions intermédiaires	20,0	23,1	25,7	+ 5,7
Employés	26,5	28,9	27,2	+ 0,7
Ouvriers	29,4	25,6	20,4	– 9,0

Sources : Insee.

La cartographie des catégories socioprofessionnelles au niveau départemental en 2016 nous révèle des différences importantes. Les cadres sont évidemment concentrés en Île-de-France et dans les grandes agglomérations. Les professions intermédiaires semblent, en première approche, comme une couronne qui les entoure. Les ouvriers se situent plutôt au Nord, les artisans et petits commerçants plutôt au Sud. Les employés ne révèlent pas une distribution significative au premier coup d'œil. Mais, pour interpréter correctement ces cartes, nous devons tenir compte du degré de concentration ou de dispersion des catégories sur le territoire. Le calcul d'un écart-type permet de mesurer pour chaque CSP l'ampleur de sa dispersion départementale autour de sa moyenne nationale. Le non-spécialiste peut saisir rapidement le sens du concept par un exemple numérique abstrait, sans rapport avec notre sujet : une moyenne de 3 correspondant aux nombres (1, 2, 3, 4, 5) a un écart-type de 1,6 ; une moyenne de 3 correspondant aux nombres (1,1, 2, 5, 6) a un écart-type est de 2,4. La deuxième dispersion, autour de la moyenne de 3, est beaucoup plus ample. Les écarts entre nombres – pour ce qui va nous occuper, entre départements – sont plus grands.

L'écart-type est de 5,9 pour les cadres (pour une moyenne nationale de 18,4 %), de 4,8 pour les ouvriers (moyenne 20,4 %), de 2,4 pour les employés (moyenne 27,2 %), de 1,9 pour les intermédiaires (moyenne 25,7 %). Nous voyons que, parmi les catégories statistiquement dominantes, cadres et ouvriers se distinguent par des concentrations locales relativement élevées, et que la distribution des intermédiaires et des employés est beaucoup plus diffuse. Leur concentration définit *a priori* les cadres et les ouvriers comme des pôles, et les intermédiaires et les employés comme des masses beaucoup plus amorphes.

Entre 1990 et 2018, l'augmentation la plus importante, celle des cadres et professions intellectuelles supérieures (+ 6,7 points), semble correspondre à l'idée que l'on se fait instinctivement de l'évolution des trois dernières décennies. L'augmentation substantielle de la catégorie des intermédiaires (+ 5,7 points) surprendra peut-être davantage, de même que l'ampleur de l'effondrement ouvrier. Je montrerai au chapitre 4 l'utilité des catégories socioprofessionnelles pour comprendre l'histoire, si l'on utilise Marx pour les mettre en action plutôt que Bourdieu pour leur faire émettre un long gémissement.

Mais nous devons d'abord expliquer ici l'effondrement de ce groupe statistiquement dominant que fut la classe ouvrière.

La destruction non créatrice de l'industrie

Cette baisse de la proportion d'ouvriers est l'effet direct de la chute du nombre d'emplois industriels dans la période : en 1990, ils concernaient encore 20,25 % de la population active en France et en 2016, seulement 13,6 %[1].

À ce stade, il peut paraître intéressant de situer la France par rapport à ses partenaires européens en termes d'emplois industriels. L'Allemagne est toujours à 20,7 %. L'Italie est encore à 20 %, l'Autriche à 17,3 %, la Finlande à 14,8 %. Le phénomène le plus impressionnant de notre période est, bien entendu, l'industrialisation de l'Europe de l'Est, là où tous les emplois sont partis. La République

1. Insee, « Tableau de l'économie française 2018 ».

tchèque remporte la palme avec 30,6 % d'emplois industriels. La Slovaquie est à 27,3 %, la Slovénie à 27,4 %, la Pologne à 23,8 %, la Hongrie à 24,0 %.

L'Europe compte aussi des pays plus désindustrialisés encore que la France. Le Danemark est à 12,9 % d'emplois industriels, la Suède à 11,4 % et le Royaume-Uni à 11,1 %. À 13,8 %, l'Espagne se situe à peu près au même niveau que la France.

Selon un discours très répandu parmi nos élites, la rétraction de l'industrie relèverait d'une évolution normale des sociétés avancées.

Tableau 1.2. Les emplois industriels en Europe

Pays	Les emplois industriels (en pourcentage de la population active totale)
République tchèque	30,6
Slovénie	27,4
Slovaquie	27,3
Hongrie	24,0
Pologne	23,8
Allemagne	20,7
Italie	20,0
Autriche	17,3
Finlande	14,8
Espagne	13,8
France	13,6
Danemark	12,9
Suède	11,4
Royaume-Uni	11,1

Sources : Eurostat.

Il est vrai que Colin Clark et Jean Fourastié avaient mis en évidence, durant et au lendemain de la Seconde Guerre mondiale, la façon pour ainsi dire naturelle, dans un processus de croissance économique, dont le secteur secondaire (l'industrie) se développe au détriment du secteur primaire (l'agriculture essentiellement) puis le tertiaire (les services) au détriment du secondaire[1]. Si ce mouvement existe, il produit toutefois, comme on vient de le constater, des effets tellement distincts d'un pays avancé à l'autre qu'on ne saurait y voir simplement le résultat de forces « naturelles ». Pour expliquer ces divergences, il faut tenir compte des attitudes propres à chaque nation et des politiques économiques qui y sont menées. La désindustrialisation de la France ne résulte pas d'une inéluctable marche de l'histoire. Elle a beaucoup à voir avec une certaine gestion de la crise qu'elle traverse depuis des décennies. Lorsqu'on étudie les années 1992-2019, il apparaît clairement que, si l'industrie française a été dévastée pendant cette période, ce n'est pas uniquement parce que la France serait congénitalement plus faible que l'Allemagne, c'est surtout parce que la politique monétaire qui a été suivie par la Banque centrale européenne a été, en pratique, très défavorable à la France[2]. Les taux d'intérêt trop élevés pratiqués par la BCE ne convenaient pas à l'économie française, pas plus, au demeurant, qu'aux économies italienne ou espagnole et à toutes les économies du Sud moins puissantes industriellement que celle de l'Allemagne, moins exportatrices en dehors de la zone euro, moins capables aussi, pour des raisons géographiques et historiques, d'intégrer à leurs processus productifs les populations pauvres mais de niveau éducatif élevé d'Europe de l'Est[3].

C'est une chose de connaître les chiffres de la désindustrialisation française. C'en est une autre de les interpréter correctement. Un article du *Figaro* de février 2018 nous indique qu'« entre 2006 et 2015, l'industrie manufacturière a perdu 27 300 établissements (– 18 %) et 530 000 salariés (– 16 %)[4] ». L'industrie automobile, le textile, le bois, la métallurgie sont touchés, l'ensemble du territoire est concerné « et plus particulièrement le Bassin parisien, le nord, l'est et centre de la France ». Un peu plus loin, dans le même article, on lit cette citation

1. Colin Clark, *The Conditions of Economic Progress*, Londres, Macmillan1940 ; Jean Fourastié, *Le Grand Espoir du XXe siècle*, Paris, Presses universitaires de France, 1949.

2. Ce que Mody montre très bien dans *EuroTragedy*, *op. cit.*

3. Paradoxalement, la passion communiste de l'éducation a laissé derrière elle, au contact géographique de l'Europe occidentale, et surtout de l'Allemagne, ces populations actives de bon niveau éducatif et prêtes à accepter des salaires très faibles. Une fée de la globalisation n'aurait pas fait mieux.

4. Marie Visot, « L'industrie a perdu un demi-million d'emplois en dix ans », *Le Figaro*, 14 février 2018.

du président Macron : « Le fait qu'il y ait des destructions d'emplois ne doit pas conduire à une préoccupation politique. Dans la vie économique, il y a des emplois qui meurent et d'autres qui naissent. Si on se met à vouloir bloquer cette transformation, on enraye tout dans la vie économique. » Et notre jeune président de défendre le concept de « destruction créatrice », emprunté à Schumpeter. Le contraste entre la débâcle de l'industrie française et l'optimisme macronien est proprement sidérant. Il évoque, chez le président, je n'ose pas dire une « pensée » économique – ce n'est pas, à l'évidence, le bon terme –, disons une « rhétorique » économique complètement décontextualisée. Il permet de comprendre... que notre président ne comprend pas. Le concept de « destruction créatrice » inventé par Schumpeter est parfaitement valable en lui-même : les déversements de secteur à secteur doivent se faire, des usines doivent mourir et d'autres naître. Mais ce concept est valable pour une économie dynamique, une économie fonctionnant à un rythme normal, sur une trajectoire de croissance. L'appliquer, comme le fait Macron, au terme d'une période de récession continue, de contraction de l'emploi avec un chômage oscillant entre 9 et plus de 10 %, n'a rigoureusement aucun sens.

Le bon concept économique, si l'on veut comprendre ce qui se passe en France, est celui d'hystérésis. Voici comment Mody le définit :

> Si on laisse perdurer une croissance faible, les travailleurs qui restent continûment sans emploi perdent peu à peu leur savoir-faire, le capital social du pays ainsi inutilisé se déprécie et les entreprises réduisent leurs investissements dans la recherche et le développement. Cet état de récession persistante ou de crise laisse des séquelles ; la capacité de croissance à long terme de l'économie en souffre. Les économistes utilisent le terme d'« hystérésis » pour décrire ces dommages durables infligés aux perspectives économiques[1].

Cette cicatrice, cette perte de compétitivité irrécupérable, c'est exactement ce que vit la France depuis 1992. Et, paradoxalement, c'est peut-être aussi ce qui permet de comprendre pourquoi, au-delà des manipulations statistiques de l'Insee, le chômage s'est récemment mis à baisser, y compris – très à la marge – dans l'industrie. Cette baisse

1. Ashoka Mody, *EuroTragedy*, *op. cit.*, p. 283.

peut sembler positive. En réalité, elle traduit une situation plus préoccupante encore que la stagnation antérieure.

Sous un titre merveilleux, qui conviendrait à un bulletin météo breton : « L'industrie a recréé des emplois en France en 2018 : une bonne surprise », un article de *L'Usine nouvelle* dénombre 9 500 emplois ainsi créés[1]. Après le demi-million d'emplois détruits depuis 2006, le compte n'y est pas, mais peu importe. Dans le détail, on parle de + 3 600 emplois dans l'énergie, l'eau, les déchets, de + 2 000 emplois dans l'agroalimentaire, de + 600 dans les biens d'équipement, de + 400 dans les transports, « tandis que les "autres secteurs industriels" se partagent les 3 000 créations d'emplois restantes ». Cette augmentation s'inscrit dans le contexte d'une économie qui, en 2018, a été créatrice net de 149 000 emplois. La croissance des emplois industriels ne représente donc que 6 % de la croissance totale. Comment l'interpréter ?

À cause de l'effet d'hystérésis, la trajectoire économique de la France a peut-être en fait déjà été altérée. Il n'est pas impossible que nous soyons en train d'entrer dans un monde nouveau et diminué qui a renoncé à l'industrie. Car, ne nous y trompons pas, ce rebond de l'emploi industriel en trompe-l'œil est si faible qu'il évoque plus les soubresauts de l'agonie qu'une résurrection prochaine. Il n'est que de voir l'état de ce secteur clé de l'industrie qu'est l'automobile : un article des *Échos* indique que « chaque année, la France importe [...] entre 250 000 et 450 000 véhicules de plus qu'elle n'en exporte[2] ». Cette balance commerciale négative représentait 9,1 milliards d'euros sur un an, à la fin juin 2018.

Or, dans ce monde en régression, qui se concentre sur les services, le chômage peut effectivement régresser lui aussi. Seulement, parce que la richesse réelle d'une population dépend de ses exportations industrielles, les emplois nouvellement créés sont inférieurs à ceux qui ont été détruits : ils requièrent un niveau de qualification plus bas et offrent un niveau de vie plus bas également. Ce vers quoi nous sommes peut-être en train de tendre, c'est en somme une société « serviciée » (comme on parle de société « ruralisée »). Je m'autorise ce

1. Cécile Maillard, *L'Usine nouvelle*, 13 mars 2019.

2. D'après une étude du cabinet IHS citée dans un article des *Échos*, Julien Dupont-Calbo, « La déprimante balance commerciale de l'automobile française », 7 août 2018.

néologisme pour décrire cette France amoindrie, dégradée, à laquelle il faut nous préparer. On lit partout que « les services, c'est l'avenir » : oui malheureusement, parce que les services sans l'industrie, c'est le tiers-monde d'antan et c'est un avenir qui inclut un niveau de vie qui baisse. Un avenir qui, en vérité, est déjà notre présent.

Dans ce contexte, la baisse du chômage est concevable, comme cela se passe au Portugal. Récemment, certains théoriciens audacieux ont même pu ériger en modèle ce pays, qui va peut-être finir par remplacer l'Allemagne dans la « vision » de nos dirigeants.

Chapitre 2
Le déplacement social de l'intelligence

Après la strate consciente, celle de l'économie, plongeons un peu plus profond dans l'analyse de la structure sociale, dans ce que j'appelle la couche « subconsciente », qui correspond à l'éducation.

Pourquoi l'éducation est-elle de l'ordre du subconscient ? Parce que chacun sait qu'elle joue un rôle crucial, qu'après les études vient le métier et que ce métier est très largement déterminé par le type d'études que l'on a fait. Il n'est que de songer aux parents qui vivent désormais dans l'angoisse que leurs enfants échouent dans cette étape décisive de leur existence. Même l'OCDE a fini par admettre l'importance de l'éducation, classant systématiquement les nations par niveau éducatif moyen, en parallèle avec le PIB par tête.

Pour autant, je parle d'une strate « subconsciente » parce que l'éducation est aujourd'hui mal située dans les modèles qui s'efforcent de saisir les motivations de l'histoire humaine : on refuse de voir, en général, qu'il s'agit d'une variable autonome, qu'elle se développe – ou ne se développe pas – en elle-même, indépendamment (pour une large part) de l'économie. Ainsi, l'OCDE s'imagine encore que l'élément moteur pour l'essor de l'éducation, c'est l'investissement financier, ce qui n'est pas le cas : dans la séquence causale du progrès humain, le développement éducatif précède le développement économique et non l'inverse. Des interactions sont tout à fait envisageables. Comme nous allons le voir, une crise économique peut favoriser une régression éducative. Mais, dans l'ensemble, il faut bien comprendre que le développement de l'éducation constitue l'axe central de l'histoire. Il faut certes un investissement minimal pour éduquer, en argent ou en temps d'activité enseignante, mais on constate empiriquement que les sociétés qui réussissent le mieux sur le plan éducatif – actuellement les sociétés du nord de l'Europe, le Japon ou la Corée du Sud – ne sont pas celles qui y consacrent la proportion la plus grande de leur PIB. Nous pouvons trouver des causes non économiques à ces différences d'efficacité : des restes d'intériorité protestante ou de discipline familiale – mais nous atteignons ici les couches inconscientes de la vie sociale. Oublions un instant ces différences et la compétition entre nations : partout sur la planète, on a voulu apprendre à lire et écrire, puis développer une éducation secondaire et supérieure, avec des succès divers, mais toujours en vertu d'une tendance humaine universelle à « avancer » qui n'est pas déterminée, fondamentalement par l'économie. Cette tendance, on va le voir, n'est pas toujours victorieuse.

Nous vivons, avec la domination idéologique des économistes ou des gens qui croient en la primauté de l'économie – mettons, de Jean-Claude Trichet à Paul Krugman –, le triomphe d'une sorte de marxisme vulgaire, celui qui était censé avoir, avec Marx, remis Hegel sur ses pieds, remplacé l'idéalisme historique par le matérialisme historique. Je me contente ici de revenir à la conception qui dominait, bien avant Hegel, chez tous les penseurs du XVIIIe siècle, mieux, chez tous les gens raisonnables qui, à l'instar de Condorcet dans son *Esquisse d'un tableau historique des progrès de l'esprit humain*, estimaient que l'apprentissage de la lecture et de l'écriture constituait le fondement de la marche en avant de l'humanité. Dans le chapitre précédent, nous avons vu que la phase 1992-2018 peut être décrite comme un moment décisif de régression économique. Ce n'est pas une immense surprise puisque nous avons eu droit pendant cette période à deux récessions avec hausse du taux de chômage à plus de 10 %, l'une provoquée par la politique de la monnaie unique elle-même, l'autre par la politique de la monnaie unique se greffant sur la Grande Récession mondiale de 2007-2008. Comme l'éducation évolue de façon largement autonome, il n'existe pas de raison *a priori* pour qu'à cette régression économique vienne s'ajouter une régression éducative. La preuve en est que la crise des années 1930 n'avait rien provoqué de tel, ni aux États-Unis ni en Europe.

Pourtant, se concentrer sur la variable de l'éducation dans la période 1992-2018 revient à déterrer une mine. Pour la raison simple qu'on constate une crise éducative qui, à bien des égards, est beaucoup plus préoccupante encore que le naufrage économique du pays.

L'extension problématique du supérieur

Commençons par les enseignements secondaire et supérieur. Le développement de l'éducation secondaire s'amorce après la Seconde Guerre mondiale. Les événements de Mai 68 accélèrent le processus et, de 1968 à 1995, l'éducation secondaire connaît une expansion formidable, qu'on peut mesurer par la proportion d'individus qui, dans une cohorte donnée (autrement dit, pour faire simple, une génération), obtiennent le baccalauréat général. Entre 1968 et 1995, on passe de 19,6 % d'une cohorte qui obtient le baccalauréat général à 37,2 %, soit presque un doublement. Ensuite, se produit une crise décisive, qui est mesurable à partir de 1995 en France, mais avait eu son équivalent dès 1965 outre-Atlantique, parce que l'Europe continentale a *grosso modo* une génération, voire plus, de retard sur les États-Unis : en France, la proportion d'individus qui obtient le baccalauréat général chute de 37,2 à 31,6 % entre 1995 et 2004.

Il ne faut pas exclure complètement la conjoncture et l'économie comme facteurs explicatifs de cette baisse : elle a lieu dans le contexte de contraction des dépenses liée à la première des deux récessions économiques que j'évoquais plus haut, entièrement imputable à Maastricht. L'austérité budgétaire ahurissante imposée à tous pour respecter les critères d'entrée dans l'euro n'a pas épargné le système éducatif. Rappelons-nous l'ambiance de l'époque : une véritable crise, incluant les grandes grèves de l'automne 1995, une dissolution du Parlement menant à l'autodissolution tragicomique du pouvoir présidentiel de Chirac. Cette atmosphère dépressive a pu contribuer à la chute stupéfiante, en un peu moins d'une décennie, de 37,2 % d'une génération à obtenir le bac général à 31,6 %. Toutefois, le taux de chômage n'est resté supérieur à 10 % que de 1993 à 1999. Or la baisse éducative s'étend, elle, de 1995 à 2004. Si, conjoncturellement, elle a pu être en partie déclenchée par le contexte économico-monétaire, sa prolongation et la trajectoire nouvelle qui se dessine par la suite invitent à chercher des causes plus profondes.

On observe, dans un troisième temps, une reprise apparente : entre 2004 et 2018, la proportion des individus qui, dans une cohorte d'âge, obtiennent le baccalauréat général remonte de 31,6 à 42,1 %[1]. Mais avons-nous toujours affaire au même bac ? Je pense que la rupture de 1995 est une vraie rupture. La réalité des progrès antérieurs à cette date n'est pas discutable : jusqu'à 1995, le bac général restait le bac, il n'était pas dévalué par rapport à celui qu'avaient pu passer les générations antérieures. La hausse postérieure à 2004 évoque autre chose. Cette remontée de la proportion d'une génération obtenant le bac correspond en effet, entre 1995 et 2018, à un taux de réussite des candidats au bac général qui est passé de 72 % à 88 %. Donc, non, nous n'avons plus affaire au même bac : il est plus facile à obtenir.

Tableau 2.1. Le pourcentage de bacheliers par cohorte

	1968	**1992**	**1995**	**2004**	**2014**	**2018**
Bac général	19,6	32,4	37,2	31,6	37,7	42,1
Bac technique	—	13,6	17,6	17,5	16,0	16,3
Bac professionnel	—	5,1	7,9	11,7	23,8	21,5
Tous baccalauréats	19,6	51,1	62,7	60,8	77,5	79,9

Sources : Note d'information no 19.03 de la DEPP.

La chute de l'addition à trous, et du reste

Une étude récente de la Direction de l'évaluation, de la prospective et de la performance (DEPP, rattachée à l'Éducation nationale), à la fois solide et simple dans sa conception, permet de mesurer de façon tangible cette baisse de niveau et de la saisir à la source, au sortir du primaire[2]. Elle nous donne pour les élèves de CM2 en 1987, 1999,

1. Il ne s'agit là que du bac général. Si on ajoute le bac technologique et le bac professionnel, avec respectivement 16,3 % et 21,5 % d'une cohorte, on atteint 79,9 % d'une génération diplômée du bac en 2018.

2. Note d'information no 19.08, mars 2019, « L'évolution des performances en calcul des élèves de CM2 à trente ans d'intervalle (1987-2017)».

2007 et 2017 un état de l'évolution des scores en calcul. Évaluer la façon dont des enfants de dix ans environ sont capables de faire à la main des additions à trous, des soustractions à trous, des multiplications et, ce qui reste le plus difficile pour nous tous, des divisions, présente un avantage : les résultats sont facilement comparables d'un enfant et d'une année à l'autre. Or qu'observe-t-on entre 1987 et 2017 ? Le score moyen passe de 250 points en 1987 à 210 en 1999, 202 en 2007, 176 en 2017. Une véritable chute donc.

Ces scores en calcul sont fortement corrélés aux performances en lecture et en orthographe. Une étude un peu antérieure de la DEPP nous apprend ainsi que «[l]es compétences orthographiques mesurées dans le cadre d'une dictée diminuent globalement : en 2015, les élèves font en moyenne 17,8 erreurs contre 14,3 en 2007 et 10,6 en 1987[1]». Point significatif : «[c]'est l'orthographe grammaticale (règles d'accord entre le sujet et le verbe, accords dans le groupe nominal, accords du participe passé) qui demeure la source principale de difficultés pour les écoliers français ». Or on sait que les accords de la langue française sont très proches du calcul en termes de gymnastique mentale.

Ces chiffres qui évaluent le niveau scolaire d'élèves de CM2 sont précieux : ceux de la première étude (sur le calcul) concernent des générations qui ont passé le bac respectivement en 1994, 2006 et 2014, ainsi que celle qui le passera en 2024, des générations qui ont donc fait leurs études supérieures entre 1994 et 1999, entre 2006 et 2011, entre 2014 et 2019, ou qui les feront entre 2024 et 2029. Ils permettent de se projeter dans l'avenir et de se faire une idée de l'état intellectuel des générations futures. Cet avenir, on le devine, risque de ne pas être radieux.

Les résultats des études de la DEPP confirment l'hypothèse selon laquelle nous n'avons plus affaire au même bac et que l'augmentation du nombre de bacheliers après 2004 n'est pas dans la continuité des tendances de l'après-guerre et de l'après-1968. Sinon, comment expliquer que de plus en plus d'enfants obtiennent le bac au sein de générations qui savent de moins en moins bien écrire et compter ?

1. Note d'information n° 28, novembre 2016, « Les performances en orthographe des élèves à la fin de l'école primaire (1987-2007-2015)».

Ces chiffres laissent supposer que le niveau de l'enseignement supérieur a dû, lui aussi, baisser pendant notre période : car l'augmentation de la proportion de personnes qui obtiennent le bac, observée à partir de 2005, a bien sûr été suivie d'une augmentation de la proportion d'une génération qui fait des études supérieures.

Les sources Eurostat nous disent qu'en France la part d'une cohorte qui fait des études supérieures d'un type ou d'un autre (c'est-à-dire bac + 2 minimum) est passée de 27,4 % en l'an 2000 à 43,6 % en 2016. Il suffit de réfléchir deux minutes pour se rendre compte que quelque chose cloche : une société ne peut pas faire un bond éducatif de cette ampleur en seulement seize ans. Le développement de l'éducation obéit à des rythmes plus lents. Le niveau des études supérieures non plus ne peut donc pas être resté le même.

J'admets ces déclins par devoir de chercheur et avec tristessse. Toute ma vie, j'ai résisté aux théories « déclinistes ». Je ne suis pas, comme Alain Finkielkraut, pessimiste de tempérament et social-dépressif d'idéologie. Je suis un optimiste, sensible aux progrès de l'humanité : l'un de mes premiers livres s'intitulait *L'Enfance du monde* et j'y analysais en détail l'alphabétisation universelle de la planète[1]. Cet acquis n'est pas perdu car, j'insiste là-dessus, le récent déclin éducatif n'empêche pas les enfants d'apprendre à lire, écrire et compter. Simplement, ils le font un peu moins bien qu'auparavant, plus lentement, avec moins d'aisance. Enregistrer ces résultats en baisse représente pour moi une application du principe d'empirisme, qui a guidé toute ma vie de chercheur.

L'année où le niveau baissera pour la société dans son ensemble : une évaluation difficile

De cette évolution des cohortes les plus récentes, on pourrait être tenté de déduire que le niveau éducatif global de la société baisse. Ce n'est pas le cas. Du moins, pas encore.

Le niveau éducatif d'une société est constitué de l'agrégation des niveaux éducatifs de toutes ses tranches d'âge. Or le niveau éducatif

1. Emmanuel Todd, *L'Enfance du monde. Structures familiales et développement*, Paris, Seuil, 1984.

des anciennes générations est encore extrêmement bas et leur disparition fait mécaniquement monter le niveau global. Les deux tableaux qui suivent font apparaître la rareté des études supérieures au-dessus de 65 ans et la fréquence plutôt élevée des difficultés d'écriture et de calcul au-dessus de 50 ans, ce qui semble contredire ce qui vient d'être dit de la chute récente.

Tableau 2.2. L'éducation selon l'âge vers 2015-2018

Éducation	25-34 ans		**25-34 ans**	**65 et +**
	Hommes	Femmes	**Total**	**Total**
Supérieure complète	29 %	36 %	33 %	9 %
Bac + 2	13 %	15 %	14 %	6 %
Moins	56 %	49 %	53 %	85 %

Sources : Insee.

Tableau 2.3. Les difficultés à l'écrit et en calcul selon les générations en 2011

Âge	**Difficultés à l'écrit**	**Difficultés en calcul**
18-29	10 %	11 %
30-39	14 %	11 %
40-49	16 %	18 %
50-59	21 %	22 %
60-65	24 %	22 %

Sources : *Insee Références*, édition 2016.

Un article très intéressant de 2016 sur les difficultés d'écriture et de calculs selon l'âge dans la population active (jusqu'à 65 ans donc) constate que ces difficultés sont maximales dans la population active entre 60 et 65 ans[1]. Pour autant, comme le notent les deux auteurs, Fabrice Murat et Thierry Rocher, ces chiffres doivent être interprétés

1. Fabrice Murat et Thierry Rocher, « L'évolution des compétences : effet génération et effet cycle de vie », *Économie statistique*, n° 90, p. 61-83, 2016. Cette revue est éditée par l'Insee.

avec précaution parce qu'au-delà d'un certain âge on mesure une baisse des compétences en écriture et en calcul due au vieillissement. Ce mélange d'effets de cohorte et de cycle de vie rend l'évaluation plus complexe qu'elle n'y paraît.

Énumérons les évolutions que nous devons combiner pour suivre le niveau éducatif global.

Du côté positif :

– la disparition des cohortes âgées ayant fait peu d'études secondaires et supérieures et dont les compétences en calcul et en orthographe étaient faibles ;

– l'élévation réelle du niveau des cohortes jusqu'à la génération qui a eu son baccalauréat en 1995, et dont les études supérieures peuvent être considérées comme de niveau stable.

Du côté négatif :

– les problèmes cognitifs des actifs pour toutes les cohortes à partir de 50 ans environ, sachant que la proportion d'actifs de cet âge augmente par suite du vieillissement général de la population ;

– la chute du niveau en calcul et orthographe des générations les plus jeunes, qui, lorsque celle-ci avancent en âge, conduit à une baisse de niveau du baccalauréat puis de l'enseignement supérieur.

J'ai, malgré ces difficultés, essayé de trouver une façon raisonnable de situer dans le temps un point de basculement : le moment où l'arrivée à l'âge adulte des jeunes générations plus faibles en calcul pèsera plus lourd dans les équilibres économiques et sociaux que la sortie des générations anciennes peu formées, un moment où la population française dans son ensemble passera d'un niveau éducatif ascensionnel à un mouvement descendant. J'ai choisi la date où les jeunes de niveau plus faible, mesuré par l'étude de la DEPP, atteindront l'âge médian actuel de 40 ans, considérant qu'à ce moment-là l'effet d'amélioration lié à la sortie des générations anciennes ne jouera plus vraiment. On peut ainsi faire une estimation de l'année où commencera la chute du niveau éducatif global de la société française.

Je suis parfaitement conscient de la multiplicité des décisions arbitraires qui interviennent dans un tel choix. Dans le contexte d'incertitude qui pèse désormais sur les niveaux du primaire, du baccalauréat et des études supérieures, toute évaluation qui prétendrait être une certitude prêterait à rire. Reste que nous ne pouvons prétendre parler de l'avenir sans une telle tentative d'évaluation.

La date d'arrivée à l'âge de 40 ans des premières générations pour lesquelles la DEPP mesure une chute de niveau est 2030. Nous allons devoir imaginer une compétence globale qui baisse dans le contexte d'un système économique technologiquement plus sophistiqué que jamais, plus robotisé notamment. Mais le monde qui vient est-il si incohérent, au fond ? Des individus qui lisent moins facilement auront-ils besoin de cette compétence pour parler à des machines ?

Nous cherchons à comprendre l'inertie politique de la période 1992-2019 et notre évaluation nous indique qu'elles ne furent pas, pour la population française dans son ensemble, une phase de déclin. Les groupes d'âge actifs étaient en progression cognitive. S'il y a, dans l'évolution de l'éducation, bien des raisons de nous inquiéter pour l'avenir, nous n'y trouvons pas une explication des renonciations du passé proche. C'est même à l'apogée du niveau éducatif atteint par la France que l'euro a cessé d'être mis en question.

Une chute démocratique

L'étude de la DEPP comporte une bonne nouvelle dans la mauvaise nouvelle : le niveau baisse, mais cette baisse touche les enfants de toutes les catégories sociales et ne fait guère d'entorse au principe démocratique. De 1987 à 2017, les scores des enfants des cadres et des professions intellectuelles supérieures tombent de 278 à 206, ceux des professions intermédiaires de 263 à 188, ceux des ouvriers de 238 à 166. La chute n'est pas exactement proportionnelle puisqu'elle s'aggrave quand même un peu lorsqu'on descend l'échelle sociale : 26 % chez les cadres, 28 % chez les intermédiaires, 30 % chez les ouvriers. Mais nous sommes toujours dans le modèle d'une France où la croissance des inégalités entre CSP n'est pas le problème central.

Tableau 2.4 La baisse du niveau en calcul selon la catégorie sociale du chef de famille

	1987	1999	2007	2017
Agriculteurs exploitants	255	217	196	170
Artisans, commerçants et chefs d'entreprise	253	220	200	191
Cadres et professions intellectuelles supérieures	278	234	237	206
Professions intermédiaires	263	221	209	188
Employés	246	211	201	170
Ouvriers	238	197	186	166

Graphique 2.1. La baisse du niveau en calcul selon la catégorie sociale du chef de famille

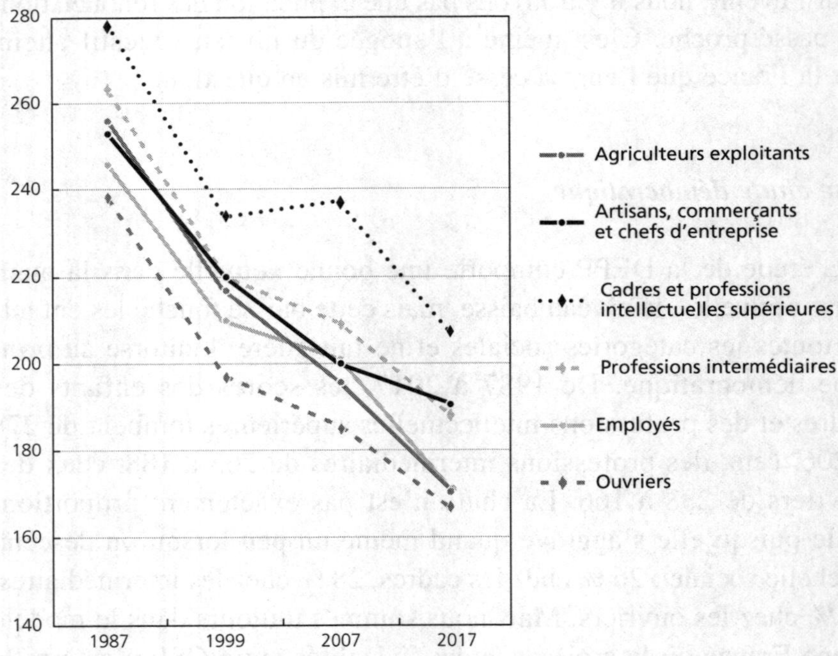

Sources : DEPP, note d'information no 19.08, mars 2019.

Cette chute générale suggère que les causes sont, elles aussi, générales. La première qui vient à l'esprit aurait quelque chose à voir avec les techniques d'apprentissage : si les enfants savent moins bien compter, ce serait, par exemple, parce qu'à l'âge de la calculette, on leur fait faire moins de calcul mental. Ce n'est pas impossible. Nous pourrions d'ailleurs compléter cette interprétation par une remarque optimiste soulignant la nouvelle virtuosité des enfants sur leurs écrans et téléphones portables. Certes, ils comptent moins bien, mais ils savent faire tellement d'autres choses ! Je pense qu'en réalité l'école n'est pas la seule ni même la principale responsable du déclin des facultés intellectuelles élémentaires. L'apprentissage de la lecture, et celui du calcul, si fortement liés, doivent autant sinon davantage à l'entourage familial et social qu'à l'institution scolaire. Il intervient durant une phase cruciale du développement d'un individu et modifie son cerveau en profondeur. La lecture complexifie la vie intérieure et transforme la personnalité de l'enfant qui la pratique de façon intensive, elle change son rapport au monde. Or cet apprentissage a été perturbé dès l'arrivée de la télévision, bien avant celle des tablettes et écrans de notre monde actuel[1].

C'est évident dans le cas des États-Unis, où la baisse des scores aux tests de raisonnement SAT se manifeste dès les années 1960-1970, et peut être directement corrélée à l'impact massif et précoce de la télévision : les jeunes Américains se sont mis à lire moins, ce qui a nui au formatage positif des cerveaux[2]. Le développement de l'univers avant tout visuel d'Internet (les vidéos et séries télé en ligne) n'a évidemment pas arrangé les choses : toutes les sociétés du monde doivent désormais affronter un reflux massif de l'écrit comme instrument de loisirs pour les enfants en cours de formation cérébrale.

Il ne s'agit pas de dire que la vidéo est nuisible en soi. Les vidéos comme les séries télé peuvent être très instructives et posséder une valeur artistique supérieure à celle de beaucoup de romans. Mais elles ne formatent pas le cerveau de la même manière. À un certain âge (en gros à partir du moment où l'on sait lire, vers six ans, jusqu'à

1. Felipe Pegado *et al.*, « Timing the impact of literacy on visual processing », *PNAS*, vol. 111, nº 49, novembre 2014.

2. Voir mes deux essais *L'Illusion économique*, *op. cit.*, p. 45-67 et *Après la démocratie*, Paris, Gallimard, 2008, p. 71-75 (dans l'édition Folio).

la puberté), lire un mauvais roman fait plus de bien au cerveau que regarder un chef-d'œuvre du cinéma. Ce constat a quelque chose de paradoxal : il est insensé qu'une percée technologique nous menace d'un effondrement intellectuel, et difficile d'admettre que l'un des grands facteurs du développement intellectuel de l'espèce humaine a peut-être été l'effroyable ennui de ces après-midi de vacances où, pour s'occuper, les enfants lisaient.

Notons que la baisse du niveau intellectuel s'observe dans l'ensemble du monde développé. Comme l'a montré James R. Flynn, le quotient intellectuel (QI) a pendant longtemps augmenté dans les pays occidentaux (formidable désaveu de toutes les théories de la dégénérescence génétique qui déduisaient du fait que les pauvres faisaient plus d'enfants celui que le niveau intellectuel allait baisser)[1]. Ce *Flynn effect*, ou hausse généralisée du QI, qui a touché aussi les pays en voie de développement, a cependant, dans la phase la plus récente, cédé la place à un *reverse Flynn effect*[2]. On peut observer un début de baisse du QI, d'autant plus significatif que la plupart des tests et mesures ont été effectués pour des échantillons représentatifs dans des pays protestants (Norvège, Danemark, Grande-Bretagne, Pays-Bas, Finlande, Estonie). Or le monde protestant, c'était le monde de la lecture (et pas seulement de la Bible).

Pour les générations parmi lesquelles les études de la DEPP ont déjà révélé une détérioration du niveau en calcul, corrélée aux capacités de lecture et d'écriture ainsi qu'à un problème d'agilité intellectuelle en général, la messe est dite. La lecture intensive structure le cerveau à une certaine époque de la vie[3]. Ses bienfaits ne sont pas récupérables par la suite lorsque celui-ci devient moins plastique (c'est pourquoi l'alphabétisation des adultes est si difficile). Il faut accepter le fait que ces générations liront un peu plus lentement, calculeront un peu moins bien et, comme nous allons le voir plus loin, feront beaucoup d'études. Pour les générations ultérieures, en revanche, rien

1. James R. Flynn, *Are We Getting Smarter ? Rising IQ in the Twenty-First Century*, Cambridge, Cambridge University Press, 2012.

2. Edward Dutton, Dimitri van der Linden, Richard Lynn, « The negative Flynn Effect : A systematic literature review », *Intelligence*, vol. 59, novembre-décembre 2016, p. 163-169.

3. Voir Emmanuel Todd, *Où en sommes-nous ?*, *op. cit.*, p. 159-160, et l'ouvrage sur lequel s'appuient ces deux pages : David Riesman, *La Foule solitaire*, Paris, Arthaud, 1964 et 1992, p. 131-133 (*The Lonely Crowd*, Londres, Yale University Press, 2001, p. 89-91).

n'est *a priori* perdu et une mise sous contrôle des écrans pourrait infirmer les projections pessimistes des paragraphes qui précèdent. On pourrait imaginer que les parents parviennent – non sans mal – à protéger leurs enfants des tentations de la télévision et d'Internet pendant la phase de leur développement où il est important qu'ils lisent beaucoup. Mais soyons clairs : il s'agirait d'une révolution aussi importante que la diffusion du puritanisme entre le XVIIe et le XIXe siècle, l'interdit visuel n'étant pas plus facile à mettre en place qu'un interdit sexuel. Mais qui sait : dans la phase la plus récente, la lutte contre le tabagisme ou celle pour la ceinture de sécurité ont dans l'ensemble plutôt réussi.

La stratification éducative

Au-delà de la question de savoir si le développement de l'éducation supérieure signifie une hausse du niveau éducatif réel des cohortes – ce qui était vrai mais ne l'est probablement plus depuis l'arrivée à l'université des générations qui ont eu vingt ans en l'an 2007 –, il n'est pas sûr que son essor soit un pur bienfait pour l'humanité. L'éducation supérieure conduit aussi à une crise de la démocratie. Elle introduit dans la société une division nouvelle : la stratification éducative[1]. Celle-ci va avoir des conséquences idéologiques non négligeables : elle favorise le développement d'un *subconscient inégalitaire* qui explique l'acceptation de plus en plus grande, à partir du milieu des années 1960 aux États-Unis et des années 1990 en France, de politiques économiques inégalitaires ou aux conséquences inégalitaires (le libre-échange et l'euro en ce qui nous concerne).

La hausse du taux d'alphabétisation puis l'atteinte de l'alphabétisation universelle, du XVIIe au XXe siècle, avaient scandé la progression irrésistible de l'idéal démocratique. Les populations se rendaient compte que ce qui était réservé aux prêtres et aux commerçants au

1. J'ai émis l'hypothèse de la stratification éducative pour la première fois dans *L'Illusion économique*, *op. cit.*, en 1997, et l'ai reprise vingt ans plus tard dans *Où en sommes-nous ?*. En 1997, elle était passée inaperçue. En 2017, c'est ce que les commentateurs (ceux du *Monde*, par exemple) ont retenu de mon livre, ce qui montre le délai qui peut s'écouler entre l'émission d'une hypothèse, me semble-t-il, valable et son entrée dans le débat public.

Moyen Âge se diffusait à des masses de plus en plus grandes et que bientôt le dernier des ouvriers agricoles serait capable de lire et d'écrire. La société pouvait bien rester fondamentalement inégalitaire sur le plan économique (qu'on songe à la France de la fin du XIXe siècle), dans la mesure où les individus étaient de plus en plus égaux en termes de compétences intellectuelles et éducatives, un subconscient démocratique irriguait progressivement le corps social.

Dans ce monde démocratique ancien, les personnes ayant fait des études supérieures étaient très peu nombreuses, quelques pourcents, et, si elles voulaient exister socialement, il fallait qu'elles parlent aux autres. Les éduqués supérieurs (je désigne ainsi des personnes qui, avant la mise en place de l'université moderne, ne pouvaient pas, bien entendu, avoir fait des études supérieures à proprement parler, mais qui avaient eu des précepteurs), ces éduqués supérieurs, donc, s'ils étaient producteurs de culture, devaient s'adresser aux alphabétisés ordinaires, dans leurs romans, leurs pamphlets, leurs chansons.

Or la montée en puissance de l'éducation supérieure a produit, surtout à partir du moment où elle s'est bloquée, où l'on a pressenti que, contrairement à l'alphabétisation, elle ne serait pas universelle, l'émergence d'un sentiment inégalitaire d'un type nouveau. Le problème n'est pas simplement que ceux qui sont en haut se voient au-dessus des autres et, sous prétexte qu'ils ont eu une éducation supérieure, se pensent vraiment supérieurs[1]. Le problème est aussi qu'ils peuvent se permettre de vivre entre eux : 31 % de diplômés du supérieur, cela représente presque un tiers de la société. Ces personnes peuvent écrire des livres qui ne s'adressent qu'à d'autres éduqués supérieurs. La stratification éducative favorise une vision de l'art élitiste et narcissique. Elle explique qu'on soit passé de Balzac, Zola, Hugo à Catherine Millet, Philippe Besson, Christine Angot. Et elle permet de comprendre une bonne partie de la production cinématographique française de ces dernières décennies, qui n'a plus aucun rapport avec la société en général et se satisfait de ne plus être que le reflet des préoccupations professionnelles et sentimentales des classes dites moyennes supérieures. *La Grande Illusion* et *La Grande Vadrouille* mettaient

1. Sentant sans doute que l'expression même d'« éducation supérieure » commençait à devenir scabreuse, l'OCDE et l'Éducation nationale parlent désormais d'éducation « tertiaire ».

en scène des rapports de classes ; *Alceste à bicyclette* ou *Le code a changé*, non. Le sommet du décrochage culturel me semble atteint par certaines séries policières de la télévision dans lesquelles des officiers de police tout à fait ordinaires (membres en réalité, on l'a vu, des professions intermédiaires) se pavanent, hors service, dans des appartements ou maisons sublimes avec, si possible, vue sur la mer. Cet irréalisme social se produit sur fond d'émergence d'une population dont un tiers a fait des études supérieures contrairement aux deux autres tiers.

Si l'on considère l'ensemble de la population de plus de 25 ans, nous sommes passés de 18 % de personnes ayant reçu une éducation supérieure en 1999, au moment de l'entrée dans l'euro, à 31,4 % en 2018. La masse des éduqués supérieurs a presque doublé. Si l'hypothèse d'un subconscient inégalitaire résultant de la diffusion des études supérieures est correcte, on doit admettre que la masse des sentiments antidémocratiques a énormément augmenté en France depuis Maastricht.

Sur qui ce nouveau subconscient inégalitaire pèse-t-il le plus ? Pas sur les vieux. En 2015-2016, 85 % des 65 ans et plus n'avaient pas fait d'études supérieures, ils n'étaient que 6 % à avoir atteint bac + 2 et 9 % un diplôme du supérieur au-delà de bac + 2 (voir le tableau 2.2.). Selon mes critères, les vieux restent peu fragmentés et donc dépositaires de la vieille conscience égalitaire et démocratique. À l'inverse, la génération la plus fragmentée est celle des 25-34 ans qui, à 53 %, n'a pas fait d'études supérieures, mais dont 14 % ont atteint bac + 2 et 33 % obtenu un diplôme du supérieur plein et entier. Le groupe sociodémographique porteur du subconscient social inégalitaire le plus fort est donc celui des jeunes de 25-34 ans, diplômés du supérieur à 47 %. On notera que c'est dans ce groupe d'âge qu'on voit apparaître le nouveau retard des hommes sur les femmes, puisque les individus de sexe masculin n'y sont diplômés du supérieur qu'à 44 % et les femmes à 51 %. Au terme de l'analyse, nous devons constater que la catégorie qui porte aujourd'hui le plus pleinement le clivage inégalitaire est majoritairement jeune et féminine.

L'illusion éducative

La proportion de la population qui fait des études supérieures augmente, le niveau de ces études supérieures baisse. Ces deux éléments contradictoires méritent une analyse plus fine, dont le but ultime sera de saisir leurs implications proches ou lointaines pour l'équilibre et la stabilité de notre société.

En quoi consistent exactement ces études supérieures ? À quoi servent-elles vraiment s'il ne s'agit plus de développer son esprit ou d'acquérir des compétences ?

Il faut le dire franchement : certains diplômes ne valent plus grand-chose. Une telle affirmation évoquera immédiatement dans l'esprit du lecteur des licences de psycho ou de lettres qui ne servent à rien. En réalité, ce n'est pas de cela qu'il s'agit. Le problème est beaucoup plus large. Un article du site *Slate* nous apprend qu'actuellement, en France, 80 % de l'accroissement du nombre de diplômés du supérieur provient du secteur privé avec, en pointe, les écoles de commerce, les écoles paramédicales ou d'ingénieurs[1]. Les étudiants sont certes sélectionnés, mais il faut bien l'admettre, quand même, désormais certains diplômes « s'achètent ».

Si l'on peut acheter son diplôme, à quoi servent concrètement, les études supérieures ? Dans un livre corrosif, le libertarien Bryan Caplan a soutenu la thèse qu'elles ne servaient pas – ou plus – à acquérir des compétences intellectuelles[2]. Leur vocation est surtout de classer les étudiants. Le diplôme est devenu un élément de stratification sociale en lui-même, il procure des avantages tangibles sur le marché du travail. Autrefois, on faisait des études supérieures certes peut-être pour gagner mieux sa vie, mais aussi et surtout parce que l'on poursuivait un idéal d'émancipation intellectuelle, par désir d'apprendre. On fait désormais des études pour survivre économiquement : « les diplô-

1. « Ces 26 chiffres ou graphiques montrent comment la France a changé en 30 ans », *Slate*, 29 janvier 2014.

2. Bryan Caplan, *The Case Against Education : Why the Education System Is a Waste of Time and Money*, Ville, Princeton University Press, 2018. En bon libertarien, Caplan ne croit qu'au marché, il est anti-État, antisocial. Et, paradoxalement, il a produit une théorie qui va très au-delà de ce que pourrait dire la France insoumise contre le système.

més du supérieur gagnent en moyenne 73 % de plus que ceux qui ne sont pas allés au-delà du secondaire. Cet avantage était de 50 % à la fin des années 1970[1]», note Caplan à propos de la situation aux États-Unis. Et en France ? Le diplôme permet avant tout d'échapper au chômage. Les chiffres sont évocateurs : le taux de chômage des « sans diplômes » (de niveau certificat d'études primaires ou brevet) s'élève à 17 %, celui des simples titulaires du bac, d'un CAP ou d'un BEP à 10 %, celui des bacs + 2 ou plus à 5,2 %[2]. Des écarts considérables, donc, de l'ordre du simple au triple.

Les formations supérieures ne stratifient pas simplement, elles sont aussi terriblement stratifiées en interne : la mentalité inégalitaire va se loger dans le moindre détail. Cette obsession de la petite différence, qui est devenue l'une des grandes caractéristiques de la mentalité française, se manifeste, dans le domaine de l'éducation supérieure, par la hiérarchie qui existe non seulement entre les universités et les grandes écoles, mais entre les grandes écoles elles-mêmes : Polytechnique et les Écoles normales supérieures seront ainsi plus prestigieuses que Sciences Po et HEC, l'École normale supérieure de la rue d'Ulm, que ses équivalentes de Lyon ou Saclay. Et on peut affiner encore : au sein même de l'École normale supérieure de la rue d'Ulm, on oppose les élèves entrés sur concours (les « normaliens » à proprement parler) et les élèves simplement « diplômés » de l'École normale, sélectionnés sur dossier.

Cette obsession de la distinction conduit les générations nouvelles à traîner dans le supérieur jusqu'à un âge avancé pour empiler les diplômes. Qu'on songe à ces normaliens ou polytechniciens qui enchaînent avec HEC, Sciences Po ou l'ENA (et parfois les trois à la suite). Une telle prolongation des études permet peut-être de sélectionner les plus endurants mais, parce qu'elle supprime la réflexion personnelle durant trop d'années décisives, elle ne peut qu'aboutir à une baisse de l'intelligence créative, l'intelligence réelle. Tout comme nous estimons que le recul de la lecture entre 6 et 10 ans fait chuter le niveau intellectuel, nous devons postuler que des études supérieures

1. Dans un article où Caplan résume son livre, article paru initialement dans *The Atlantic* et traduit en français dans le magazine *Books* n° 90 (juillet-août 2018), p. 86-90, sous le titre « Pourquoi l'université ne sert à rien ».

2. Insee, Enquête emploi.

trop longues entre 18 et 25 ans entament les facultés cognitives. Pas plus que la vidéo, nous ne devons accuser les études en elles-mêmes, en imaginant simplement que trop formé un étudiant se retrouve formaté. C'est bien pire : il faut du temps libre pour apprendre à penser et des études trop longues, rythmées par le long chemin de croix des examens et concours, empêchent sans doute le développement de l'intelligence. Tout comme l'ennui forçait les enfants à la lecture, le désordre de la vie estudiantine traditionnelle contribuait à l'épanouissement intellectuel de nos élites. Le temps de cet épanouissement a été supprimé. Accumulations de vidéos (entre 6 et 10 ans) et de concours (entre 18 et 25) convergent pour créer en France un problème majeur de déficience cognitive.

La prime au conformisme

Comment réussit-on des études supérieures aujourd'hui ? Et grâce à quelles aptitudes ?

Après avoir utilisé le calcul comme indicateur central du niveau des élèves de CM2, il serait malvenu de prétendre, par exemple, que les mathématiques les plus élevées ne valent rien et que ceux qui réussissent les concours de Normal sup (en sciences), de Polytechnique, de l'École des mines ou de Centrale, n'ont pas un bon niveau. Incontestablement le système de concours des grandes écoles scientifiques reste l'une des forces de la France, l'un des éléments de stabilité de son système social et intellectuel.

Quand on en arrive à l'ENA, mieux, au classement de sortie de l'ENA, il est clair, en revanche, que l'intelligence « pure » n'est plus le critère premier. Je peux me tromper ici mais il me semble que le critère fondamental pour finir dans la « botte » de l'ENA, c'est-à-dire pour devenir inspecteur des Finances, auditeur à la Cour des comptes ou au Conseil d'État, c'est le conformisme.

Résumons-nous. Le diplôme vaut quelque chose même quand il ne vaut rien. Même dépourvu de contenu intellectuel, il est un titre donnant accès, dans un monde désormais stratifié et économiquement bloqué, à des emplois, des fonctions, des privilèges. Le diplôme est devenu, dans une société où la mobilité sociale a dramatiquement chuté, un titre de noblesse. Il y avait la « noblesse d'État » de Bourdieu, la grande, avec l'ENA en son cœur. L'expansion du nombre des titres nous oblige à concevoir, de plus, une prolifération nobiliaire, équivalent postindustriel d'une inflation de petite noblesse dans une société paysanne stagnante. La lutte pour les titres ne se produit cependant pas dans un vide, elle n'oppose pas des individus sortis de nulle part. Dans un monde qui étouffe économiquement, nous devons analyser finement les affrontements à l'intérieur des catégories privilégiées.

L'accès à l'éducation supérieure est devenu l'un des enjeux de la lutte des classes, et je ne pense pas ici à une lutte qui opposerait les enfants de cadres supérieurs aux enfants d'ouvriers. De plus en plus, la lutte voit s'affronter deux groupes en particulier : les enfants de riches et les enfants de profs. Chaque fois que l'on élève les droits d'entrée dans un établissement, on favorise les enfants de riches par rapport aux enfants de profs, qui sont par ailleurs avantagés parce que leurs parents sont constitutifs du système et qu'ils sont particulièrement bien informés des règles du jeu.

La réaccumulation de l'intelligence au bas de la société

Allons jusqu'au bout de notre raisonnement. Si le système éducatif n'assure pas vraiment la sélection des plus intelligents, dans un contexte où la paralysie économique a bloqué toute mobilité sociale et accentué les inégalités de classes dans l'accès aux études supérieures, nous devons émettre l'hypothèse complémentaire qu'une intelligence réelle, déconnectée de la stratification des diplômes, est en train de se réaccumuler dans les strates moyennes et inférieures de la société.

Dans son roman dystopique de 1958, *The Rise of the Meritocracy*, Michael Young avait prévu que le développement des études supérieures aboutirait à stratifier la société et à y diffuser un sentiment inégalitaire[1]. Selon lui, cette stratification, dérivée de l'idéal d'égalité des chances, produirait un monde hiérarchique beaucoup plus

1. Michael Young, *The Rise of the Meritocracy*, Londres, Penguin, 1958 ; traduction française : *La Méritocratie en mai 2033*, Paris, Futurible, 1969.

implacable que le monde postulé par le marxisme, divisé entre les propriétaires du capital et les autres. Il est, en effet, bien plus difficile de remettre en question des inégalités fondées sur le « mérite », en l'occurrence la réussite scolaire, que sur la richesse ou l'hérédité. Young avait anticipé que cet idéal méritocratique qui mettait les meilleurs en haut allait produire une société effroyablement stable, où les strates non sélectionnées, obligées d'accepter leur infériorité, resteraient soumises. Mais que se passe-t-il si la sélection ne repose plus sur le mérite véritable et que le décalage entre diplôme et compétence intellectuelle devient criant ?

Je crois que la société française a été réellement méritocratique entre 1945 et 1995. Pendant cette période, les enfants de bourgeois, de cadres et de professeurs sont toujours restés avantagés, mais l'expansion générale de l'économie et de l'éducation augmentait massivement le nombre de places. Le concept de reproduction sociale n'est pas incompatible avec celui d'ouverture sociale lorsqu'on se trouve dans une phase ascendante. Il me semble d'ailleurs que le succès de la pensée de Bourdieu s'explique fondamentalement par la coexistence, dans la période concernée, d'une France qui se reproduit et d'une France qui monte. Le bourdieusisme fut l'une des idéologies naturelles de la France en ascension, qui ne se lassait jamais de voir dénoncés les privilèges auxquels elle aspirait et les désavantages du monde populaire auxquels elle venait d'échapper.

Entre 1945 et 1995, durant un demi-siècle donc, les milieux populaires ont été « pompés » de leurs individus scolairement doués, qui ont pu gravir les échelons sociaux. Ce mouvement ascensionnel a contribué à vider la contestation populaire de ses élites intellectuelles naturelles. Pensons à ces ouvriers très qualifiés qui étaient l'armature du Parti communiste français et de la CGT. Les intellectuels organiques du PCF ou du PSU ont quant à eux été absorbés et dissous, phagocytés, par la masse des éduqués supérieurs, devenue aussi importante que le prolétariat. Mais si, désormais, le diplôme et l'intelligence se séparent, le système social méritocratique s'affaiblit. Et nous devons admettre que nous sommes au début de la phase suivante de l'histoire. Renversons la perspective et cessons de nous lamenter parce que, selon le critère méritocratique, le monde devient plus injuste. Nous devons être capable de concevoir que, si désormais l'on peut « acheter » un diplôme du supérieur et si le critère de la réussite est, outre l'argent, le conformisme, si des incompétents bénéficient d'un avantage de sélection, symétriquement des compétents (intellectuellement) s'accumulent dans les couches moyennes et inférieures de la structure socio-économique. Et on peut s'attendre à ce qu'à terme ces derniers forment les cadres d'une future révolte. Mais un doute me vient. N'y sommes-nous pas déjà ? Le mouvement des Gilets jaunes s'est finalement montré fort intelligent face à des adversaires énarques qui m'ont semblé très désemparés.

Je suis conscient d'avoir forcé le trait dans l'analyse qui précède, sans doute porté par mon admiration pour le dynamisme de Michael Young et mon hostilité instinctive au fixisme de Pierre Bourdieu. Revenant dans la complexité du présent, dans une représentation nuancée de la vie sociale, je dois rappeler que les études supérieures sont un bienfait, qu'il faut apprendre avant de créer et que la majorité des diplômés restent des gens intelligents qui méritent leurs titres, même si souvent, ils sont, comme tant d'autres, conformistes. Il s'agissait ici de saisir à la source quelques nouveautés importantes afin d'anticiper des évolutions paradoxales qui devraient mener la France, dans un futur pas si lointain, à tout autre chose que la stabilité et la paix sociale.

Plus de diplômés et plus de précarité

Nous aboutissons au tableau d'une société de plus en plus stratifiée par le diplôme (et tendanciellement de moins en moins par l'intelligence créative), diplôme qui offre avant tout des avantages sur le marché du travail. Si nous en restions là, nous pourrions être tentés de définir un modèle de stabilisation de l'inégalité. Il ne convient pas. Ce que montrent les statistiques économiques associées au niveau éducatif, c'est que le diplôme est devenu un instrument défensif et un instrument défensif qui ne suffit plus. Les éduqués supérieurs trouvent plus facilement du travail, on l'a vu plus haut, mais leur taux de chômage plus bas ne doit pas masquer le fait que le niveau de revenu des jeunes générations les plus éduquées est en baisse.

Cette baisse est reconnue par l'Insee : « Bien que plus diplômés, les salariés récemment entrés sur le marché du travail sont globalement moins bien rémunérés que leurs aînés. En 2016, les jeunes salariés sortis depuis 1 à 4 ans de formation initiale perçoivent un salaire net médian mensuel, tous temps de travail confondus, de 1 390 euros contre 1 730 euros pour les salariés qui ont terminé leurs études depuis plus de dix ans[1]. » Les jeunes diplômés supérieurs – et se sentant très certainement supérieurs – vivent en vérité une spectaculaire dégradation de leur niveau de vie par rapport aux générations antérieures.

Cette dégradation ne touche pas seulement ceux qui obtiennent les diplômes du supérieur les plus médiocres. Elle s'étend à ceux qui sont passés par de très grandes écoles. Et elle ne concerne pas seulement la rémunération du travail, mais sa nature. Prenons les polytechniciens, qui, dans notre système culturel, forment l'archétype le plus « neutre » de l'excellence à la française et ne font pas l'objet de controverses récurrentes comme les élèves de Sciences Po et de l'ENA. Je suis convaincu que les conditions d'intégration de l'École polytechnique sont restées aussi difficiles qu'autrefois, peut-être même plus dures en raison d'une compétition devenue plus forte. Mais je suis sûr aussi que les vies auxquelles les polytechniciens ont droit quand ils entrent sur le marché du travail aujourd'hui sont très dégradées qualitativement par rapport à celle de leurs aînés. Ces derniers pouvaient poursuivre des vies intellectuelles enrichissantes, tout en étant correctement payés et en ayant les moyens d'élever une famille. Les fondateurs de l'Institut national d'études démographiques (Ined) et de l'excellence démographique française, par exemple, étaient polytechniciens. Ils purent faire de la recherche de haut niveau sans cesser d'être des bourgeois. Aujourd'hui, ce n'est plus possible : si un polytechnicien veut gagner correctement sa vie, il va devoir aller boursicoter dans des salles de marché, c'est-à-dire se livrer à une activité intellectuelle très en dessous de sa compétence. Et même s'il gagne des millions, il est devenu un prolétaire de l'esprit.

Nous pouvons donc ajouter la chute du niveau et de la qualité de la vie des jeunes diplômés à la liste des facteurs de déstabilisation de la société française.

1. *Formations et emploi. Édition 2018*, « Insee Références », 10 avril 2018, p. 96.

Le destin des vieux

Dans *Le Destin des générations*, Louis Chauvel a très bien montré que les générations d'après-guerre avaient eu en France des histoires différentes[1]. Celles qui ont vécu leur arrivée à l'âge adulte à l'époque des Trente Glorieuses ou peu après continuent à jouir d'une retraite heureuse tandis que les plus jeunes s'enfoncent dans la précarité. Une situation paradoxale puisque les vieux sont moins diplômés. Ce dernier groupe, bien entendu, ne cesse d'évoluer : certains y entrent, d'autres en sortent – par le haut, serait-on tenté de dire si l'on visualise une pyramide des âges.

Jusqu'à une date récente le niveau de vie des retraités, qui étaient partis de très bas, a augmenté, pour finalement rattraper et dépasser le niveau de vie de la population active moyenne. Entre 1996 et 2010, d'après un rapport du Conseil d'orientation des retraites, il fluctue entre 101 et 103 % du niveau de vie moyen de la population[2]. Entre 2012 et 2015, il connaît une hausse et s'établit autour de 105 %. Ces trois années représentent l'apogée du privilège des vieux, même si ce privilège n'est que relatif et témoigne surtout d'une résistance à la baisse de niveau de vie général.

Durant l'essentiel de notre période (1992-2018), non seulement les vieux augmentent en nombre, mais ils vivent mieux. Depuis 2015, toutefois, leurs revenus relatifs, tout en restant supérieurs à la moyenne, se sont mis à baisser et, comme cette baisse relative intervient dans une période où la baisse est générale, cela signifie qu'elle est plus rapide que pour la moyenne de la population. Le Conseil d'orientation des retraites prévoit que le niveau de vie des retraités passera au-dessous de la moyenne en 2025, mais cette projection ne tient pas compte de la réindexation des retraites de moins de 2 000 euros à partir de janvier 2020[3].

1. Louis Chauvel, *Le Destin des générations. Structure sociale et cohortes en France du XXe siècle aux années 2010*, Paris, Presses universitaires de France, 1998.

2. Rapport annuel de juin 2018, « Évolutions et perspectives des retraites en France », p. 85-94.

3. *Ibid.*, p. 89.

Au bout du compte, une fois que l'on a éliminé les 1 % les plus riches, ce qu'on observe, c'est une société de plus en plus stratifiée, mais où, les unes après les autres, toutes les catégories qui étaient censées être privilégiées sont ramenées dans le lot commun de la dégradation : les jeunes, qu'on pensait protégés par leurs diplômes, comme les vieux qui n'ont pas nécessairement fait d'études, mais qui bénéficiaient jusqu'ici de bonnes retraites.

Philip K. Dick et le mouvement de l'éducation

J'ai mis en évidence la primauté de l'éducation dans le développement de l'humanité. Elle définit l'axe de l'histoire. Plus que les guerres ou les révolutions, sociales ou économiques, elle est l'histoire. Et, si l'on veut comprendre, en ce début de XXIe siècle, le mouvement de l'éducation dans la société française, peut-être faut-il se muer en lecteur de Philip K. Dick, l'un des plus grands romanciers de science-fiction américains.

Dick inverse ou abolit la réalité. Dans *Ubik*, son chef-d'œuvre, le groupe de héros voit autour de lui le monde se décomposer, les immeubles s'évanouir, le temps rétrograder, des personnages improbables apparaître et disparaître. Ces héros s'imaginent avoir survécu à un attentat qui a été fatal à leur patron. Jusqu'à ce qu'ils découvrent, dans des toilettes, tracé au crayon à bille rouge, le message suivant : « Je suis vivant et vous êtes morts. » En fait, c'est leur patron qui a réchappé à l'attentat, eux sont dans des espèces de limbes, où depuis leurs cercueils, ils arrivent à créer une forme de conscience collective résiduelle et temporaire. Leur monde n'était qu'une illusion.

Comme si nous étions nous-mêmes plongés dans l'univers d'*Ubik*, nos données sur l'éducation n'ont plus aucune consistance, nos statistiques changent de sens. Les titres perdent leur valeur. Certes, le niveau global de la population atteint son apogée. Mais l'apogée de quoi ? De l'éducation ou de l'intelligence ? Car même si leur coefficient de corrélation, incalculable, doit rester fort (+ 0,80 ? + 0,90 ?), les deux variables sont en cours de dissociation. Au sommet de la structure sociale, chez les éduqués supérieurs, le déficit cognitif augmente (terminologie savante), les idiots s'accumulent (conceptualisation naturelle).

Le niveau global va baisser dans les décennies qui viennent – sauf bien sûr, si une révolution mentale « puritaine », dans le bon sens du mot, parvenait à redresser les mœurs en matière de lecture et d'écriture. La probabilité d'un tel sursaut est faible dans une société aveuglée par la puissance des substituts technologiques nés de l'informatique. Le niveau, donc, va baisser. Mais pas de façon uniforme et homogène de haut en bas de la société. Une fois intégrée l'hypothèse d'une dissociation de l'éducation et de l'intelligence, et même si nous tenons compte d'une baisse en calcul marginalement plus forte chez les enfants d'ouvriers que chez ceux des cadres, nous devons faire l'hypothèse de classes supérieures surdiplômées mais intellectuellement diminuées et d'un monde dominé en cours de réarmement intellectuel, après son désarmement par un demi-siècle de méritocratisme.

Chapitre 3
Les structures familiales : la fin des cultures régionales

Selon mon modèle social général, l'inconscient d'une société se loge dans ses strates religieuse et familiale, qui interagissent d'ailleurs souvent de façon complexe. Je traiterai de la religion plus tard, quand j'aborderai la décomposition du paysage politique français, incompréhensible, ainsi que vient de le rappeler Jérôme Fourquet, si l'on n'intègre pas l'hypothèse d'un effondrement final du catholicisme[1]. Je rappellerai quand même ici ce que fut la géographie du catholicisme dans sa phase dernière. Mais ce chapitre 3 sera essentiellement consacré aux structures familiales, couche la plus profonde dont la désorganisation actuelle semble encore plus décisive.

Pourquoi les structures familiales sont-elles si importantes ? Elles conditionnent les valeurs inconscientes d'une société : son rapport à la liberté et à l'autorité, à l'égalité et à l'inégalité. Elles expliquent, à l'époque moderne, l'émergence d'idéologies de transition différentes selon les pays : le communisme en Russie, en Chine, au Viêtnam, en Yougoslavie, en Albanie ou encore à Cuba (autant de pays qui, tous, possédaient un système familial « communautaire », se caractérisant par des valeurs d'autorité et d'égalité), le nazisme en Allemagne (dont la famille véhiculait des valeurs autoritaires et inégalitaires), la démocratie libérale en Angleterre et aux États-Unis (dont le système familial est, comme celui de la France centrale, libéral, quoique non égalitaire)[2].

Quand j'évoque les systèmes familiaux (ou les structures familiales), il s'agit des systèmes familiaux paysans, traditionnels, d'avant la modernisation. Ils n'existent plus à proprement parler, ils ont été

1. Jérôme Fourquet, *L'Archipel français*, *op. cit.*

2. J'ai formulé pour la première fois cette hypothèse du conditionnement idéologique par les structures familiales dans *La Troisième Planète. Structures familiales et systèmes idéologiques*, *op. cit.*

détruits par l'urbanisation. Et pourtant leurs valeurs ont longtemps survécu. Quelque chose a perduré dans l'inconscient des sociétés bien après leur urbanisation.

En termes de structures familiales, la France est un pays unique et fascinant. Sa spécificité, par rapport aux pays qui l'entourent, n'est pas de comporter des systèmes familiaux différents, qu'on ne trouverait pas ailleurs. Ce n'est pas même d'être tout bonnement diverse, plus diverse qu'aucun autre pays du continent européen. C'est d'être organisée autour d'une polarité, de deux systèmes familiaux qui sont le contraire l'un de l'autre. On touche là au mystère et à la magie de la France, ce pays divisé contre lui-même par l'anthropologie.

Toute la question est de savoir si cette vieille division, cette polarité existentielle, vaut toujours pour la période 1992-2018.

Centre anarchiste contre périphérie disciplinée

Résumons cette polarité. Elle oppose un système central à un système périphérique. Le système central recouvre, pour l'essentiel, le Bassin parisien[1]. À l'époque de la famille paysanne traditionnelle, le rapport des parents avec leurs enfants y était libéral : une fois adultes, les enfants allaient se marier et fonder un nouveau foyer ailleurs, échappant ainsi à l'autorité paternelle. Le ménage était donc toujours nucléaire, c'est-à-dire qu'il réunissait uniquement un couple et ses enfants. Et ces enfants étaient traités de façon égalitaire : ils héritaient tous d'une part égale, y compris les filles. Les valeurs d'un tel système sont la liberté et l'égalité, ce qui explique pourquoi, au XVIIIe siècle, les habitants du Bassin parisien, lorsqu'ils ont été suffisamment alphabétisés et ont cessé de croire en Dieu, ont fait la grande Révolution française avec sa célèbre devise : liberté, égalité[2]. Le terme « fraternité » a été ajouté par la IIe République le 27 février 1848, quelques mois avant que l'on envoie l'armée et les gardes mobiles massacrer les ouvriers parisiens, au moment donc où la lutte des classes, selon Marx, devenait aiguë. La

1. Au système familial central libéral et égalitaire du Bassin parisien, il convient d'ajouter la façade méditerranéenne où le statut des femmes était un peu plus bas.

2. Voir Emmanuel Todd, *L'Invention de l'Europe*, Paris, Seuil, 1990, p. 201-227.

vérité de l'histoire apparaît souvent par l'affirmation préalable de son contraire, ainsi que nous le verrons à plusieurs reprises dans ce livre.

L'autre système familial est ce que l'on nomme « famille-souche ». Il véhicule des valeurs d'autorité et d'inégalité. Son bastion historique est, en France, le Sud-Ouest. Si l'on devait opposer deux pôles urbains à l'échelle nationale, ce seraient donc Paris et Toulouse. En milieu paysan, la famille-souche implique, à chaque génération, la désignation d'un héritier unique, généralement l'aîné des garçons. Dans le Sud-Ouest on disait d'ailleurs « faire un aîné ». Dans les vallées basques, plus féministes, l'héritier était souvent l'aîné des enfants, garçon ou fille. Un tel système à héritier unique suppose bien entendu un rapport inégalitaire entre enfants. La dimension autoritaire, quant à elle, vient du fait que l'héritier, même après qu'il se fut marié et eut eu des enfants, continuait à habiter la ferme familiale et restait soumis à l'autorité paternelle. Se constituaient ainsi des ménages à plusieurs générations.

À partir de son bastion toulousain, la famille-souche s'est propagée vers l'est à travers le Massif central jusqu'à la région Rhône-Alpes, selon un processus historique lent qui s'étend du XIIIe au XIXe siècle. Dionigi Albera a ainsi identifié des progrès de la famille-souche dans certaines vallées alpines au XIXe siècle et on sait aussi que la Bretagne a, elle, vu apparaître des structures familiales souches en certains points à une date tardive[1]. À cet arc souche d'origine « indigène », si l'on peut dire, vient se joindre l'Alsace qui relève de la sphère allemande, elle entièrement souche. Au bout du compte, les zones autoritaires et inégalitaires forment une sorte de couronne qui encercle le cœur libéral et égalitaire du système.

Cette polarité fait de la France un pays qui a vécu historiquement une tension permanente. Je le répète, nous n'avons pas affaire simplement à des systèmes différents comme en Italie où le système de l'Italie centrale, communautaire (autoritaire et égalitaire), diverge, certes, de celui de l'Italie du Sud (libéral et égalitaire) et de celui de l'Italie du Nord (lui aussi nucléaire égalitaire, avec un biais patrilinéaire), mais partage avec eux la valeur d'égalité (la seule exception est la Vénétie, sans doute

1. Voir, par exemple, la thèse de Dionigi Albera *L'Organisation domestique dans l'espace alpin. Équilibres écologiques, effets de frontières, transformations historiques*, Université de Provence, 1995.

souche). L'Espagne pourrait être décrite, à l'instar de la France, comme un mélange de famille-souche et de famille nucléaire égalitaire. Mais dans la mesure où l'Espagne n'a jamais complètement réalisé son unité, on ne peut la considérer comme un système national unique : les Catalans, de famille-souche, sont toujours catalans dans leur esprit, les Basques se pensent toujours basques et les Andalous, qui relèvent de la famille nucléaire égalitaire, sont anarchistes sans conscience identitaire forte.

La particularité de la France est que son système central nucléaire égalitaire et son système souche périphérique ont opéré en combinaison pendant des siècles. Les populations du centre ont nourri un tempérament libéral-égalitaire, contestataire, anarchiste, et celles de la périphérie ont produit l'inverse, un tempérament hiérarchique qui accepte l'inégalité et l'autorité, le roi et l'État, avec des contributions humaines très concrètes : les cadets de Gascogne, les postiers, des bureaucrates en masse, en fait une bonne partie des individus disciplinés nécessaires au fonctionnement de l'État concret, considéré comme une organisation bureaucratique et pas seulement comme un agent abstrait qui traite de manière semblable tous ses administrés. Étrange cohabitation systémique qui ne devrait pas exister, pas fonctionner et qui pourtant a existé et fonctionné. Dans ce pays organisé contre lui-même, deux systèmes familiaux ont fini par créer quelque chose d'harmonieux et de complémentaire – de la flexibilité et de la contestation au centre, de la rigidité et de l'ordre à la périphérie.

Constatant cette improbable alchimie, on peut être tenté d'y voir un équilibre admirable. On y résistera en introduisant, dans ce face-à-face, un troisième élément : les systèmes familiaux intermédiaires difficiles à classer qui assurent le liant entre les deux systèmes contraires et occupent peut-être en tout la moitié du territoire national. L'Ouest intérieur de la France (la Mayenne, la Manche, l'Ille-et-Vilaine, le Maine-et-Loire, la Loire-Atlantique, la Sarthe occidentale) a ainsi un système nucléaire qui n'est pas égalitaire, sans doute plus proche du modèle anglais que du modèle du Bassin parisien. Dans ce que je serais tenté d'appeler le « ventre mou » de la France, entre la Vendée et Bordeaux, on trouve des systèmes très compliqués à décrire, ni nucléaire ni souche et, sur la bordure nord-ouest du Massif central, des systèmes communautaires, combinant des règles d'héritage égalitaires et la coexistence des générations mais avec un statut des femmes plus élevé que dans les systèmes communautaires de type russe ou toscan :

entre la Nièvre et le nord de la Dordogne, on voit ainsi parfois apparaître de grandes familles avec un frère marié, une sœur mariée et tous leurs enfants. La Bretagne est elle-même une mosaïque de systèmes familiaux avec ses zones de famille-souche relativement récentes et d'autres zones contenant des formes plus archaïques. Ces systèmes intermédiaires atténuent la violence de la bipolarité. Ils l'empêchent d'être destructrice, ils l'ont rendue dynamique et féconde.

Carte 3.1. Les systèmes familiaux traditionnels en France

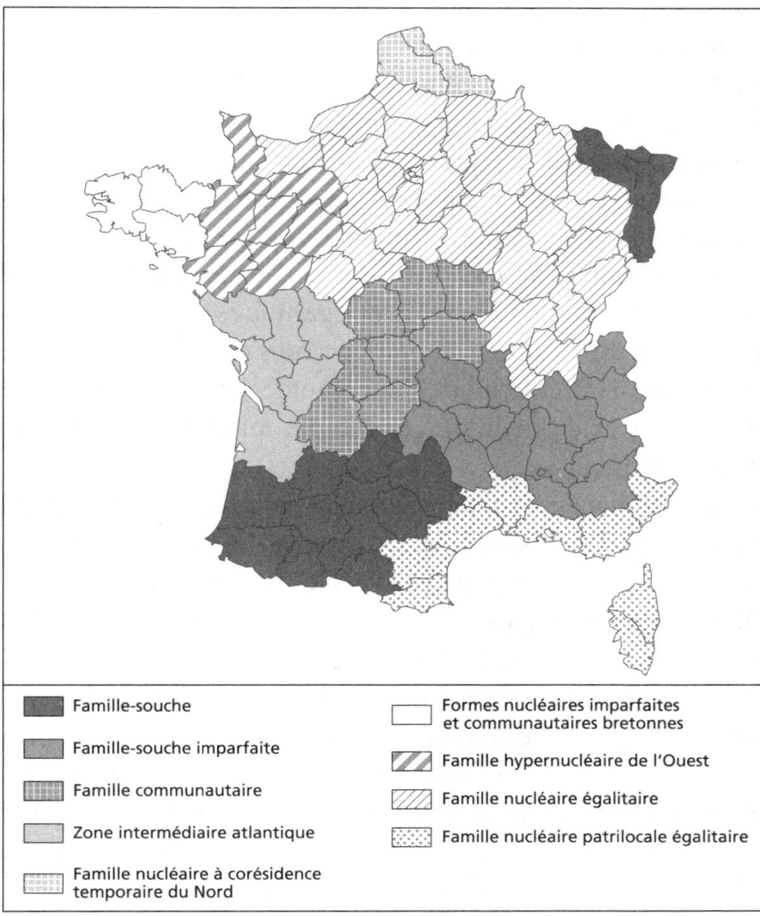

Sources : Hervé Le Bras et Emmanuel Todd, *Le Mystère français*, Paris, Seuil, 2013, p. 54.

Sur cette polarité fondamentale s'est greffée une polarité religieuse, que nous ne ferons ici qu'esquisser. Contentons-nous de dire pour l'instant que le Bassin parisien et la façade méditerranéenne, les zones nucléaires égalitaires donc, constituent le berceau de la déchristianisation en France. Le recrutement en prêtres s'y est effondré dès les années 1730-1740[1]. La périphérie, à l'inverse, rassemble des régions de résistance religieuse, où l'Église catholique, non contente d'avoir survécu à la Révolution, s'est même renforcée au cours du XIXe siècle. Le cœur du Sud-Ouest est ambigu : épicentre de la crise protestante des XVIe et XVIIe siècles, de famille-souche comme l'Allemagne, il a pu embrasser par la suite, entre Tarn, Garonne et Ariège, les idéaux laïques et révolutionnaires, moins par amour de la liberté et de l'égalité sans doute que par hostilité à la monarchie catholique. Malgré cette exception notable, on peut considérer que les zones périphériques souches ont constitué des points d'ancrage pour la religion catholique en France, où elle a survécu jusqu'aux années 1960 (jusqu'à Vatican II pour faire simple). Notons que l'on constate, entre 1740 et 1965, des phénomènes de diffusion de l'incroyance indépendants des structures familiales libérales et égalitaires, et des phénomènes symétriques de diffusion de la pratique religieuse hors des zones de structure familiale hiérarchique. La coïncidence de la carte des structures familiales et de celle de la pratique religieuse est très imparfaite, mais significative.

Cette diversité nuancée a fait vivre une dialectique improbable entre deux pôles que tout oppose. Chaque Français la perçoit, sans toujours bien la comprendre, parce que la diversité des paysages et des mœurs, entre Bretagne et Provence, entre Auvergne et Picardie, entre Bourgogne et Béarn, est infinie. Et les étrangers aussi, qui aiment, admirent la France, ou bien en sont exaspérés, précisément à cause de ses qualités contradictoires. Je me souviens, lors des grandes grèves de l'époque Chirac-Juppé, d'un micro-trottoir diffusé à la télévision. On interrogeait des Allemands dans la rue à propos des événements français. Leur réaction : « Quel désordre, ce pays ! » Même question à Rome. La réaction des Italiens : « Quelle discipline dans cette grève ! »

1. Emmanuel Todd, *L'Invention de l'Europe*, *op. cit.*, p. 162-172.

La polarité familiale aide à comprendre comment les Français peuvent être à la fois bordéliques et disciplinés, produire à la fois l'université de Vincennes et l'École polytechnique, résister héroïquement aux Allemands en 1914 et s'effondrer en 1940. À vrai dire, on ne sait jamais quand ils seront en mode A (anarchique) ou en mode B (discipliné).

À une certaine époque, je me suis demandé si cette dualité n'avait pas été, au fond, intériorisée par les élites françaises et notamment parisiennes. Dans les provinces, chacun était dans sa culture (il suffit de passer de Bretagne en Provence et même, plus simplement, de Bourgogne en Alsace pour voir le genre de différences auxquelles je fais allusion). Mais, à Paris, la situation était plus complexe. La capitale est le cœur de la région libérale et égalitaire, mais une immigration venue des provinces a rendu la ville multiple par essence. Et je m'étais donc demandé si, au sein des élites françaises, parisiennes pour beaucoup, la dualité n'était pas devenue intérieure. Si être un Français des catégories supérieures ne consistait pas en une capacité d'être alternativement libéral-démocratique et hiérarchique-autoritaire, selon le contexte. Cette dualité n'évoquait pas pour moi une forme de schizophrénie mais une exceptionnelle capacité d'adaptation à des situations multiples et changeantes. Me viennent à l'esprit Molière, Napoléon, Chateaubriand, Maupassant, Clemenceau, de Gaulle. Cette « richesse intérieure » ne me semble plus caractériser aujourd'hui les élites françaises, que je ressens comme bêtement disciplinées (Giscard, Juppé, Hollande Macron, types B) ou anarchiques avec simplicité (Sarkozy, Mélenchon, Ruffin, types A). Réexaminant cette liste, je me rends compte que l'ENA est sans doute une machine à fabriquer de l'unidimensionnel hiérarchique de type B et, par réaction sans doute, de l'unidimensionnel anarchique de type A. La machine scolaire a peut-être réussi à modifier les clivages anthropologiques régionaux, à répartir autrement les Français quant aux valeurs et aux tempéraments. Je reviendrai sur cette interrogation.

La grande divergence européenne

À l'échelle européenne, la stabilité des valeurs héritées du passé me semble une évidence. La cartographie des systèmes familiaux et des tempéraments idéologiques qui en ont résulté permettent tout simplement d'accepter la réalité dans laquelle nous vivons. Allemagne et Japon souche, Angleterre et États-Unis nucléaires absolus, Russie communautaire : la diversité de mœurs économiques, sociales et politiques crève les yeux. La connaissance de l'anthropologie historique nous permet de percevoir le monde, non comme le discours de l'Europe et de la mondialisation le présente, mais tel qu'il est. Elle révèle, non des sociétés qui convergent, mais des sociétés qui divergent.

Si l'on pense que l'économie (la strate consciente de notre modèle) est tout, on peut rêver qu'avec le libre-échange les communications vont multiplier les contacts et les populations se rapprocher et s'homogénéiser ; on peut s'imaginer qu'en instaurant l'euro les peuples d'Europe, par la puissance magique de la monnaie, ne vont bientôt plus en faire qu'un. Mais si l'on est anthropologue, on connaît la puissance des déterminations inconscientes et les raisons de la persistance des nations. On connaît la diversité des systèmes familiaux de la France et son équilibre instable, on sait que l'Allemagne, elle, contrairement à ce que beaucoup pensent, est très homogène : au-delà de sa division en *Länder* et du folklore régional que représente la CSU par rapport à la CDU, ses structures familiales sont partout souches, légèrement atténuées, il est vrai, le long des frontières néerlandaise et danoise et avec quelques nuances égalitaires résiduelles dans la partie rhénane. On sait que « le noyau dur » de l'Europe est surtout incohérent. Et l'on comprend avec tristesse l'échec effroyable de l'euro, pourquoi l'unification monétaire, en propulsant des sociétés différentes les unes contre les autres, a accentué les divergences.

Au moment où le traité de Maastricht était discuté en France, en 1992, j'étais en train de travailler à ce qui deviendrait *Le Destin des immigrés* et je mesurais les taux de mariages mixtes des filles d'immigrés d'origine musulmane en France, en Angleterre et en Allemagne[1]. En France, ces taux étaient de l'ordre de 25 % pour les filles d'immigrés algériens ; en Allemagne, pour les filles d'immigrés turcs, ils étaient inférieurs à 2 % et, pour les filles d'immigrés pakistanais en Angleterre, plus insignifiants encore. Pour une part, ces écarts s'expliquaient par les taux d'endogamie différents des divers groupes

1. Emmanuel Todd, *Le Destin des immigrés. Assimilation et ségrégation dans les démocraties occidentales*, Paris, Seuil, 1994.

immigrés : celui du Pakistan, l'un des plus élevés au monde, atteignait 50 % de mariages entre cousins germains au début des années 1990[1]. Mais pour une part seulement, puisque le taux de mariage entre cousins des Turcs est beaucoup plus faible que celui des Algériens. Je constatais ces différences d'intégration des populations immigrées dans des pays – la France, l'Allemagne et le Royaume-Uni – qui, à l'époque, étaient encore de même niveau économique (c'était avant la grande divergence, avant l'euro). De tels écarts de taux de mariages mixtes entre des sociétés économiquement si comparables me faisaient penser que les valeurs anthropologiques continuaient d'exister : la force du mariage mixte en France suggérait que la croyance en l'universalité de l'homme était toujours là, parce que les valeurs de liberté et d'égalité des individus, héritées de la famille, persistaient au niveau inconscient – même si la famille paysanne du passé n'existait plus, même si les règles d'héritage n'avaient plus aucune raison d'opérer parce que les enfants uniques sont nombreux et que l'on hérite désormais plutôt au moment de la retraite, c'est-à-dire trop tard pour que la question de l'égalité des enfants soit centrale et influence les attitudes idéologiques.

Il existe une façon plus simple encore de prouver que les sociétés ne convergent pas, accessible au non-spécialiste de l'anthropologie historique : comparer les indicateurs de fécondité des sociétés nationales. Pendant une très longue période, ils ont été calés autour de 2 enfants par femme en France et 1,5 en Allemagne. Si l'on n'est ni un économiste qui ne pense qu'à l'argent, ni un sociologue universaliste *a priori*, ni un philosophe politique noyé dans ses propres concepts, ni un énarque ignare, on peut se rappeler que faire ou ne pas faire un enfant est une décision qui engage l'existence et qu'une société où les femmes font en moyenne 2 enfants et une société où elles n'en font que 1,5 ne peuvent qu'être fort différentes globalement, structurellement : en profondeur.

Les écarts de fécondité européens s'expliquent par le statut ancien de la femme, très divers selon le lieu : les sociétés du Nord-Ouest (pays scandinaves, Royaume-Uni, France) ont gardé des fécondités

1. Voir Youssef Courbage et Emmanuel Todd, *Le Rendez-vous des civilisations*, Paris, Seuil, 2007, p. 48.

raisonnablement élevées parce que, bien avant l'émancipation moderne des femmes, leur statut y était relativement élevé. Dans la phase actuelle d'accès des femmes aux études supérieures et au marché du travail, il y est possible de, simultanément, faire des enfants et avoir une carrière, même si des handicaps et des désavantages substantiels persistent. Mais dans une société comme celle de l'Allemagne, nettement plus patrilinéaire de tradition, ou comme le Japon, il faut choisir : faire carrière ou être mère. Une proportion élevée des femmes qui ont fait des études supérieures n'ont donc pas d'enfants[1]. Mettre tôt son enfant dans une crèche est mal vu.

Le concept de divergence saisit bien la réalité des nations. Il présente, de plus, l'avantage d'inclure la notion de mouvement. Il ne nie pas l'histoire. Je ne pense pas seulement à l'histoire visible, consciente des nations. Je pense à celle des structures familiales elles-mêmes. Rappelons que la famille-souche n'existe plus en Allemagne, de même que la famille communautaire en Italie centrale. Partout les ménages prennent une forme nucléaire dominante. Et comment ne pas évoquer l'émergence de formes nouvelles : individus vivant seuls, ou ensemble mais séparés, et de couples homosexuels des deux sexes. La hausse du taux de divorce et la multiplication des familles recomposées suffiraient à vrai dire à esquisser une phase nouvelle de l'histoire de la famille. Ayant étudié l'émergence des formes complexes de l'organisation domestique entre le IIIe millénaire avant l'ère commune et le XIXe siècle de notre ère, je serais le dernier à nier l'existence du changement des formes familiales dans le temps. Mais justement, cette histoire de très longue durée révèle une différenciation et une divergence. L'erreur, lorsqu'on examine les formes nouvelles de la famille en Europe, serait de penser *a priori* que le changement implique une convergence, même si ce changement s'apparente en première approche à une atomisation, une pulvérisation individualiste. Le bon modèle est celui d'un changement qui touche tous les pays européens mais s'effectue selon des trajectoires distinctes, parallèles ou même, qui sait ?, divergentes. C'est le sens réel et profond de ces écarts de fécondité, si faciles à mesurer entre pays.

1. Voir Barbara Vinken, *Die deutsche Mutter. Der lange Schatten eines Mythos*, Munich, Piper, 2001. Et l'interview de l'auteure dans le magazine *Books* no 24, juillet-août 2011, « En Allemagne, enfants ou carrière, il faut choisir ».

Quand on compare les pays, il est clair que des différences anthropologiques persistent, que l'Italie n'est pas l'Allemagne, que l'Angleterre n'est pas l'Espagne. Mais qu'en est-il en 2018 des provinces et des régions de France ? Nous avons vu que notre pays rassemblait en lui-même à peu près tous les systèmes familiaux observables ailleurs en Europe et que cette diversité s'organisait autour d'une polarité féconde entre un centre libéral-égalitaire et une périphérie autoritaire-inégalitaire. Ces différences internes ont-elles survécu aux mutations technologiques, économiques, éducatives et culturelles les plus récentes ?

La fin de la polarité française originelle

Les indices de fécondité se révèlent ici à nouveau d'une grande utilité. Pendant longtemps je les ai utilisés comme preuve que les différences anthropologiques régionales étaient toujours vivantes en France. Je constatais que, dans la France nucléaire du Bassin parisien, les femmes faisaient autour de 2 enfants tandis que dans le Sud-Ouest l'indice tombait à 1,4 ou 1,5 enfant par femme, une fécondité de type allemand ou japonais, tout à fait logique, puisqu'on avait affaire, dans le Sud-Ouest comme en Allemagne ou au Japon, à la famille-souche.

Cette opposition n'est plus valable. Cela ne m'était pas apparu lorsque je travaillais au *Mystère français* avec Hervé Le Bras, peut-être parce que la technique de cartographie au niveau municipal lissé que nous avions utilisée était trop sophistiquée[1]. Au niveau des départements, cependant, il est évident que la vieille polarité qui structurait le territoire français n'existe plus. En 1990, au début de notre période, on relevait les indices de fécondité les plus bas dans la Haute-Vienne (1,39 enfant par femmes), en Corrèze (1,44), dans le Cantal (1,48), dans le Gers (1,49), dans la Vienne (1,5) et dans le Puy-de-Dôme (1,5), à l'exception du Gers plutôt dans la frange nord de la famille-souche donc, tout à fait représentative, au demeurant, de l'ensemble des zones de famille-souche, là où elle se superpose parfois à des formes communautaires. Le Gers pourrait, quant à lui, être décrit comme souche archétypal. À l'autre extrême, on avait,

1. Hervé le Bras et Emmanuel Todd, *Le Mystère français*, Paris, Seuil, 2013.

en Seine-Saint-Denis 2,03 enfants par femme, dans le Nord-Pas-de-Calais 2,0, dans le Nord 1,99, dans l'Oise 1,98 et dans les Yvelines 1,96. Mais l'Ouest intérieur, de famille nucléaire absolue, avait aussi un niveau de fécondité élevé, 1,90 en Mayenne par exemple.

Carte 3.2. La fécondité par département en 1990 et 2015

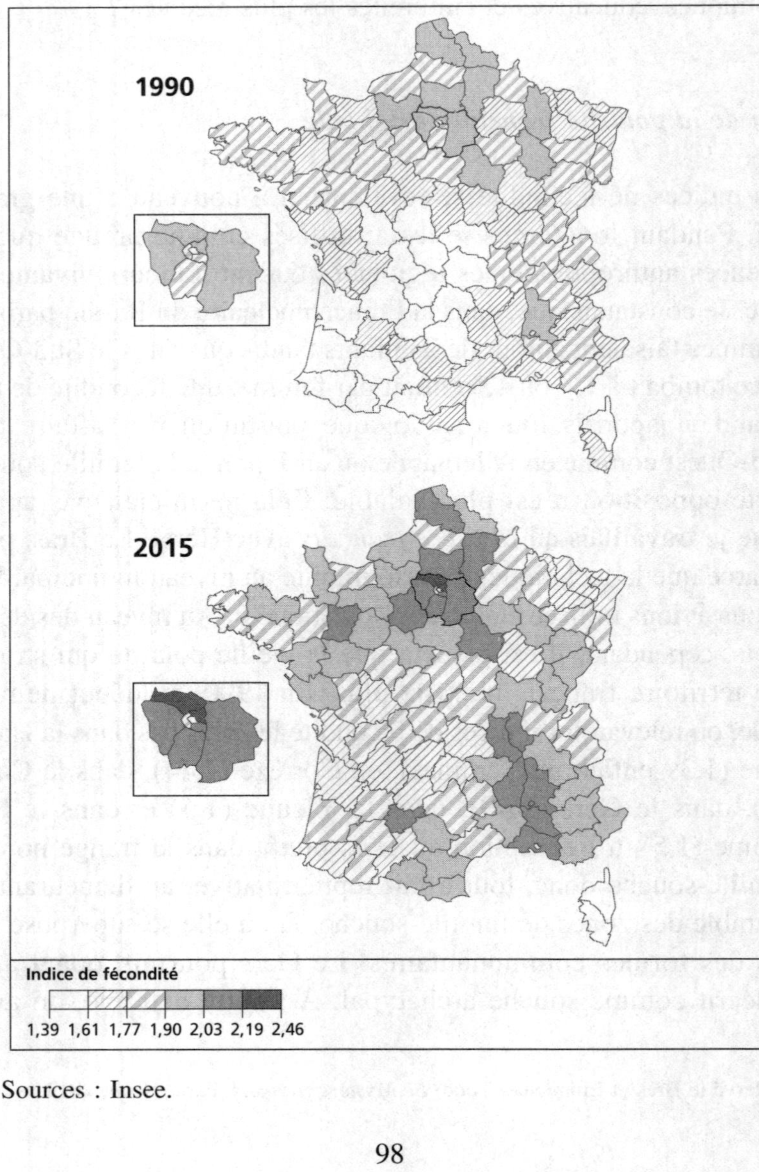

Sources : Insee.

Sautons en 2015. Les cinq départements où l'indice de fécondité est le plus bas sont désormais la Corse du Sud à 1,41 enfant par femme, la Haute-Corse à 1,45 (on est là dans l'exception corse et ce n'est pas le lieu ici d'entrer dans ses complexités), Paris à 1,54, le Cantal à 1,69 et la Meurthe-et-Moselle à 1,7. Cantal excepté, le Sud-Ouest ne fait plus partie des cas extrêmes. Parmi les départements où l'indice de fécondité est le plus élevé, on trouve, tout en haut, la Seine-Saint-Denis à 2,46 enfants par femme, puis le Val d'Oise à 2,29, l'Essonne à 2,19, la Loire à 2,19 et le Vaucluse à 2,18. En termes de valeurs extrêmes, on est ainsi passé d'une cartographie dont la polarité fondamentale était toujours organisée, en 1990, par l'opposition famille nucléaire/famille-souche – même si l'on sentait déjà une certaine influence de l'immigration – à des différences régionales qui, en 2015, semblent en première approche liée à l'immigration. La vieille lutte pour la première place « en fécondité » entre la Mayenne catholique et la Seine-Saint-Denis immigrée est achevée : la Seine Saint-Denis l'a emporté par KO technique.

Mais les valeurs extrêmes ne suffisent pas. L'ensemble des départements doit être saisi dans leur convergence. L'évolution de l'écart-type des fécondités départementales entre 1990 et 2015, si on le débarrasse des trois valeurs extrêmes en haut et en bas de la distribution, montre bien la convergence des vieilles régions anthropologiques. L'indice est, dans le graphique qui suit (page suivante), ramené à une base cent en 1990. Rappelons que l'écart-type est un indice de dispersion qui permet de mesurer si, globalement, les départements sont loin les uns des autres en termes de fécondité. Sa chute entre 2004 et 2016 est spectaculaire.

La disparition de l'opposition traditionnelle entre les régions souches et les régions nucléaires soulève une question fondamentale, celle de la permanence des valeurs sociales. Il est clair, pour moi, que les Anglais sont toujours anglais, que les Allemands sont toujours allemands, que les Japonais sont toujours japonais (ce dont tout le monde se doutait un peu), et les Italiens toujours italiens, mais je n'oserais plus affirmer qu'il existe toujours une France du Nord libérale-égalitaire et une France du Sud-Ouest autoritaire-inégalitaire. Quand, outre la carte de la fécondité, on observe le mouvement des

Graphique 3.1. L'évolution de l'écart-type des fécondités départementales entre 1990 et 2015

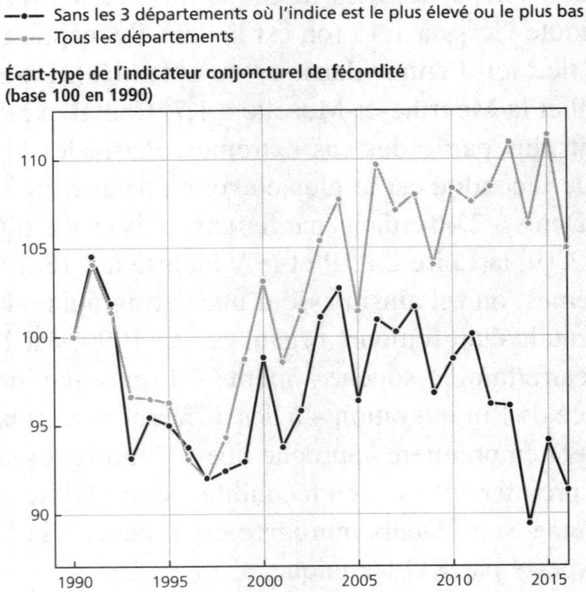

Sources : Données Insee, mes calculs.

retraités qui se massent autour de l'Atlantique comme des grenouilles autour d'une mare (ce n'est pas une insulte, je suis l'un d'eux), quand on voit les régions frontalières de l'Est attirer les actifs parce qu'on peut y toucher un sursalaire en allant travailler en Suisse ou en Allemagne, quand on constate l'afflux des étudiants vers les pôles universitaires, bref la mobilité générale de la population française qui, malgré la baisse récente constatée au chapitre 1, reste significative, on peut raisonnablement se demander si l'ancienne structuration du territoire français ne s'est pas effacée. Dans ce cas, la polarité entre les valeurs libérales-égalitaires du centre et les valeurs autoritaires-inégalitaires de la périphérie a disparu. Je crois que nous en sommes là et j'avoue que cette disparition, si elle ouvre des perspectives et des problèmes nouveaux en termes de recherche, me satisfait pleinement en tant qu'être humain. Je commençais à trouver la permanence des valeurs régionales françaises, que j'observais depuis 1980 (presque quarante ans !), un peu oppressante.

Mais il faut s'interroger sur ce qui existe désormais, et ce n'est pas facile. Posons une problématique à moyen terme :

– L'un des systèmes a-t-il gagné ?

– Se sont-ils mutuellement neutralisés, si bien que la France n'aurait plus aucune valeur sur l'axe liberté/autorité comme sur l'axe égalité/inégalité ? Ou plus de valeurs du tout, en général ? On ne peut guère envisager une telle possibilité dans la longue durée mais l'implosion de la polarité aurait pu ouvrir une séquence de vide, dans laquelle nous serions aujourd'hui.

– Les systèmes ont-ils survécu mais migré, passant d'une localisation territoriale centre/périphérie à une localisation haut/bas de la structure sociale ?

Autant de questions auxquelles on ne peut répondre *a priori*. L'analyse historique et séquentielle me permettra, dans la troisième partie et la conclusion de ce livre, de proposer, sans certitude, quelques éléments de réponses raisonnables.

Élévation du statut des femmes, Pacs et mariage pour tous, prédominance de l'enfant « naturel », comme on disait joliment autrefois, puisque plus de 60 % des enfants sont nés hors mariage en 2018, nombre des mères célibataires, recomposition, définissent certainement un « système familial », même si l'un des éléments fondamentaux de ce système est la flexibilité. J'étudierai dans un prochain ouvrage cette question, passant enfin de l'analyse des structures familiales anciennes à l'évolution des formes récentes de la famille. Dans le cadre de cet essai de prospective sociale et politique, on peut déjà évoquer cependant la possibilité d'un rapport entre l'atomisation des formes familiales et celle des formes politiques. La loi de correspondance structurale entre famille et idéologie opérerait toujours, mais dans un univers social où une famille floue nourrirait une politique floue.

Graphique 3.2. Part des enfants nés hors mariage de 1994 à 2018

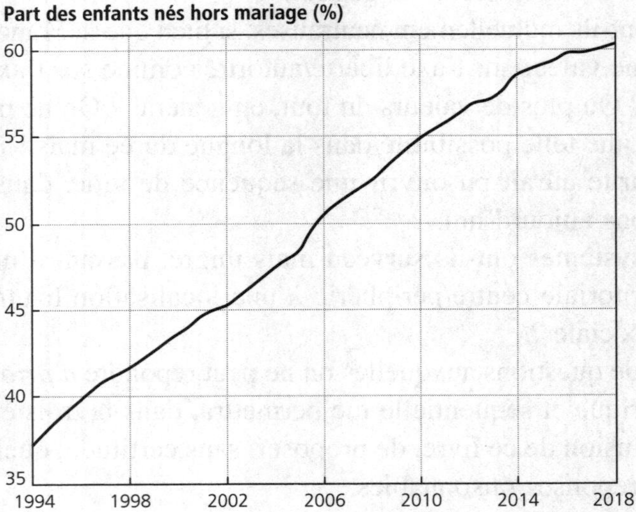

Sources : Insee.

Population immigrée : la fausse contradiction des chiffres

Nous devons discuter et interpréter la nouvelle différence qui apparaît sur les cartes de la fécondité : celle qui est liée à l'immigration. On avance là en terrain miné. Sur cette question, la société française ne veut pas savoir ce qui se passe. Elle est prise entre ceux qui annoncent la catastrophe d'un Grand Remplacement et ceux qui suggèrent qu'il n'y a aucun problème. Parmi ces derniers, on trouve l'Insee.

Dans un rapport de 2018, l'institut nous apprend que « la contribution des immigrées à la fécondité totale en France reste limitée, de l'ordre de 0,1 enfant par femme. Elle n'a quasiment pas évolué depuis 2012[1]». Or cette affirmation assez obscure est contredite par le tableau qu'elle est censée commenter. On y voit clairement que la différence de fécondité des femmes immigrées et celle des Françaises a beaucoup augmenté du simple fait que, si la première

1. « Baisse récente de la fécondité en France : tous les âges et tous les niveaux de vie sont concernés », *Insee Focus*, no 136, 13 décembre 2018.

est stable, la seconde, comme on l'a vu au chapitre 1, est, elle, en baisse.

Cette attitude de type « Insee fumée », qui consiste, tout en collectant fort bien les données et en mesurant fort bien les taux, à produire la formulation la plus incompréhensible pour dire qu'il ne se passe rien, permet à toutes les visions catastrophistes de s'épanouir. Car ce n'est pas en niant la réalité des processus que l'on va tranquilliser les populations. On aboutit, au contraire, à une situation où, lorsque d'autres chiffres sont avancés, qui semblent décrire une réalité toute différente, on est tenté de les interpréter de façon excessivement dramatique. Ainsi, dans son dernier ouvrage, Jérôme Fourquet donne le chiffre de 18,8 % de nouveau-nés portant un prénom arabo-musulman en 2016 en France (avec des écarts gigantesques, entre les plus de 40 % de prénoms arabo-musulmans de Seine-Saint-Denis et le 0 % du Gers)[1]. D'un côté, donc, ce chiffre de 0,1 donné par l'Insee et de l'autre ces 18,8 %. Qui croire ? En fait, les deux sont parfaitement compatibles. Les 18,8 % de prénoms arabo-musulmans résultent du cumul de petites différences année après année depuis le lendemain de la Seconde Guerre mondiale. On n'a pas affaire là à une évolution particulièrement rapide, d'ailleurs. Mais, bien entendu, si cette évolution est minimisée à l'excès par les pouvoirs publics, la porte est ouverte à tous les fantasmes et, quand surgissent des données spectaculaires comme ces 18,8 %, il devient facile d'en donner une interprétation fausse. De prétendre, par exemple, à la façon d'un Éric Zemmour, que si on continue de donner un prénom musulman, c'est parce qu'on est toujours un Arabe qui, quoique vivant en France, refuse de s'y intégrer. C'est ignorer le nombre de mariages mixtes et que, par ailleurs, comme l'a montré Jérôme Fourquet, l'usage des prénoms a beaucoup changé ces dernières années : ce que les parents cherchent maintenant, c'est une distinction qui n'est pas forcément identitaire et qui est loin de ne concerner que les seuls musulmans. Le prénom Marie, donné à une petite fille sur cinq en 1900, a presque disparu, les prénoms anglo-saxons comme Kevin ou Dylan, tirés de feuilletons américains, s'épanouissent chez les

1. Jérôme Fourquet, *L'Archipel français*, *op. cit.* Nous remercions Jérôme Fourquet de nous avoir communiqué la proportion de prénoms arabo-musulmans par département.

électeurs populaires du Rassemblement national et les Bretons se sont mis à choisir des prénoms bretons. Personne, à ma connaissance, n'accuse les électeurs du RN et les Bretons de rejeter la France.

Baptiste Coulmont et Patrick Simon répondent d'une certaine manière à Jérôme Fourquet, dans un excellent article, qu'à la troisième génération les nouveau-nés d'origine maghrébine, enfants de couples mixtes ou non mixtes, se voient attribuer des noms plus internationaux. Mais l'addition de ces noms et de ces enfants à la population saisie par Fourquet augmenterait encore le poids relatif de la population d'origine maghrébine en France, dans une proportion que je suis incapable d'évaluer[1]. Il est certain cependant que ce groupe additionnel est largement assimilé, sans contestation possible.

La différence maghrébine raisonnablement évaluée

Qu'en est-il alors de la situation des personnes d'origine maghrébine en France ? Dans un contexte où les différences anthropologiques entre provinces semblent avoir disparu, sans que l'on sache très bien ce qui les a remplacées, il est incontestable qu'une différence maghrébine subsiste, ce qui ne veut pas dire que cette différence concerne tous les individus français d'origine maghrébine : beaucoup se sont parfaitement assimilés.

Le critère démographique est le plus sûr pour mesurer globalement une différence de comportement, beaucoup plus sûr en tout cas que le sondage d'opinion. Le coefficient de corrélation entre la proportion de prénoms arabo-musulmans et l'indice de fécondité par département est de + 0,56, tout à fait significatif donc (il explique 31 % de la variance départementale). On peut donc évoquer une surfécondité maghrébine mesurable dans l'espace français. Cette différence anthropologique de certaines populations d'origine immigrée, dont la croissance cumulée sur longue période finit par être substantielle, constitue un clivage qui influe sur les comportements. Il va faire, par exemple, qu'au moment où le système politique français se désintègre les ouvriers français furieux vont voter pour le Rassemblement national et les ouvriers

1. *Population et Sociétés*, n° 565, avril 2019, INED.

français d'origine maghrébine pour la France insoumise. Toute la difficulté est, sans nier cette réalité, de ne pas non plus en surestimer l'importance.

En 1994, dans *Le Destin des immigrés*, j'avais été frappé, comme je l'ai dit plus haut, par les taux de mariage mixte très élevés des enfants d'immigrés d'origine maghrébine, signe très encourageant d'intégration[1]. En 2013, dans *Le Mystère français*, j'étais moins optimiste : le taux de mariage mixte, tout en restant beaucoup plus élevé que dans les autres pays avancés, n'augmentait plus et Hervé Le Bras avait constaté l'arrêt de la dispersion de ces populations d'origine maghrébine sur le territoire, leur tendance à rester fixées dans certaines zones, ce qui suggérait une certaine « recommunautarisation »[2].

Les causes du freinage de l'intégration

Pourquoi, alors que la France semblait si bien partie, en est-on arrivé à cette situation ? Il est évident que l'intégration d'une importante minorité d'origine maghrébine ne saurait être complètement « naturelle ». En vérité, aucun processus d'immigration, intégration, assimilation n'est un chemin semé de roses, pour aucun groupe. L'imaginer serait être insensible à la douleur de l'arrachement à l'origine, et au trouble d'une population d'accueil qui se sent contestée dans ses routines existentielles. Toutes les immigrations, cependant, ne posent pas des problèmes équivalents.

Dans *Le Destin des immigrés*, à une époque où le Front national finissait d'émerger et de se stabiliser et où les bien-pensants assuraient qu'il n'y avait pas de problème lié à l'immigration, qu'on n'avait affaire qu'à de banales difficultés de transition, comme avec les Italiens, les Espagnols ou les Polonais au début du XXe siècle, je notais déjà que cette comparaison ne tenait pas : les populations d'origine italienne, espagnole ou polonaise étaient exogames avec un statut de la femme relativement élevé, tandis que les populations d'origine maghrébine étaient porteuses d'un système familial nettement plus

1. Emmanuel Todd, *Le Destin des immigrés*, *op. cit.*
2. Hervé Le Bras et Emmanuel Todd, *Le Mystère français*, *op. cit.*, p. 222-226.

éloigné du système familial français. La famille arabe classique suit le modèle patrilinéaire endogame : le statut de la femme y est bas et le taux de mariage entre cousins élevé. Dans le cas de l'Afrique du Nord, celui-ci variait dans les années 1990 entre 25 et 36 % (plus faible au Maroc, moyen en Algérie, et maximal en Tunisie)[1].

Cette différence anthropologique est réductible et elle *doit* être réduite. Faire croire le contraire et défendre un modèle multiculturaliste qui accepterait sans réserve les différences culturelles est pernicieux. En renonçant à présenter l'adhésion à la culture française comme l'objectif assigné aux enfants d'immigrés, en ne posant pas clairement le mode de vie français comme légitime sur le territoire national, on ne rend pas service aux immigrés : on leur cache les règles du jeu réelles de la société et on les empêche d'y être pleinement acceptés.

Le discours plein de bons sentiments de certaines de nos élites a donc sans doute eu un effet délétère. Mais il ne suffit pas à expliquer le freinage de l'assimilation. Rappelons-le : au-delà de ce discours multiculturaliste, dont l'emprise reste finalement marginale sur le comportement des Français, la réalité de notre pays est qu'il est doué – plus que l'Allemagne, plus aussi que les États-Unis ou l'Angleterre – pour assimiler les populations immigrées. Dans leurs choix matrimoniaux, les Français de sexe masculin se montrent plutôt aveugles aux couleurs. Il faut rappeler à l'inverse que lorsqu'une population d'accueil dominante se ferme, elle refuse en priorité de prendre des femmes au groupe dominé – c'est pourquoi j'insiste tant, dans ce chapitre, sur le taux de mariage mixte des femmes du groupe immigré. Les femmes noires sont ainsi, beaucoup plus que les hommes noirs, mises à l'écart du marché matrimonial américain. Un tel tabou n'existe pas en France.

La principale cause du début de recommunautarisation auquel on a pu assister sur certains territoires me semble, en fait, d'ordre économique. Elle représente l'un de ces cas de rétroaction de la strate consciente de la vie sociale sur les strates plus profondes, de l'économie sur l'anthropologie, tout comme la baisse brutale du nombre de bacheliers entre 1995 et 2004, étudiée au chapitre 2, représente en

1. Emmanuel Todd, *Le Destin des immigrés*, *op. cit.*, p. 345.

partie une rétroaction de l'économie sur l'éducation. Plus encore que l'amorce de l'affaiblissement éducatif, le freinage de l'assimilation est lié à la situation économique et sociale issue de la gestion monétaire rigide qui a prévalu depuis Maastricht.

Je suis convaincu que n'importe quelle différence anthropologique est réductible avec le temps, par la naissance d'enfants nés dans le pays, et qui en parlent la langue. Mais, pour que l'intégration-assimilation se passe bien, il faut que l'économie soit dynamique, qu'elle permette aux individus d'avancer, de gravir les échelons. Quand j'écrivais *Le Destin des immigrés*, je n'avais pas encore mesuré l'ampleur de la paralysie du système social qu'allait entraîner la gestion économique et monétaire de la France. Dans ce contexte d'extraordinaire rigidité, on constate bel et bien une tendance au repli sur soi d'une partie des populations d'origine maghrébine.

Ni Grand Remplacement, ni Grand Aveuglement

Il est indispensable de donner une idée de l'ampleur de la différence maghrébine. L'écart de fécondité entre le groupe des femmes immigrées (qui ne concerne que la première génération, pas les deuxième et troisième générations déjà beaucoup plus ou complètement intégrées) est certes sous-estimé par la mise en scène qu'en fait l'Insee. Mais, disons-le clairement, il ne menace pas la cohésion nationale. Souvenons-nous de la différence qui existait avant la guerre de 1914 entre provinces laïques et provinces catholiques : l'écart de fécondité qu'on constate actuellement entre la population immigrée la plus récente en France et la population française d'origine plus lointaine est comparable à celui qui pouvait exister entre la Vendée et la Seine-et-Marne tout au long du XIXe siècle[1]. Et le risque d'une fragmentation ethno-religieuse reste très au-dessous de ce qu'il a pu être avant 1914, puisque, à l'époque, les provinces catholiques représentaient au moins le tiers de la population nationale. Évidemment, au siècle dernier, nous avons eu la « chance » de

1. Voir Hervé Le Bras et Emmanuel Todd, *L'Invention de la France. Atlas anthropologique et politique*, Paris, Gallimard, 1981, rééd. 2012, p. 474-477.

faire la Grande Guerre qui, en envoyant les Vendéens massacrer les Allemands, et se faire massacrer par eux, les a réconciliés avec la nation. Je n'ose proposer une solution équivalente pour un problème à l'évidence moins important.

La société française n'est pas menacée ici dans ses équilibres socioculturels fondamentaux. En vérité, suffisamment d'individus d'origine maghrébine se sont intégrés ou ont eu des enfants mixtes qui se sont intégrés pour que la soudure avec l'ensemble de la population française soit déjà faite. Reste un noyau, qui peut-être ces dernières années a grandi un peu du fait de l'immobilité sociale et économique, dans lequel on va trouver des manifestations de repli identitaire et de retour à un islam fondamentaliste.

Le problème est que tout est fait pour qu'on ne comprenne pas ce qui se passe. Par définition, les assimilés deviennent invisibles, ils sortent du champ d'observation, qui, du coup, est biaisé. Pour se convaincre que la France reste la France dans sa capacité à intégrer les populations d'origine maghrébine, il faut donc s'appuyer sur d'autres types d'observations empiriques, une visite le samedi dans un Ikea de banlieue parisienne, par exemple, où les couples non mixtes sont l'exception. Ou sur les taux de mariages mixtes d'autres groupes immigrés – des femmes d'origine africaine, notamment.

Stephen Smith a connu un grand succès avec un mauvais livre, *La Ruée vers l'Europe. La jeune Afrique en route pour le Vieux Continent*[1]. Il y évoque, à juste titre, le problème démographique africain (en confondant, au passage, par anglicisme peut-être, par incompétence démographique certainement, les termes fécondité et fertilité[2]). Mais il passe à côté d'un phénomène majeur : la rapidité de l'assimilation des Africains en France. Nos idéologues, à l'image de beaucoup d'électeurs du Front national, continuent d'être obsédés par les Arabes sans voir qu'une immigration noire africaine massive est en train de changer le pays de couleur et que le nombre de mariages mixtes, surtout si l'on tient compte du caractère très récent de cette immigration, est déjà étonnamment élevé.

1. Stephen Smith, *La Ruée vers l'Europe. La jeune Afrique en route pour le Vieux Continent*, Paris, Grasset, 2018.
2. Fécondité se traduit par *fertility* et fertilité par *fecundity*.

La France n'est pas l'Amérique. Elle est même le pays qui révèle la vérité de l'attitude des Américains vis-à-vis des Noirs, leur racialisme irréductible. Au stade actuel, les Français, s'ils sont sensibles aux différences religieuses et culturelles, réelles ou supposées, des Arabes, restent pour l'essentiel aveugles aux couleurs. Cet aveuglement-là est bienfaisant et laisse espérer que nous allons nous en sortir.

Chapitre 4

Une typologie active de la société française : Marx au secours de l'Insee

Il est évident que bon nombre d'éléments évoqués dans les chapitres qui précèdent (mais pas tous), vont avoir un rapport avec le problème qui nous occupe. Aussi bien l'évolution socio-économique que celle du niveau éducatif ou celle des structures familiales vont nous aider à comprendre cette étrange concomitance d'un euro presque unanimement accepté et de la montée de luttes sociales violentes. Mais pour tenter une explication historique efficace, on ne peut se contenter de disposer d'une analyse en tendances. Nous devons aussi établir une représentation schématique de la structure sociale en France durant la période. Une telle typologie nous permettra de voir comment les diverses classes de la société agissent : acceptent, refusent, luttent. Nous pourrons localiser socialement préférences et rejets, passivité et soulèvement, conscience et fausse conscience de classe.

Typologie dynamique contre typologie inerte

La sociologie française de la deuxième moitié du XXe siècle nous a laissé quelque peu désarmés : sur elle plane l'ombre de Pierre Bourdieu qui nous a légué une forte propension à ressasser indéfiniment le truisme que ceux d'en bas ont plus de problèmes que ceux d'en haut et qu'il existe des phénomènes de domination sociale. Cette façon de décrire la société constitue à mes yeux la quintessence d'une typologie inerte : elle existe en elle-même, pour elle-même et ne sert au fond… à rien.

En statistique, on cherche à mettre une variable en rapport avec d'autres variables. Or une typologie n'est au fond qu'une variable

– discontinue, discrète, biscornue parfois mais une variable. On peut bien présenter la meilleure description possible de la société française : s'arrêter là, c'est renoncer. Une typologie n'a pas d'intérêt en soi. Elle doit permettre d'expliquer les événements, l'histoire, qui constitue une autre variable. La sociologie ne peut vivre indépendamment de l'histoire. Une préférence pour les typologies inertes conduit d'ailleurs souvent à une sorte de fixisme structural qui affecte la typologie elle-même, qui d'inerte finit par être tout simplement en retard.

Prenons un livre récent : *Sociologie des classes populaires contemporaines*[1]. C'est, d'une certaine manière, un excellent ouvrage, qui combine l'approche française de Pierre Bourdieu et la perception anglaise de Richard Hoggart. Les auteurs aboutissent à une morphologie sociale détaillée, étayée, riche (en un sens), mais dépassée. Laquelle ? Focalisés sur la définition en soi et pour soi d'une classification de nature typologique, ils ne voient pas que, pendant qu'ils écrivaient sans doute, le centre de gravité de la société a basculé vers les catégories intermédiaires et que la notion de « classes populaires » n'est plus la bonne. Ils ont une génération de retard.

Quelle est la nature de ce retard ? Qu'on me permette un petit détour autobiographique. Je suis intervenu pour la première fois dans le débat public par hasard, en rédigeant en 1994 à la demande de Pierre Rosanvallon, pour la fondation Saint-Simon, une note d'analyse politique qui cherchait à comprendre non seulement l'installation du Front national dans la vie politique française mais aussi la violence et la localisation des mouvements électoraux[2]. À cette époque, tout le monde se comportait comme si les milieux populaires n'existaient plus, comme s'il n'y avait plus d'ouvriers dans la population active et que les classes moyennes régnaient. J'avais alors « découvert » que les ouvriers existaient toujours. Certes, leur nombre était tombé de 38,5 % en 1975 à 29,4 % en 1990, une chute considérable. Mais si l'on tenait compte du fait que beaucoup de ces ouvriers étaient mariés

1. Yasmine Siblot, Marie Cartier, Isabelle Coutant, Olivier Masclet et Nicolas Renahy, *Sociologie des classes populaires contemporaines*, Paris, Armand Colin, 2015.

2. « Aux origines du malaise politique français. Les classes sociales et leur représentation », paru dans *Le Débat* de janvier 1995. C'est ce que j'appelle familièrement la « note Chirac » : le futur président, alors seulement candidat, y avait trouvé l'idée qu'il devait tourner Edouard Balladur sur sa gauche et dans les milieux populaires, compte tenu de l'effondrement de l'image du parti socialiste dans le monde ouvrier.

à des employées et que les employés constituaient déjà à l'époque 26,5 % de la population active, le total ouvrier-employés représentait plus de la moitié de l'électorat. Ma thèse pouvait se résumer ainsi : ce n'est pas parce que le parti communiste s'est effondré, ce n'est pas parce que la conscience de classe s'est évanouie, que les milieux populaires ont eux aussi disparu. Les mouvements électoraux les plus violents se déroulaient en leur sein.

En 2019, presque trente ans plus tard, me revoilà à commenter d'autres chiffres et, au fond, ce que je « découvre », c'est l'inverse. Le grand basculement a eu lieu : le monde ouvrier ne joue plus de rôle directeur, même inconscient, dans la vie politique française. En 1990, les ouvriers représentaient encore la catégorie socioprofessionnelle la plus importante. Ils étaient à 29,4 %, les cadres à 11,7 %. Les employés étaient à 26,5 %, les intermédiaires à 20 %. Comme on l'a vu au chapitre 1, nous avons atteint en 2018 une distribution dont le centre de gravité s'est déplacé : les employés forment certes la catégorie la plus nombreuse à 27,2 %, non pas vraiment parce qu'ils ont augmenté en nombre, mais parce qu'ils n'ont pas régressé comme les ouvriers. À 25,7 %, les intermédiaires comptent désormais 5 points de plus que les ouvriers. Les cadres et les professions intellectuelles supérieures, à 18,4 %, pèsent presque aussi lourd que les ouvriers, qui représentent 20,4 % du total si l'on compte les immigrés, naturalisés ou non, un peu plus lourd que les ouvriers si on en retranche les immigrés, opération qui les ramène à 18 % du total et permet de circonscrire la cible prolétarienne du Rassemblement national. Je rappelle toutefois qu'appartenir à la catégorie « cadres et professions intellectuelles supérieures » n'implique pas mécaniquement que l'on soit bien riche ou très intelligent, ainsi que les chapitres 1 et 2 l'ont montré.

Notre société est devenue paradoxale : les niveaux de vie baissent mais – enfin – le modèle des classes moyennes est le bon. Simplement, nous devons dissocier l'idée de naissance d'une société de classes moyennes de celle d'enrichissement. Nous assistons à l'émergence d'une classe moyenne dominante dans un contexte d'appauvrissement. Une coïncidence temporelle que l'on peut expliquer : les classes moyennes étaient riches quand les ouvriers allaient bien et qu'il y en avait beaucoup. Si l'on détruit les ouvriers, on finit par détruire le niveau de vie en général et celui des classes moyennes en particulier. Telle est la magie de la globalisation économique qui avait voulu nous faire croire qu'en délocalisant la classe ouvrière vers l'Asie on allait avoir enfin la prospérité et la paix (sociale).

Si l'on se confronte à une histoire-problème qui inclut, explicitement ou implicitement, les notions de classe, de violence policière et populaire, de rétablissement ou de restriction du suffrage universel, de coup d'État, le bon réflexe est, selon moi, de relire sans *a priori* mais en priorité les deux grands textes que Marx a consacrés à l'histoire de notre pays : *Les Luttes de classes en France* et *Le 18 Brumaire de Louis Bonaparte*. Me replongeant dans ces textes pour la seconde fois (j'avais procédé de même avant d'écrire *Après la démocratie*), je me sens, non seulement dans un univers conceptuel adapté, mais aussi chez moi, en France, pays de juin 1936, de Mai 68, des grèves de 1995, de la révolte des banlieues, de Charlie ou des Gilets jaunes[1]. Il y a le vote et il y a la rue, l'Assemblée et les forces de l'ordre, des mouvements presque affectifs d'amour et de haine entre les classes. On ne trouvera certes pas chez Marx, jeune trentenaire durant les événements de 1848, commentés à chaud, l'implacable esprit de sérieux de la bureaucratie intellectuelle française, la redondance structurale de Bourdieu ou de ses épigones, la minutie des classifications socioprofessionnelles de l'Insee. On est plongé dans une description rapide, intuitive et féroce des groupes sociaux en lutte.

Quelles sont les catégories de Marx ? L'« aristocratie financière », la « bourgeoisie industrielle », la « petite bourgeoisie », le « prolétariat », la « paysannerie », le « lumpenprolétariat ». Si cette typologie est loin d'être parfaite, on ne saurait guère lui reprocher d'être inerte. C'est, à l'opposé, une typologie active qui permet un jeu instinctif et systématique de mise en correspondance des groupes sociaux avec l'événement ou telle et telle figure politique (les ouvriers écrasés en juin 1848, les petits bourgeois en juin 1849, Ledru-Rollin en représentant de la petite bourgeoisie, Louis Bonaparte en élu des paysans).

1. Emmanuel Todd, *Après la démocratie*, *op. cit.*

Les deux grandes leçons du **18 Brumaire**

J'admets volontiers qu'il peut paraître curieux de revenir à Marx et à des essais datant du milieu du XIXe siècle pour mieux saisir la société française du début du XXIe. Mais il ne s'agit pas là d'un exercice littéral de décalque, dans l'esprit d'un « retour au marxisme ». Pas du tout. Marx n'a rien à nous dire sur l'éducation ou la famille. Il ne perce à jour que les inconscients de classe[1]. La relecture de ces textes anciens mais de grand style, inspirés, peut nous aider à retrouver, de manière instinctive, une perception plus juste du présent, d'un présent qui, par certains aspects, renvoie à des formes historiques du passé.

Marx est le bon modèle tout simplement parce qu'il n'a pas peur de son ombre : il suit son instinct, il a l'audace, le génie des coups d'œil ravageurs. La façon dont il explique que les mœurs dépravées de l'aristocratie financière et du lumpenprolétariat se ressemblent et que, aux deux bouts de la société, on trouve le même type de pourriture morale est fabuleuse. Même chose pour sa description des dilemmes de la petite bourgeoisie. Et comment ne pas frémir, en 2019, lorsqu'on lit, dans sa préface de 1869 : « Je montre, au contraire, comment la *lutte de classes* en France a créé des circonstances et des conditions qui ont permis à un médiocre et grotesque personnage de jouer le rôle de héros[2]. » Nous vivons dans la France d'Emmanuel Macron et cette phrase est pour nous. Elle montre qu'inévitablement la méthode de Marx va nous mener quelque part.

Le 18 Brumaire nous offre surtout deux concepts fondamentaux. Le premier est celui d'une autonomisation de l'État par rapport à la société. Citons Marx dont le sens de la formule reste inimitable :

> C'est seulement sous le second Bonaparte que l'État semble s'être rendu indépendant de la société, l'avoir subjuguée. L'indépendance du pouvoir exécutif se révèle au grand jour lorsque son chef n'a plus besoin de

1. Même *L'Origine de la famille, de la propriété privée et de l'État* d'Engels, absolument dépassé, ne nous servirait à rien sur la famille. Mais je dois avouer une tendresse personnelle pour le personnage d'Engels.

2. Karl Marx, *Le 18 Brumaire de Louis Bonaparte*, Paris, Gallimard, « Folio », 2002, p. 172.

génie, ni son armée de gloire ni sa bureaucratie d'autorité morale pour se justifier. La machine de l'État s'est à tel point consolidée en face de la société civile qu'il lui suffit d'avoir à sa tête le chef de la Société du Dix-Décembre, ce chevalier de fortune accouru de l'étranger, élevé sur le pavois par une soldatesque ivre, qu'il a achetée avec de l'eau-de-vie et du saucisson, et à laquelle il lui faut sans cesse recommencer à servir du saucisson[1].

La dissension au sein des classes dirigeantes, agraire, industrielle et financière, permet à l'autonomie de l'État de se déployer.

Le thème de l'autonomisation de l'État reste utile pour la France actuelle, où le dysfonctionnement du système électoral a libéré la haute fonction publique de tout contrôle sérieux. Le concept ne s'applique ni aux États-Unis, ni au Royaume-Uni, deux sociétés authentiquement libérales, où la capacité d'association permet d'échapper à la toute-puissance de l'État, ni à l'Allemagne, monde de corps intermédiaires puissants et structurés. En revanche, il pourrait être appliqué à la Russie de Poutine, quoique pour d'autres raisons culturelles ou anthropologiques. La question de l'autonomisation de l'État se pose donc dans deux pays de niveau éducatif élevé, deux pays dont les groupes dirigeants ont cependant aujourd'hui des conceptions fort différentes de la nation.

L'autre axe de recherche que nous pouvons dériver, très librement, de Marx est la description inspirée et un peu mythique qu'il fait de la paysannerie. Il la présente comme une masse majoritaire atomisée.

Les petits paysans constituent une masse énorme, dont les membres vivent tous dans la même situation, mais sans avoir de contacts multiples les uns avec les autres. Leur mode de production les isole les uns des autres, au lieu d'établir entre eux un commerce mutuel. L'isolement est encore augmenté par les médiocres moyens de communication français et par la pauvreté des paysans. Leur champ de production, la parcelle, ne permet, pour être cultivé, aucune division du travail, aucune application de la science, donc aucune diversité de développement, aucune variété de talents, aucune richesse des rapports sociaux[2].

1. *Ibid.*, p. 298.
2. *Ibid.*, p. 299.

À ce stade, nous pouvons discerner déjà des points de coïncidence et des points de divergences avec notre époque. La notion d'atomisation va, de toute évidence, nous être utile. Celle d'isolement, à l'âge d'Internet, sans doute beaucoup moins.

Marx poursuit avec une description de petits sous-milieux qui n'est pas inintéressante :

> Chaque famille de paysans se suffit, à peu de chose près, à elle-même, produit elle-même directement la plus grande partie de ce qu'elle consomme et gagne de la sorte ses moyens d'existence dans l'échange avec la nature plutôt que dans le commerce avec la société. La parcelle, le paysan et sa famille ; à côté, une autre parcelle, un autre paysan et une autre famille. Une soixantaine de ces familles constituent un village, et une soixantaine de villages forment un département. C'est ainsi que la grande masse de la nation française est constituée par simple addition de grandeurs équivalentes, à peu près comme des pommes de terre dans un sac forment un sac de pommes de terre[1].

Tout ceci est assez inexact dans le détail, il faut le reconnaître. C'est bien ce groupe social, le plus vaste de tous, qui a permis à Louis Napoléon Bonaparte d'être élu, en décembre 1848, avec une majorité écrasante de 74 % des voix dès le premier tour. Mais Marx considère comme tant d'autres, classiquement, que les paysans sont tous des exploitants familiaux. En réalité, à l'époque, le cœur du Bassin parisien – l'une des régions où le vote en faveur de Louis Napoléon Bonaparte a été le plus fort – est dominé par la grande exploitation rurale et la « paysannerie » y est composée surtout d'ouvriers agricoles.

Mais gardons le concept d'une masse centrale atomisée. Nous allons actualiser par l'analyse psychologique et même psychiatrique, la problématique « des pommes de terre dans un sac de pommes de terre ». On sent d'avance ce concept très bien adapté à notre société, désormais dominée statistiquement par des classes moyennes atomisées et appauvries.

1. *Ibid.*, p. 299.

Ce qui nous sépare factuellement de Marx

Ce qui est commun à la période que décrit Marx et à la nôtre, c'est, d'un point de vue de gauche, la défaite. Ce qui nous sépare de Marx, c'est que lui pouvait donner sans trop réfléchir une interprétation optimiste de cette défaite.

Marx commentait l'écrasement sanglant des ouvriers pendant les journées de juin 1848 et l'abolition des libertés publiques. 3 000 à 5 000 insurgés ont été tués auxquels il faut ajouter 1 500 fusillés sans jugement. N'oublions pas les 25 000 arrestations, les 11 000 condamnations à la prison ou à la déportation en Algérie. Du côté du pouvoir, 1 500 morts quand même. Cette défaite fut néanmoins celle d'un monde en expansion.

Bien sûr, Marx fantasmait sur la nature des ouvriers vaincus tout autant que sur celle des paysans électeurs de Louis Napoléon Bonaparte. Les révolutionnaires parisiens n'étaient pas les ouvriers de la grande industrie montante. Ils appartenaient très majoritairement aux métiers traditionnels, à l'artisanat, à de petites entreprises, beaucoup d'entre eux étant montés à Paris pour tenter d'échapper, vainement, à la crise économique. Mais Marx, même s'il n'y vivait pas encore, savait ce qu'était devenue l'Angleterre, où la révolution industrielle arrivait à maturité : il voyait bien que le développement massif du prolétariat était l'avenir de la France, de l'Europe et de l'humanité. Sa surinterprétation de la réalité socio-économique parisienne de 1848 est une projection vers le futur. Au-delà de son adaptation à l'événement, la typologie sociale de Marx est active en un deuxième sens : les classes qu'il présente sont en devenir et il nous dit qu'elles pressentent leur destin. Pour les ouvriers, celui de peser de plus en plus lourd dans la société parce que l'industrie est alors l'avenir du monde. Marx pouvait ainsi faire l'analyse cruelle d'une défaite tout en sachant que les décennies qui s'annonçaient appartiendraient aux masses ouvrières. Voilà pourquoi ses textes décrivent avec une ironie cruelle une défaite, certes affreuse, mais qui va dans le sens de l'histoire. Elle nettoie le champ des luttes de ses ambiguïtés et de ses malentendus. Faute d'abattre la bourgeoisie, juin 1848 élimine du moins beaucoup de fausse conscience.

Aujourd'hui, en France, nous avons affaire à tout autre chose.

À l'heure actuelle, la défaite se manifeste, pour les classes populaires, par une baisse du niveau de vie et une disparition de toute capacité à influer sur la décision politique. Nous courons, depuis le milieu des années 1980, de micro-défaite en micro-défaite, processus cumulatif qui nous a menés là où nous en sommes : à une absence totale de perspective historique positive. Cette défaite est moins violente même si l'on sent déjà une montée tendancielle de la violence. Insupportable dans son principe, ses méthodes, ses résultats, la répression du mouvement des Gilets jaunes n'a pas atteint le niveau de brutalité de 1848, mais des dizaines de personnes ont perdu un œil ou une main, des centaines ont été mises en prison.

Difficile de donner un sens optimiste à cette défaite historique. Car elle est celle d'un monde en contraction. Une défaite donc qui, si nous restons fixés sur des catégories telles que « classe ouvrière » ou « monde populaire », n'en finira jamais puisque ces agrégats sociaux sont en rétraction rapide. Au contraire de lendemains qui chantent, nous assisterions à une impuissance programmée complète du monde ouvrier et populaire.

Une proposition de typologie active

Il est temps, à présent, de se lancer, tel un acrobate suspendu à une ficelle tendue entre ces deux pôles que sont l'Insee et Marx, dans l'exercice périlleux de définition d'une typologie active qui inclut quelques estimations quantitatives. C'est à partir de cette description de la structure sociale que j'analyserai, dans la suite de ce livre, les événements qui se sont déroulés, pour l'essentiel, entre 2005 et 2019 (j'y inclurai les résultats des dernières élections européennes et nous tenterons de nous projeter dans la France des décennies à venir). Cette typologie, à l'instar de celle de Marx, sera doublement active en ce sens qu'elle tient compte du fait que certains des groupes décrits sont en régression, d'autres en expansion.

Voici la description de la société française que je propose :

• Tout en haut, plaçons ceux qui apparaîtraient dans les travaux de Thomas Piketty et de Camille Landais comme les 1 % ou, pour être plus précis, les 0,1 % et les 0,9 % suivants combinés. Les 0,1 % sont les vrais détenteurs du capital. Thomas Piketty a bien analysé – tout comme Louis Chauvel, du reste – la réémergence du capital en tant qu'instrument de domination durant notre période. Leurs analyses se complètent pour nous faire comprendre que l'âge de la méritocratie est derrière nous et qu'hériter devient aussi important, et parfois plus, que faire de bonnes études. Le groupe qui se détache vers le haut du reste de la société française n'est que très secondairement défini par ses performances scolaires.

Par fidélité à Marx et par simplicité, je serais tenté d'appeler ce groupe « aristocratie financière ». Mais, dans le contexte français actuel, nous avons un problème. L'intrication entre les grands corps de l'État d'une part, la haute finance et les grandes entreprises de l'autre, a atteint un degré qui interdit de penser ce groupe comme « capitaliste libéral ». Au cours de notre période, les trajectoires menant, par exemple, de l'inspection des Finances à la haute banque se sont multipliées et il est devenu difficile de savoir qui de la haute administration ou de la haute finance contrôle l'autre (encore que nous émettrons quelques hypothèses dans les deuxième et troisième parties de cet ouvrage). Il me semble donc plus prudent de parler d'« aristocratie stato-financière » pour désigner les 0,1 % du haut de l'échelle.

Pour s'en faire une idée concrète, disons qu'il va s'agir, par exemple, d'énarques passés par l'inspection des Finances ou de polytechniciens passés par le corps des Mines qui ont réussi, par la suite, en pantouflant, à accumuler des fortunes dans le privé. Il va s'agir aussi, bien entendu, des vieilles fortunes qui n'ont jamais disparu. Et de quelques purs aventuriers, moins nombreux. Le plus opératoire, puisqu'il va être question de politique, serait peut-être de considérer que l'on a affaire là aux gens qui possèdent une grande partie des médias. Des personnes qui ont vraiment beaucoup d'argent, qui peuvent signer des chèques de plusieurs centaines de millions d'euros au débotté pour réparer Notre-Dame et qui, en achetant des journaux et des chaînes de télévision, se sont acquis une capacité d'action politique.

À ces 0,1 % s'agglomèrent leurs dépendants, les 0,9 % suivants : des individus qui gagnent très bien leur vie mais ne peuvent prétendre « dominer ». L'archétype du dépendant, ce sera le polytechnicien qui a été sélectionné pour son brillant cerveau et qu'on a converti en machine financière dans une salle de marchés. Mais toute la frange supérieure des grands métiers du privé, de la banque à ce qui reste d'industrie, sans oublier la frange supérieure des professions libérales est concernée.

Cette aristocratie stato-financière est très majoritairement masculine.

J'ai conscience du caractère schématique de ce début de typologie. Nous suivons ici l'esprit de Marx, dont les deux forces sont, dans l'analyse historique, me semble-t-il, l'humour et le fort tempérament artistique : il est capable de ne pas être complètement sérieux et ose se laisser emporter. Si on cherche la perfection statistique, si on n'en finit pas d'hésiter, si on s'interdit de trancher parce qu'on ne dispose pas de certitude (des statistiques fiables concernant la richesse réelle des super-riches, par exemple), on doit renoncer à décrire et comprendre l'histoire. La statistique il en faut, mais il faut aussi apprendre à s'en passer.

Une remarque avant de quitter la pointe extrême de la structure sociale. En France, nous sommes pour ainsi dire débarrassés du concept de « bourgeoisie industrielle » puisque l'euro s'est chargé de détruire notre industrie et a mis ce qui en restait sous la coupe des banques et de la finance. Il existe bien encore des petits patrons, dont on découvre d'ailleurs de temps en temps qu'ils font cause commune avec les Bonnets rouges ou avec les Gilets jaunes. Mais ils ne sauraient plus constituer une classe à part entière.

• Au-dessous des 1 %, nous avons les 19 %. Autant les 1 % représentent les authentiques dominants et leurs agents directs, ceux qui contrôlent les journaux, croulent sous l'argent, vont au Sofitel New York (et pas qu'occasionnellement), autant les 19 % suivants, n'en déplaise à Pierre Bourdieu, sont désormais des pseudo-dominants. L'Insee, en leur apposant l'étiquette « cadres et professions intellectuelles supérieures », voudrait bien les faire passer pour des dominants (les cadres de l'Institut s'imaginent comme tels), mais ils ne le sont pas réellement. Certes, beaucoup ont de bons salaires et sont propriétaires de leur logement, mais cette catégorie, rappelons-le, est très hétérogène : on y trouve aussi bien des cadres commerciaux que des enseignants du secondaire ou des clowns. Et leur revenu annuel médian, comme nous l'avons noté au chapitre 1, ne s'établit qu'à 33 000 euros. Donnons donc à cette classe sociale son vrai nom : « petite bourgeoisie CPIS » (pour cadres et professions intellectuelles supérieures). Car c'est bel et bien la petite bourgeoisie de Marx réincarnée que nous retrouvons là – après un passage fréquent par la case « études supérieures ».

Cette petite bourgeoisie, est encore à légère majorité masculine.

Cette proportion de 19 %, si elle est techniquement correcte, paraîtra peut-être sous-estimée à ceux qui ont l'impression que cette classe est « en ascension ». Elle l'était jusqu'à ces dernières années. Mais elle est en train de s'éroder en raison du décrochage du revenu des générations de diplômés les plus récentes. Nous avons affaire à un monde qui s'effrite dans sa partie jeune. Grâce à Louis Chauvel, nous pouvons dater, en termes de génération, le début de cette contraction. Dans son dernier livre, *La Spirale du déclassement*, il parle de « la spécificité des générations nées dans les années 1970 » :

> Sans l'accélération formidable des niveaux de diplôme dont ils ont bénéficié, leur sort aurait été marqué par un déclin absolu. Ceux qui, parmi eux, n'ont pas réussi à progresser par rapport au diplôme de leurs parents ont connu une aspiration vers le bas. La difficulté pour les toutes nouvelles générations est la suivante : puisqu'il est dorénavant impossible d'accélérer de nouveau le rythme de progression des diplômés, les cohortes suivantes pourraient rencontrer de vrais soucis de déclassement social intergénérationnel[1].

Si je comprends bien Chauvel, les générations nées dans années 1980, et qui auront entre 30 et 40 ans en 2020, représentent une sorte de première ligne incluant une proportion notable de diplômés, dont le niveau de vie devrait baisser.

Le graphique présenté par Thomas Piketty pour formaliser le « dilemme de Rastignac » dans son livre *Le Capital au XXIe siècle* recoupe la datation générationnelle de Chauvel[2]. La génération née en 1970 est celle qui voit s'équilibrer une dernière fois la rémunération des héritages et celle du travail bien payé. Piketty trace simulta-

1. Louis Chauvel, *La Spirale du déclassement. Essai sur la société des illusions*, Paris, Seuil, 2016, p. 117.
2. Thomas Piketty, *Le Capital au XXIe siècle*, *op.cit.*, p. 646.

nément les courbes de niveau de vie atteint par les 1 % des héritages les plus élevés et les niveaux de vie assurés par les 1 % d'emplois les mieux payés. Entre les générations 1900 et 1970, l'emploi l'emporte ; après, l'héritage le dépasse. Chauvel est né en 1967 et Piketty en 1971 : on pourra dire qu'ils ont fait quelque chose d'utile de leur propre localisation dans l'espace-temps.

• La masse paysanne du temps de Marx n'est plus. Mais il existe aujourd'hui une autre masse centrale atomisée, très difficile à définir et qui, contrairement à ce que suggère Marx à propos des paysans, est assez diversifiée. J'y regroupe ce qui reste d'agriculteurs, en hommage à Marx, les professions intermédiaires (les techniciens, les infirmières, etc.), les employés qualifiés, et les artisans ou petits commerçants, dont les professions sont, par nature, très atomisées. Cette masse centrale fragmentée et atomisée, dont l'unité se justifie par les niveaux de vie et l'interaction des mariages, je considère qu'elle représente 50 % de la population. Nous sommes cependant, je le répète, dans une typologie dynamique et cette masse n'en finit pas de croître : à elle s'agrègent, par le bas, les strates supérieures du monde ouvrier (en dehors des zones de vieille industrie dévastée du Nord-Est, dans certaines zones favorisées comme la région Rhône-Alpes ou la région de Toulouse) et, par le haut, les jeunes paupérisés de la petite bourgeoisie éduquée. Il convient d'en tenir compte. Appelons-la « majorité atomisée ». Elle est à dominante féminine et l'on sent bien dans ce seul trait sa fondamentale modernité.

On pourrait voir dans cette typologie une conversion minimaliste à la société des « deux Français sur trois » de Valéry Giscard d'Estaing[1]. Ou à l'idée d'une nébuleuse centrale d'Henri Mendras, qui fut mon professeur à Sciences Po[2]. Représenter la société française comme organisée par et autour d'une masse centrale majoritaire n'a, il est vrai, rien de révolutionnaire. Ce qui me semble nouveau, je l'ai suggéré plus haut, c'est l'association de cette formule typologique à la baisse du niveau de vie. Dans la représentation classique des typologies inertes, la majorité centrale atomisée était en expansion tandis que son niveau de vie,

1. Valéry Giscard d'Estaing, *Deux Français sur trois*, Paris, Flammarion, 1984.
2. Henri Mendras, *La Seconde Révolution française 1965-1984*, Paris, Gallimard, 1988.

comme celui de toutes les classes sociales, augmentait. Or la grande caractéristique de notre période, c'est une baisse générale du niveau de vie. Une baisse qui touche davantage encore la majorité centrale atomisée, comme l'a montré Serge Bosc dans sa *Sociologie des classes moyennes*[1]. Bosc y analyse l'évolution du salaire net annuel moyen par catégories socioprofessionnelles et nous voyons clairement qu'entre 1998 et 2004, très tôt donc, il a commencé à baisser pour les professions intermédiaires et les employés, tandis que, d'après les données officielles de l'Insee (avec indice des prix faussé), il augmentait chez les cadres et les ouvriers[2].

• Tout en bas de l'échelle sociale, il reste 30 % que j'appellerai, toujours en hommage à Marx, « prolétariat ». Il comprend les ouvriers et les employés non qualifiés, deux catégories souvent unies par le mariage. L'ensemble de la catégorie est à dominante masculine. Pour ne pas perdre le contact avec cette réalité de la France actuelle qu'est l'immigration, cette base de 30 %, je la divise en 25 % d'origine française ou européenne et 5 % d'origine extra-européenne. Ce 5 % assez mal évalué représentera, symboliquement au moins, le clivage ethnoreligieux qui s'est installé dans la société comme dans la vie politique française. Rappelons toutefois que les enfants d'immigrés, maghrébins notamment, sont en majorité déjà dispersés dans toutes les catégories sociales autres qu'« ouvriers ».

Tableau 4.1. Résumé de notre nouvelle typologie active

Catégories sociales	Part dans la population	Répartition des sexes
Aristocratie stato-financière (et dépendants)	0,1 + 0, 9 = 1 %	Très masculine
Petite bourgeoisie CPIS	19 %	Légèrement masculine
Majorité atomisée	50 %	Dominante féminine
Prolétariat	30 %	Dominante masculine

1. Serge Bosc, *Sociologie des classes moyennes*, Paris, La Découverte, 2008.
2. *Ibid.*, p. 97.

Notons que cette description de la société française ne vaut que pour 2015-2018. Au début de notre période d'étude, avant la destruction de l'industrie française, avant l'établissement d'une relation symbiotique entre le ministère des Finances, les banques et les assurances, la bonne description aurait été :

- aristocratie d'État, centrée sur l'ENA (la noblesse d'État de Bourdieu);
- bourgeoisie industrielle ;
- petite bourgeoisie CPIS (cadres et professions intellectuelles supérieures);
- micro-bourgeoisie (commerçants, artisans et entrepreneurs, petits en majorité);
- classes populaires (ouvriers et leurs femmes employées).

En ce début de période, pas de majorité centrale atomisée. Les professions intermédiaires ne pèsent pas encore assez lourd pour être le centre de gravité de quoi que ce soit : elles sont dans l'orbite de la petite bourgeoisie CPIS.

Nous verrons plus loin comment l'instabilité de la structure sociale peut produire, dans un premier temps, une immobilité du système politique.

Chapitre 5
Au-delà de l'économie, les mentalités : l'homme diminué

L'École des Annales nous a appris à aborder l'évolution d'une société sur deux plans : l'économie et les mentalités. Il a jusqu'à présent plutôt été question, dans la description de la structure sociale française et de son évolution, de la première et moins des secondes, même s'il convient, bien entendu, de ne pas opposer les catégories de façon rigide : l'implosion des structures familiales, par exemple, relève du plan mental le plus profond. De même, l'atomisation de la masse centrale évoque en réalité déjà l'évolution des mentalités.

Dans les métiers infiniment divers créés par le développement massif du tertiaire, nous trouvons l'un des éléments de ce que l'on nomme aujourd'hui la « montée de l'individualisme ». Si chaque métier est spécifique, la compétence économique qu'il suppose contribue à séparer le travailleur des autres travailleurs, sur le plan mental autant que productif. Cette séparation est beaucoup plus efficace que celle évoquée par Marx pour les familles paysannes. Ce ne sont pas des pommes de terre que nous trouvons dans le sac mais des fruits et légumes très variés. Si l'on s'en tient à l'axe de la masse centrale (les professions intermédiaires), 53 % de ces pièces sont d'ailleurs de sexe féminin, et l'irruption des femmes au cœur de la structure sociale active ne peut pas être sans effet sur la psychologie de l'époque. L'évolution des mentalités est donc bien, comme le voulait Marx, pour une part, le reflet du mouvement de la structure économique.

Nous allons devoir remonter assez loin dans le passé pour comprendre l'extraordinaire spécificité mentale des années 1992-2018. Nous vivons en effet une époque absolument unique en ce qui concerne le développement de la « personnalité de base », comme dirait l'anthropologie culturaliste américaine.

Je vais procéder par étapes régressives sur le plan temporel. J'examinerai d'abord les débats idéologiques récents sur l'épanouissement personnel (vision positive du changement psychosocial dérivée d'Abraham Maslow et illustrée par Ronald Inglehart) et le narcissisme (vision négative théorisée par Christopher Lasch mais préfigurée par David Riesman), deux impasses selon moi, qui mènent à une opposition exagérée des couches éduquées et populaires, le camp de l'épanouissement glorifiant les premières, celui de la dénonciation du narcissisme idéalisant les secondes. Je montrerai que l'utilisation de la notion de *common decency*, tirée d'Orwell, si présente dans le discours des jeunes contestataires, de droite et de gauche, de l'ordre établi, résulte d'une fondamentale erreur de perspective historique sur l'anthropologie du monde ouvrier des années 1880-1939.

Le terrain ainsi déminé je passerai à ce que je pense être la bonne description des évolutions. J'échapperai au concept critique de narcissisme, très insuffisant, en m'appuyant sur les travaux d'Alain Ehrenberg qui retracent la coévolution, depuis 1950 environ, des médecines de l'esprit et de l'état psychologique concret de la population française. Ses conceptions d'une fatigue du moi libéré, d'une tendance dépressive dans la société, d'un individu devenu incertain de lui-même, me semblent plus adaptées à la compréhension du présent que le moralisme critique de Lasch. Je retournerai toutefois à Durkheim, à son concept d'anomie et à une analyse du taux de suicide depuis 1826, pour légèrement décaler dans le temps le triomphe de la fatigue dépressive et de l'incertitude identitaire. Les années 1968-1985 constituent un moment de transition qui présente trop d'analogies avec les années qui ont précédé la publication du *Suicide* d'Émile Durkheim pour qu'on les considère comme complètement nouvelles. Entre 1992 et 2018, en revanche la chute du taux de suicide dans une période de difficultés économiques croissantes apparaît comme une véritable nouveauté historique. Elle suggère que, depuis Maastricht, un type nouveau de renonciation psychique s'est répandu dans la société, élément dont nous devrons bien sûr tenir compte pour comprendre son impuissance politique croissante.

1950-2010 : le débat sur l'épanouissement personnel et le narcissisme

Les Trente Glorieuses se sont caractérisées par un enrichissement de masse comme on n'en avait jamais connu dans l'histoire de France, qui a touché toutes les strates de la population. Il est convenu de considérer que cette élévation sans précédent du niveau de vie a libéré « l'individu » de nombreuses contraintes du passé comme la peur de la faim, l'enfermement dans le groupe local, les disciplines de la religion et des idéologies qui lui ont fait face : républicanisme, laïcisme, socialisme, communisme, nationalisme. Les technologies modernes de contraception ont, quant à elles, ouvert la possibilité d'une sexualité vraiment déconnectée de la procréation. L'ensemble de ce processus est considéré par les idéologues optimistes – et une écrasante majorité de la population sans doute – comme une émancipation et, par les idéologues pessimistes, comme conduisant, à terme, à un repliement narcissique de l'individu sur lui-même. Je vais essayer de sortir de toute conception moralisatrice, stérile du point de vue de la prospective historique. L'ampleur sociale des évolutions psychiques ici évoquées est telle que les approuver ou les dénoncer ne présente aucune utilité. Mai 68, symbole de ce basculement pour tant de partisans d'un retour à une moralité plus stricte, a eu lieu et nous n'y pouvons rien. L'important est d'en comprendre les conséquences politiques et de prévoir le basculement d'après.

Selon le modèle optimiste, le développement de l'éducation secondaire et surtout supérieure, dans un contexte d'enrichissement généralisé, a mené les individus à une culture postmatérialiste d'épanouissement du moi. Émancipation des femmes, tolérance sexuelle, mariage pour tous, ouverture au monde extérieur et rejet des frontières : il n'est pas trop difficile de résumer l'état d'esprit dominant qui a succédé aux vieilleries que furent l'Église, le gaullisme, le parti communiste et la SFIO. Le projet est celui d'un monde plus ouvert, postnational, et qui n'est plus contraint comme autrefois par la basse matérialité des besoins primaires. L'écologie est là, cependant, pour nous rappeler que le cadre terrestre de toute cette liberté humaine doit être préservé, l'alimentation bio l'accompagne pour protéger nos corps des menaces de la chimie. Je propose d'appeler cet état d'esprit EFTIBE (émancipation, féminisme, tolérance sexuelle, immigration, bio, écologie ; la voyelle I résume ici l'idéal postnational et sa conséquence, l'immigration, parce que j'ai besoin d'une voyelle pour rendre l'acronyme prononçable).

On se fera une idée de cette conception en lisant, par exemple, le dernier ouvrage de Ronald F. Inglehart, *Cultural Evolution*[1]. Inglehart est à l'origine du projet titanesque et indispensable qu'est la *World Values Survey* : des enquêtes par questionnaires menées dans un nombre maximal de pays pour mesurer l'évolution des attitudes sur des sujets aussi divers que la guerre, le bonheur, les rapports entre les sexes, l'homosexualité ou le nationalisme. La trajectoire décrite pour les sociétés avancées est une sorte de type-idéal du scénario optimiste, la marche en avant d'EFTIBE vers la suprématie idéologique, même si, à la fin de son livre, Inglehart s'avoue préoccupé par la montée du populisme xénophobe. Le militarisme croissant des pays scandinaves est aussi un problème relevé par les enquêtes.

Cette vision psychosociale positive s'appuie sur les théories déjà anciennes d'Abraham Maslow (1908-1970) et sa pyramide des besoins : en bas, les besoins physiologiques élémentaires (boire, manger, respirer, se reproduire, etc.) et, tout en haut, le besoin d'accomplissement de soi – avec, entre les deux niveaux, les besoins de sécurité, d'affection et d'estime. Peu à peu, au cours de son histoire, l'homme serait ainsi parvenu à satisfaire des besoins de plus en plus complexes et immatériels. Nous pouvons faire remonter l'émergence de la vision de Maslow à la publication en 1943 de son article « A theory of human motivation » et, en 1954, de son livre *Devenir le meilleur soi-même*[2].

À cette vision psychosociale positive s'est opposée, dès son émergence, une vision plus sombre. Le pionnier – me semble-t-il – de ce courant pessimiste fut David Riesman (1909-2002) qui a publié *La Foule solitaire* dès 1950[3]. Selon Riesman, l'apprentissage de la

1. Ronald F. Inglehart, *Cultural Evolution : People's Motivations are Changing and Reshaping the Word*, Cambridge-New York, Cambridge University Press, 2018.

2. Abraham Maslow, *Motivation and Personality*, New York, Harper & Brothers ; traduit en français sous le titre *Devenir le meilleur soi-même. Besoins fondamentaux, motivation et personnalité*, Paris, Eyrolles, 2008.

3. David Riesman, *La Foule solitaire*, *op.cit.*

lecture avait produit un individu *inner-directed*, c'est-à-dire « dirigé de l'intérieur », plongé dans la Bible ou d'autres livres, introverti, sérieux, mû par une sorte de gyroscope intérieur et, il va sans dire, travailleur et responsable. Or, dans l'Amérique de son époque, qui comptait déjà beaucoup d'éduqués supérieurs, il décelait une perte de cette direction intérieure. Les éduqués supérieurs des nouvelles générations embrassaient les nouveaux métiers du tertiaire et de la communication, ils travaillaient ensemble, dans des bureaux, et devenaient de plus en plus *other-directed*, dirigés par les autres. La bonne traduction serait sans doute : mimétiques.

Une génération après David Riesman vint Christopher Lasch (1932-1994), dont l'ouvrage *The Culture of Narcissism* est paru aux États-Unis en 1979[1]. Avec mon ami Georges Liébert nous l'avions fait traduire chez Robert Laffont dès 1981 mais, pour autant que je m'en souvienne, le livre n'avait pas eu un grand écho en France. C'est grâce à sa reprise par Jean-Claude Michéa dans les années 2000 que Lasch est devenu très populaire au sein de la contestation des tendances présentes du monde avancé, une véritable autorité : peut-être, tout simplement, parce que la société française a alors atteint le stade de développement éducatif et psychosocial qui était celui de la société américaine vers 1979. Dans ce texte, Lasch dénonce l'intérêt grandissant et exagéré de ses contemporains pour leur propre personne (d'où le terme de narcissisme). En le relisant, j'ai été frappé, il me faut le reconnaître, par son ton très affirmatif, par le manque de faits et de preuves dans le raisonnement. N'appréciant pas, d'instinct, le populisme moralisateur de Michéa et surtout l'association systématique que ses fidèles en ont tiré entre libéralisme de mœurs et libéralisme économique, entre réformes sociétales et financiarisation de l'économie, constatant avec tristesse son influence grandissante dans la contestation en France, j'avais relu Lasch dans l'intention, je l'avoue, de pouvoir dire que Michéa ne l'avait pas compris, que Lasch, tout de même, c'était autre chose – par exemple, l'optimisme et le pragmatisme américains, etc. Désillusion. À la relecture,

1. Christopher Lasch, *The Culture of Narcissism : American Life in an Age of Diminishing Expectations*, New York, W. W. Norton & Co, 1979. Publié en français pour la première fois en 1981 sous le titre *Le Complexe de Narcisse. La nouvelle sensibilité américaine*, Paris, Robert Laffont. Puis, en 2008, sous le titre *La Culture du narcissisme*, Paris, Flammarion.

j'ai trouvé Lasch moralisateur. Je devais être assez puritain, à trente ans, lorsque son texte m'avait séduit.

Les évolutions psychologiques et morales évoquées par ces modèles opposés semblent fondamentalement associées au destin des éduqués supérieurs. La vision de Maslow et d'Inglehart conduirait à les considérer comme des gens merveilleux, qui auraient développé des compétences et une sensibilité les rendant réellement, en un sens, supérieurs. Celle des pessimistes, Riesman ou Lasch, par une sorte de réaction mécanique, mène au modèle inverse : les éduqués supérieurs sombreraient dans le mimétisme ou le narcissisme, tandis que les catégories inférieures auraient été épargnées par ces mutations délétères. Un champ théorique se dégage pour l'affrontement de l'élitisme et du populisme.

1850-1968 : une vision plus juste des classes populaires

Michéa cite à longueur d'ouvrages la notion orwellienne de *common decency*, qui se répand à grande vitesse en France actuellement. L'idée d'une santé mentale et morale persistante des milieux populaires est effectivement présente chez Orwell, notamment dans *1984*, son texte le plus connu : les prolétaires vivent à l'extérieur de la névrose du Parti intérieur et du Parti extérieur.

Mais appliquer à notre époque le concept de *common decency* me paraît absolument anachronique. Le monde populaire français (ou anglais d'ailleurs) d'aujourd'hui n'est plus celui d'Orwell et du *Quai de Wigan*. Nos problèmes économiques actuels succèdent à l'enrichissement massif des années 1950-1980. Le monde populaire d'Orwell émergeait lui de deux siècles et demi d'une dure vie industrielle qui n'avait permis qu'une amélioration minimale des conditions de vie, amélioration arrêtée d'ailleurs par la crise anglaise des années 1920. Les éduqués supérieurs, nos élites de masse, sont certes au cœur des évolutions des dernières décennies, mais elles ne sauraient porter seules le fardeau d'une quelconque culpabilité historique. Si l'effondrement des idéologies politico-religieuses doit beaucoup au développement de l'éducation supérieure, il doit autant ou plus à l'enrichissement des milieux populaires. Les ouvriers ont, autant que les intellectuels, abandonné le parti communiste. On pourrait, eux aussi, les accuser d'une évolution psychologique et morale désastreuse. Reprendre le concept de *common decency* d'Orwell et de tant d'autres, c'est oublier qu'entre les prolétaires d'autrefois et les ouvriers d'aujourd'hui il y a eu le développement de la consommation de masse, avec salles de bains, Frigidaires, automobiles et enfants gâtés, dans les milieux populaires peut-être plus encore que dans les milieux bourgeois. Si l'on tient absolument à être moralisateur, le bon postulat pour comprendre les années 1992-2018 devrait être celui d'une « indécence commune » à tous les milieux.

Par ailleurs, nous sommes victimes d'une illusion d'optique dans notre perception d'une évolution des mœurs qui procéderait d'une simple diffusion de celles-ci du haut vers le bas de la structure sociale. Idée commune : les élites inventent le libéralisme familial et sexuel, un nouvel individualisme ; la population ordinaire, autoritaire et puritaine par nature, subit et accepte sa rééducation spirituelle. L'histoire sociale des mœurs sur longue période nous dit tout autre chose. Jusqu'aux années 1920, la bourgeoisie, petite et grande, vivait dans une grande rigidité de mœurs, elle enfermait ses femmes et réprouvait l'homosexualité. Le prolétariat qu'elle exploitait, était, lui, beaucoup plus détendu. La famille ouvrière était à dominante matriarcale et son organisation dans l'espace à dominante matrilocale. Les ouvriers confiaient la gestion de leur paye à leur femme. Retournons à Zola. Qu'y trouve-t-on ? Des bourgeois névrosés, des femmes privées de droit et un monde populaire beaucoup plus libéral qui fait fantasmer les jeunes bourgeois. Le monde populaire ancien grouille d'enfants naturels, de familles recomposées et il tolère en gros l'homosexualité ainsi que l'a relevé Florence Tamagne dans un excellent livre[1]. Nous retrouvons, à sa place dans le temps, la véritable *common decency* d'Orwell[2].

Vient l'après-Seconde Guerre mondiale. Avec le Frigidaire, pour faire court, le puritanisme bourgeois pénètre le monde ouvrier. On peut alors enfin évoquer une diffusion du haut vers le bas, mais de sens opposé à celle qu'on postule généralement. L'augmentation des salaires permet aux ouvriers une stabilisation familiale petite-bourgeoise. Que

1. Florence Tamagne, *Histoire de l'homosexualité en Europe. Berlin, Londres, Paris 1919-1939*, Paris, Seuil, 2000, p. 392-393.

2. Orwell, cependant, était homophobe.

ce soit aux États-Unis, en Angleterre ou en France, l'après-guerre est certes une phase de bouleversement des niveaux de vie vers le haut, d'absence de chômage et de montée de la société de consommation. Mais il représente aussi pour les ouvriers une période de conformisme moral nouveau. La gueule de bois de la guerre y est aussi pour beaucoup. Tout comme l'exode rural, qui alimente en enfants de paysans plus sages le monde des villes.

Alain Ehrenberg : échapper au narcissisme pour atteindre la dépression

Je dois ici admettre que mes doutes sur l'intérêt du concept de narcissisme sont récents. C'est normal. Facebook, Instagram, Snapchat incitent chacun à partager ses photos de vacances avec la terre entière. Sur nos écrans de télévision règnent *Koh-Lanta*, *Top Chef*, *Un dîner presque parfait*, *Super Nanny* et Stéphane Plaza. Face à ces écrans habités d'êtres hilares, ravis d'être eux-mêmes sans qu'on sache trop pourquoi, il est difficile de ne pas employer le mot « narcissisme ». Le concept a toujours le vent en poupe chez les universitaires : les livres prolifèrent, aussi bien dans l'Amérique individualiste (citons, parmi beaucoup d'autres titres, *The Narcissism Epidemic* de Jean M. Twenge et W. Keith Campbell) que dans des pays moins évidemment individualistes comme l'Allemagne (*Die Gesellschaft der Singularitäten* d'Andreas Reckwitz)[1]. Et le débat rebondit puisque ces universitaires se mettent à accuser les générations plus récentes d'être encore plus narcissiques qu'elles. L'analyse par Jérôme Fourquet des prénoms donnés par les parents à leurs enfants nouveau-nés, de plus en plus individualisés, exceptionnels, censés désigner une descendance unique par ses qualités, révèle bien une projection narcissique des parents sur leur progéniture[2].

Un ouvrage m'a libéré de cette question du narcissisme, dont l'auteur, bien que français, connaît parfaitement la situation à l'étranger

1. Jean M. Twenge et W. Keith Campbell, *The Narcissism Epidemic : Living in the Age of Entitlement*, New York, Atria Books, 2009. Andreas Reckwitz, *Die Gesellschaft der Singularitäten*, Berlin, Suhrkamp, 2017.

2. Jérôme Fourquet, *L'Archipel français*, *op. cit.*, p. 90-92.

et notamment dans les pays anglo-saxons. Dans *La Fatigue d'être soi*, publié en 1998, Alain Ehrenberg retrace l'évolution psychosociologique de la France depuis plusieurs décennies d'une façon plus technique et raisonnable que tout ce que j'avais pu lire jusque-là[1]. Or le concept de narcissisme, s'il y apparaît, n'y est absolument pas central. Ehrenberg nous propose une analyse simultanée de l'évolution des concepts psychologiques, psychiatriques ou psychanalytiques dans le champ professionnel et de l'évolution de l'état psychologique des populations. En interaction, le développement des anxiolytiques et des antidépresseurs est soigneusement exposé, leurs forces et leurs faiblesses analysées. Voici ce que j'en tire, déformant sans doute, et je m'en excuse, un ouvrage nuancé.

Nous avons vécu, depuis les années 1950, le passage d'une personnalité de base dominée par un surmoi prédisposant à l'autorépression, au conflit intérieur, à la culpabilité, à laquelle s'appliquaient assez bien les concepts de névrose et de psychose dans toutes leurs variétés nosographiques, à une personnalité de base dont le moi est certes libéré de beaucoup d'interdits, mais qui doit faire face à cette dure réalité que, même quand rien n'est interdit, tout n'est pas possible. Désormais l'individu a le droit d'être lui-même, il est même sommé de le devenir, mais il reste confronté au fait que, s'il plonge au fond de ce moi libéré, il n'y trouvera pas nécessairement des choses extraordinaires (c'est en général ce qui m'arrive, l'après-midi, quand je passe beaucoup de temps seul à travailler dans ma chaumière bretonne). Confronté à ses insuffisances, l'individu libéré aura tendance à sombrer dans un état de fatigue dépressive. Le tournant semble précoce : la dépression devient, selon Ehrenberg, un problème de médecine générale dès les années 1965-1970[2]. Mais la poussée la plus notable du taux de dépression semble intervenir entre 1980 et 1990. Cette fatigue mentale des populations est accompagnée, si l'on peut dire, par une « fatigue » des concepts, puisque les classifications avec lesquelles psychiatrie et psychanalyse tentaient de situer et de soigner les êtres humains souffrants se diluent dans la même période, remplacées par l'inventaire des symptômes que permet désormais le

1. Alain Ehrenberg, *La Fatigue d'être soi. Dépression et société*, Paris, Odile Jacob, 1998.
2. *Ibid.*, p. 93 de l'édition de poche (Odile Jacob, 2000).

Manuel statistique et diagnostique des troubles mentaux, troisième version, *DSM-III*, publié par l'American Psychiatric Association en 1980, révisé en 1987 et 1994[1]. Les antidépresseurs, multipliés et perfectionnés tout au long de la période (le Prozac, qui apparaît en 1990, n'est que l'un d'eux), n'ont plus la prétention de guérir, à partir d'un diagnostic précis, la maladie ou la personnalité, mais d'effacer les symptômes de mal-être et de souffrance. Ils installent le plus souvent l'individu dans la chronicité. Ensemble, les évolutions de la personnalité de base, des concepts et des traitements chimiques ont permis que se vident les asiles psychiatriques.

Laissons Ehrenberg résumer le basculement psychosocial :

> La rencontre entre la dynamique d'émancipation, qui libère l'individualité de la discipline et de l'interdit, et les transformations internes à la psychiatrie, qui fournissent des réponses pratiques aux problèmes créés par cette libération, signale un changement de style du désespoir. Le déclin de la névrose au profit de la dépression est bien la fin d'une psychiatrie, mais il indique également le déclin d'une expérience collective de la personne qui s'exprimait à la fois par l'assujettissement disciplinaire et par le conflit. Il y a là un changement dans la subjectivité des modernes[2].

Ehrenberg met en rapport la chute du conflit intérieur et la chute du conflit social de façon très convaincante. « Le déclin de la névrose est celui d'une expérience du monde qui mettait le conflit au centre de la condition humaine et lui donnait son sens[3] », note-t-il. Or ce conflit structurait non seulement le rapport de soi à soi, mais « l'entre-nous collectif[4] » :

> L'invention du social (l'assurance pour les travailleurs et l'assistance pour les incapables de travailler), sa mise en forme par la représentation politique (parlements et partis) et les organisations de masse (syndicats, mouvements de jeunesse) ont permis de surmonter un risque que la lutte des classes portait en elle : celui du dérapage dans la guerre civile. Ce style de mise en forme offrait au conflit une scène – politique – qui lui

1. *Ibid.*, p. 191.
2. *Ibid.*, p. 206.
3. *Ibid.*, p. 275.
4. *Ibid.*, p. 272.

> donnait son sens en dessinant des lignes d'affrontements et d'accords entre les acteurs. Répartir plus justement la richesse produite et lutter contre les inégalités de chances entre classes sociales sont les deux grands compromis politiques qui s'imposent au cours de la seconde moitié du XIXe siècle. La division sociale conditionne l'unité de la société, le conflit permet de faire tenir un groupement humain sans qu'il ait besoin de justifier son sens en se référant à un ailleurs et sans qu'un souverain décide pour tous. C'est là le noyau du politique en démocratie[1].

Il saisit donc une correspondance entre l'effondrement du conflit intérieur à l'individu et celui du conflit intérieur à la société. Or une société sans conflit serait une société apathique politiquement.

J'ajoute – et c'est là un apport tout personnel à la réflexion d'Ehrenberg – que l'hypothèse d'une prolifération de ces moi fatigués pourrait contribuer à expliquer celle des modèles d'effondrement sociaux ou écologiques, si présents dans les librairies. Tant d'hommes fatigués ne peuvent qu'imaginer des problèmes futurs auxquels ils n'auront pas la force de réagir. Selon *Le Monde diplomatique*, qui s'est intéressé à la question dans son numéro d'août 2019, ces modèles n'accusent même plus le capitalisme mais l'homme, ce qui vient plutôt à l'appui de cette hypothèse. À lire certaines de ces descriptions de l'apocalypse, je ne peux m'empêcher de me sentir psychiatre, regardant avec tristesse s'étendre une dépression nerveuse collective.

En résumé, il ne s'agit pas ici pour moi de rejeter le concept de narcissisme, mais sa centralité conceptuelle et sa dimension moralisatrice. Les déviances narcissiques – heureuses ou malheureuses – sont des pathologies importantes mais secondaires pour l'analyse de la population générale. Elles garderont dans nos développements ultérieurs, comme chez Ehrenberg, une place dérivée, secondaire. Nos concepts centraux seront ceux d'effondrement du surmoi, de libération du moi, d'effacement de la culpabilité et du conflit intérieur. Nous suivrons Ehrenberg dans l'idée que la dépression, manifestation de la fatigue d'un moi confronté à une réalité non répressive mais qui reste difficile, est désormais la pathologie diffuse la plus importante.

Réservons, comme on dit en cuisine, cette belle hypothèse : nous en aurons besoin plus tard.

1. *Ibid.*, p. 272.

1968-1985 : le retour temporaire de l'anomie durkheimienne

Parce que les années 1968-1985 furent en France celles d'une hausse du taux de suicide, ramené à son plus haut niveau historique, celui des années 1914-1932, je vais maintenant examiner une hypothèse alternative pour expliquer la poussée pathologique des années 1965-1990. Cette hypothèse, plus traditionnelle, c'est l'anomie. Je prends le concept au sens originel de Durkheim, qui n'est pas celui qu'il a acquis par la suite sous l'influence de la sociologie américaine. Conceptions durkheimienne stricte et américaine de l'anomie se complètent plus qu'elles ne se contredisent et peuvent donc se combiner facilement. L'anomie décrit aujourd'hui dans son acception courante un isolement général des individus, une collectivité atomisée. Pour Durkheim, il s'agissait surtout de saisir l'état de dérèglement d'individus pris dans une société dont les règles changeaient et qui ne savaient plus ce qu'ils devaient espérer ou attendre de la vie. Le suicide anomique était, plus que le suicide altruiste ou le suicide égoïste, autres catégories durkheimiennes, le moteur de la hausse du taux de suicide à la fin du XIXe siècle.

Voici comment Durkheim définit l'anomie dans *Le Suicide* :

> Ainsi, les appétits, n'étant plus contenus par une opinion désorientée, ne savent plus où sont les bornes devant lesquelles ils doivent s'arrêter. D'ailleurs, à ce même moment, ils sont dans un état d'éréthisme naturel par cela seul que la vitalité générale est plus intense. Parce que la prospérité s'est accrue, les désirs sont exaltés. La proie plus riche qui leur est offerte les stimule, les rend plus exigeants, plus impatients de toute règle, alors justement que les règles traditionnelles ont perdu de leur autorité. L'état de dérèglement ou d'*anomie* est donc encore renforcé par le fait que les passions sont moins disciplinées au moment même où elles auraient besoin d'une plus forte discipline.
>
> Mais alors leurs exigences mêmes font qu'il est impossible de les satisfaire. Les ambitions surexcitées vont toujours au-delà des résultats obtenus, quels qu'ils soient ; car elles ne sont pas averties qu'elles ne doivent pas aller plus loin. Rien donc ne les contente et toute cette agitation s'entretient perpétuellement elle-même sans aboutir à aucun apaisement[1].

1. Émile Durkheim, *Le Suicide*, Paris, Presses universitaires de France, p. 281 (édition originale : Paris, Félix Alcan, 1897).

Ce texte date de 1897. Et on ne peut qu'être frappé des similitudes entre l'anomie durkheimienne, qui résulte d'une libération du moi des contraintes extérieures, menant à une continuelle insatisfaction, et la première poussée de dépression sociale, située par Ehrenberg, sur la base de divers indices, vers les années 1965-1990. D'où, bien entendu, la question : ce qui s'est joué entre 1968 et 1985, selon la chronologie du suicide, ne se serait-il pas déjà produit dans la France d'avant la Première Guerre mondiale ?

Le point de départ de Durkheim était la hausse du taux de suicide à son époque, consécutive à la montée de l'alphabétisation tout au long du XIXe siècle. Il notait, parmi les facteurs causaux immédiats du suicide, le divorce et l'effondrement religieux. Or nous parlons tous les jours, en France, de recomposition familiale et de fin du religieux. Sommes-nous en 1897 ou en 1968 ? Ces deux éléments, famille instable et athéisme, sont communs aux deux époques, avec toutefois des différences de proportion.

L'effondrement religieux fut plus considérable avant 1897, même si nous devons constater l'atteinte aujourd'hui d'une sorte de phase finale dans l'effondrement du catholicisme. La chute de la pratique religieuse fut massive entre 1791 et 1897 sur les deux tiers du territoire national, ne laissant subsister un catholicisme actif que sur un tiers, périphérique, de l'Hexagone. La magnifique carte des taux de suicide au niveau des arrondissements pour les années 1887-1891, présentée par Durkheim dans son ouvrage classique, recoupe en partie la carte de la première déchristianisation française, avec ses pôles majeurs au cœur du Bassin parisien et en Provence[1]. On peut s'en rendre compte maintenant grâce aux travaux de Timothy Tackett sur le serment constitutionnel de 1791 et grâce à la mesure de la pratique religieuse par le chanoine Boulard et Gabriel Le Bras au lendemain de la Seconde Guerre mondiale[2].

La poussée de l'instabilité matrimoniale est en revanche beaucoup plus massive depuis 1965 qu'elle ne le fut avant la rédaction du *Suicide* par Durkheim. Le divorce, une première fois autorisé par la loi en 1792 mais abrogé en 1816, n'avait été rétabli qu'en 1884.

1. Émile Durkheim, *Le Suicide*, *op. cit.*, p. 124-125.

2. Timothy Tackett, *Religion, Revolution, and Regional Culture in Eighteenth-Century France: The Ecclesiastical Oath of 1791*, Princeton, Princeton University Press, 1986 ; Fernand Boulard et Gabriel Le Bras, *Carte religieuse de la France rurale*, Cahiers du clergé rural, 1947.

Ces nuances importantes étant établies, nous devons admettre que la France d'avant 1914 et celle des années 1968-1985 présentent de forts points communs : à deux reprises, le taux de suicide a atteint dans l'Hexagone le taux annuel de 26 pour 100 000 habitants. Nous pourrions sans doute donner des descriptions parallèles des révolutions mentales durant la deuxième moitié du XIXe siècle et dans les deux décennies qui ont suivi Mai 68. En revanche, je ne pense pas que les années 1850-1897, ou 1850-1914, auraient beaucoup à craindre d'une comparaison culturelle avec les années 1968-1985. Flaubert, Zola, Maupassant, Rimbaud, Courteline, les impressionnistes, Le Play, Tarde, Durkheim… Je ne me risquerai pas à chercher des équivalents après 1968.

Graphique 5.1. L'évolution du taux de suicide entre 1826 et 2015 (pour 100 000 habitants)

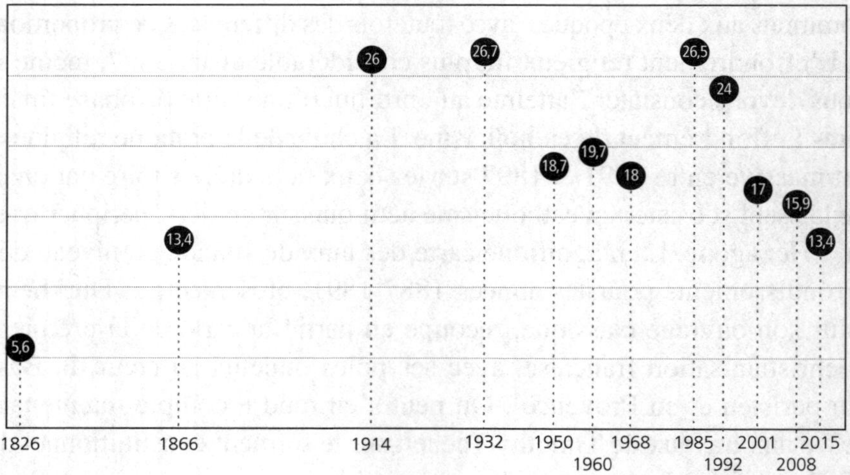

Sources : Inserm et Jean-Claude Chesnais, *Les Morts violentes en France depuis 1826*, Paris, PUF, 1976.

N'oublions pas, dans ce bref aperçu de l'histoire du suicide, la baisse du taux au lendemain de la Seconde Guerre mondiale, dont les caractéristiques socio-économiques nouvelles sont fondamentales. Ainsi que je l'avais noté dans *Le Fou et le Prolétaire*, avant 1914, ceux qui se suicidaient appartenaient majoritairement aux classes supérieures et éduquées[1].

1. Emmanuel Todd, *Le Fou et le Prolétaire*, *op. cit.*, p. 73.

C'étaient des rentiers, des fonctionnaires d'État, des riches. Après 1945, on observe, en revanche, des taux de suicide alignés sur la nomenclature socioprofessionnelle : minimaux pour les cadres supérieurs, maximaux pour les ouvriers agricoles et les manœuvres, les strates intermédiaires ayant des taux intermédiaires, sans aucune surprise sociologique[1]. De la souffrance selon Bourdieu, à l'époque donc où Bourdieu opérait. Le monde ouvrier semble bien être sorti, après-guerre, de cette naturalité peu anxieuse qui fascinait tant les bourgeois d'avant-guerre. Quelle explication donner à un tel basculement ? L'embourgeoisement des ouvriers au lendemain de la guerre, évoqué plus haut, inclut sans doute une composante anomique, au sens durkheimien originel, malgré la stabilisation de la famille ouvrière. L'enrichissement, l'ascension sociale sélective enclenchée par l'éducation et le processus méritocratique, ont dû signifier pour le monde populaire une indéfinition toute nouvelle des attentes sociales, une perte des repères, une incertitude sur ce que l'on pouvait espérer de la vie dans une société où une certaine mobilité ascendante s'installait. Une telle anomie expliquerait assez bien la montée de l'anxiété et l'élévation du taux de suicide dans un monde populaire qui s'enrichit et accède à la société de consommation.

La chute des taux bourgeois a, quant à elle, peut-être résulté du choc de la guerre, expérience de sauvagerie qui n'a pu manquer de ramener un temps les esprits à une conception plus équilibrée et positive de la vie. Un certain début de décrispation mentale, amorce des mutations à venir de l'ensemble de la société, peut également être évoqué pour les couches supérieures de la société, sans certitude. Je reviendrai sur cette question lorsqu'il s'agira de localiser sociologiquement l'épicentre des mutations les plus récentes.

1992-2014 : plus de précarité, plus de pauvreté, moins de suicides

À la veille de Maastricht, quelle est la situation ? Le taux de suicide reste élevé puisque, après la hausse des années 1968-1985, on observe en gros une stabilisation, ce qui semble valider à nouveau,

1. *Ibid.* p. 161.

à un siècle d'écart, le concept durkheimien d'anomie. Durant cette période, les écarts de taux entre catégories socioprofessionnelles sont en gros stables[1]. Mais ensuite, comme on le voit sur le graphique 5.1, se produit un phénomène surprenant, contre-intuitif pour la pensée bourdieusienne mais qui pourrait se révéler normal pour la durkheimienne : dans une phase de baisse du niveau de vie, le taux de suicide s'effondre. Comme le montre le tableau 5.1., il baisse pour tous les groupes d'âge, et la baisse s'accélère à partir de la Grande Récession de 2007-2008. En 2015, au lendemain de la crise financière, alors que le taux de chômage remonte au-dessus de 10 %, on retombe au taux de suicide de 1866, à 13,4 pour 100 000 habitants. Nous revenons sous Napoléon III.

Tableau 5.1. Le suicide par âge entre 2003 et 2014 (pour 100 000 personnes des deux sexes)

Âge	2003	2008	2014	Évolution 2003-2008	Évolution 2008-2014
15-24	8,2	6,8	5,0	– 16,6 %	– 26,8 %
25-34	16,2	13,5	10,9	– 16,7 %	– 18,9 %
35-44	24,9	21,5	16,7	– 13,8 %	– 22,2 %
45-54	28,4	26,7	22,2	– 5,7 %	– 17,1 %
55-64	21,7	22,1	19,8	+ 1,7 %	– 10,5 %
65-74	25,7	23,5	17,7	– 8,4 %	– 24,5 %
75-84	39,1	35,7	30,8	– 8,8 %	– 13,7 %
85-94	74,8	58,9	47,9	– 21,2 %	– 18,7 %
95 et plus	66,8	53,9	41,3	– 19,3 %	– 23,7 %

Sources : Données épidémiologiques sur les décès par suicide, CépiDic-Inserm, Observatoire national du suicide, troisième rapport, février 2018.

Le discours médiatique évoque des vagues de suicides dans la police et chez France Télécom, en oubliant au passage les taux élevés des prisons, et il aurait tendance à nous faire croire à une explosion du phénomène. Ce n'est pas le cas.

1. Nicolas Bourgoin, « Suicide et activité professionnelle », *Population*, 1999, 54-1, p. 73-101, diagramme p. 81 notamment.

L'évolution des taux de suicide régionaux, présentée dans le tableau 5.2, révèle aussi une belle homogénéité du territoire national dans la chute, validation indirecte de l'hypothèse d'une fin de la diversité anthropologique de la France. La baisse est un peu plus faible dans le Grand-Est où l'industrie achève de se décomposer, et dans le Sud-Ouest, où les taux partaient de plus bas qu'au Nord-Ouest.

Tableau 5.2. Les taux de suicide régionaux : évolution de 2000-2002 à 2012-2014

Région	**Évolution %**
Île-de-France	– 21,4
Centre-Val de Loire	– 25,4
Bourgogne-Franche-Comté	– 24,6
Normandie	– 20,3
Hauts-de-France	– 22,5
Grand-Est	– 15,8
Pays de Loire	– 20,2
Bretagne	– 20,6
Nouvelle-Aquitaine	– 18,8
Occitanie	– 16,7
Auvergne-Rhône-Alpes	– 28,0
Provence-Alpes-Côte d'Azur	– 20,9
Corse	– 24,6

Sources : Données épidémiologiques sur les décès par suicide, CépiDic-Inserm, Observatoire national du suicide, troisième rapport, février 2018.

L'évolution selon la catégorie socioprofessionnelle, la plus difficile à mesurer, et pour laquelle je n'ai pas trouvé de chiffres menant au-delà de 2006, ne signale pas, quant à elle, une baisse homogène. Les données dont je dispose ne concernent que les hommes, ce qui n'est pas en soi un gros problème parce que leur taux est en 2014, comme d'habitude pourrait-on dire, trois fois et demie celui des femmes. Mais les quatre évaluations de la période 1976-2002 concernent les individus de 15 à 64 ans et celle de 2006 ceux de 25 à 59 ans. Certes, les bas taux de suicide des 15-24 ans et les hauts taux de suicide des 60-64 ans se compensent un peu ou beaucoup. Mais il faudrait éliminer les variations de la structure d'âge selon la catégorie socioprofessionnelle…

Un chercheur sérieux reculera devant une telle discordance des catégories. Un chercheur très sérieux fera quand même la comparaison parce qu'elle donne des résultats qui sont indispensables à une interprétation de ce qui se passe dans son pays. Entre 1990-1996 et 2006, on constate 34 % de baisse chez les cadres qui tombent à 7,9 pour 100 000 ; 30 % de chute dans les professions intermédiaires qui atteignent 13,7 ; 5 % seulement chez les employés qui restent donc à 25,0 ; 12 % chez les ouvriers dont le taux est toujours le plus élevé, à 28,4. L'évolution des employés est tout à fait biaisée puisque les hommes dont il est ici question constituent dans leur CSP une minorité. Les ouvriers en revanche sont en grande majorité des hommes et l'évolution du taux ici présenté est significative. Les ouvriers se suicidaient 2,7 fois plus que les cadres à l'époque où était débattu le traité de Maastricht, 3,6 fois plus au lendemain du rejet par l'électorat du Traité constitutionnel européen. Les professions intermédiaires ne passaient, elles, que de 1,6 à 1,7 fois le taux de suicide des cadres, une presque stabilité du rapport. Nous verrons plus loin qu'aucune loi mécanique ne peut être tirée d'une telle constatation puisque les intermédiaires ont basculé dans le non en 2005.

Tableau 5.3. Les taux de suicide selon la catégorie socioprofessionnelle (pour 100 000)

	Salariés hommes				
	de 15 à 64 ans				de 25 à 59 ans
	1976-1982	1983-1989	1990-1996	1997-2002	2006
Cadres	8,2	10,5	11,9	11,7	7,9
Intermédiaires	16,8	18,5	19,6	15,6	13,7
Employés	25,2	26,1	26,3	26,0	25,0
Ouvriers	26,9	32,9	32,4	33,1	28,4

Sources : Données épidémiologiques sur les décès par suicide, CépiDic-Inserm, Observatoire national du suicide, troisième rapport, février 2018 ; C. Cohidon *et al.*, « Suicide et activité professionnelle en France. Première exploitation de données disponibles », *Institut de veille sanitaire*, 2010 (www.ipubli.inserm.fr/bitstream/handle/10608/217/?sequence=30).

L'accélération de la baisse nationale globale après 2008 peut être en partie expliquée par la réduction du nombre des ouvriers, les plus touchés, dans la population active. La disparition des travailleurs n'est cependant pas la disparition des individus et nous devons admettre que la mise en retraite anticipée de centaines de milliers d'individus n'a pas entraîné des suicides en masse, mais plutôt une baisse puisque nous voyons bien que les 65-74 ans font apparaître l'une des plus fortes chutes du taux de suicide entre 2008 et 2014.

Des conditions de vie détériorées, mais moins de suicides : comment comprendre ? Je vois deux explications possibles, l'une dérivée d'Ehrenberg, l'autre de Durkheim, complémentaires plutôt que contradictoires.

1) Menant à son terme logique l'interprétation d'Ehrenberg, on peut imaginer que la société française a fini par trouver une manière efficace de gérer la libération du moi. On aurait effectivement affaire à un homme nouveau, capable soit de ne pas déprimer, soit de gérer sa dépression sans qu'elle mène au suicide. La révolution pharmaceutique jouerait un rôle central. La chute des taux de suicide a été précédée et accompagnée par une hausse massive de la consommation d'antidépresseurs. Entre 1980 et 2001, le nombre de journées de traitement par antidépresseurs a plus que sextuplé, cette hausse s'accompagnant de modifications qualitatives suite à la mise sur le marché du premier inhibiteur sélectif de la recapture de la sérotonine[1]. Pour apprécier l'impact global du médicament sur l'équilibre psychosocial, citons l'Inserm :

> [...] d'après les données du Baromètre santé, on peut estimer qu'en 2010, environ 18 % de la population de 18 à 75 ans résidant en France font usage au moins une fois par an de médicaments psychotropes. Les anxiolytiques, les somnifères (hypnotiques) et les antidépresseurs sont les médicaments les plus consommés, avec une prévalence d'usage légèrement plus importante pour les anxiolytiques. Les femmes sont environ deux fois plus consommatrices que les hommes. Le nombre de

1. Drees, *Études et résultats*, nº 285, janvier 2004, « Les ventes d'antidépresseurs entre 1980 et 2001 ».

consommateurs augmente avec l'âge pour se stabiliser aux alentours de la soixantaine (55-64 ans). Entre 65 et 74 ans, la prévalence au cours de l'année est d'environ 33 % chez les femmes et de 15 % chez les hommes. La prévalence de consommation de médicaments psychotropes n'est pas associée à la situation professionnelle travail *versus* chômage. Il y a peu de variations régionales[1].

L'hypothèse d'une adaptation réussie, avec ou sans antidépresseurs, semble particulièrement bien convenir à l'explication de la fréquence très basse du suicide dans les catégories sociales dites supérieures. Leurs taux les différencient, non seulement de leurs équivalentes d'avant 1914, mais aussi désormais de celles des années 1950-1968. Avec 7,9 pour 100 000 chez les hommes de 25 à 59 ans, nous devons imaginer un taux de 4 à 6 seulement pour l'ensemble du groupe social, femmes, enfants et vieux compris. 5,6 pour 100 000 habitants était le taux initial de la France lorsque la statistique des morts violentes fut mise en place en 1826 ; 4 serait le taux d'une paysannerie analphabète. Le niveau d'anxiété de nos classes dites supérieures se rapproche dangereusement de celui qui correspondait à une vie préindustrielle fortement structurée par des croyances religieuses et magiques traditionnelles.

Terminons cette brève esquisse de la tension psychique en haut de notre société, ou plutôt de son absence, par une comparaison plus individualisée des classes aisées d'avant la guerre de 1914 et de celles d'aujourd'hui en termes de morale et de culpabilité. Vers 1900, rappelons-le, il était considéré comme normal, sans être obligatoire, qu'un individu situé en haut de la société et qui avait commis une faute grave, juridique ou morale, se suicide. C'est du moins ce qu'on attendait de lui et ce vers quoi son organisation psychique le faisait tendre. Aujourd'hui, tout le monde en est conscient, un tel comportement serait jugé absurde. Chez nos privilégiés, le sentiment de culpabilité et la honte semblent éteints. L'idée d'expier quoi que ce soit par un suicide ne viendrait à l'esprit de personne.

Avant 1914, Cahuzac se serait sans doute suicidé après avoir menti devant l'Assemblée nationale. Il n'est même pas en prison.

1. www.ipubli.inserm.fr/bitstream/handle/10608/2072/?sequence=9.

Avant 1914, Bernard-Henri Lévy, après avoir frénétiquement milité pour l'entrée en guerre de la France contre la Libye, se serait suicidé, emporté par la honte. Aux dernières nouvelles, il continuait ses leçons de morale à l'humanité. Avant 1914, Patrick Kron, ancien PDG d'Alstom, responsable du démantèlement de ce fleuron de l'industrie française, se serait jeté sous un train plutôt que de toucher 4,45 millions d'euros de prime. Idem pour Anne Lauvergeon, réclamant et obtenant 1,5 million d'euros en indemnités de départ après avoir fait perdre des milliards à Areva.

2) Deuxième hypothèse, qui s'applique assez bien, me semble-t-il, à la majorité atomisée en cours d'appauvrissement et qui rend compte du fait que même le taux de suicide des ouvriers baisse, quoique plus lentement (virés, ceux-ci ne mettent pas fin à leurs jours) : la logique durkheimienne la plus classique conduit à considérer que nous sommes entrés dans une phase où les gens se sont tellement habitués au taux de chômage, à la stagnation ou à la baisse des revenus, et au gel de la mobilité sociale, qu'ils n'ont même plus l'espoir que cela change, ne sont donc plus déçus et se suicident moins. Le chômage est désormais partie intégrante de nos traditions. Avec une mobilité sociale nulle, l'anomie durkheimienne est nulle : les gens savent ce qu'ils sont, qu'ils n'iront nulle part, qu'ils n'ont pas de raison particulière de regretter de ne pas avoir une autre vie. On aurait affaire là à une sorte de renonciation, qui correspond, d'une autre manière, à un retour à la tranquillité d'esprit de la société préindustrielle.

Le développement de l'esprit humain : deux niveaux mais non trois

Je ne peux m'empêcher de conclure cette première partie, qui a décrit la transformation de la société française des années 1992-2018, par quelques considérations plus vastes sur le développement historique de l'esprit humain. Car les années 1992-2018, représentent en France, pour l'histoire de la longue durée, un moment de vérité.

Nous avons sans doute surestimé la capacité de progression et de transformation mentale de l'humanité. Remontons de quelques siècles : nous voyons, au départ, une population simple, paysanne, qui ne sait pas lire et vit dans un certain état d'insouciance. C'est une sorte d'état nº 1 de la conscience humaine. Ensuite, selon un processus de diffusion en couronne qui part du monde luthérien, tous apprennent à lire. Avec la lecture émerge une conscience de soi de niveau supérieur, une capacité d'introspection plus grande, une certaine anxiété aussi. Nous voyons, ainsi que je l'avais développé dans *Le Fou et le Prolétaire*, le suicide, l'alcoolisme et les maladies mentales progresser et, en parallèle, les idéologies modernes, nationalisme, libéralisme, socialisme, communisme, se développer[1]. Si la religion résiste au choc de l'alphabétisation, nous observons l'émergence de mouvements de type démocrate-chrétien. Tout cela est lié à l'alphabétisation simple. C'est un état nº 2 de la conscience humaine.

Prenant très au sérieux l'éducation supérieure, je me suis longtemps dit qu'elle allait définir un troisième état de la conscience humaine. Je partais du principe qu'elle était aussi importante que l'apprentissage de la lecture et de l'écriture. J'ai changé d'avis. Certes, nous pouvons voir une certaine modification de la personnalité de base, mais qui ramène, pour l'essentiel, au niveau 1. L'anxiété, dont on a vu qu'elle avait connu un déclin massif dû à l'usage d'antidépresseurs et aussi à un certain renoncement face à une situation économique bloquée, tombe davantage encore au sein des catégories éduquées, qui, plus que les autres, ont accès aux concepts déculpabilisants de la psychanalyse. Ce n'est pas nécessairement une mauvaise chose puisqu'on ne saurait regretter les idéologies anxiogènes qui ont conduit à la Première Guerre mondiale, puis aux totalitarismes et à la Seconde Guerre mondiale. Mais nous n'observons qu'un apaisement des esprits, en aucun cas l'émergence d'une conscience supérieure. Aucune moralité sociale meilleure n'émerge, au contraire : le gonflement du nombre des éduqués supérieurs complets à, mettons, 30 % d'une génération, ne conduit qu'à leur repli sur eux-mêmes, puis à l'élitisme, au mépris des « gens de peu ». L'apprentissage de la lecture et de l'écriture, on l'a vu, transforme le cerveau. À l'évidence, l'éducation supérieure n'a aucun effet de transformation intellectuelle majeur.

1. Emmanuel Todd, *Le Fou et le Prolétaire*, *op. cit.*

Effondrement religieux et effondrement moral

L'évolution éducative et les transformations de la personnalité qui l'accompagnent expliquent largement ce phénomène fondamental qu'est l'effondrement final de la religion et des idéologies. Cependant l'effondrement final de la religion a nécessairement aussi des conséquences en retour – une rétroaction – sur l'individu, sur sa nature, sa personnalité. On a affaire à une sorte de boucle dialectique : à l'origine, l'évolution éducative et la mutation de la personnalité qu'elle induit provoquent l'effondrement religieux, mais celui-ci provoque à son tour une nouvelle mutation de la personnalité.

L'effondrement de la religion en France, comme on l'a vu, s'est produit en deux temps. Il a d'abord concerné les régions centrales et le pourtour méditerranéen. Mais cet espace déchristianisé a repris beaucoup des valeurs du christianisme originel. Edgar Quinet l'a très bien vu dans *Le Christianisme et la Révolution française*[1]. Par ailleurs, pris en étau par les régions périphériques restées catholiques, il a développé, en réaction, des idéologies laïques fortes et structurées qui se sont nourries de leur opposition au cléricalisme. À partir du moment où les régions périphériques elles-mêmes ont cessé de croire, on a assisté non seulement à un effondrement du catholicisme, mais de toutes les croyances collectives qui lui faisaient face et se définissaient en grande partie contre lui : le communisme, la nation au sens gaulliste, la social-démocratie. On aurait pu s'attendre alors à une libération ultime, à l'émergence d'une sorte d'individu absolu. Mais la disparition de ces croyances collectives qui encadraient l'individu a laissé ce dernier tout seul, plus fragile et plus petit. C'est le paradoxe de l'individualisme contemporain.

Pour bien le comprendre, prenons un contre-exemple : souvenons-nous de ce que fut l'Athènes antique. Personne ne discuterait l'extraordinaire individualisme des Athéniens. Plus encore que la philosophie née en partie dans d'autres cités, ils ont inventé le théâtre, qui pose avec une acuité extraordinaire la question de la place de l'individu et

1. Edgar Quinet, *Le Christianisme et la Révolution française*, Paris, Comptoir des imprimeurs unis, 1845 ; rééd., Paris, Fayard, 1984.

de sa responsabilité morale. Or cet épanouissement de l'individualité se passe à l'intérieur d'un cadre, la cité, où l'intégration collective est très forte. Et il est évident que l'un est lié à l'autre, que la grandeur d'Athènes tient à l'incroyable interaction de l'individualisme et de la collectivité, que ce qui fait la puissance des Thémistocle et des Périclès, c'est la puissance du cadre dans lequel ils s'inscrivent et qui leur permet de donner leur pleine mesure. *A contrario*, on voit plus tard, à l'époque de l'Empire romain, ce qui se passe lorsque les cités se dissolvent en tant qu'instances collectives. Je ne parle pas seulement de Rome elle-même, mais de toutes les cités de l'Empire (Antioche, Alexandrie, etc.). C'est le chaos. Ce à quoi on assiste, dans les cités impériales, qui n'ont plus de conscience d'elles-mêmes, c'est à un véritable état de panique et à l'effondrement des individus, qui se réfugient alors dans le christianisme. C'est ainsi, d'ailleurs, qu'il est né.

Aujourd'hui, le christianisme finit de disparaître en France et, en sortant du christianisme, on retrouve le problème qui l'avait fait naître : l'atomisation individualiste qui produit un individu extrêmement diminué – diminué au sens de ce qu'il est capable de faire. On aboutit à la notion de fatigue d'Ehrenberg, ainsi qu'à la notion d'anomie durkheimienne, à cet individu perdu dans ses aspirations.

Cet affaissement de l'individu pose un problème tout particulier concernant sa moralité. La morale est bien entendu une attitude individuelle. Mais je suis convaincu qu'il est très difficile d'être moral tout seul, sans public. Pour faire le bien, il est beaucoup plus encourageant d'avoir autour de soi des personnes qui approuvent ou admirent votre comportement. La morale est donc à la fois individuelle et collective. Je ne dis pas qu'elle doit fonctionner à l'applaudimètre. Rodney Stark, dans un livre extraordinaire sur la manière dont le christianisme a fait la conquête de l'Empire romain, décrit comment Ignace d'Antioche, envoyé à Rome pour y subir son martyre, transforme son périple depuis l'Orient en une sorte de tournée triomphale, les fidèles affluant pour le rencontrer et l'écouter à chaque étape[1]. C'est là un cas extrême. Mais il me semble tout de

1. Rodney Stark, *The Rise of Christianity : How the Obscure, Marginal Jesus Movement Became the Dominant Religious Force in the Western Word in a Few Centuries*, Princeton, Princeton University Press, 1996 (p. 180-181 de l'édition de poche, San Francisco, Harperone, 1997).

même, que pour être droit et moral, il est utile d'avoir autour de soi d'autres personnes qui partagent les mêmes notions de droiture et de moralité.

La diminution de l'individu par la fin des grandes croyances collectives concerne donc aussi sa moralité. Je ne parle pas ici en moraliste, mais en sociologue. Cette « diminution morale » de l'individu aura son importance quand nous en viendrons à l'analyse du macronisme.

La société diminuée

Utilisons l'instrument prospectif, empirique mais inappréciable, qu'est le retournement systématique, pour vérification, des affirmations émergentes. Une mutation historique apparaît souvent par l'affirmation de son contraire. Voici venir le transhumanisme et son thème de « l'homme augmenté » – par l'électronique ou la génétique. C'est un signe sûr de ce que la menace réelle dans les années qui viennent sera, au-delà de l'homme déprimé et fatigué d'Ehrenberg, l'homme diminué.

Cette négation du caractère plus élevé de la conscience des classes et éduqués supérieurs ne nous ramène aucunement à la polarité élite/peuple, optimiste/pessimiste, Maslow/Riesman, Inglehart/Lasch que j'ai critiquée au début de ce chapitre. Le glissement vers le concept d'indécence commune reste pour moi valable. Rire de la médiocrité des éduqués supérieurs en tant que groupe ne conduit nullement à idéaliser le « peuple ». La souffrance du monde ouvrier en décomposition apparaît bien visible dans la baisse plus lente de son taux de suicide. Mais souffrir n'est pas forcément devenir meilleur. Dans le Nord et l'Est industriels dévastés, le désir de se réaliser personnellement, d'abord et surtout par la consommation, existe aussi, fût-elle modeste au regard des normes de la petite bourgeoisie des cadres.

Sans pouvoir le démontrer complètement ici (mais je donnerai quelques statistiques indirectes au chapitre 12), j'ai l'impression que l'épicentre de la fatigue du moi se situe dans la majorité atomisée, ces 50 % en cours d'appauvrissement autour desquels gravitent, au-dessus, la petite bourgeoisie des cadres et professions intellectuelles supérieures, en dessous, le prolétariat. L'axe central de la fatigue du moi, je le placerais bien au niveau des professions intermédiaires, mais le concept doit s'appliquer, d'une manière ou d'une autre à l'ensemble de la structure sociale.

Au terme de cet examen systématique, mais qui, comme je l'ai dit, ne recherche pas la cohérence, ce qui me frappe et que suggèrent un nombre considérable d'indicateurs, c'est l'existence, au-delà des distinctions de métier, de revenus et d'éducation, d'une atmosphère générale de la société française. Seule l'aristocratie stato-financière lui échappe sans doute, libérée par le capital et un niveau de revenu qui signifie que ses membres peuvent vivre en apesanteur. Pour les autres couches, nous saisissons des chutes de niveau de vie décalées mais parallèles, des baisses de fécondité décalées mais parallèles, des plongées éducatives parallèles et nullement décalées. Cette abondance de parallélismes évoque une trajectoire homogène et un esprit unique de la société française. S'ajoutent à ces mouvements, la convergence des jeunes éduqués supérieurs et des vieux, jusqu'ici protégés, sur l'axe de la baisse du niveau de vie, de la frustration et de la peur de la chute.

Plus fondamental encore est l'effondrement structurel de l'hétérogénéité que représente l'effacement des différences familiales et anthropologiques régionales, qu'a aussi évoqué, dans ce dernier chapitre l'uniformité de la baisse des taux de suicide régionaux. N'oublions pas non plus l'effet le plus profond de la crise terminale du catholicisme dans le tiers de la France où il avait survécu. Si cette chute désorganise la représentation politique, elle accroît aussi l'homogénéité du système culturel national en faisant disparaître un clivage qui l'avait coupé en deux durant deux cent soixante-quinze ans, de 1740 à 2015, si nous acceptons la date qui figure au bas du certificat de décès du catholicisme signé par Jérôme Fourquet dans *L'Archipel français*. Mort des idéologies, atomisation qui sépare les individus les uns des autres oui, partout, certainement. Mais je pense que les modèles de segmentation qui s'efforcent de mettre en évidence la séparation de groupes entraînés par des mœurs, des valeurs ou des destins économiques différents – la fracture territoriale de Christophe Guilluy, l'archipellisation de Jérôme Fourquet, les clivages générationnels de Louis Chauvel – se dirigent vers l'obsolescence[1].

La vérité ultime du moment est sans doute que la société française n'a jamais été aussi homogène dans son atomisation et ses chutes. Avec, au sommet, une caste de vrais riches.

1. Christophe Guilluy, *La France périphérique. Comment on a sacrifié les classes populaires*, Paris, Flammarion, 2014. Jérôme Fourquet, *L'Archipel français*, *op. cit.* Louis Chauvel, *Le Destin des générations*, *op.cit.*

DEUXIÈME PARTIE

La comédie politique

Ouverture politique

« Élitisme » et « populisme » : un trompe-l'œil idéologique

Dans une première partie, nous avons mis en place les éléments qui vont finalement nous permettre de répondre à la double question posée dans l'introduction : pourquoi l'échec économique de l'euro peut-il s'accompagner d'une acceptation de plus en plus forte de ses conséquences ? Pourquoi cette acceptation de la monnaie unique n'a-t-elle pas mené à l'émergence d'une société pacifique mais au retour de la lutte des classes ?

Toutefois, bien avant de conclure, nous devons maintenant exposer, dans une deuxième et une troisième partie, la séquence historique qui a mené à cette double acceptation d'une monnaie unique qui détruit l'économie et à la remontée des luttes sociales qui en découle. Après les éléments du pourquoi, voici donc les événements du comment, un examen de l'histoire absurde qui s'est faite de 1992 à 2018, véritable comédie jouée, à leur insu peut-être, par les politiques et par les citoyens français. Ensuite, seulement, nous pourrons conclure et tenter d'imaginer la suite de l'histoire, les luttes de classes du futur et leur issue, heureuse ou malheureuse.

Je ne voudrais pas laisser croire cependant que tous nos problèmes découlent de la monnaie unique. Une bonne partie d'entre eux n'a rien à voir avec elle, puisqu'ils concernent, sinon la planète entière, du moins l'ensemble du monde avancé. L'affrontement de « l'élitisme » et du « populisme », notamment, semble au cœur de la crise que connaissent actuellement toutes les démocraties libérales. Il n'est pas une spécificité française, ni même européenne. L'affrontement entre les éduqués supérieurs et les moins éduqués, évoqué au chapitre 2, a débuté aux États-Unis dès le milieu des années 1960. Dans la mesure où l'éducation d'un individu va définir pour une large part sa profession et son niveau de revenu, ce seul clivage définit potentiellement, pour une large part, les luttes des classes du présent et du futur.

Un premier livre fondateur, La Révolte des élites et la Trahison de la démocratie *de Christopher Lasch, a été publié en 1995, après Maastricht donc, mais aux États-Unis*[1]*. Son auteur était américain et son propos (posthume) déconnecté des choix spécifiques de l'Europe. L'état d'esprit EFTIBE, défini au chapitre 5, est bien antérieur à Maastricht. Il en va de même des menaces de désintégration qui pèsent sur toutes les sociétés avancées. Enfin, en France même, le « populisme » a officiellement émergé avant Maastricht : dès les européennes de 1984, le Front national a obtenu 10,9 % des voix. Aux législatives de 1986, faites à la proportionnelle par un Mitterrand qui espérait ainsi éviter un désastre électoral, il a atteint 9,6 %. Aux présidentielles de 1988, Jean-Marie Le Pen a récolté plus de 14 % des suffrages (voir tableau 7.1). Nous verrons cependant, au chapitre 7, que l'apparition du FN n'est peut-être pas sans rapport avec la politique du franc fort, option élitiste par nature et qui a représenté, pour la société française, la première station du chemin de croix monétaire qui l'a menée à son état actuel.*

Résumons-nous : nous devons traiter la totalité du problème pour résoudre le problème qui nous occupe, mais le problème qui nous occupe n'est pas la totalité du problème. Voilà pourquoi, avant de retracer la séquence historique 1992-2018, nous allons dans cette ouverture nous pencher un instant sur la question de l'« élitisme » et du « populisme » en général. Je précise que je ne considère, pour ce qui me concerne, ni l'un ni l'autre de ces deux concepts comme sérieux. Pour parler d'élitisme, il faudrait qu'il y ait des élites : nous verrons que cela n'a rien d'évident. Et, pour parler de populisme, il faut postuler, de manière fort brechtienne, l'existence d'un peuple dont le vote au suffrage universel n'est plus a priori *légitime. L'expression de « peuple contre la démocratie », pour reprendre le titre d'un livre de Yascha Mounk, si elle a enchanté les médias des deux côtés de l'Atlantique, n'est en réalité qu'un oxymore sans valeur poétique particulière*[2]*.*

1. Christopher Lasch, *La Révolte des élites et la Trahison de la démocratie*, Paris, Climats, 1996 (édition originale : New York, W. W. Norton & Company, 1995).

2. Yascha Mounk, *Le Peuple contre la démocratie*, Paris, Éditions de l'Observatoire, 2018 (édition originale : Harvard, Harvard University Press, 2018).

Un élitisme mais des populismes

L'opposition entre « élitisme » et « populisme » souffre d'une première erreur de perspective. On peut tout à fait définir un état d'esprit EFTIBE qui, à quelques nuances près, fonctionne à l'échelle mondiale : c'est ce que nous avons fait au chapitre 5. Rappelons brièvement ses éléments constitutifs : l'émancipation des femmes, la tolérance sexuelle, le mariage pour tous, le goût des voyages longue distance, la fin du national, le bio et l'écologie. Je précise approuver moi-même tous ces éléments, à l'exception d'un seul, la fin du national. Je ne pense pas, en revanche, que l'on puisse définir un état d'esprit symétrique, mettons « PSX » (populaire, sexiste et xénophobe) valable pour tous les pays avancés. La diversité de ce que les bien-pensants appellent la « menace populiste » apparaît clairement si l'on prend le problème « de biais » mais avec efficacité, en évoquant deux variables très simples : les scores électoraux des partis dits « populistes » dans les pays concernés et les sex-ratios de leurs électorats.

Un phénomène économique et social qui touche l'ensemble des pays mais produit des adaptations propres à chaque tempérament national est l'une des grandes banalités de l'histoire des trois derniers siècles. Prenons la crise de 1929 : elle a produit Roosevelt aux États-Unis et le Front populaire en France ; elle a maintenu au pouvoir des conservateurs asthéniques en Angleterre ; elle a établi l'hégémonie social-démocrate en Suède ; elle a accouché du nazisme en Allemagne. Oubliant le cas britannique, nous pourrions évidemment évoquer une vague sociale et étatiste parcourant, durant les années 1930, le monde avancé. Mais pourrions-nous sérieusement évoquer des valeurs communes à Roosevelt et à Hitler ? La « vague populiste » est un autre de ces moments mondiaux qui libèrent partout des réactions nationales spécifiques.

Une première différence saute aux yeux : certains de ces « populismes » sont majoritaires et ne sont donc déjà plus des « populismes » au sens de « contestataires impuissants ». Les partisans du Brexit ont gagné, ils ont obtenu la majorité. Allons-nous qualifier le peuple anglais, si respectueux de sa reine, de populiste ? Trump n'a pas eu la majorité des suffrages, mais celle des grands électeurs et il est président des États-Unis. En Italie, le Mouvement 5 étoiles et la Ligue ont ensemble atteint 50 % des suffrages et formé un gouvernement, peu durable il est vrai. On ne peut en dire autant de la France où le Rassemblement national se traîne à un peu plus de 20 % des suffrages. Les Démocrates de Suède sont à moins de 15 % et l'AfD allemande à moins de 13 %. L'écart entre ces 13 % et les 52 % du Brexit est considérable. Si un candidat arrive au pouvoir avec une majorité électorale plutôt issue des catégories populaires, s'il a un programme efficace et qu'il l'applique, doit-on encore parler de « populisme » ? Ne s'agit-il pas tout simplement de démocratie ?

Tableau 0.1. La diversité des populismes

	Score	Sex-ratio
Les Démocrates de Suède 2018	14,7	203
Alternative für Deutschland 2017	12,6	160
Trump 2016	46,1	127
Le Pen 2017	21,4	105
Brexit 2016	51,9	100
Mouvement 5 étoiles + Ligue 2018	50,3	99

Sources : Suède : SCB ; Allemagne : DPA ; États-Unis : CNN Politis ; France : IFOP ; Royaume-Uni : Lord Ashcroft Polls ; Italie : Ipsos.

Prenons le cas de Trump. Au-delà de toutes les résistances auxquelles il doit faire face, de ses contradictions, de l'état de schizophrénie culturelle dans lequel semblent plongés les États-Unis, on peut tout de même distinguer deux grands axes de sa politique. Le contrôle de l'immigration, au stade actuel, ne semble pas un grand succès, puisque son mur séparant les États-Unis du Mexique n'a toujours pas été construit. En revanche, la répartition constitutionnelle des pouvoirs lui laisse une vaste zone de libre action en matière de politique commerciale et il est en train de tenir ses promesses protectionnistes. Son attitude reste hésitante vis-à-vis de l'Europe et, en particulier, de l'Allemagne, devenue pour les États-Unis un adversaire industriel. Mais il a rallié l'establishment géopolitique à sa stratégie d'affrontement avec la Chine. Sa motivation première était de taxer les importations chinoises pour protéger les travailleurs américains[1]*. Or, dans le même temps, l'avancée menaçante de la Chine en mer du Sud inquiétait une bonne partie de l'establishment américain, qui est arrivé à la conclusion que le moment était venu de briser la superpuissance montante. D'où une concordance des objectifs.*

Ce que je viens de décrire est ce qu'on appelle une démocratie qui fonctionne, avec une élite et un peuple qui négocient et collaborent dans l'intérêt de la nation. Ajoutons que l'actuelle élaboration par la Chine d'un nouveau totalitarisme, de type électronique, va obliger les Européens, à prendre parti dans le conflit qui s'annonce entre les États-Unis et la Chine. Nous, Français, sommes du côté de la liberté, n'est-ce pas ?, et nous devrons, comme les géopoliticiens américains, suivre Trump. Nous rallier au populisme américain en somme. L'histoire est pleine de surprises.

Le Brexit, de son côté, ne perdra complètement son statut de mouvement « populiste » qu'à partir du moment où les conservateurs l'auront mené à bien. Un Brexit réalisé sera le critère d'une démocratie anglaise qui fonctionne à nouveau.

Au fond, ce qui définit le mieux un mouvement comme « populiste », c'est… le refus des classes supérieures d'appliquer les décisions du peuple. Le « populisme » n'existe que par la grâce de l'élitisme, c'est-à-dire si et seulement si la démocratie représentative a été liquidée par ceux d'en haut. Nous aurons l'occasion d'y revenir à propos du cas français.

Passons à la seconde variable : le ratio entre les sexes dans le vote populiste. L'état d'esprit EFTIBE présente volontiers les populistes comme une bande de machos vulgaires. Or, si l'on étudie la propension des hommes à voter « populiste » par rapport à celle des femmes, que constate-t-on ? Divisons la proportion d'hommes votant « populiste » par la proportion de femmes votant « populiste ». Une forte variabilité apparaît. D'abord, un taux maximal de

1. Voir Oren Cass, *The Once and Future Worker : A Vision for the Renewal of Work in America*, New York, Encounter Book, 2018. Cet ouvrage constitue une remarquable mise en forme intellectuelle du « populisme », une sorte de manifeste du trumpiste apprivoisé, débarrassé de ses odieux excès de langage et rendu ainsi terriblement convaincant. Voir aussi le compte rendu que je lui ai consacré dans le magazine *Books* nº 96, avril 2019, p. 32-35.

masculinité du populisme dans le pays qui s'autoproclame le plus féministe du monde, la Suède, avec un sex-ratio de 203 pour 100. Ensuite, deuxième bizarrerie, on trouve le second taux de masculinité le plus élevé dans un pays effectivement très patriarcal : l'Allemagne, où l'AfD atteint 160 électeurs pour 100 électrices en 2017. On voit donc tout de suite que l'interprétation ne va pas obéir à une logique simple. Avec un taux de 127, Trump est sans doute celui qui correspond le mieux à l'archétype promu par les pourfendeurs du « populisme ». En dessous, le Front national affichait, aux dernières élections présidentielles, un modeste sex-ratio de 105. Arrive enfin le plus étonnant : le vote pour le Brexit et le « populisme » italien ne présentent aucune divergence selon le sexe. On trouve un indicateur de 100 au Royaume-Uni : les femmes ont voté le Brexit comme les hommes. Et, en Italie, les femmes ont marginalement plus voté pour les partis « populistes » que les hommes.

Ces énormes écarts de sex-ratio montrent la variété et la complexité du phénomène « populiste ». Il est difficile de tirer une règle d'un nombre de cas aussi restreint. Pourtant, on peut quand même se demander, au vu des cas britannique et italien, si le « populisme » ne réussit pas à reprendre le beau nom de « démocratie » là où les femmes y adhèrent. L'exemple de Trump pourrait conforter cette idée, dans la mesure où, malgré la déviation masculine de son électorat, la majorité des femmes classées comme blanches aux États-Unis a voté pour lui. Il faut que les femmes se mêlent de démocratie pour que celle-ci fonctionne. Quoi de plus normal et de plus rassurant.

Le désarroi des très riches : une histoire aussi vieille que l'histoire

Les erreurs d'interprétation ne se limitent pas au « populisme ». Les élites font, elles aussi, l'objet d'une perception souvent largement fantasmée. De la part de la petite bourgeoisie CPIS, pour commencer, qui s'imagine en faire partie alors qu'elle subit, comme on l'a vu dans la première partie de ce livre, un déclassement économique. Les seules « élites » que compte la société française, selon mon modèle, correspondent à ce que j'ai appelé l'aristocratie stato-financière.

Mais, même si nous nous limitons à cette élite au sens strict, il nous faut déminer le terrain interprétatif. Les contestataires actuels fonctionnent le plus souvent avec une représentation simpliste et mythique de la catégorie la plus supérieure. Ils se contentent de percevoir les 1 ou 0,1 % d'en haut comme des « salauds » unidimensionnels, mus par une seule obsession : s'enrichir. C'est là une caricature de ce que n'était pas même le marxisme de Marx. Il y a une dimension métaphysique tragique dans sa représentation implicite du capitaliste en hamster, tournant dans sa roue pour faire de l'argent sans plus savoir pourquoi. Plus que tout autre, ce hamster dominant est le sujet et la victime de sa fausse conscience.

J'aimerais partir d'une vision empathique des classes supérieures, composées d'êtres humains, traversés par des doutes, comme le reste de l'humanité, mais privés du bonheur simple de survivre pour mener une existence normalement équilibrée en plaisirs et en peines.

L'histoire des cinq derniers millénaires nous dit d'emblée que la question des buts, des espérances, des doutes et de l'action des catégories les plus aisées est un problème majeur. À leur niveau, l'utilité marginale de l'argent est égale à zéro : en gagner davantage ne peut rien changer à leur existence concrète. D'où ce désarroi systémique des ultrariches que l'on retrouve à toutes les époques, source d'accomplissements magnifiques et d'autant d'horreurs sans nom.

Commençons par le positif : sans élites désœuvrées, pas d'art ni de considérations morales élevées. Platon n'est, d'une certaine manière, qu'un fils de bonne famille qui cherche un sens à sa vie et, lorsqu'on lit les ouvrages philosophiques de Sénèque, on doit se rappeler qu'il était, par ailleurs, l'un des hommes les plus riches de son temps. Les Médicis, banquiers, ont fait de Florence l'une des merveilles du monde. Avant eux, pour satisfaire leur besoin de spiritualité, les élites de l'Antiquité tardive avaient mis tout ou partie de leur fortune au service du christianisme naissant et contribué à son rayonnement. Nous pourrions multiplier à l'infini les exemples de ce désarroi des ultrariches produisant de grandes et belles choses. Bien entendu, une liste tout aussi impressionnante pourrait illustrer les catastrophes causées par ce même désarroi : si l'argent perd toute saveur au-delà d'un certain seuil, il en va autrement du pouvoir qu'il permet d'acquérir. Son exercice par des classes supérieures désorientées a conduit à tant de guerres absurdes. Celle de 1914, qui mène à la suivante, n'est que la plus illustre pour nous, Européens.

Si l'on remonte plus haut encore dans l'histoire, aux premiers grands États, en Égypte, en Mésopotamie, en Chine ou en Amérique précolombienne, nous découvrons des classes supérieures qui, ayant accumulé des niveaux de richesses incroyables, semblent fermement décidées à entrer en choc frontal avec la réalité de la condition humaine. Elles rêvent d'immortalité. Les fantasmes actuels d'homme augmenté de la Silicon Valley ne font que retrouver les préoccupations des premiers monarques sumériens, égyptiens, chinois ou précolombiens. L'anthropologue Alain Testart a merveilleusement énuméré et pensé ces primo-potentats qui se faisaient ensevelir au milieu de leurs épouses et de leurs serviteurs, étranglés en masse pour les accompagner dans l'au-delà[1]*. Sacrifices humains, cannibalisme rituel, sadisme antipopulaire des gouvernants : l'histoire de très longue durée nous en dit beaucoup plus sur ce que peut rêver l'homme, lorsqu'il devient riche et puissant, que les modèles économétriques récemment bricolés des deux côtés de l'Atlantique.*

Dès l'aube de la civilisation, l'accès au pouvoir suprême pousse à une perte de sens du réel et à un irrépressible besoin de repousser les limites de ce qui est possible et décent. Après avoir unifié la Chine, Qin Shi Huangdi, le « premier empereur », se lança dans des travaux démesurés et la quête forcenée d'un élixir d'immortalité : il rasa une montagne, envoya au loin des navires qui ne reviendraient jamais, absorba du mercure (qui lui sera fatal) pour finalement édifier son mausolée gigantesque. Tout cela au prix de centaines de milliers de morts et d'un traumatisme qui hante encore la mémoire collective chinoise. Les empereurs romains furent de « petits joueurs », mais créatifs. Suétone et Tacite ont fait leur miel de leurs vices et de leurs frasques, réels ou imaginaires : Tibère s'adonnant à la débauche, Caligula nommant son cheval consul, Néron incendiant Rome. S'il ne s'agit pas là de médisances colportées par une classe sénatoriale aigrie, on peut y voir le signe d'esprits déstabilisés par un sentiment de toute-puissance sur les

1. Alain Testart, *La Servitude volontaire* (deux volumes : *Les Morts d'accompagnement* et *L'Origine de l'État*), Paris, Errance, 2004.

hommes, qui ne leur permet pas pour autant d'échapper à leur propre condition humaine.

L'histoire des classes supérieures ne se résume donc pas à « faire de l'argent ». Nous avons affaire ici à des êtres humains un peu plus perdus que les autres et, au fond, à l'opposé de ce que suggère l'économisme ambiant, un peu moins rationnels et raisonnables. Ce que je viens d'évoquer est exagéré, très exagéré, immensément exagéré, mais volontairement, pour nous libérer de l'économisme par un électrochoc.

Chapitre 6
Le péché originel : Maastricht

La paralysie de la France résiste aux explications simples. Comme l'a suggéré l'ouverture de cette deuxième partie, elle ne saurait se comprendre au moyen des concepts routiniers de « populisme » et « d'élitisme », dont l'affrontement serait l'essence du blocage. Pour tenter de comprendre l'entrée en immobilité de notre pays, nous allons procéder à une étude historique, en quatre chapitres, de ce qui s'est passé entre le référendum sur le traité de Maastricht, en 1992, et la fin de la présidence Hollande, en 2017. Ce faisant, nous allons comprendre à quel point l'entrée dans l'euro a permis la fin de la démocratie représentative en France.

Avant même d'être officiellement adoptée le 1er janvier 1999, la monnaie unique a mis la société française sous tension, en raison de la politique de rigueur que ses critères d'adoption impliquaient. Une fois en place, elle a entraîné le dysfonctionnement du système politique. Celui-ci s'est mué en une « Grande Comédie », avec des acteurs s'évertuant à offrir aux électeurs un spectacle, allant du grotesque au tragique, pour dissimuler une triste réalité : la fin de la capacité d'action des politiques, l'euro ayant privé la France de sa souveraineté économique, donc de sa souveraineté tout court. À partir de la crise financière qui a commencé en 2007-2008, cette Grande Comédie s'est élevée par étapes au niveau de « Très Grande Comédie » : la France est alors devenue un simple satellite de l'Allemagne.

Mais, au préalable, il nous faut remonter aux années 1980 car c'est alors que les classes dirigeantes françaises, rompant avec la politique économique qui avait prévalu depuis l'après-guerre, ont amorcé le mouvement qui a conduit au franc fort puis à Maastricht.

L'art français du contretemps

Depuis 1981, l'histoire socio-économique de la France se caractérise par un art incomparable du contretemps. Cette année-là, la gauche arrive au pouvoir et mène immédiatement une politique de nationalisations, au moment même où Thatcher et Reagan déclenchent la vague néolibérale. Premier contretemps.

En 1983 a lieu le « tournant de la rigueur », mis en œuvre par Jacques Delors, puis par Pierre Bérégovoy. Il a pu être interprété comme un retour au principe de réalité et une adaptation au néolibéralisme. En réalité, c'est un deuxième contretemps, une pseudo-adaptation au néolibéralisme. Mitterrand décrète que la France doit rester dans le Système monétaire européen et donc, à tout prix, stabiliser sa monnaie. Cette politique, au regard de l'histoire économique mondiale, est une seconde aberration, dans la parfaite continuité de la précédente. La tentative de socialisme mitterrandien, entre 1981 et 1983, avec ses nationalisations et l'augmentation des dépenses publiques, était une poussée étatiste et dirigiste. Mais l'obsession de la stabilité et de la parité monétaire avec l'Allemagne est, au fond, tout aussi étatiste et dirigiste : elle va autant à contre-courant de l'évolution des conceptions économiques de l'époque. C'est une nouvelle entrée en conflit avec le néolibéralisme. Les monnaies définissent un marché. Au niveau mondial, la tendance est alors au choix de la flexibilité monétaire, à l'acceptation de taux de change flottant, ainsi que l'a souligné Ashoka Mody[1]. Celui-ci relève d'ailleurs que les économistes allemands étaient en pointe sur ces questions. Leur réflexion sur les changes flottants avait atteint un pic dès 1970 et ils ne furent, sur ce point, rattrapés par les Anglo-Américains qu'après 1990.

La France n'a jamais su être néolibérale. Elle possède aujourd'hui certains des attributs officiels du néolibéralisme : le libre-échange, la liberté de circulation du capital. Elle veut la flexibilité du marché du travail. Mais ni ses énarques ni ses gauchistes ne comprennent que l'euro, la rigueur budgétaire et l'abandon du concept de relance n'ont rien à voir avec le néolibéralisme et qu'au contraire ils ont tout à voir

1. Ashoka Mody, *EuroTragedy*, *op. cit.*, p. 41.

avec la vieille culture bureaucratique qui, de Napoléon à Laval, de Giscard d'Estaing à Emmanuel Macron, se distingue chez nous par une totale absence d'instinct du marché. Telle est la France : la haute bureaucratie y domine ; la culture du marché y est dominée, si bien que l'on y trouve aujourd'hui un néolibéralisme loufoque géré par des énarques qui n'acceptent pas au fond la simple loi de l'offre et de la demande. Un tel magma conceptuel ne peut qu'être dysfonctionnel.

Au contraire de 1981, 1983 constitue toutefois un vrai tournant, catastrophique, de la politique économique française, qui abolit la dimension démocratique et donc apaisante, d'une gestion étatiste-dirigiste qui s'accommodait de la dimension anarchique de la culture française. Le style bureaucratique des Trente Glorieuses admettait le caractère conflictuel de nos relations sociales, notre lutte des classes au quotidien, et la nécessité de gérer le coût du travail par l'inflation et la dévaluation. Ce dirigisme pragmatique, qui avait mené la France à un niveau de prospérité sans égal dans son histoire, est donc abandonné. Il consistait à recourir à la dévaluation pour maintenir la compétitivité des entreprises françaises sans aiguiser les tensions sociales. De 1944 à 1983, on a compté ainsi une dizaine de dévaluations. Cette souplesse idéologique s'accompagnait d'une culture des élites de l'État privilégiant le patriotisme, la production, la technique et la science. Pierre Bourdieu avait noté, dès 1989, dans *La Noblesse d'État*, le passage d'une prédominance de Polytechnique – dont la devise était après tout, « Pour la Patrie, la science et la gloire » – à celle de l'ENA dont la devise fut « Servir sans s'asservir » mais qui semble avoir été transformée par le néolibéralisme en « Se servir, en se servant de lois nouvelles et *ad hoc* ».

La politique du franc fort est à peu près en place vers 1987 puisque les deux dernières dévaluations datent de 1986 et 1987. La politique d'austérité, puis de stabilité monétaire, inaugurée par Jacques Delors, a été poursuivie par Pierre Bérégovoy puis, pendant la première cohabitation, par Edouard Balladur. Rappelons que Bérégovoy, accusé d'avoir bénéficié d'un prêt à taux zéro alors que lui-même imposait aux Français des taux d'intérêt très élevés pour maintenir sa politique de stabilité monétaire, a eu l'élégance d'être le dernier de nos dirigeants à se suicider, le 1er mai 1993. L'apothéose de cette mise en ordre monétaire, et donc sociale, a été la réévaluation du franc du 13 septembre 1992, une semaine avant le référendum sur le traité de Maastricht.

Pourquoi l'euro ?

Pourquoi une classe sociale dominante, qui était à l'époque l'aristocratie d'État mais pas encore une aristocratie stato-financière utilisant l'État pour s'enrichir personnellement, s'est-elle engouffrée dans un projet de monnaie unique aux implications aussi absurdes ?

J'ai lu avec passion *EuroTragedy : A Drama in Nine Acts*, d'Ashoka Mody, livre indispensable à quiconque souhaite suivre et comprendre l'histoire calamiteuse de l'euro, somme prodigieuse dont la plupart des lecteurs français ignorent l'existence[1]. Il me semble pourtant que Mody n'atteint pas les raisons les plus profondes qui ont conduit à l'euro. Les concepts de *groupthink* et de « bulle cognitive » ne suffisent pas. L'auto-entraînement d'une classe politico-bureaucratique par un enthousiasme de groupe lui-même piloté par une insuffisance intellectuelle de base ne peut fonctionner à vide. D'ailleurs, le phénomène de la bulle cognitive est, dans les sociétés avancées au moins, un fait universel. Stratifiées sur le plan éducatif, elles secrètent toutes des pensées supérieures déconnectées du réel. Mody nous décrit avec talent des dirigeants monétaires et des économistes américains admirables de finesse lorsqu'il s'agit d'utiliser la monnaie pour parer à une crise, ou de critiquer la rigidité mentale de leurs homologues du Vieux Monde. Mais le concept de libre-échange, auquel ils adhèrent, est leur bulle cognitive à eux, et on ne saurait trop conseiller à Mody d'y consacrer un autre ouvrage (titre suggéré : *Free-Trade Tragedy : A Drama in Fifteen Acts*). Cette critique des élites américaines ne saurait en aucune manière nous rassurer puisque les hautes sphères françaises, multibulles, participent pleinement aussi à la bulle cognitive libre-échangiste et ce, au moment même où la première puissance mondiale, sous Trump, vire de bord et s'essaye au protectionnisme. Mentionnons quand même pour mémoire les bulles cognitives allemande (rester leader industriel mondial sans faire assez d'enfants et en important le tiers manquant), japonaise (restons nous-même sans faire d'enfants et en refusant l'immigration), chinoise (conquerrons économiquement le monde en détruisant écologiquement notre propre

1. *Ibid.*

pays). Je ne trouve pas à l'instant de bulle cognitive russe, mais je suis sûr qu'un lecteur sagace m'enverra la réponse.

Nous apprenons cependant dans *EuroTragedy* tout ce dont nous avons besoin : que l'idée de fusion des monnaies européennes (en fait du franc et du mark dans l'esprit des élites françaises) avait été soulevée pour la première fois par Pompidou dès 1969, puis reprise par Giscard en 1978[1]. Cette idée, qui travaille donc depuis longtemps la haute bureaucratie française, s'est d'abord heurtée aux fermes réticences des Allemands. Ainsi qu'on l'a vu, leur réflexion monétaire a un temps d'avance sur celle des Anglo-Américains et mille sur celle des Français. Les Allemands avaient les premiers compris la nature des déséquilibres monétaires européens et les avantages de monnaies flexibles. Plus tard, ils seront donc intellectuellement beaucoup mieux armés que nos énarques – sans même évoquer l'ignorance économique crasse de Mitterrand – pour anticiper leur intérêt et accepter l'euro à *leurs* conditions. Les élites françaises, elles, sont en quête d'un nouvel ordre symbolique : la fin des dévaluations des Trente Glorieuses. Nos classes dirigeantes, prisonnières du sens littéral des mots, vivent les dévaluations comme des humiliations, comme un amoindrissement de leur propre valeur. On revient ici un peu déjà aux problèmes psychiques des élites abordés en ouverture de cette deuxième partie. Les métaphores familières qui circulaient alors au ministère des Finances étaient souvent à caractère sexuel. Une monnaie forte évoquait une érection de bonne tenue.

Passons dans le monde de la géopolitique : l'euro ne se serait jamais fait sans la chute du mur de Berlin. Il fut le contrecoup de la réunification allemande. L'un des problèmes majeurs de la France au cours de son histoire est sa proximité avec l'Allemagne. Depuis le XVIIe siècle, ainsi que l'a montré Bainville, notre diplomatie, quand elle a été menée par des esprits clairvoyants, a consisté à maintenir ce génial et encombrant voisin aussi divisé et affaibli que possible : « Le principe de l'équilibre européen, fondé par le traité de Westphalie, reposait sur une véritable élimination de l'Allemagne, ce qui resta notre doctrine constante, parce que c'était notre plus

1. *Ibid.*, p. 36 et p. 57.

grand intérêt, jusqu'à la fin du dix-huitième siècle[1] », écrit Bainville. L'unification de l'Allemagne par la Prusse fut une catastrophe dont la France ne s'est au fond jamais remise : trois guerres, dont deux perdues. Une seule victoire mais qui a causé autant de dévastations que la plus épouvantable des défaites. Il faut être lucide : depuis l'unification et le décollage économique de l'Allemagne dans la seconde moitié du XIXe siècle, la France ne fait plus le poids. La réunification allemande ne pouvait que réactiver cette peur structurelle de nos classes dirigeantes : elles n'en voulaient pas et les Anglais non plus. Les Russes étaient hors d'état de l'empêcher. Mais les Américains l'ont imposée, erreur stratégique majeure qu'ils regrettent aujourd'hui sans pouvoir trop l'avouer. Ils se prenaient, en 1990, pour une hyperpuissance éternelle et n'imaginaient nullement une Allemagne capable de dominer à nouveau l'Europe en à peine un quart de siècle.

L'euro est né de ce choc externe. Les Allemands l'ont accepté, certes pour rassurer les Français, mais surtout parce que, en état de « supériorité cognitive », ils comprenaient fort bien que la monnaie unique se révélerait, à terme, un instrument de leur puissance. Présenter l'unification monétaire européenne comme un projet universaliste, kantien, irrationnel à force de rationalité, magnifique autant qu'absurde, et voué à l'échec, ainsi que le fait Mody, ne suffit pas. La réunification de l'Allemagne résulta d'un accès d'*hubris* américaine. Le saut dans l'euro ne fut qu'une étape de plus dans le long problème historique du voisinage de deux peuples très différents, les Français et les Allemands. Loin de l'universalisme kantien, nous sommes, des deux côtés de l'Atlantique et sur les deux rives du Rhin, dans le désordre ethnique.

Passons en mode religieux. Penser la fusion de deux nations par la monnaie est aussi un rêve religieux. Un tel projet déifie la monnaie, lui attribue en tout cas des caractéristiques divines. Nous ne pouvons considérer comme un hasard que l'euro soit advenu au moment même où le continent européen atteignait, en zone catholique, le stade terminal de sa déchristianisation. Nous allons le voir par la cartographie : les populations qui, sur la périphérie du territoire français, se

1. Jacques Bainville, Paris, *Histoire de France*, Fayard, 1924.

sont, lors de Maastricht, prosternées devant le veau d'or monétaire venaient de perdre Dieu.

L'objectif officiel de l'euro était, en ligotant le mark dans la monnaie unique, de maîtriser l'Allemagne. Une telle idée ne pouvait naître que dans le cerveau de bureaucrates français qui, on l'a vu, contrairement aux Allemands, ne comprennent rien au marché.

Cette logique « stratégique » vis-à-vis de l'Allemagne n'épuise pas le problème. Dans l'esprit de ses promoteurs, qu'ils s'appellent Delors, Bérégovoy ou Balladur, la politique de rigueur et du franc fort possédait une valeur économique et morale intrinsèque : la dévaluation était assimilée à une mauvaise gestion, à un insupportable laisser-aller. Une monnaie forte constituerait une contrainte positive pour l'industrie, elle l'obligerait à se moderniser et à monter en gamme pour compenser l'augmentation du coût du travail français à l'échelle mondiale.

Maîtriser l'Allemagne, maîtriser l'économie. On peut encore attribuer au traité de Maastricht un troisième objectif : maîtriser le peuple français. Certains considéreront qu'il s'agit là d'un procès d'intention. Mais tout ceci fut débattu en 1992. L'enjeu avait été formulé par Philippe Séguin lors de son discours du 5 mai 1992 devant l'Assemblée nationale : « L'alternative est claire : nous devons conserver notre souveraineté ou y renoncer. » Il est difficile, quand on réécoute ce discours de plus de deux heures, moment d'éloquence et de lucidité parlementaire exceptionnel, de ne pas être frappé par son caractère prophétique : « Que l'on ne s'y trompe pas, la logique du processus de l'engrenage économique et politique mis au point à Maastricht est celle d'un fédéralisme au rabais fondamentalement antidémocratique, faussement libéral et résolument technocratique. L'Europe qu'on nous propose n'est ni libre, ni juste, ni efficace. Elle enterre la conception de la souveraineté nationale et les grands principes issus de la Révolution : 1992 est littéralement l'anti-1789[1]. »

Les acteurs de l'époque – Mitterrand excepté peut-être – étaient bien conscients qu'un État qui n'est plus maître de sa monnaie, de sa création monétaire, ne peut plus être un État démocratique au sens

1. http://www2.assemblee-nationale.fr/decouvrir-l-assemblee/histoire/grands-discours-parlementaires/philippe-seguin-5-mai-1992.

classique : « Ce qu'on nous demande d'abandonner, pour atteindre la prospérité, ce n'est pas seulement le droit de battre monnaie, c'est la possibilité de conduire une politique économique qui nous soit propre », notait encore Séguin.

Je ne saurais dire laquelle de ces trois dimensions – stratégie antiallemande, rigoriste économique ou antidémocratique – fut prédominante sur les tribunes où se mêlaient fraternellement, lors du débat de 1992, bateleurs socialistes et giscardiens. Ces trois dimensions se mêlent.

Restons modestes dans l'analyse, allons à l'essentiel. L'Allemagne n'est pas seulement une puissance avec laquelle nous entretenons une relation conflictuelle, elle est aussi le modèle de la bonne gestion économique. Et c'est enfin un pays que certains admirent parce qu'il a su modérer, et parfois détruire, la démocratie. Pour les trois éléments qui nous concernent ici, ils se recoupent et ne sont en rien contradictoires. Nous ne saurons jamais laquelle des pulsions fut prédominante au sein des classes dirigeantes françaises. Mais nous pouvons, après un quart de siècle, évaluer des succès pulsionnels relatifs.

L'objectif n° 1 de maîtrise de l'Allemagne a abouti à l'issue inverse : la soumission de la France à l'Allemagne.

L'objectif n° 2 d'amélioration de l'économie a conduit à la destruction de l'industrie française.

En revanche, reconnaissons-le, l'objectif n° 3 d'abolition de la démocratie a été atteint : le peuple français a été dépossédé de sa souveraineté.

Mais les échecs 1 et 2 laissent transparaître une forme de rétribution divine : la classe dirigeante française a, elle aussi, été dépossédée de son pouvoir et d'une bonne partie de sa richesse. Il y a peut-être après tout une justice ici-bas…

Un vote de classe

L'examen du vote « oui » au traité de Maastricht confirme sa dimension antidémocratique initiale. Voyons d'abord comment les diverses classes sociales ont réagi à la proposition de leur aristocratie d'État.

Tableau 6.1. Le « oui » à Maastricht selon les catégories socioprofessionnelles en %

Cadres, professions intellectuelles supérieures	70
Artisans, commerçants, chefs d'entreprise	44
Professions intermédiaires	57
Employés	44
Ouvriers	42
Retraités	55

Sources : Emmanuel Todd, *Après la démocratie*, Paris, Gallimard, 2008, p. 70.

Carte 6.1. Le « oui » à Maastricht

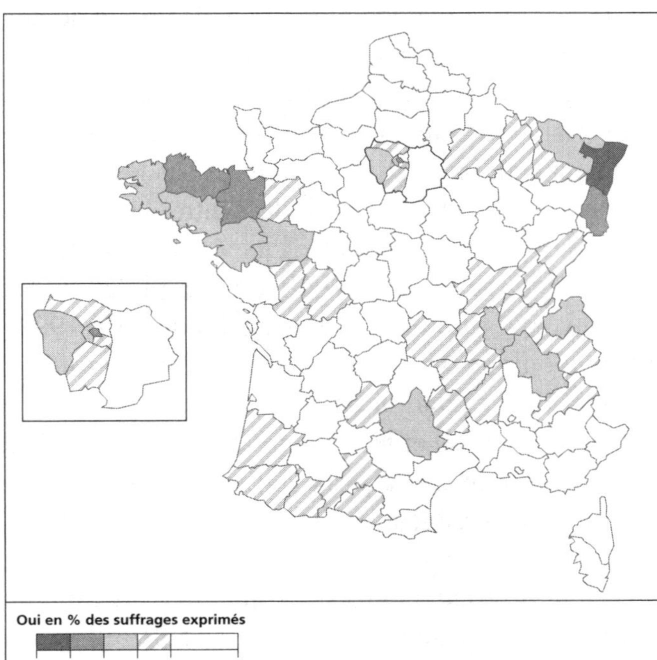

Sources : Emmanuel Todd, *Qui est Charlie ? Sociologie d'une crise religieuse*, Paris, Seuil, 2015, p. 52.

La petite bourgeoisie CPIS a voté « oui » à 70 %, une adhésion massive, typique d'un groupe social discipliné. Les professions intermédiaires, que j'ai décrites à l'époque comme embryonnaires et satellisées, l'ont accepté à 57 %, les retraités à 55 %. En dessous, les artisans, commerçants, employés, ouvriers, bref le peuple de l'époque, comme s'il sentait venir la menace, a rejeté le traité en ne votant « oui » qu'à 44 et 42 %. Donc, dès le départ, il y a eu un affrontement de classes particulièrement net, une opposition évidente entre le haut et le bas de la société. Les catégories supérieures ont imposé leur choix aux catégories populaires grâce à l'inertie et au suivisme de la petite bourgeoisie.

Le coup d'État des provinces périphériques

L'hypothèse d'une nature initialement antidémocratique et antirépublicaine du traité de Maastricht est vérifiée par la cartographie. Le vote « oui » reproduit la vieille géographie électorale de la droite. On peut effectivement interpréter sa victoire comme une revanche tardive sur le Front populaire puisqu'il recouvre les régions qui lui étaient hostiles. La variable latente ici capitale est la pratique religieuse, qui restait un élément actif en 1936. Nous retrouvons les deux France dont il a été question au chapitre 3 : celle du centre, laïque, libérale, égalitaire et celle des provinces périphériques, où la pratique religieuse est restée forte jusqu'aux années 1960-1965 et où les systèmes familiaux étaient plus autoritaires et moins égalitaires. En 1992, la vieille dualité anthropologique de l'Hexagone fonctionnait toujours.

Le coefficient de corrélation entre le pourcentage de messalisants par département vers 1960 et le vote en faveur de Maastricht en 1992 est de + 0,56. Il explique 31 % de la variance des scores départementaux, ce qui n'est pas négligeable. Si on retire du calcul la région parisienne, parce que les catégories supérieures y sont prépondérantes et déjà déconnectées du fond anthropologique libéral-égalitaire, le coefficient de corrélation monte à + 0,69. La variable religieuse est donc tout à fait significative.

Pour un anthropologue, ce vote soulève une question de légitimité qu'un politologue ne se posera pas. En termes de suffrages, le « oui » l'a emporté. Il est majoritaire. Pas de contestation possible. Mais il l'a emporté dans un nombre très minoritaire de départements, 43 contre 53 pour le non[1]. Le « oui » ne l'a emporté que parce que ces départements de la périphérie ont des cultures hiérarchiques à tendance unanimiste. Pour le dire plus simplement : elles étaient alors remplies de gens disciplinés. La tradition catholique y prédisposait encore à l'obéissance sociale. On y a accepté sans trop broncher le principe d'une supériorité intellectuelle des hommes qui avaient conçu et négocié le traité, tout comme on y acceptait jadis l'autorité du prêtre. À l'inverse, les départements de la France centrale étaient les lieux de débats et d'authentiques affrontements politiques, où aucune majorité écrasante ne pouvait par principe se constituer, les lieux de l'alternance libérale. Dans un système de type américain où les départements auraient été des États, envoyant chacun leur propre représentant au Sénat, et où les déformations du vote dues aux cultures régionales auraient été corrigées, le « oui » ne serait pas passé. Je conteste donc – en tant qu'anthropologue, historien, et citoyen – que le peuple français ait vraiment voté la renonciation à sa monnaie, à sa souveraineté et à sa démocratie. Pour que cette (très légère) majorité de « oui » ait été obtenue, il a fallu que les départements périphériques, qui croyaient moins en la démocratie, produisent ce vote unanimiste.

Une bonne partie des aristocrates d'État qui ont voulu Maastricht, savaient que le traité impliquerait la soumission du peuple. Je ne crois pas, en revanche, qu'ils envisageaient cette autre conséquence que serait leur propre soumission à l'Allemagne. Gonflés d'orgueil par leur succès à un concours passé peu de temps après leur puberté, ils étaient dans un état d'*hubris* qui cachait mal leur incompétence.

J'aimerais absoudre Mitterrand. Il appartenait aux générations engagées dans la guerre et était obsédé par l'Allemagne pour des raisons simples et saines. Il a voulu maîtriser la menace réunifiée. Nul en économie, il ne comprenait pas ce qu'il faisait en voulant l'euro. Je ne le soupçonnerais pas d'avoir voulu liquider la démocratie. Au tribunal de l'histoire, Mitterrand pourrait donc plaider une sorte d'irresponsabilité intellectuelle.

1. Voir Emmanuel Todd, *L'Illusion économique*, *op. cit.*, p. 225.

Chapitre 7
La fin de la démocratie représentative : 1992-2007

Une étape décisive est franchie le 1er janvier 1999 puisque c'est à cette date que la France entre officiellement dans l'euro. Mais avant le grand saut, il faut prouver que nous en sommes dignes. Les leaders du « oui », au pouvoir, doivent montrer à l'Allemagne que nous, Français, sommes des gens sérieux. Les opposants, qui se sentent soutenus par près de la moitié, ou plus, de l'opinion, n'ont pas désarmé. Durant les années qui vont du référendum du 20 septembre 1992 à ce 1er janvier 1999, s'étend donc une période intermédiaire durant laquelle, d'une certaine façon, la lutte contre le traité de Maastricht se poursuit. L'euro n'est pas encore réalisé, il n'a acquis aucun caractère d'irréversibilité et les forces qui s'étaient opposées à l'occasion du référendum continuent de s'affronter. Je dirais même que les deux camps sont alors de plus en plus mobilisés. Les années 1992-1999 peuvent être décrites comme une sorte de deuxième round de Maastricht : les gens d'en haut, armés d'une victoire référendaire obtenue à l'arraché, se durcissent, tandis que les difficultés économiques et sociales s'accumulent pour ceux d'en bas et provoquent, en 1995, l'un des grands mouvements sociaux de l'histoire de France.

1992-1999 : tensions maximales sur fond de crise économique

Les critères d'adhésion à l'euro revenaient à une acceptation des conditions allemandes : stricte maîtrise de l'inflation, interdiction d'avoir un déficit public supérieur à 3 % du PIB et une dette publique dépassant les 60 % du PIB. Immédiatement après le référendum, une politique de sur-contrainte économique et de contraction budgétaire pèse donc sur la société française. Entre 1993 et 1998, le taux de chômage est continûment au-dessus de 10 %.

Politiquement, l'après-1992, ouvre une phase folle de l'histoire de France. Chirac est élu en mai 1995 sur le thème de la « fracture sociale », dans une ambiance de peur du déclassement. Le nouveau président a promis une expérimentation audacieuse allant dans le sens de la justice sociale. Pourtant, dès novembre, le plan Juppé s'attaque aux retraites des fonctionnaires et à la Sécurité sociale, sur fond de lutte pour l'équilibre budgétaire. Suivent trois semaines de grève qui conduisent à un recul assez large du gouvernement. En avril 1997, Chirac, dans un coup de folie symptomatique de l'époque, dissout l'Assemblée nationale, où il avait la majorité et la perd.

Chirac est un authentique personnage historique, un innovateur de grande classe. Il est l'initiateur d'une pratique consistant à faire campagne sur un thème pour, une fois élu, faire *immédiatement* son contraire. Mitterrand, en 1981, avait pris des ministres communistes et avait nationalisé. La rigueur de 1983 résulta ensuite de l'échec de ces choix initiaux, à contretemps de l'histoire, mais d'esprit démocratique. Chirac a donc inventé le concept clé de notre période, celui de la comédie de campagne électorale, du programme pour rire. Son meilleur élève fut sans conteste, en 2012, François Hollande. J'avoue ici ne pas comprendre la malédiction qui pèse sur la Corrèze, si admirable de sévérité et de beauté, et qui élit des hommes politiques aussi peu droits. Reste qu'après Chirac plus rien, en France, ne sera jamais complètement sérieux. Avec le personnage de « Super-Menteur », les *Guignols de l'info* avaient tout simplement saisi l'esprit des temps à venir. Depuis, les électeurs français n'en finissent plus de voter pour des marionnettes, de plus en plus nombreuses et de plus en plus dangereuses.

L'épouvantail du FN et la nouvelle fausse conscience

En 1999, la France adopte donc enfin la monnaie unique. Sonnée par une décennie de chômage et de tensions sociales, elle y entre en ayant oublié la leçon de Séguin, et perdu le sens des choses. Le débat sur Maastricht avait mis en évidence un beau projet de destruction de la démocratie par ses propres élites et pourtant, une fois l'euro réalisé, les classes éduquées se remettent à parler comme si elles défendaient la démocratie. Comment expliquer ce paradoxe ? Il est vrai que Séguin lui-même avait lâché, et échangé sa défense de la France contre un bureau de tabac, en l'occurrence la présidence de l'Assemblée nationale puis celle de la Cour des comptes. Sa parole, toutefois, aurait pu lui survivre : le système qu'il avait annoncé était clairement en train de se mettre en place.

Mais, divine surprise : l'installation permanente du Front national dans le système politique français offre alors à nos classes dirigeantes une nouvelle fausse virginité démocratique. Occupées à détruire la démocratie en pratique, elles peuvent quand même désormais parler sans cesse de la défendre contre Satan.

Tableau 7.1. Le vote FN aux présidentielles en %

Présidentielles	Vote FN
1988	14,4
1995	15,0
2002	16,9
2007	10,4
2012	17,9
2017	21,3

Sources : Ministère de l'Intérieur.

Nous avons vu, dans l'ouverture de cette deuxième partie, que le Front national avait émergé avant Maastricht, qu'il avait obtenu 10,9 % des voix aux européennes de 1984, 9,6 % aux législatives de 1986 et 14,4 % aux présidentielles de 1988. Cette apparition du « populisme » est-elle pour autant déconnectée de Maastricht ? On constate une certaine simultanéité entre la montée en puissance du « populisme » et la radicalisation austéritaire et monétaire des élites. Tout se passe comme si les gens du peuple et les gens d'en haut étaient rongés du même mal, de la même incertitude, comme si les deux camps ne savaient plus où ils en étaient et se raccrochaient à ce qu'ils pouvaient : en bas, au FN, parce que le parti communiste est en effondrement rapide ; en haut, à la rigueur puis à la monnaie unique, qui devient l'horizon du rêve. Je postulerais comme source, sans pouvoir vraiment le vérifier rigoureusement, un même désarroi religieux (ou quasi religieux dans le cas de la chute du PCF) en haut et en bas de la société.

Repassons à la période suivante, à 1999 : à cette date, nous sommes dans l'euro et le FN est bien incrusté dans le paysage politique français. Le repoussoir existe. Alors que la monnaie unique avait été consciemment conçue pour liquider la démocratie, les classes supérieures peuvent se réinstaller non pas simplement dans le discours, mais dans la croyance « sincère » qu'elles représentent la défense de la démocratie libérale contre la menace « populiste ». La situation est perverse : des groupes sociaux qui ont organisé ou voté la fin de la souveraineté nationale et donc de la démocratie réelle (pour l'essentiel, l'aristocratie d'État en cours de financiarisation et la petite bourgeoisie CPIS) entrent, par la grâce du FN, dans une phase d'autoréhabilitation morale, démocratique et libérale.

Il ne s'agit pas ici de sous-estimer ce que représente l'idéologie du FN. Les origines d'extrême droite de ses dirigeants historiques sont avérées. Son fonds de commerce est l'hostilité aux immigrés d'origine maghrébine, la haine ethnique. Mais, je puis vous l'assurer, s'opposer au lepénisme ne fait pas de vous un héros de la liberté et de l'égalité si vous avez, par ailleurs, privé le citoyen français de son droit de vote effectif, c'est-à-dire qui puisse servir à quelque chose. Tout au plus pouvez-vous vous présenter comme un oligarque libéral antiraciste.

Car, il faut bien se rendre compte, et c'est capital, qu'à partir de 1999 la démocratie représentative, au sens classique et conventionnel du terme, a cessé d'exister en France. Aujourd'hui, quand les classes supérieures parlent de démocratie ou de démocratie libérale, elles font preuve de cynisme, de déficience cognitive ou de fausse conscience au sens marxiste du concept. Car la démocratie représentative ne consiste pas simplement à voter. Je vais donner un exemple extrême pour me faire bien comprendre : des élections au Folketing (Parlement danois) ont été tenues au Danemark le 23 mars 1943, sous l'occupation nazie. L'événement m'est apparu tellement irréel que j'en donne les résultats détaillés pour montrer qu'il a bien eu lieu.

Tableau 7.2. Les élections danoises de 1943

Liste	
Social-démocrate	44,5 %
Parti populaire conservateur	21,0 %
Venstre	18,7 %
Parti social-libéral danois	8,7 %
Unité danoise	2,2 %
Parti national-socialiste des travailleurs	2,1 %
Parti de la justice	1,6 %
Parti des fermiers	1,2 %

Sources : 1943 Danish Folketing election, Wikipedia.

Ce tableau nous montre que les nazis danois n'avaient pas le vent en poupe sur le plan électoral. Ces résultats prouvent sans conteste l'attachement viscéral des Danois à leur démocratie, ancré dans un protestantisme aussi libéral que celui des Anglais (attitude de base qui explique aussi largement leur refus un demi-siècle plus tard d'entrer dans l'euro). L'insignifiance du vote national-socialiste fit enrager l'occupant confronté à tant d'aryens au teint clair si bien attachés aux procédures de la démocratie libérale. Mais les élections danoises de 1943 mettent aussi en évidence qu'on peut voter, et dans un cadre pluri-partisan, pour rien. Le Folketing élu n'avait aucun pouvoir.

La démocratie représentative donc, ce n'est pas seulement le suffrage universel. La démocratie représentative – pour moi la seule qui puisse fonctionner – c'est :

1) voter au suffrage universel et à bulletin secret ;

2) des représentants élus qui partent du principe qu'ils l'ont été pour représenter ceux qui les ont élus ;

3) des représentants, et le gouvernement qu'ils désignent d'une manière ou d'une autre, qui ont des possibilités réelles et concrètes d'action.

À partir de 1999, l'euro est notre monnaie, sa gestion est décidée à Francfort et ces possibilités réelles et concrètes d'action n'existent plus. Les seules options pour remédier aux problèmes de l'économie française, qui conduisent aujourd'hui, d'une manière ou d'une autre, à tous les autres problèmes – et j'inclus la dramatisation des questions religieuses et ethniques –, sont la flexibilisation du marché du travail et l'austérité budgétaire. La machine économique échappe de fait au contrôle des élus. Je n'évoque pas ici seulement l'Assemblée nationale. Je parle du président de la République française : de Super-Menteur à micro-Jupiter, sans exception. En termes de droit constitutionnel, il est le chef de l'exécutif le plus puissant du monde occidental. Le président des États-Unis, lui, est contraint par des contre-pouvoirs réels et puissants : un Congrès à deux têtes très actif, une Cour suprême souvent innovatrice et désignée dans sa majorité par ses prédécesseurs. L'homme souvent mentionné dans la presse comme « le plus puissant du monde » est, chez lui, par comparaison avec le président français, un nain constitutionnel. Le président français, lui, pourrait, par l'article 16, se transformer en dictateur du jour au lendemain. Mais le malheureux monarque républicain a perdu le contrôle de sa monnaie et ne peut mener, de plus, une politique commerciale autonome (ce que peut son homologue américain). L'Union européenne fixe les règles, règles il est vrai modulées par les corrupteurs les plus puissants du moment – n'oublions pas que Bruxelles, certes de plus en plus détrônée par Berlin, reste l'un des deux cœurs vivants de l'Union européenne et s'épanouit comme l'une des capitales mondiales de la corruption de haut niveau[1]. Quant au président français, ses pouvoirs correspondent, au bout du compte, à ceux du maire d'une très très grande ville (deux fois Tokyo) qui

1. Voir Christophe Deloire et Christophe Dubois, *Circus Politicus*, Paris, Albin Michel, 2012.

J'avais écrit un compte rendu de ce livre pour *Marianne* le 2 mars 2012. Je reproduis ici mon résumé sur Bruxelles : « À Bruxelles se mélangent bureaucrates arrogants, lobbyistes du monde entier, services informatiques et financiers insaisissables, réseaux de surveillance américains, journalistes qui ne se rendent pas comptent qu'ils sont devenus des serviteurs. Une fois qu'on a lu ce livre, la charmante ville de Bruxelles fait beaucoup moins rire. On y mange certes d'excellentes frites, on y boit d'excellentes bières, elle est remplie de francophones vifs et sympas et de Flamands revendicatifs et teigneux. Elle est un lieu de pouvoir. Mais lequel ? Bruxelles est surtout une zone grise, hors du contrôle d'États-nations en déliquescence, espace de non-droit en gestation beaucoup plus menaçant que les paradis fiscaux où l'on blanchit l'argent, que les banlieues où l'on vend de la drogue ou que la Corse où l'on ne paye pas ses impôts. »

aurait la possibilité d'envoyer une armée au Mali ou en Côte d'Ivoire de temps en temps.

Lors du soulèvement des Gilets jaunes, certains politiques et journalistes se sont indignés (à 50 % 60 %, 75 % ?) que les rebelles revendiquent « la démocratie directe », avec le RIC (référendum d'initiative citoyenne). À titre personnel, je ne crois pas à la possibilité de la démocratie directe. Une démocratie sans représentants, et plus généralement une démocratie sans élites, ne peut mener qu'à l'anarchie ou au totalitarisme. Mais nous devons quand même admettre et souligner que la revendication du RIC intervient après la liquidation de la démocratie représentative française par ses classes supérieures. Ce que souhaitait sans doute la masse des Gilets jaunes, au fond, c'était moins la démocratie directe, cette illusion, que la bonne vieille démocratie confisquée par Maastricht. Un retour à la démocratie représentative, en somme.

La Grande Comédie

À partir de 1999, le jeu politique doit se poursuivre alors que l'enjeu de l'affrontement, pour les forces politiques, est de faire élire, au terme d'un débat motivant et polarisant, quelqu'un qui ne pourra rien faire. S'ouvre alors une époque fascinante et fictive, fascinante parce que fictive, que je nomme « la Grande Comédie », un peu comme il y avait eu, plus brièvement, une « drôle de guerre ». Nous avons toujours des élections. Nous avons eu, jusqu'à 2017, des partis politiques, censés défendre des doctrines, des programmes, et de plus en plus, parce que c'est ce qui pose le moins de problèmes de financement, des « valeurs ». Mais nos hommes et nos femmes politiques ne peuvent que « faire comme si ». Le but de la politique française sera désormais la mise en scène de pièces de théâtre successives, bonnes ou mauvaises – Sarkozy est beaucoup plus tragique et drôle que Hollande – alors que le niveau de vie stagne puis, à partir de la crise de 2007-2008, baisse[1]. Le commentateur politique de la presse écrite,

1. On pourrait considérer que le niveau de vie baisse dès avant 2007, si on remet en cause l'indice des prix de l'Insee comme il faut sans doute le faire (voir chapitre 1).

radiophonique ou télévisée, sans même s'en rendre compte, devient critique de théâtre : il doit évaluer la qualité du spectacle offert par des hommes politiques, qu'il s'agisse de l'originalité de leurs propositions inapplicables ou de leur jeu de scène. Les politiques les plus lucides ou honnêtes préfèrent devenir ou redevenir maire d'une grande ville, ou président d'une région, plutôt que de persister à faire semblant de guider une nation qui a perdu sa souveraineté.

Très vite cependant, le système politique français fait apparaître des dysfonctionnements graves. Dès 2002, Le Pen père parvient au second tour de la présidentielle et Chirac est réélu avec un score de dictateur, 82 % des voix. Ses électeurs de gauche, un sourire amer aux lèvres, se consolent en se racontant qu'ils ont, par leur vote masochiste, sauvé une démocratie qui n'existe déjà plus. Le Pen doit d'ailleurs sa présence au second tour non pas tant à un score plus élevé qu'à la précédente présidentielle, comme le montre le tableau 7.1, qu'à la dispersion des voix : comme il n'y a plus d'enjeu réel, tout le monde veut être candidat, passer à la télé, s'y exprimer, promettre la résolution de tout ou partie des problèmes du moment, y être « bon », et ensuite… que chacun vote pour n'importe qui. De toute façon, la haute administration poursuivra sa politique de défense de l'euro, de rigueur budgétaire, de désinvestissement scientifique et technique, de bradage des biens de l'État, et toujours, toujours, de flexibilisation du marché du travail – le *beat* du programme disco des énarques –, non parce que cela sert à quelque chose, mais parce que cela suggère, au final, que les coupables sont les Français (« paresseux », « dépensiers », « inadaptés », « réfractaires », etc.) plutôt qu'eux-mêmes.

Le double couac de 2005

En 2005, l'aristocratie, passée en mode stato-financier, et qui ne sait plus quoi inventer pour se donner l'impression d'avancer, essaie de nous vendre le Traité constitutionnel européen. Mais c'est le match retour de Maastricht qu'elle provoque. Il a lieu trop tard, puisque nous sommes déjà dans l'euro. Il ne s'agit donc pas du tout de sortir de l'euro mais, quand même, le référendum de 2005 nous indique ce qu'aurait été l'acceptation ou le refus de l'euro à cette date. Le non l'emporte massivement avec 55 % des voix, sans que ce rejet de l'Europe, d'ailleurs, prête à aucune conséquence : en 2008, Sarkozy fait ratifier par le Parlement le traité de Lisbonne qui reprend les grandes lignes du Traité constitutionnel. Affolés par les émeutes de banlieues qui ont suivi de peu le référendum, les Français n'ont plus l'énergie de s'intéresser à cet élément du programme du candidat Sarkozy.

L'analyse détaillée du vote au référendum de 2005 selon la catégorie socioprofessionnelle fait apparaître un fléchissement massif de la foi en l'euro dans la plupart des catégories.

Tableau 7.3. Le « oui » au Traité constitutionnel de 2005 par catégories socioprofessionnelles

CSP	%	2005/1992
Cadres, professions intellectuelles supérieures	62	– 8
Artisans, commerçants, chefs d'entreprise	45	+ 1
Professions intermédiaires	46	– 11
Employés	40	– 4
Ouvriers	19	– 23
Retraités	56	+ 1

Sources : Emmanuel Todd, *Après la démocratie*, *op. cit.*, p. 70.

La petite bourgeoisie CPIS, même si elle vote majoritairement « oui », ne le fait plus qu'à 62 %, soit 8 points de moins que pour Maastricht. Le monde ouvrier atteint un niveau d'opposition maximale de 81 %. Le facteur explicatif déterminant du vote est donc, de toute évidence, la classe sociale. Les vieilles déterminations religieuses s'effacent. Le coefficient de corrélation, calculé au niveau départemental, entre pourcentage de messalisants en 1960 et vote « oui » au Traité constitutionnel tombe, de + 0,56 lors de Maastricht, à + 0,31 en 2005, juste au-dessous du seuil de significativité que nous avions établi à 0,32 dans l'introduction. On approche de la fin complète de la structuration de la vie politique française par la religion et par les systèmes familiaux.

Le référendum du 29 mai 2005 est suivi, un peu plus de cinq mois plus tard, par la grande révolte des banlieues de novembre 2005. La

France a le vertige. Le désespoir engendré par la paralysie économique et sociale du pays, par l'inutilité croissante des études en termes d'emploi, lance des jeunes de toutes couleurs, blanc compris, dans les rues, en une rage de destructions inutiles, principalement de voitures et, fait beaucoup plus rare mais beaucoup plus grave, il faut le dire, de bâtiments scolaires.

Quelque chose tient encore de la France que nous aimons. Si les émeutes de 2005 ont été déclenchées par un contrôle de police qui a mal tourné, elles se caractérisent quand même surtout, pour ce qui concerne les forces de l'ordre, par une très grande retenue : à l'issue de trois semaines de troubles et de près de 10 000 automobiles incendiées, on ne compte aucun mort dû à l'action de la police. Le contraste avec la répression physique impitoyable des Gilets jaunes, treize ans plus tard, doit être relevé et gardé en tête pour la suite de l'analyse.

« Oublions l'euro, le problème c'est l'islam », une pièce écrite, mise en scène et jouée par Nicolas Sarkozy

Sarkozy, alors ministre de l'Intérieur, avait contribué à la montée en violence des banlieues en proposant, dès juin 2005, de nettoyer certaines cités au Kärcher. Je cite Bernadette Sauvaget dans *Libération* en 2012 : « En 2005, Nicolas Sarkozy opère un virage très net dans ses relations avec les musulmans. Il a acquis la certitude que le vote musulman lui échappe. A-t-il conscience d'avoir commis une erreur en s'appuyant sur l'UOIF ? Toujours est-il qu'avant et après les émeutes en banlieues de l'automne 2005, Nicolas Sarkozy durcit son discours sécuritaire, promet de nettoyer les quartiers difficiles au Kärcher et fustige les immigrés qui égorgent les moutons dans leur baignoire[1]. »

En 2005, les émeutes de banlieue ont fourni à Nicolas Sarkozy le premier élément de l'une de ces pièces de théâtre dont la classe dirigeante a sans cesse besoin pour occuper les électeurs français. On

1. Bernadette Sauvaget, « Islam : le trouble jeu de Nicolas Sarkozy », *Libération*, 5 avril 2012.

pourrait l'appeler : « Oublions l'euro, le problème c'est l'islam ». Les billets se vendent par millions. Sarkozy est élu président de la République.

Replaçons-nous sur le plan de la simple routine technique historique : le résultat négatif du référendum de 2005 et la montée en puissance d'une thématique ethno-religieuse ciblant les Arabes et/ou les musulmans forment un tout logique. L'économie est bloquée, les gouvernants n'ont plus le pouvoir de la débloquer, l'avis de la population sur les questions vraiment essentielles ne compte plus, mais des élections continuent à être organisées : l'asphyxie sociale ne peut que déboucher sur la recherche de boucs émissaires ethniques ou religieux. Ce coup-ci ce ne seront pas les Juifs. Mais soyons patient. Avant même la fin de ce livre, nous les verrons commencés d'être désignés comme cible.

On ne peut d'ailleurs opposer de façon si systématique ce qui est économique et ce qui est ethnique. La monnaie unique dérive du rapport à l'Allemagne et le rapport à l'Allemagne est de type ethnique. Il électrise les couches supérieures de la société. Le rapport aux immigrés d'origine maghrébine, à leurs enfants et à leurs petits-enfants, est évidemment de type ethnique et il occupe une place particulière dans le monde populaire, ouvrier.

Les Français se pensent inventeur du concept d'homme universel, et ils le sont. Leur rapport au monde est admirable. Mais il y a le terroir quand même, notre Hexagone longé par la masse menaçante de l'Allemagne à l'Est et surplombant au Sud les anciennes colonies arabes méditerranéennes. Une fois bouclées les conversations élégantes sur l'Angleterre, les États-Unis, le Brésil, l'Italie, le Japon et tant d'autres, sans oublier les blagues belges, on doit admettre que concrètement, les Français du XXIe siècle se situent principalement par rapport à deux peuples très proches physiquement : les Allemands, vis-à-vis desquels ils souffrent d'un complexe d'infériorité, et les Arabes, vis-à-vis desquels ils souffrent d'un complexe de supériorité. Il y a une dialectique Allemands-Arabes inconsciente dans la mentalité française, fortement associée à la problématique générale de l'inégalité. Une France obsédée par les Allemands le sera aussi par les Arabes. Et *vice versa*. Mais si l'aristocratie stato-financière vit au contact des Allemands, qui font semblant d'être des Européens, les prolétaires, eux, côtoient plutôt des Arabes, qui sont vraiment des Français même s'ils observent le Ramadan et ne mangent pas de porc, comme les Juifs[1].

La stratégie ethno-religieuse de Sarkozy a été effroyablement efficace. Elle a hystérisé la France, et, lors des présidentielles de 2007, Sarkozy a, le premier, réussi à entamer l'électorat du FN. Si on compare sa pénétration spécifique par classe à celle de Chirac, il progresse vraiment dans le monde ouvrier. Comme Chirac, inventeur du « je raconte n'importe quoi pour me faire élire », Sarkozy est un créateur, celui du « s'il faut de la haine pour que je sois élu, il y en aura ». L'entendre vendre son dernier livre, *Passions,* en beuglant son amour de la France m'a donné envie de pleurer[2].

1. Les élites allemandes souffrent plutôt d'un complexe d'infériorité vis-à-vis de l'Angleterre, depuis Guillaume II au moins. Elles ont beaucoup rêvé d'un « couple » anglo-allemand présidant aux destinées de la planète. Il est dommage que les dirigeants français n'en aient pas conscience.

2. Nicolas Sarkozy, *Passions*, Paris, Éditions de l'Observatoire, 2019.

Chapitre 8
La Très Grande Comédie : 2007-2017

L'année 2007 constitue une rupture à plusieurs titres. D'abord, parce que Sarkozy, fraîchement élu, est le premier de nos présidents à n'avoir pas vécu la Seconde Guerre mondiale, ni même les guerres coloniales. Avec lui, le sens de l'Allemagne et surtout de l'histoire change ; la perception de sa dimension tragique s'éloigne, au moment même où elle le redevient. 2007 est aussi l'année durant laquelle le groupe d'assurances allemand Allianz rachète les AGF. Compte tenu du rôle d'investisseur institutionnel des grandes maisons d'assurances en France, on peut dire que l'Allemagne se connecte au cœur de l'appareil d'État français. Enfin les années 2007-2008 marquent, bien entendu, le début de la Grande Récession que Sarkozy a la chance, si l'on peut dire, d'avoir à gérer. Un rôle, une occupation. Il faut reconnaître qu'il se comporte alors de façon plutôt raisonnable et mène une politique de relance – comme tout le reste du monde occidental. À partir de cette crise financière, nous y reviendrons au chapitre 9, l'Europe change de forme objective et subjective : comme le personnage de Kafka, elle se métamorphose. La prééminence financière de l'Allemagne se mue en domination politique. Ses excédents commerciaux trouvent enfin leur chemin vers une conversion en pouvoir pur. L'Allemagne a, pour parler avec l'élégance de Macron, le « pognon », elle est créancière, elle décide donc et impose sa loi à l'Europe du Sud. La France, en état de paralysie économique et budgétaire, perd son statut de partenaire « égal ». Tandis que les Américains cessent de s'intéresser à nous, les Allemands ont de plus en plus de mal à nous prendre au sérieux. L'aristocratie stato-financière, si elle peut continuer de s'enrichir et de placer son argent dans des paradis fiscaux, perd son statut de classe dirigeante. Elle devient une sorte de bourgeoisie coloniale, relais d'un système impérial dont elle ne partage plus la direction. L'histoire s'accélère. La Grande Comédie redouble. Auparavant, elle était économique ; elle devient politique. Nous entrons dans l'ère de la Très Grande Comédie.

Le cas Hollande

Nous l'avons dit, le problème d'un système où l'action politique ne sert à rien, c'est qu'il faut mettre en scène quelque chose pour le moment électoral. Sarkozy nous avait offert son « Oublions l'euro, le problème c'est l'islam ». Mais 2012 approche, il faut recommencer, il faut une nouvelle pièce. Sarkozy, par sa violence et sa vulgarité, son habitude d'afficher ses amitiés avec des milliardaires dans un contexte de crise économique et de début de baisse du niveau de vie, ne pouvait pas s'en sortir. Il tenta une radicalisation du thème ethno-national et échoua, de peu.

En 2012, François Hollande, lui, propose à la France d'être l'anti-Sarkozy : il conçoit, met en scène et joue une pièce en contre, une antitragédie, un monde dans lequel Antigone n'aurait plus de problèmes. Il se dépeint en « président normal », il s'offre en Prozac institutionnel. Sarkozy pouvait certes être catégorisé comme névrosé (en cela réside le reste de sympathie humaine que je peux éprouver pour lui, étant familier du problème). Mais la névrose, ainsi que l'a rappelé Ehrenberg, n'est que le bon vieil archaïsme du conflit intérieur, dans notre monde de moi fatigués. Hollande président a révélé une autosatisfaction de glace, promenant, alors que le taux de chômage n'en finissait pas de monter, dans une France de plus en plus angoissée, un visage de crétin ravi. Aucune névrose décelable, aucun conflit intérieur en vue. En revanche, la question de l'autisme pourrait être posée, ou de telle ou telle psychose éloignant de la perception du réel, mal répertoriée. Autisme et schizophrénie se manifestent toutefois par une rétraction du sens de l'humour et j'admets qu'un tel diagnostic se heurterait au supposé sens de l'humour de François Hollande, souvent vanté pour ses petites blagues. J'hésite. J'ai, ces dernières années, comme tant d'autres, perçu l'humour de Barack Obama, celui de Donald Trump, de Boris Johnson, de Vladimir Poutine même, comme autrefois celui de François Mitterrand ou du général de Gaulle ou plus loin encore dans l'histoire, de Clemenceau. J'avoue n'avoir jamais rien senti de tel chez Hollande. Les Français ont, quant à eux, fini par le détester pour son cœur de pierre encore plus que Sarkozy pour son exhibitionnisme. Si les Français ont perdu leur droit de vote effectif, ils gardent sans doute une compétence psychiatrique et morale aussi instinctive que collective. François Hollande n'a même pas pu se représenter à l'élection présidentielle de 2017. Il a été comme vomi par le pays.

La relance… de la crise

Sa campagne de 2012 avait un sous-thème pour compléter la normalité : « Mon ennemi, c'est la finance », déclare-t-il lors de son seul discours à peu près écoutable de la campagne présidentielle, au Bourget. Peut-être s'agissait-il d'un hommage inconscient à sa première formation, HEC, qui pour lui précéda l'ENA, d'une déclaration d'amour à l'argent sous forme inversée. Ce serait chercher trop loin. La suite a démontré qu'il ne s'agissait que d'une resucée de chiraquisme, une version de gauche, plutôt rétro, de la « fracture sociale » de Super-Menteur. Pauvre Corrèze…

Hollande l'emporte donc, sans que cette seconde victoire de la gauche à une présidentielle depuis le début de la Vᵉ République suscite un enthousiasme comparable à la première. Il arrive au pouvoir en pleine Grande Récession, juste après que la Banque centrale européenne a commis une erreur majeure. D'une manière générale, pendant toute la crise, elle réagit toujours mal ou trop tard, ainsi que le chronique Ashoka Mody[1]. La BCE vit et célèbre son culte de la stabilité et de l'austérité, devenu identitaire ; elle rechigne à mener une politique dynamique de soutien de la demande et de l'activité comme la FED, la banque centrale américaine, ou la Banque d'Angleterre. Et la voilà donc qui, en juillet 2011, hausse le taux d'intérêt avant que nous soyons sortis de la crise. En mars 2012, de plus, est adopté le TCSG, le traité sur la stabilité, la coordination et la gouvernance

1. Ashoka Mody, *EuroTragedy*, *op. cit.*

(appelé aussi « pacte budgétaire européen ») qui édicte des règles encore plus strictes pour les pays membres de la zone euro. La présidence Hollande commence ainsi dans l'ombre d'une politique économique qui convient à l'Allemagne mais se révèle destructrice pour la France.

Hollande, en un sens, n'y peut rien. Mais il n'y peut rien parce qu'il capitule. Il avait fait campagne en affirmant qu'il allait renégocier avec l'Allemagne. Confronté à une situation qui empirait, et où cette renégociation devenait de plus en plus nécessaire, il n'a pas osé, il n'a rien fait. Si son quinquennat peut se résumer en un mot, c'est celui de lâcheté. Mais la lâcheté fut collective : les cercles concentriques qui entourent le président – l'Élysée, les VIIe et XVIe arrondissements, Neuilly, puis le Vésinet et la partie agréable des Yvelines – ont accepté la servitude de la France, la destruction d'une partie de son industrie et le sacrifice de sa population active. Sans rien faire.

La présidence Hollande a donc été, pour nous, une phase de relance de la crise économique partie en 2007-2008 des États-Unis. L'union fait la force, nous dit-on sans cesse, pour justifier l'existence de l'Union européenne. Mais si cette force collective est stupide, ou lâche, et surtout contrôlée par un membre dominant qui ne fait que jouer son propre jeu ? La Grande Récession a été aggravée au sein de la zone euro par les décisions absurdes de la BCE. De 2013 à 2016, nous assistons fort logiquement à une hausse du taux de chômage en France qui, pour la seconde fois de notre période, passe au-dessus des 10 %. La colère sociale remonte pas à pas. En octobre 2013, les Bonnets rouges se soulèvent en Bretagne contre l'écotaxe.

L'instrumentalisation de Charlie

C'est dans ce contexte de désorientation profonde qu'intervient l'effroyable attentat contre *Charlie* en janvier 2015. Ligoté comme il l'est par l'euro, par les règles européennes et par sa propre lâcheté, Hollande saute sur l'occasion. Il instrumentalise et théâtralise l'horreur de l'événement. Il organise une manifestation où il convie les dirigeants du monde entier au moment même où un homme d'État aurait exprimé dignité et apaisement. Mais son laïus de 2012 contre la finance faisant désormais rire, individu de peu de morale, il vit une sorte de sarkozisation instantanée : il fuit dans l'ethnique et le religieux. Lorsque j'avais écrit *Qui est Charlie ?*, en 2015, interrompant pour ce faire la rédaction d'un long livre sur l'histoire humaine devenu *Où en sommes-nous ?*, j'admets ne pas avoir suffisamment perçu l'anxiété socio-économique qui avait alors envahi jusqu'à la petite bourgeoisie CPIS, à laquelle, pourtant, j'appartiens.

La cartographie des manifestations du 11 janvier 2015 fait surgir un paradoxe. Nous avons vu que si la corrélation entre le « oui » à Maastricht et l'empreinte catholique périphérique était encore significative (+ 0,56), ce n'était déjà plus le cas, en 2005, lors du référendum sur le Traité constitutionnel (elle n'était plus que de + 0,31). Or, dix ans plus tard, voici qu'elle remonte à + 0,43, si l'on confronte grossièrement l'intensité des mobilisations et les traditions religieuses régionales. Ce + 0,43 est fort, lorsqu'on sait que l'imperfection de la mesure ne peut qu'affaiblir la relation calculée. L'imperfection réintroduit de l'aléa statistique. Ce + 0,43 vaut pour moi, à l'instinct, + 0,60. Ce paradoxe d'un effet catholique qui semble renaître a une explication simple : la chute de la pratique religieuse se produit par génération. Au sein des jeunes, croire n'existe plus. Chez les personnes vraiment âgées, on a toujours affaire à un catholicisme actif. C'est dans les générations intermédiaires – mettons de 50 à 65 ans – que l'on trouve en force, dans certaines régions, ce que j'ai nommé « catholicisme zombie », une mentalité qui combine la disparition de la foi avec une persistance d'habitudes sociales venues de la religion. Le fait que les manifestations aient fait réapparaître la carte du catholicisme signifie que la moyenne d'âge des manifestants était assez élevée. C'est, du reste, ce que j'avais suggéré, sans en avoir de preuve définitive, en parlant de l'égoïste « bloc MAZ », devenu idéologiquement dominant en France, composé des classes Moyennes (aujourd'hui, je parlerais plutôt de petite bourgeoisie CPIS), des personnes Âgées et des catholiques Zombies[1]. Si les critères de classe et d'âge restent pertinents pour l'analyse politique de la suite, les années 2015-2018, celui de religion va s'effacer

1. Voir Emmanuel Todd, *Qui est Charlie ?*, *op. cit.*, p. 67-110.

définitivement, par le simple renouvellement des classes d'âge. Comprendre cet effacement est essentiel parce que les luttes de classes, ainsi que l'avait pressenti Marx, ont pour condition la disparition de la religion traditionnelle.

Chapitre 9

De la religion à l'affrontement des classes : la nouvelle vague

Pour obtenir une vision panoramique large, mais précise, de la phase 1992-2017, allant du référendum sur Maastricht à l'élection d'Emmanuel Macron, nous devons ici faire une sorte de pause analytique, faire le bilan de l'évolution des deux principes structurants traditionnels de la politique française. Le premier est la matrice religieuse, qui a fini de disparaître durant notre période, épisode Charlie mis à part. Le second est l'alignement de classes. Ce second facteur, contrairement à des apparences qui ne sont qu'une habitude, n'est pas disjoint du premier.

Avant de s'intéresser à l'économie et à la structure sociale, Marx était parti d'une critique assez typiquement allemande de la religion, celle de Feuerbach, qu'il avait complétée par une critique de Feuerbach lui-même (les célèbres *Thèses sur Feuerbach* de 1845). Le *Manifeste du parti communiste* date de 1847. Le marxisme, dans le siècle qui suit, n'en finit pas de se définir comme « matérialisme historique », sur le plan théorique, et comme athéisme militant, sur le plan pratique. Comment ne pas voir que Marx, Engels et leurs fidèles n'ont en fait jamais échappé à leur matrice religieuse, ou antireligieuse (ce qui est la même chose)? Pas de lutte des classes sans descente dans les rapports sociaux de l'affrontement entre le bien et le mal. La lutte des classes est, d'une manière subtile, religieuse. Et d'autant plus, dans le contexte français qui n'est pas n'importe quel contexte. Marx a écrit *Les Luttes de classes en France* et attribuait le concept même de lutte de classes à des historiens, et parfois hommes politiques de premier plan, français : François Guizot, Augustin Thierry, Adolphe Thiers, François-Auguste Mignet. Tout comme l'idée d'homme universel, la lutte des classes, c'est notre affaire à nous, Français.

Concrètement, les luttes de classes françaises, durant tout le XIXe siècle et une bonne partie du XXe, se sont déchaînées dans le cœur déchristianisé d'un Hexagone dont la périphérie, bordure méditerranéenne exceptée, était restée catholique. Au centre, donc, luttes de classes (la CGT); sur la périphérie, collaboration de classes (la CFTC, devenue CFDT mais qui a gardé la fâcheuse habitude de lâcher en cours de route toute poussée de contestation majeure).

La question de l'articulation du vote religieux et du vote de classe est une sorte d'universel et doit être posée partout. L'excellent l'ouvrage de Daniel-Louis Seiler, *Partis et familles politiques*, nous propose un très bon tableau combinant les variables de religion et de classes dans la détermination du vote pour un ensemble de démocraties occidentales, dont la France[1].

Effacement électoral de la matrice religieuse

Remontons à 1936, époque que nos manuels scolaires nous présentent comme celle des grands conflits de classes, les temps d'avant 1914 étant plutôt caractérisés par des affrontements religieux, avec la séparation de l'Église et de l'État en 1905.

En 1936 émerge électoralement le parti communiste – à l'occasion de la victoire du Front populaire. C'est un bon point de départ parce que la matrice religieuse du système politique français y apparaît alors de façon presque parfaite[2]. Les régions périphériques de droite résistent au Front populaire quelle que soit la proportion d'ouvriers dans leurs populations. À l'intérieur du cœur laïque, l'association électorale des communistes, des socialistes et des radicaux se fait, avec facilité mais en toute improbabilité, puisque petits bourgeois radicaux et ouvriers communistes ne partagent pas grand-chose sur le plan du projet de long terme. Leur seul point commun est l'athéisme. La matrice fondamentale du Front populaire est religieuse. Le coefficient de corrélation départemental entre le vote de gauche et la pratique religieuse est, en 1936, de – 0,61.

1. Daniel-Louis Seiler, *Partis et familles politiques*, Paris, Presses universitaires de France, 1980.

2. Voir Georges Dupeux, *Le Front populaire et les Élections de 1936*, Paris, Armand Colin, « Cahier de la Fondation nationale des sciences politiques », 1959.

Tableau 9.1. Corrélation entre la pratique religieuse vers 1960 et...

	Le vote de gauche	Le vote aux référendums et l'intensité des manifestations « Je suis Charlie »
1936	– 0,61	
1965	– 0,60	
1974	– 0,68	
1981	– 0,57	
1988	– 0,37	
1992		+ 0,56 (OUI)
1995	– 0,27	
2005		+ 0,31 (OUI)
2007	0,00	
2012	+ 0,07	
2015		+ 0,43 (CHARLIE)
2017	– 0,15*	

Sources : Hervé le Bras et Emmanuel Todd, *Le Mystère français*, *op. cit.*, p. 244. Calculs faits par Hervé Le Bras. Pour *Charlie* et en 2017, mon calcul.
*Hamon + Mélenchon.

Sautons par-dessus la guerre jusqu'aux élections présidentielles de 1965. Le coefficient de corrélation entre pratique religieuse et vote de gauche est toujours à – 0,60. Le même score qu'en 1936 alors qu'entre ces deux dates, il y a eu une défaite traumatisante, l'Occupation et diverses guerres coloniales. En 1974, le coefficient de corrélation monte même à – 0,68. De toute évidence, le système est intact.

Ce n'est qu'ensuite que s'amorce une décrue régulière. En 1981, le coefficient de corrélation est de – 0,57, en 1988 de – 0,37, en 1995 de – 0,27 et, en 2007, de 0,00, ce qui confirme que cette année-là constitue une vraie césure, un tournant. J'en avais eu le pressentiment quand j'analysais le sarkozysme dans *Après la démocratie*, publié en 2008.

Le premier chapitre de ce livre s'intitulait « Le vide est religieux » et s'ouvrait ainsi : « Pour que tant d'électeurs et d'adhérents du Front national aient pris le chemin de l'UMP, pour que des notables de gauche se soient entichés de Sarkozy, et que les militants socialistes aient plébiscité Ségolène Royal, il a fallu que les croyances et les doctrines politiques aient atteint un état de décomposition absolu. Le score résiduel du PCF, à l'origine le plus idéologique des partis français, est symptomatique de cette mort des idéologies qu'on nous a si souvent annoncée mais qui est désormais consommée. Marie-George Buffet a obtenu 1,9 % des suffrages exprimés en 2007 contre 3,4 % à Robert Hue en 2002[1]. »

Les coefficients de + 0,07 pour 2012 et de – 0,15 pour 2017 sont non significatifs au sens statistique.

Nous avons vu plus haut, que le coefficient de corrélation entre la pratique religieuse vers 1960 et le vote en faveur de l'Europe lors des référendums tenait encore pour Maastricht en 1992 mais s'était effacé lors du vote sur le Traité constitutionnel de 2005. Les manifestations pour *Charlie* auront peut-être été l'occasion pour la religion de faire sa dernière grande apparition politique, non dénuée donc d'un certain masochisme compte tenu du style plutôt antireligieux de *Charlie*. Mais en 2017, la matrice catholique a disparu.

Une nouvelle carte sociopolitique de la France

Oublions la religion, laissons de côté les systèmes familiaux régionaux dont j'ai montré au chapitre 3 l'effacement en tant que principe structurant. Religion et famille sont en interaction et ajouter une analyse technique de la disparition de cette détermination familiale supplémentaire, peut-être un peu moins parfaite puisque certaines traces de l'effet famille-souche persistent dans le Sud-Ouest, serait très coûteux en temps de recherche et assez peu rentable. J'évoquerai toutefois un « effet Sud-Ouest » lors de l'épisode final du mouvement des Gilets jaunes.

1. Emmanuel Todd, *Après la démocratie*, *op. cit.*, p. 23.

Reste que, pour l'essentiel, dans le courant des années 1990, l'effacement des clivages religieux et familiaux a fait émerger par étapes une nouvelle carte de base pour l'analyse des résultats électoraux français. Deux paramètres permettent aujourd'hui de décrire, et souvent de prédire, la répartition des forces politiques dans l'Hexagone.

1) La carte du nombre des ouvriers par département en 1975, moment de l'apogée industriel, nous donne en fait celle des destructions sociales cumulées des années 1981-2018. Elle est beaucoup plus pertinente que la carte actuelle des ouvriers puisqu'elle définit les zones qui ont subi le choc de la désindustrialisation. La comparaison des proportions d'ouvriers, en 1975 (massive) et en 2016 (résiduelle), montre un déplacement vers l'Ouest et suggère que ce qui subsiste du monde ouvrier est double. L'un, ancien, au Nord-Est, traumatisé, et l'autre nouveau, à l'Ouest, relativement vierge d'histoire.

2) La carte de la proportion de Maghrébins par département en 1990, nous donne la mesure d'un autre stress social, l'immigration. J'ai superposé sur la carte 9.1 ces deux variables : désindustrialisation et immigration.

Dans une France du Nord et de l'Est descendant jusqu'à la façade méditerranéenne, nous trouvons une vaste zone de stress social, désindustrialisation et immigration se combinant pour définir une « France des tempêtes ». À l'Ouest et au Sud-Ouest, loin de l'Europe continentale et de la Méditerranée, subsiste une « France abritée », relativement épargnée par le stress socio-économique jusqu'à très récemment.

À partir de 1999, le nouveau système atteint sa maturité. J'ai ajouté sur la carte 9.1 les 30 départements où le score du Front national a été le plus faible en 2002. Ils appartiennent tous à la « France abritée ». Le parti socialiste de la phase terminale, sous Hollande, s'inscrit géographiquement dans cette France abritée, face à un Front national fort dans l'espace des tempêtes. Macron sera pour l'essentiel fidèle à la matrice socialiste de la France abritée. Seul le vote Sarkozy, capable de mordre sur l'électorat lepéniste dans le Bassin parisien, définit un espace géographique intermédiaire[1].

1. Voir cartes 10.1, 10.2 et 10.3, chapitre suivant, p. 226 et 227.

Carte 9.1. France abritée, France des tempêtes

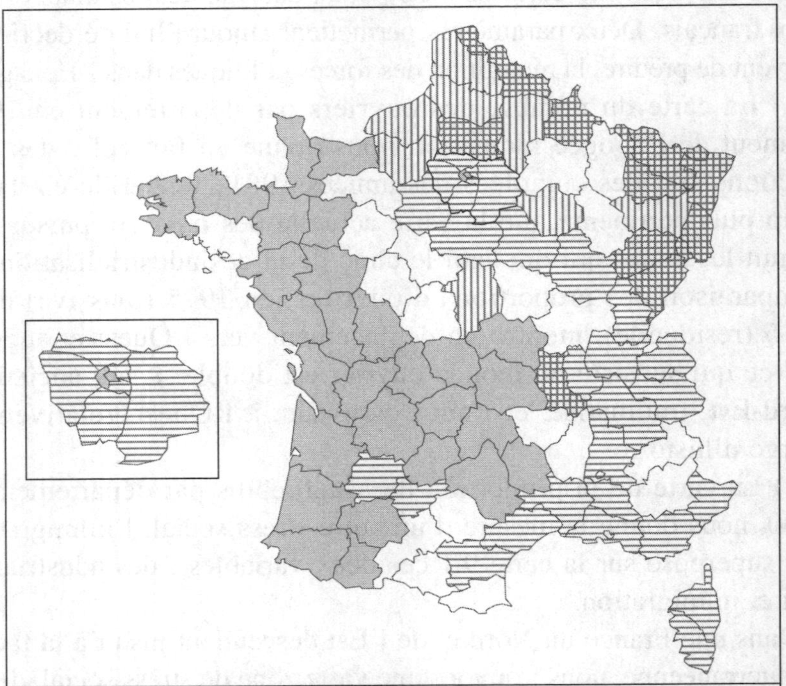

Sources : Ouvriers : H. Le Bras et E. Todd, *L'Invention de la France*, Gallimard, 2012, p. 384.
Maghrébins : E. Todd, *Le Destin des immigrés*, Seuil, 1994 p. 284.
Vote Le Pen : ministère de l'Intérieur.

Les sondages d'opinion, bornes essentielles mais qui ont leurs limites

Nous allons essayer, à la suite de Marx, de rapporter les acteurs et les événements à des groupes sociaux, mais avec une contrainte qui ne pesait guère sur Marx : l'existence de sondages d'opinion, qui nous restreignent dans notre interprétation de ce que pensent et font ces catégories sociales. J'utiliserai surtout les sondages de l'Ifop parce que c'est l'institut le plus créatif à l'heure actuelle.

Je tenterai aussi de ne pas oublier que le sondage d'opinion comporte ses limites : il s'adresse au conscient des individus et fait l'impasse sur l'acquis, non seulement de la psychanalyse, mais aussi de la sociologie durkheimienne, qui insiste sur l'importance de l'inconscient dans la vie sociale. Il entre surtout en conflit avec une notion marxiste pour nous centrale, celle de fausse conscience.

Parmi les sondages d'opinion, on doit distinguer deux catégories : ceux qui demandent aux sondés ce qu'ils ont fait, pour qui ils ont voté, s'ils ont pris des vacances, en France ou à l'étranger, s'ils ont pratiqué la fellation ou le cunnilingus, ou la pénétration anale. Dans leur cas, avec les interviews en ligne qui permettent l'anonymat, le problème de l'inconscient ne se pose pas. À l'exception de quelques cas psychiatriques d'individus qui ne savent pas ce que fait leur main quand elle met un bulletin dans l'urne, les gens se souviennent de leur vote le lendemain, et il n'y a aucune raison de supposer qu'ils mentent.

En revanche, quand on demande aux sondés leur opinion sur le climat, le patriotisme, les races ou la religion, le bonheur, la peur de la mort, sur le phénomène transgenre, l'antispécisme ou l'existence de Dieu, on entre dans un domaine plus nébuleux, dans lequel peut se déployer, ou pas, l'ignorance qu'a l'individu de sa croyance réelle, profonde. Le cas d'école est ici celui des Américains blancs qui désormais approuvent massivement le mariage avec une femme noire, mais ne le pratiquent que très rarement et dans quelques milieux très sélects. En France, nous avions, jusqu'à l'émergence libératrice du macronisme, le cas massif et banal d'individus de droite qui se croyaient de gauche et se définissaient comme tels dans les sondages. Je considérerais volontiers les Français qui se disent « Européens » comme en état de fausse conscience, parce que, en tant qu'anthropologue, je sais que les Européens n'existent pas. En revanche, un homme qui pense être une femme doit être pris au sérieux parce que, au contraire des Européens, les femmes existent. Ces sondages sont intéressants et utiles, mais leur interprétation est délicate et doit, dans chaque cas, mobiliser des heures de réflexion critique.

Les sondages d'opinion présentent un autre défaut, ou plutôt une absence, qu'il faut combler. Ils rendent compte, le plus souvent, des opinions et des votes selon le sexe, l'âge et, bien sûr, la catégorie socioprofessionnelle. Nous allons donc savoir ce que votent les ouvriers, les commerçants, la petite bourgeoisie CPIS, etc. Mais notre classe vraiment supérieure, l'aristocratie stato-financière, noyée dans les 20 % d'en haut, restera invisible. On retrouve, sur le plan politique et pour les catégories socioprofessionnelles, le tour de passe-passe statistique mis en évidence par Thomas Piketty dans la présentation des inégalités de revenus : faire disparaître les revenus des 1 % ou des 0,1 % supérieurs en les cachant dans le décile supérieur (les 10 % d'en haut). Ici, c'est d'un fichier nominatif fourni par Bercy dont nous aurions besoin pour effectuer un sondage politique mais, las, Bercy est l'organe central de la classe que nous ciblons. Ne rêvons pas. Mais ne nous affolons pas non plus : ces gens sont rarement d'extrême gauche, ou de gauche tout court. Une forte orientation de droite peut être présumée.

Élections et alignement de classes de 2002 à 2019

La réflexion récente sur le populisme s'est principalement intéressée à la dérive droitière et xénophobe du monde ouvrier. C'est là une vision myope et biaisée de la situation. Je vais essayer de proposer ici une analyse plus large et plus systématique, en accord avec la typologie néomarxiste à laquelle nous avons abouti au chapitre 4. Il s'agit de ne pas se limiter à l'évolution électorale des ouvriers, mais d'étudier, très schématiquement, les trois grandes classes que nous avons définies : le prolétariat, la majorité centrale atomisée et la petite bourgeoisie CPIS.

J'ai donc saisi l'évolution du prolétariat à travers celle des ouvriers dans les sondages. Pour la majorité atomisée, je me suis contenté de suivre la trajectoire des professions intermédiaires et, pour la petite bourgeoisie CPIS, celle des cadres et professions intellectuelles supérieures. Je me suis intéressé aux présidentielles de 2002, 2007, 2012 et 2017. J'ai ajouté les européennes de 2019 parce que ce sont les dernières élections en date, ainsi que les européennes de 2014, parce qu'on ne peut pas évaluer le sens de celles de 2019 sans avoir en regard le résultat des précédentes, présidentielles et européennes ne pouvant être mises sur le même plan.

Pour chaque élection et pour chacune des trois classes sociales, j'ai cherché ce que j'appelle le candidat ou le parti modal, celui qui recueille le plus de voix dans la CSP typique. Les flèches des tableaux permettent de voir comment évolue une catégorie sociale. Il convient cependant de garder à l'esprit que ces catégories ne sont pas stables sur le plan quantitatif. Le monde ouvrier est en contraction. Les professions intermédiaires sont en expansion rapide et le groupe des cadres et professions intellectuelles supérieures est lui aussi en expansion.

Je rappelle, encore et encore, que tous ces groupes votent pour des acteurs qui n'ont plus de pouvoir et que leurs choix ne servent qu'à déterminer qui sera désigné pour ne rien faire. Nous sommes dans le monitoring électoral de la Grande Comédie qui devient, à partir de 2007, la Très Grande Comédie.

Tableau 9.2. Le vote du prolétariat (les ouvriers)

PRÉSIDENTIELLE 2002	CHIRAC (B+M*) 25, 0% 19%	JOSPIN 16,2% 15%		LE PEN 16,9% 23%		
PRÉSIDENTIELLE 2007	SARKOZY 31,2% 26%	ROYAL 25,9% 25%		LE PEN 10,4% 16%		
PRÉSIDENTIELLE 2012	SARKOZY 27,0% 14%	HOLLANDE 28,1% 21%		LE PEN 18,3% 33%		
EUROPÉENNES 2014	UMP 20,6% 10%	SOCIALISTES 6,0% 12%	ÉCOLOGISTES 9,3% 9%	FN 25,0% 46%	F.GAUCHE 6% 9%	
PRÉSIDENTIELLE 2017	FILLON 19,9% 6%	HAMON 6,4% 5%		LE PEN 21,3% 39%	MÉLENCHON 19,6% 25%	MACRON 24,0% 15%
EUROPÉENNES 2019	RÉPUBLICAINS 8,1% 2%	SOCIALISTES 6,4% 4%	ÉCOLOGISTES 13,1% 7%	RN 23,6% 47%	FI 6,1% 11%	LREM 22,6% 11%

15% Vote des ouvriers   25, 0% Vote national

**B : Christine Boutin ; M : Alain Madelin*

Sources : Ifop.

L'évolution du vote ouvrier est simple. Dès 2002, Le Pen père est, avec 23 % des voix, le candidat qui recueille le plus de suffrages ouvriers. On constate que, lors des présidentielles de 2007, Sarkozy en a reconquis une partie. Nous sommes alors peu de temps après les émeutes de 2005 qui ont, on le voit, provoqué une vraie frayeur. Sarkozy a su en tirer parti : il est le candidat qui recueille le plus de votes ouvriers au premier tour, avec 26 %. Ségolène Royal n'est pas loin, à 25 %. La « Grande Peur » des banlieues semble avoir produit une normalisation temporaire du vote ouvrier.

Dès la présidentielle de 2012 cependant, Marine Le Pen récupère le leadership parmi les ouvriers, qui votent pour elle à 33 %. Aux européennes de 2014, elle s'envole à 46 %. À la présidentielle de 2017, elle est à 39 % et, aux européennes de 2019, à 47 %. Le Front national fait donc toujours mieux aux européennes, dont les Français savent qu'elles ne servent à rien, qu'aux présidentielles, tout aussi inutiles mais à propos desquelles leur niveau de conscience critique est beaucoup moins développé.

Ces chiffres correspondent aux scores ouvriers globaux, toutes origines confondues. Qu'obtiendrions-nous si nous sortions du monde ouvrier ceux qui sont d'origine maghrébine ? Pour la dernière présidentielle, les 39 % de votes ouvriers pour Le Pen monteraient à peu près à 45 % et les 47 % des dernières européennes passeraient à 53 %.

Parler de disparition de la conscience de classe dans le prolétariat, comme le font certains, c'est donc aller un peu vite en besogne. Nous voici confrontés à un vote de classe d'une extraordinaire stabilité et massivité puisqu'il atteint désormais la moitié du total des suffrages exprimés dans le groupe. À titre de comparaison, en 1978, le Parti communiste français, qui ne s'était pas effondré et recueillait encore 20 % des voix à l'échelle nationale, n'avait obtenu que 32 % des suffrages ouvriers[1]. Autant dire que jamais, probablement, le PCF, pourtant autodéfini comme parti de la classe ouvrière, n'a été autant que le Front national un parti objectivement ouvrier.

1. Daniel-Louis Seiler, *Partis et Familles politiques*, *op. cit.*, p. 282.

Ce vote de classe peut se lire dans l'espace. Le coefficient de corrélation associant, au niveau départemental, vote Le Pen en 2017 et proportion d'ouvriers dans la population en 2016, est de + 0,51. La corrélation spatiale entre vote communiste et proportion d'ouvriers était insignifiante en 1978. Nous avions noté, dans *L'Invention de la France*, avec Hervé Le Bras une corrélation départementale non significative de + 0,08 entre la proportion d'effectifs industriels dans la population active départementale et le vote communiste en 1978[1]. Soyons plus précis. La corrélation spatiale actuelle n'émerge pas uniquement parce que l'ancrage ouvrier du FN est exceptionnel. Elle émerge aussi parce que l'effacement des cultures régionales – famille et religion – permet à la détermination socio-économique de s'exprimer directement. Dans l'ancien système, avant l'unification culturelle de la France, les ouvriers votaient trop différemment selon qu'ils étaient en région catholique ou déchristianisée, de famille-souche ou nucléaire.

La majorité atomisée, définie ici par le vote des professions intermédiaires, se caractérise par un très grand flottement, une très grande indécision. Le vote modal passe de Chirac en 2002, à Royal en 2007 puis Hollande en 2012. On note une étonnante embardée frontiste aux européennes de 2014, où le parti de Marine Le Pen, à en croire les sondages de l'Ifop, obtient 24 % des suffrages de cette catégorie. Aux présidentielles de 2017, Macron est, au sein de la majorité atomisée, à 27 %, mais Mélenchon le talonne, à 26 %. Aux européennes de 2019, LREM et surtout LFI s'effondrent chez les intermédiaires qui plébiscitent les écologistes, à 20 %. Ce groupe atomisé a donc beau être central, il ne possède, contrairement au prolétariat, aucune conscience de soi, ainsi que le prouve sa trajectoire politique désordonnée.

1. Hervé Le Bras et Emmanuel Todd, *L'Invention de la France*, *op. cit.*, p. 340.

Tableau 9.3. Le vote de la masse centrale atomisée (les intermédiaires)

PRÉSIDENTIELLE 2002	CHIRAC (B+M*) 25, 0% (27%)	JOSPIN 16,2% (13%)		LE PEN 16,9% (14%)		
PRÉSIDENTIELLE 2007	SARKOZY 31,2% (25%)	ROYAL 25,9% (29%)		LE PEN 10,4% (8%)		
PRÉSIDENTIELLE 2012	SARKOZY 27,0% (21%)	HOLLANDE 28,1% (31%)		LE PEN 18,3% (13%)		
EUROPÉENNES 2014	UMP 20,6% (13%)	SOCIALISTES 6,0% (15%)	ÉCOLOGISTES 9,3% (15%)	FN 25,0% (24%)	F.GAUCHE 6% (9%)	
PRÉSIDENTIELLE 2017	FILLON 19,9% (10%)	HAMON 6,4% (11%)		LE PEN 21,3% (17%)	MÉLENCHON 19,6% (26%)	MACRON 24,0% (27%)
EUROPÉENNES 2019	RÉPUBLICAINS 8,1% (4%)	SOCIALISTES 6,4% (7%)	ÉCOLOGISTES 13,1% (20%)	RN 23,6% (15%)	FI 6,1% (5%)	LREM 22,6% (18%)

(15%) Vote des professions intermédiares   25, 0% Vote national

**B : Christine Boutin ; M : Alain Madelin*

Sources : Ifop.

Venons-en à la petite bourgeoisie CPIS : ce qu'on observe en début de période est sans doute une fausse évolution. À la présidentielle de 2002, Chirac est celui qui recueille le plus de voix au sein de notre petite bourgeoisie CPIS ; à celle de 2007, c'est Sarkozy ; en 2012, c'est Hollande, à 31 %. Et puis, aux européennes qui suivent, l'UMP se retrouve de nouveau en tête. Ces oscillations s'expliquent par le fait que la petite bourgeoisie CPIS est alors encore un monstre à deux têtes. Elle comporte un pôle « cadres du privé », plutôt à droite, et un pôle « secteur public », avec à sa tête les enseignants du secondaire et du supérieur, qui ont longtemps été ancrés à gauche. Ce système explose lors des présidentielles de 2017, où Macron recueille, au premier tour, 37 % des votes de la catégorie.

Le choc des émeutes de banlieue et du sarkozysme, sur fond d'une déchristianisation arrivant à son terme, a eu un impact puissant

Tableau 9.4. Le vote de la petite bourgeoisie CPIS

PRÉSIDENTIELLE 2002	CHIRAC (B+M*) 25, 0% 31%	JOSPIN 16,2% 18%		LE PEN 16,9% 13%		
PRÉSIDENTIELLE 2007	SARKOZY 31,2% 27%	ROYAL 25,9% 24%		LE PEN 10,4% 7%		
PRÉSIDENTIELLE 2012	SARKOZY 27,0% 27%	HOLLANDE 28,1% 31%		LE PEN 18,3% 13%		
EUROPÉENNES 2014	UMP 20,6% 20%	SOCIALISTES 6,0% 13%	ÉCOLOGISTES 9,3% 15%	FN 25,0% 11%	F.GAUCHE 6% 3%	
PRÉSIDENTIELLE 2017	FILLON 19,9% 6%	HAMON 6,4% 9%		LE PEN 21,3% 10%	MÉLENCHON 19,6% 16%	MACRON 24,0% 37%
EUROPÉENNES 2019	RÉPUBLICAINS 8,1% 6%	SOCIALISTES 6,4% 8%	ÉCOLOGISTES 13,1% 20%	RN 23,6% 11%	FI 6,1% 5%	LREM 22,6% 30%

15% Vote de la petite bourgeoisie CPIS   25, 0% Vote national

**B : Christine Boutin ; M : Alain Madelin*

Sources : Ifop.

puisque, dès 2007, on voit faiblir le vote de gauche des enseignants. D'après un sondage préélectoral réalisé par l'Ifop en 2002, les enseignants sont encore à 70 % de gauche. La déroute de Jospin tient avant tout à l'éparpillement de leurs voix sur la foultitude de candidats de gauche : Arlette Laguiller est presque à 6 %, Besancenot à plus de 4 %, Chevènement à 5 %, Mamère aussi, Taubira à un peu plus de 2 %. Cinq ans plus tard, au moment de l'élection de Sarkozy, le vote de gauche des enseignants est tombé à 45 %.

J'avais expliqué dans *L'Illusion économique* que la gauche possédait traditionnellement deux bases, le monde ouvrier et le monde enseignant[1]. Le monde ouvrier, qui a subi de plein fouet la politique du franc fort puis de l'euro, mise en place puis défendue par le parti socialiste, a été le premier à s'en détacher. Mais le monde enseignant l'a suivi. On peut donc parler, pour les enseignants – et, plus

1. Emmanuel Todd, *L'Illusion économique*, *op. cit.*, p. 259-261.

généralement, pour l'ensemble de la petite bourgeoisie CPIS – comme pour les ouvriers, de droitisation.

Le suicide national de l'aristocratie stato-financière

Nous avons laissé de côté une catégorie clé, l'aristocratie stato-financière, trop petite pour apparaître dans les sondages. Pour en parler et essayer de voir ce qu'elle est, ce qu'elle devient, nous sommes obligés d'entrer dans le domaine de la spéculation. Inutile d'imaginer autre chose la concernant qu'une orientation à droite. Nous n'allons donc pas examiner ici ses oscillations électorales, sans doute inexistantes. On peut s'intéresser, en revanche, à la manière dont ce groupe social, qui est le véritable groupe dominant en France, a évolué pendant notre période en termes de pouvoir et de mentalité. Il se trouve qu'il a subi une mutation fondamentale.

La France, comme on l'a vu, a largement perdu sa part de contrôle du système européen. Le tournant peut être daté des années 2007-2011, effet de la Grande Récession. Notre classe dirigeante a alors cessé de diriger. Elle est restée privilégiée, mais elle ne joue plus à parité avec la classe dirigeante allemande. Je me souviens d'un ministre du début des années 2010, alors plongé dans un état de fausse conscience absolue : imaginant les Allemands inertes et se pensant lui-même dynamique, il se félicitait de s'être rendu à Berlin secouer les puces de son homologue allemand, sans même se rendre compte qu'en réalité il avait dû faire le déplacement pour aller voir son patron.

Nous avons donc affaire à une classe qu'on peut supposer de droite, qui garde sa capacité de domination sur la société française, ainsi que sa capacité à s'enrichir peut-être, sans doute, mais qui, à l'échelle internationale, a tout simplement perdu son statut d'acteur libre. Elle n'est plus qu'un rouage dans un système impérial européen contrôlé par l'Allemagne. Mao Tsé-toung l'aurait qualifiée de « bourgeoisie compradore ». Philippe Chapelin, dans un article publié sur le site *Les Crises*, a comparé son destin éventuel à l'état traditionnel des bourgeoisies latino-américaines, qui ont des privilèges, mais aucun pouvoir à l'échelle internationale[1]. « Se livrer pieds et poings liés à une puissance dominante, au mépris d'un capitalisme national, qu'il s'agisse des États-Unis pour l'Amérique latine, ou de l'Allemagne pour l'Europe, ne fait qu'entraîner les nations déjà constituées vers une situation de type colonial dans laquelle les bourgeoisies ex-nationales se retournent contre leurs peuples », écrit-il.

À la fin de la première partie, nous avons vu que la société française est traversée d'une multitude de tendances parallèles : une stabilité des inégalités, une chute du niveau éducatif qui touche toutes les classes, un appauvrissement qui finit par atteindre toutes les classes, une baisse de la fécondité qui touche toutes les classes. Nous avions alors mis à part le sort de l'aristocratie stato-financière qui nous semblait détachée du reste de la population, comme en apesanteur. Or il nous faut constater que cette aristocratie stato-financière elle-même, si elle continue de s'enrichir, n'en subit pas moins, elle aussi, une forme de déclassement. La société française est donc encore beaucoup plus homogène qu'on ne l'imaginait. Ces descentes parallèles apparaîtront normales à qui se représente la France comme un bateau qui coule : capitaine, officiers, marins, passagers de première, de seconde et de troisième classe peuvent s'imaginer un destin commun.

Le caractère subordonné de la classe supérieure française à l'échelle internationale est confirmé par l'examen de ses milliardaires. Un graphique paru dans *The Economist* en juin 2019 fait apparaître crûment leur poids insignifiant au niveau mondial.

1. Philippe Chapelin, « La France vers le modèle latino-américain », *Les Crises*, 24 mars 2018.

Graphique 9.1. Le nombre de milliardaires par pays

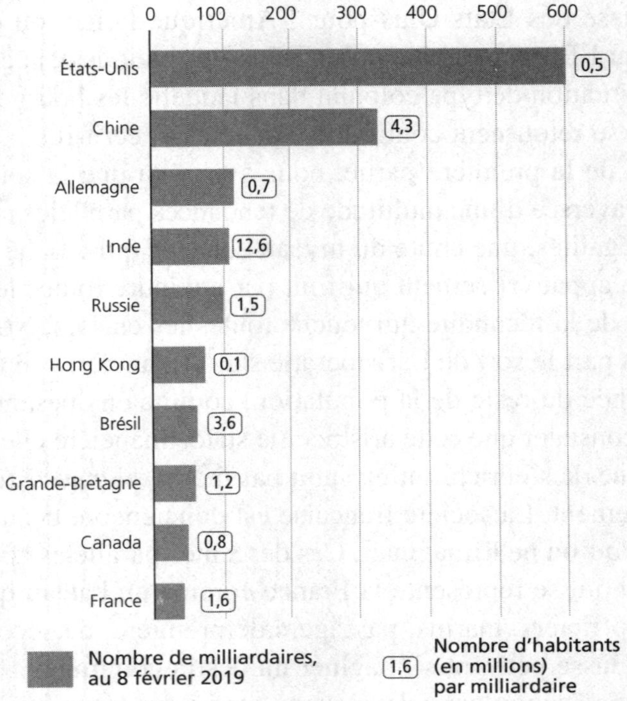

Sources : *The Economist* du 15 juin 2019, qui lui-même s'appuie sur *Forbes*.

Les États-Unis comptent à peu près 600 milliardaires, l'Allemagne autour de 125. En France, on tombe à une petite quarantaine : 37, selon le classement *Forbes* 2019 (40 en 2018) : moins que Hong Kong. Que ce soit pour les porter aux nues ou les vilipender, on nous rebat les oreilles des Arnault, Bettencourt, Drahi, Niel, Bolloré et consorts, mais la réalité est qu'ils ne représentent pas grand-chose. Ils tiendraient dans une salle de classe. Le plus riche d'entre eux, Bernard Arnault, se situe, selon les classements, à la quatrième, troisième, voire deuxième place mondiale, avec une fortune estimée à 104 milliards de dollars[1]. C'est considérable, mais il faut bien voir

1. Il s'agit de l'estimation de l'agence Bloomberg, selon qui l'homme le plus riche du monde est Jeff Bezos (121 milliards) et son dauphin Bill Gates (108 milliards). Ce classe-

qu'il doit cette position aux industries de luxe, situées bien loin des percées technologiques du XXIe siècle. Le succès de ce secteur en France découle lui-même de l'élévation du niveau de vie des classes privilégiées aux États-Unis, en Chine ou ailleurs. Bernard Arnault est donc le bon symbole d'une classe supérieure « dominée », « dérivée », « serviteur » en un sens, des classes supérieures d'ailleurs. Rien à voir avec le PDG d'Amazon ou de n'importe quel GAFA, ni avec les riches Allemands dont la fortune vient pour beaucoup de la construction automobile[1]. Le plus riche des Français n'aurait sans doute été pour Marx qu'un larbin planétaire.

Mais l'aristocratie stato-financière ne se réduit pas aux milliardaires. Elle comprend deux pôles : celui des ultrariches et celui de la très haute administration, avec en son cœur les inspecteurs des Finances. Une passionnante enquête d'Agnès Rousseaux publiée sur le site *Bastamag* nous décrit très bien ce qu'est l'inspection des Finances : les quarante dernières promotions rassemblent 333 personnes, ce qui en fait un groupe beaucoup plus important que celui des milliardaires[2]. Un groupe qui contrôle l'État. Ils sont passés par Sciences Po, ont réussi l'ENA, puis en sont sortis les mieux classés, dans « la botte ». Ce succès ultime résulte moins d'une intelligence spéciale que d'un talent particulier pour le conformisme qui plaît aux aînés. Je pense ici à Macron comme idéal-type wébérien du bon élève. Leurs trajectoires idéale-typiques sont bien connues : ils commencent leur carrière

---

ment date de juin 2019. Un classement un peu plus récent, de juillet 2019, proposé par le magazine *Capital*, met Arnault, avec toujours 104 milliards de dollars, juste devant Bill Gates (qui serait à 103,8 milliards). Selon le classement *Forbes*, qui remonte, lui, à mars 2019 et qui n'est sans doute pas calculé tout à fait de la même manière, Bernard Arnault n'est que le quatrième homme le plus riche du monde (Warren Buffet est troisième), avec une fortune de 76 milliards de dollars. Ce bond de près de 25 milliards de dollars en trois mois, la plupart des commentateurs l'expliquent par les excellents résultats du groupe LVMH. On peut y voir aussi tout simplement la difficulté à évaluer de façon précise et fiable des fortunes dont une partie reste sans doute cachée.

1. Voir « The life of German tycoons : The reticent riche », *The Economist*, 15 juin 2019, p. 51-53.

2. Cette enquête, datée du 27 juin 2017, publiée sur *Bastamag* et réalisée en collaboration avec *Alternatives économiques*, comprend trois articles, tous signés Agnès Rousseaux : « Ces énarques chargés de piloter la politique économique de la France qui préfèrent "pantoufler" dans les banques », « Inspecteurs des finances : une caste "d'élite" qui a pour principale mission de réduire les dépenses publiques » et « Être banquier et haut fonctionnaire : peut-on éviter les conflits d'intérêts au sommet de l'État ? ».

à Bercy, mais considèrent qu'ils ont raté leur vie s'ils y travaillent encore à quarante ans. Leur objectif est d'aller dans le privé multiplier par dix, voire par cinquante, un salaire déjà très confortable, quitte ensuite à retourner dans la fonction publique. « Sur les 333 inspecteurs recensés, plus de 55 % travaillent ou ont travaillé dans le secteur privé. 34 % (soit 115 d'entre eux) sont passés par le secteur bancaire à un moment donné de leur carrière », note Agnès Rousseaux.

Idéalement, ils vont pantoufler dans les banques qu'eux ou leurs prédécesseurs ont nationalisées puis privatisées. Ils ne deviennent pas pour autant milliardaires, mais font partie des 0,1 % et paient (ou plutôt payaient) l'ISF. Leur pouvoir sur l'économie française me semble beaucoup plus significatif que celui de notre quarantaine de milliardaires. Ils sont presque dix fois plus nombreux et fournissent, de plus, des hommes politiques et des présidents de la République. Giscard d'Estaing est inspecteur des Finances, Fabius et Juppé aussi, sans oublier Macron, bien sûr. Savoir qui gouverne la France ou qui croit la gouverner n'est, au bout du compte, pas si compliqué. Nul besoin d'imaginer des pouvoirs occultes.

L'enquête d'Agnès Rousseaux donne des détails précieux sur les toutes premières années de nos futurs maîtres de la France. Avant d'aller s'enrichir dans le privé, les inspecteurs des Finances débutent par ce qu'ils appellent de la « vérif » : leur travail consiste alors à essayer de contrôler et de réduire les dépenses publiques des diverses administrations. C'est « le moment où le jeune diplômé intègre le mode de fonctionnement de l'inspection », sa « méthodologie », écrit Rousseaux. Une phase de conditionnement où le bureaucrate en herbe développe un état d'esprit qui ne le quittera plus. On attribue toujours les politiques d'austérité à l'Allemagne, mais le système mental d'un inspecteur des Finances est, en un sens, proto-allemand. Résumons son parcours : jeune, il essaie de comprimer les dépenses des administrations publiques ; à partir d'un certain âge, il passe dans le privé pour augmenter ses propres revenus. L'idéologie de base de la classe dirigeante française – réduire les coûts publics et accroître sa fortune personnelle – doit beaucoup moins à la doctrine néolibérale ou à l'influence allemande qu'à la vie rêvée des inspecteurs des Finances.

Pour pénétrer la mentalité de l'aristocratie stato-financière, ce groupe caché au plus profond des statistiques économiques et des sondages d'opinion, nous sommes obligés de recourir à des chemins de traverse. Elle peut aussi être lue dans le comportement objectif des grandes entreprises françaises, pilotées par un groupe humain passé par les grandes écoles, par l'État, par les banques, ou héritiers d'une richesse ancienne. Dans une thèse remarquable, Franck Dedieu, vient de mesurer, à travers leurs investissements récents en France et à l'étranger, les actifs immobilisés, le nombre des employés français et étrangers, les choix des grandes entreprises françaises[1]. Il a comparé le comportement de nos multinationales à celui de leurs homologues allemandes, suédoises et anglaises :

> le travail réalisé sur une soixantaine de groupes européens (répartis au sein d'une vingtaine de secteurs et de sous-secteurs) révèle des résultats très différents de ceux obtenus avec leurs homologues français. [...] Sur la période 2006-2016, les effectifs reculent de 17 % dans les groupes français (+ 28 % en Allemagne dans les groupes industriels allemands, + 13 % des effectifs au Royaume-Uni dans les groupes britanniques). Bien sûr, le poids du pays d'origine par rapport à l'ensemble des effectifs pris à l'échelon du groupe mondial baisse partout [...]. Les différences entre les pratiques françaises et celles des autres pays européens apparaissent dans leur vérité crue[2].

Dedieu montre par ailleurs dans sa thèse, avec toute la rigueur statistique nécessaire, que ces délocalisations n'assurent même pas aux entreprises françaises qui les pratiquent une meilleure rentabilité. C'est bien à une préférence idéologique que nous sommes ici confrontés, à un antipatriotisme de principe. Je reviendrai plus loin sur les causes, la signification et les conséquences de cet antipatriotisme. L'hypothèse d'une classe dirigeante perdue dans l'histoire commence d'émerger.

Ayons une petite pensée pour ce qui fut jadis une classe sociale à part entière, la bourgeoisie industrielle, aujourd'hui résiduelle et

1. Franck Dedieu, *Le Patriotisme économique à travers le cas de cinquante firmes industrielles françaises. Analyses, faits empiriques et comparaisons internationales*, thèse soutenue à l'université de Toulon le 25 juin 2019.
2. *Ibid.*, p. 300.

complètement soumise à l'aristocratie stato-financière. Les représentants de l'industrie sont des dominés dans notre système socio-économique. L'euro les a massacrés. Le Medef, bête noire des gauchistes, n'est plus en réalité qu'une modeste association qui ne peut que déposer « d'humbles suppliques » à ses maîtres, les énarques des grands corps, attachés eux à la défense de l'euro et d'une Union européenne désormais dominée par l'Allemagne. Les groupes multinationalisés qui délocalisent, plus vite encore à cause de l'euro, sont certainement heureux de ramasser leur part des milliards distribués de temps en temps aux patrons par l'État pour les faire se tenir tranquilles. C'est dans ce contexte global qu'il faut interpréter, par exemple, l'étrange CICE (crédit d'impôt pour la compétitivité et l'emploi) inventé par Hollande et son équipe, avantage fiscal pour les entreprises soumises à un régime réel d'imposition, initié le 1er janvier 2013 et supprimé le 1er janvier 2019. Il a coûté des milliards aux Français, n'a créé aucun emploi ; il a certes augmenté les marges des entreprises, mais il ne saurait être utilisé comme preuve d'un pouvoir des patrons. Ceux-ci sont, dans l'Hexagone en tout cas, asphyxiés par la gestion macroéconomique qui accompagne l'euro. Dans un pays dont la bourgeoisie industrielle a été pour l'essentiel détruite avec ses ouvriers, aucun Medef ne saurait peser.

L'évolution de l'acceptation de Maastricht

Ce livre part d'un constat : alors que l'euro est un échec économique avéré pour notre pays, il y est de moins en moins remis en cause. Pour essayer de comprendre ce paradoxe, il convient aussi d'examiner l'évolution de l'adhésion à Maastricht entre 1992 et 2017. Je préfère, comme pour l'analyse des évolutions électorales, procéder en m'appuyant sur une répartition de la population française en catégories socioprofessionnelles. Une autre possibilité, séduisante au premier abord, aurait consisté à évaluer ces évolutions en tenant compte de la stratification éducative. Je suis bien placé pour connaître l'importance de cette dernière. Je lui ai consacré de longs développements dans plusieurs ouvrages. Le problème, comme nous l'avons vu au chapitre 2, est que le niveau intellectuel réel est désormais

Tableau 9.5. L'évolution de l'acceptation de Maastricht par CSP : 1992-2017

	Référendum 1992	Référendum 2005	Évolution 2005/1992	Sondage 2017	Évolution 2017/2005	Évolution 2017/1992
	Oui	Oui		Pas de retour au franc		
Petite-bourgeoisie CPIS	70	62	– 8	89	+27	+19
Art., commerçants, chefs d'ent.	44	45	+1	63	+18	+19
Professions intermédiaires	57	46	– 11	78	+32	+21
Employés	44	40	– 4	58	+18	+14
Ouvriers	42	19	– 23	51	+32	+9
Retraités	55	56	+1	85	+29	+30

ources : Ifop et Emmanuel Todd, *Après la démocratie*, *op. cit.*

déconnecté du niveau de diplôme. Nous ne savons plus qui est vraiment éduqué au sens profond du terme. Dans ces conditions, mieux vaut nous rapprocher de la typologie par classe sociale sans oublier que la définition des CSP dépend pour une part du niveau éducatif.

Nous pouvons suivre l'évolution par catégories sociales de l'acceptation ou du rejet de Maastricht entre 1992 et 2017, d'une façon très approximative il est vrai, en comparant la force du « oui » en 1992, le niveau d'acceptation beaucoup plus faible du Traité constitutionnel en 2005 et enfin la proportion de ceux qui ne veulent pas d'un retour au franc en 2017. La méthode est discutable. Les chiffres pour 2005 représentent de vrais résultats, mais répondent à une autre question que celle de 1992. Le sondage de mars 2017 concerne directement l'acceptation de l'euro, sujet du référendum sur Maastricht, mais sans qu'une campagne ait eu lieu au préalable. Il s'agit toutefois ici surtout de comparer les évolutions relatives des classes.

Nous retrouvons d'abord ce que nous savons : globalement une montée de l'hostilité entre 1992 et 2005. En 2005, seule la petite bourgeoisie CPIS et les retraités votent « oui ». Pour ces derniers, il ne s'agit que d'une reconduction de 1992 : les personnes âgées n'ont pas évolué entre 1992 et 2005. Deux classes sont décisives : le prolétariat (ouvriers), déjà opposé en 1992, se radicalise avec une chute du « oui » de 23 % ; la majorité atomisée bascule dans le non puisque son axe des professions intermédiaire, avec une chute de 11 % des « oui », passe dans l'opposition.

Tout ceci se déroule dans une période qui est encore peut-être de stagnation plutôt que de déclin du niveau de vie. Vient la crise de 2007-2008. Près de dix ans plus tard, en 2017, l'acceptation de l'euro a progressé par rapport à Maastricht en 1992. La montée du consentement touche tous les groupes. Elle est particulièrement spectaculaire chez les retraités, avec + 29 % entre 2005 et 2017 et + 30 % entre 1992 et 2017. La progression chez les ouvriers est minimale puisqu'elle n'est que de 9 % entre 1992 et 2017. Mais la remontée de plus 32 % entre 2005 et 2017, la même que pour les professions intermédiaires, est spectaculaire et mène le prolétariat à une acceptation majoritaire : 51 % des ouvriers ne veulent pas d'un retour au franc en 2017. Nous pouvons être sûr, cependant, qu'une campagne et un débat auraient ravivé l'hostilité. Les professions intermédiaires, à nouveau hésitantes sur moyenne période, reviennent en 2017 à une franche acceptation.

Ce qui est capital pour l'analyse, c'est que le triomphe du conformisme intervient dans une période de crise : celle qui voit le début d'une chute certaine du niveau de vie et ramène le taux de chômage au-dessus de 10 %. Ce n'est pas le succès de l'euro qui conduit à son acceptation, mais son échec.

Une conclusion s'impose, l'acceptation naît de la peur de quelque chose de pire, non du bien-être. Tout devient instable et on s'accroche à une monnaie qui désormais existe. Le vote des retraités signe cette peur : ils savent, et on leur fait savoir, que sortir de l'euro mènerait à la liquidation de leurs pensions. En un sens, le piège de Maastricht, immédiatement identifié par Philippe Séguin en 1992, s'est bien refermé. Mais c'est l'insuccès économique radical de la monnaie unique qui, en réduisant la perception de l'économie à une sorte de peur brute, éteint l'idée de changement.

N'oublions pas non plus que l'acceptation intervient, entre 2007 et 2017, alors que s'accélère la baisse des taux de suicide, que l'homme fatigué d'Ehrenberg, peu apte au conflit, devient sans doute une sorte d'homme modal et que le concept d'anomie durkheimienne cesse de fonctionner parce que l'on n'attend plus rien de nouveau d'une société désormais frappée d'immobilité.

TROISIÈME PARTIE

La crise

Chapitre 10
La rupture macronienne

Nous voici presque arrivés au temps présent, avec l'accession à l'Élysée d'un président de la République d'un type nouveau à bien des égards – jeune, élu sans l'appui d'un grand parti, refusant le clivage gauche-droite –, mais dont il convient de rappeler que, comme les précédents, il a perdu tout pouvoir. Dans la mesure où la France continue d'appartenir à l'Union européenne et à la zone euro, il ne peut pas modifier la politique commerciale ni gérer la monnaie. Sa seule marge de manœuvre réside dans la flexibilisation du marché du travail, la compression des salaires et des dépenses, la destruction des services publics. Sous Macron, l'histoire politique reste une comédie.

À l'origine immédiate du macronisme, toutefois, on assiste à un début de prise de conscience : la pièce montée par François Hollande ne plaît pas au public. Celui-ci s'était défini comme « normal ». En désignant la finance comme l'ennemi, il a tenté le même genre de tour que Chirac avec sa « fracture sociale », sans percevoir une différence essentielle. Un homme de droite qui parle comme un homme de gauche n'est pas vraiment pris au sérieux et on lui pardonne son mensonge – nous sommes dans le monde de Courteline. Un homme de gauche qui parle comme un homme de gauche puis fait, comme les autres, immédiatement, une politique de droite, ne peut compter sur la même complaisance du public. On a pris un billet pour une pièce de Racine et on se retrouve assis devant un sketch de Bourvil.

Sur ce ratage théâtral est venu se greffer le drame de *Charlie Hebdo*, qu'Hollande a magnifié dans une sorte de fuite en avant. Il s'est ensablé dans le déshonneur avec un projet de loi sur la déchéance de nationalité. Notons que Macron, et c'est tout à son honneur, ne l'a pas suivi sur cette pente.

Oraison funèbre pour le parti socialiste

Ce qui se clôt sous Hollande, c'est une époque, celle où le parti socialiste avait fait l'histoire. Il faut se rappeler qu'à partir de 1968 sans doute, le PS a été la force politique motrice des changements qui ont vraiment compté, qu'il soit au pouvoir ou simplement point de focalisation des tendances culturelles du temps.

En 1965, ce qui deviendra le PS et s'appelle encore SFIO, est un parti secondaire dans le système politique français. Il possède des bastions résiduels dans le Sud-Ouest, à Marseille et dans le Nord-Pas-de-Calais, mais à côté du gaullisme, de la droite classique ou du parti communiste, il fait figure de partenaire mineur. Dans les décennies qui suivent, cependant, la déchristianisation et l'effondrement des grandes idéologies lui profitent en priorité. Parce qu'il n'est rien au départ, vierge en somme, il recueille les électorats libérés de leurs croyances anciennes. Entre 1965 et 1978, il grandit dans les zones catholiques, jusqu'alors tenues par la droite. À partir de 1978, il chasse sur les terres communistes et arrive au pouvoir en 1981. Il mène alors, avec Mitterrand, une politique économique incohérente, mais libéralise l'audiovisuel et la législation sur les mœurs, même si c'est à Valéry Giscard d'Estaing et à Simone Veil que nous devons la plus décisive des réformes, la légalisation de l'interruption volontaire de grossesse dès janvier 1975. Le PS cafouille, il trahit, mais c'est bien lui qui annonce, avec la rigueur, la politique du franc fort. L'entrée dans l'euro, si essentielle pour comprendre le destin diminué de la France, résulte d'une initiative socialiste. L'européisme le plus dense, le plus antinational, fut socialiste. La droite n'a fait que suivre. Redonnons donc à ce parti sa juste place dans l'histoire : pendant plusieurs décennies, il s'est affirmé comme le leader des réformes économiques et sociétales. Il a été le grand artisan de la conversion pseudo-libérale de la France, de son enfermement dans l'Union européenne et la monnaie unique.

Une première éclipse annonciatrice avait eu lieu en 2002 : Jospin fut battu par Le Pen au premier tour de la présidentielle. On devine alors que le PS arrive au bout du bout, sa mission historique de destruction de la démocratie achevée. Paradoxalement, il est remis en selle par Sarkozy qui exaspère tellement d'électeurs que, pour s'en débarrasser, ils sont prêts à tout. Élus par défaut, Hollande et le PS ont bénéficié entre 2012 et 2017 d'une sorte de sursis avant la vaporisation de l'homme et du parti en 2017. Refusons toutefois une histoire par trop téléologique : si Dominique Strauss-Kahn avait pu se présenter à la place de François Hollande et l'avait emporté à la présidentielle de 2012, il aurait sans doute obtenu pour le PS un nouveau sursis et peut-être plus. DSK est un bon économiste et un homme intrépide, pour son malheur, On a du mal à l'imaginer acceptant passivement plus de 10 % de chômage et pliant devant l'Allemagne entre 2012 et 2017. Mais ce fut Hollande et la fin du socialisme français.

Macron s'est engouffré dans ce vide. Sans le contexte d'un suicide terminal du PS, son accession au pouvoir n'est pas compréhensible : 47 % des électeurs de Hollande de 2012 ont voté Macron en 2017, 51 % des électeurs de Bayrou, 17 % des électeurs de Sarkozy et 9 % des électeurs de Mélenchon. C'est donc bien l'implosion du PS qui a permis à Macron d'atteindre le second tour de la présidentielle. L'étude cartographique des résultats le confirme. Si l'on regarde les 30 départements où Sarkozy était en tête en 2007, les 30 départements où Hollande était en tête en 2012 et les 30 départements où Macron était en tête en 2017, on voit bien que le vote Macron est dans la continuité du vote Hollande beaucoup plus que dans celle du vote Sarkozy, même s'il commence à mordre sur quelques vieux départements de droite que le PS n'avait pas pénétrés, la Vendée, le Maine-et-Loire, la Mayenne, la Manche, ce qui s'explique sans doute par le ralliement de Bayrou, héritier du vieux centre démocrate-chrétien. Il s'est étendu aussi à la métropole de Lyon, grâce au soutien de Collomb. En revanche, il a perdu la Seine-Saint-Denis.

L'homme sans idées

Qui est Macron ? Son profil de base semble plutôt banal, au sein d'une hiérarchie socialiste qui fut, plus encore que celle de la droite, très « haute-bureaucratique ». Il est inspecteur des Finances, il est

Carte 10.1. Le vote Sarkozy en 2007

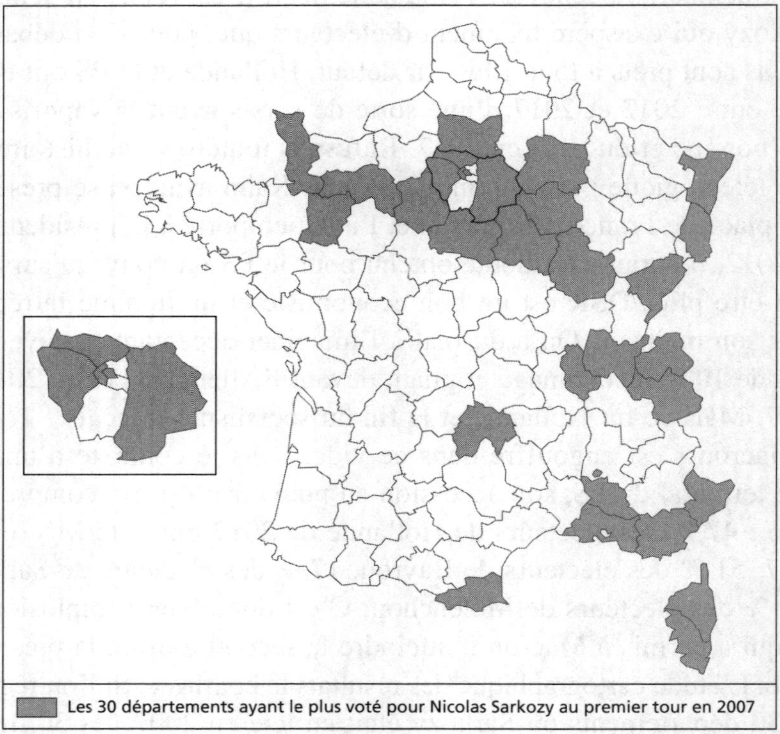

passé un court moment par la banque, il a travaillé à l'Élysée avec Hollande, il a été ministre de l'Économie. C'est un personnage dont l'unique originalité est d'appartenir à une autre génération. Gardons en tête que le but fondamental du système politique français est d'organiser des pièces de théâtre successives qui doivent masquer l'absence de pouvoir économique réel du président : ce qui nous a donc été vendu cette fois-ci, c'est la jeunesse. Mais dans ses fondamentaux, Macron est comme les autres. Le passage par la banque, où beaucoup ont voulu voir une spécificité, en bien ou en mal, n'y change pas grand-chose puisque les banques, en France, restent sous la dépendance de l'État. Ajoutons à sa jeunesse un mariage assez original, il faut le dire, avec une femme plus âgée que lui. Macron est aussi le premier de nos présidents qui ait eu, avant d'entrer en politique, une petite formation de comédien – grâce à Brigitte, qui animait l'atelier de théâtre où ils se sont rencontrés.

Carte 10.2. Le vote Hollande en 2012

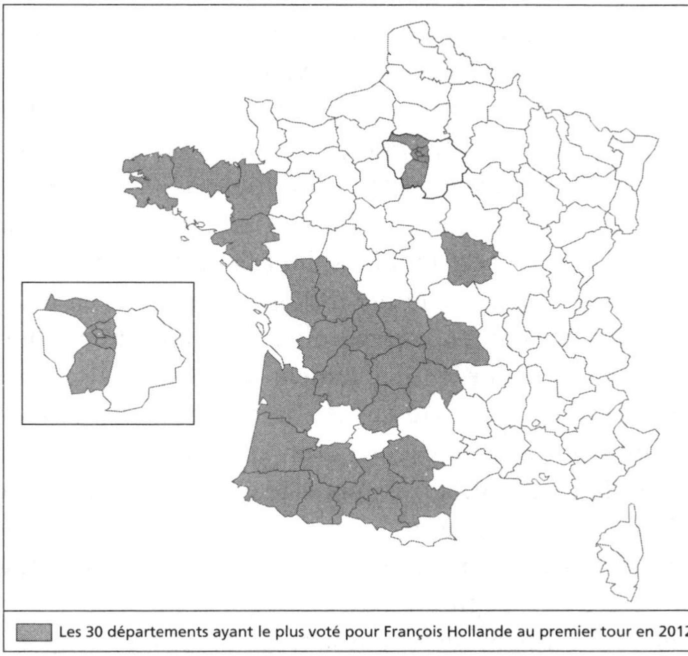

Carte 10.3. Le vote Macron et le vote Le Pen en 2017

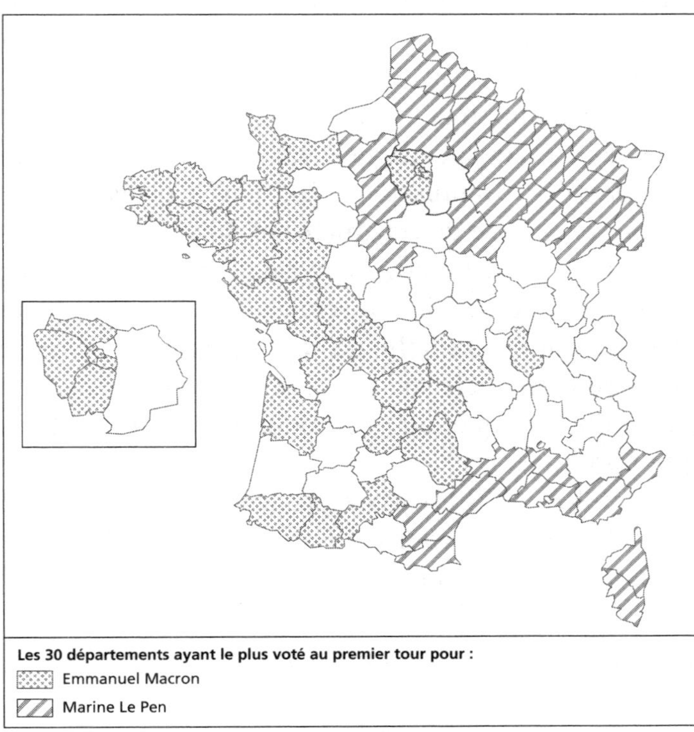

Au cœur du *18 Brumaire de Louis Bonaparte*, nous l'avons dit dans la première partie de ce livre, on trouve une interrogation : comment un personnage aussi insignifiant a-t-il pu devenir président puis, par un coup d'État, empereur des Français ? Le problème Macron se pose exactement dans les mêmes termes. En tout cas, c'est ainsi que je le perçois depuis le début. Lorsque j'ai vu l'homme apparaître à la télévision, en candidat, j'ai été tout de suite frappé par sa parole vide, par ce qui m'apparaissait comme un enfilage de poncifs et de concepts creux. Un point d'excellence toutefois : une capacité extraordinaire, suprahumaine, à tenir interminablement son discours sans se laisser interrompre par le journaliste censé l'interviewer. En termes télévisuels ou radiophoniques, c'est ce qu'on appelle « faire des tunnels ». En praticien de la chose, à très modeste échelle, je dois avouer que j'étais admiratif : jamais je n'avais vu une telle capacité de fermeture vis-à-vis de l'environnement immédiat, une telle aptitude à parler, parler, parler, en dépit de tout.

Sa pensée, si on peut dire, se donne à lire dans l'unique ouvrage qu'il a écrit (paraît-il quelque peu aidé par Brigitte), son livre de campagne *Révolution*, dont le bandeau imprimé proclame « C'est notre combat pour la France »[1]. Publié avant l'élection de 2017, c'est un livre programme, qui n'a donc pas la prétention d'être intelligent, ni même intéressant. Il est censé plaire et, plus important encore, ne pas déplaire, tout en émettant quelques idées susceptibles d'attirer des électorats spécifiques. En le lisant, j'ai eu confirmation de ma première impression : 265 pages (gros caractères) de vide. Macron se réclame du pragmatisme. Mais sait-il seulement ce qu'est le pragmatisme ? Le pragmatisme macroniste semble se définir comme une souplesse mise au service de l'absence de valeurs. Et de fait, dans sa trajectoire, telle qu'il la retrace lui-même, il donne l'impression de n'en avoir aucune, d'être une personne susceptible de prendre n'importe quelle direction et qui aurait pu devenir tout à fait autre chose.

On sent toutefois qu'il est passé par le moule de l'inspection des Finances, de la fameuse « vérif » évoquée au chapitre 9 : c'est un homme dont le réflexe premier est de limiter les dépenses publiques.

1. Emmanuel Macron, *Révolution*, Paris, XO, 2016.

Tout dans son programme n'est pas antipathique. Il se moque, par exemple, de la tendance de beaucoup à utiliser le mot « République » comme une incantation.

Deux idées quand même se dégagent.

Première idée, une croyance, étrange pour un anthropologue qui connaît les cultures nationales : si nous, Français, nous comportons bien, si nous respectons les critères économiques européens – équilibre budgétaire, réformes structurelles, du marché du travail bien sûr –, les Allemands vont nous prendre au sérieux et nous donner quelque chose en échange. Voici quelque chose de formidablement révélateur. Une telle attente est fondamentalement infantile – si l'on est sage, on sera récompensé par une image. Elle trahit aussi une méconnaissance tout à fait stupéfiante de ce que sont les Allemands en situation de négociation, mais qui est sans doute commune à tous ceux qui ont dirigé la France depuis des années[1].

La deuxième idée est le dépassement du clivage gauche-droite, qui n'est pas à l'origine une idée de Macron. D'habitude véhiculée par des fascistes ou des centristes, la théorie du dépassement de la démocratie d'alternance convient aussi à la haute fonction publique, qui est censée servir aussi bien la gauche que la droite. La noblesse d'État peut à toutes les époques se rêver en instance supérieure au jeu partisan. Mais l'idée n'est pas née au sein de ces strates supérieures pour lesquelles, au contraire, le principal but était, jusqu'à Macron, l'organisation de la comédie gauche-droite. C'est le Front national qui a été le premier à la théoriser, en fustigeant l'« UMPS », et nous devons admettre que, au-delà de l'affrontement préférentiel du frontisme et du macronisme, extrême droite et extrême centre ont ici un élément de logiciel commun. Dans son livre comme dans sa pratique, Macron accepte la thèse centrale du FN. Cela dit, une fois la vérité dévoilée, une fois admis que le jeu partisan ne sert plus à rien, la haute administration peut s'imaginer qu'elle est tout. L'énarque ne se pense plus socialiste, gaulliste ou giscardien. Il peut être tenté de prendre les commandes pour lui-même, directement, en tant que copropriétaire de l'État. Nous voici ramené à l'hypothèse que Macron, bien

1. Dans *Paris-Berlin. La survie de l'Europe* (Paris, Gallimard, 2019), Édouard Husson explique comment négocier avec les Allemands.

davantage qu'un suppôt des puissances d'argent, n'est qu'un représentant typique de la haute fonction publique, qui supervise et démolit ce qui nous reste d'économie privée. L'hypothèse d'une haute fonction publique s'élevant au-dessus du jeu politique ne se réduit pas, cependant, aux inspecteurs des Finances. Selon Marc Endeweld dans *Le Grand Manipulateur*, le « ni droite ni gauche » macronien convient aussi très bien aux juges, que leur fonction sociale place, en théorie, au-dessus des intérêts particuliers[1].

Une telle conception pose, évidemment, un problème de taille : le dualisme gauche-droite est consubstantiel à la démocratie représentative. Sans lui, plus de démocratie au sens classique.

Pour le reste, *Révolution* est un robinet d'eau tiède, parfois distrayant par l'inculture historique qui s'y déploie. Macron présente ainsi l'acquisition par Venise de la Terre ferme comme un modèle d'adaptation au basculement des flux commerciaux de la Méditerranée vers l'Atlantique. Mais Venise a précisément raté son adaptation (elle était impossible) et est entrée en sommeil. Il y a là quelque chose de très inquiétant, comme un violent coup de projecteur sur l'absence complète de profondeur historique de la caste qui nous gouverne. Ou bien un aveu d'échec inconscient. D'idées originales sur les problèmes posés par le libre-échange – Trump oblige – ou la gestion de l'euro – ses crises répétées en feraient une nécessité –, aucune trace. Macron est chaudement installé dans la double bulle cognitive des « élites » française. Aucune conscience non plus de ce que l'enfermement dans la monnaie unique a dramatisé les affrontements salariaux entre partenaires européens.

Le candidat de l'État profond ?

Une fois prononcé le diagnostic d'un Macron incolore, inodore et sans saveur sur le plan intellectuel, nous restons confronté à un problème d'ordre sociologique, que j'ai pu observer tout autour de moi comme dans les sondages : l'effet de fascination exercé par Macron sur certains secteurs de la société. La vacuité du président semble

1. Marc Endeweld, *Le Grand Manipulateur. Les réseaux secrets de Macron*, Paris, Stock, 2019, p. 101.

être entrée en résonance avec les aspirations, les besoins, les idées (le vide peut-être, tout simplement) de certaines catégories sociales. Mais qui, au fond, s'est donc identifié à ce dépassement du clivage gauche-droite, à cet euro-économisme creux, et, reconnaissons-le, à l'abandon bienvenu du thème ethno-religieux ?

À l'instar de Marx dans *Le 18 Brumaire*, situons notre « héros » par rapport aux divers groupes qui s'affrontent en France pour le contrôle de l'État.

Commençons par le haut, par cette catégorie qu'on oublie toujours quand on utilise des sondages d'opinion, et que j'appelle « aristocratie stato-financière ». Tout ce que j'ai pu lire sur les personnes qui ont encouragé Macron dans son ascension valide l'existence de ce groupe, et surtout de son pôle étatique, comme point d'origine du macronisme. Beaucoup insistent sur les financements qu'il est allé chercher parmi les expatriés de Londres ou de New York, chez des activistes de start-up, ou sur ses relations avec quelques milliardaires français[1]. Mais les grands patrons les plus âgés étaient plutôt fillonistes et si Macron a pu battre Fillon, c'est que les forces qui étaient derrière lui, en termes de financement ou de logistique, étaient ailleurs. Nous avons dit plus haut que la haute bureaucratie ne se limitait pas à l'inspection des Finances, qu'elle incluait aussi le monde de la justice. Et, de fait, celle-ci a rendu de grands services au candidat puis au président Macron : Fillon a été éliminé au moment où il fallait l'éliminer, plus tard Mélenchon détruit au moment où il fallait le détruire. La victoire de Macron démontre, en un sens, qui est le vrai patron en France : l'État libéré des partis, plutôt qu'un capitalisme sous perfusion. Le plus vraisemblable est donc qu'à travers Macron nous avons vécu l'arrivée directe au pouvoir de l'État devenu un acteur politique autonome.

Une petite bourgeoisie CPIS hypnotisée

Descendons d'un cran au niveau des classes sociales qui sont visibles dans les sondages d'opinion. Ceux qu'a réalisés l'Ifop nous

1. *Le Grand Manipulateur* est un livre assez précis sur la question.

apprennent que le vote macroniste de 2017 n'est guère différencié selon l'âge, ni selon le sexe. En revanche, il est très différencié selon le niveau éducatif et selon les catégories socioprofessionnelles. Au premier tour de la présidentielle, Macron a globalement réalisé un modeste 24 %, ce qui ne représente pas un raz-de-marée, mais qui, dans l'état de désintégration des forces politiques, lui a suffi pour arriver en tête au premier tour. Dans la petite bourgeoisie CPIS, au premier tour, il monte à 37 %. Dans les professions intermédiaires, il est à 27 %, chez les indépendants à 19 %, chez les employés à 18 %, chez les ouvriers à 15 %. Chez les retraités, il fait 27 %, un score honorable, mais qui n'est pas plus élevé que chez les intermédiaires et montre bien qu'il n'y a pas de biais d'âge particulier.

Il peut être instructif, dès ce stade, de comparer le vote Macron au vote Mélenchon. En 2017, Mélenchon réalise une percée qui semble prometteuse et qui mérite d'être analysée – tout comme le sera la pulvérisation du type de synthèse sociale qu'il a un instant tenté de représenter. Il fut l'autre surprise de 2017, même s'il n'a recueilli au total que 19,6 % des suffrages exprimés. Mélenchon émerge lui aussi de l'effondrement du PS.

Avec 26 % du vote des professions intermédiaires, Mélenchon fait ici presque aussi bien que Macron (27 %). Il est à 24 % chez les employés, 26 % chez les ouvriers. Il n'est qu'à 16 % dans la petite bourgeoisie CPIS là où Macron, comme on vient de le voir, atteint 37 %. Il fait un peu mieux que Macron chez les jeunes de moins de 35 ans (26 % contre 23 %) et nettement moins bien chez les vieux de plus de 65 ans (12 % contre 26 %). François Fillon reste toutefois l'idole des retraités avec 39 % chez les plus de 65 ans.

Une forte dispersion spatiale caractérise le vote Mélenchon : au niveau départemental aucune corrélation avec les catégories socioprofessionnelles n'est pour lui significative au sens statistique : + 0,17 avec les cadres, + 0,26 avec les intermédiaires, + 0,10 avec les employés. La seule significative, paradoxalement, est avec les ouvriers, mais elle est négative dans l'espace : – 0,37. Les ouvriers de Mélenchon ne sont clairement pas ceux des vieux bastions ouvriers en décomposition ni la classe ouvrière plus récente de l'Ouest postcatholique. Ils sont certainement dans le Midi, dans l'ensemble de l'Occitanie, là où le monde ouvrier apparaît le plus réduit en termes de masse.

La vraie faiblesse stratégique du vote Mélenchon, ou plutôt la vraie force de Macron, est à chercher chez les enseignants : en avril 2017 seulement 23 % d'entre eux s'apprêtent à voter pour Mélenchon, contre 38 % pour Macron, selon une étude de l'Ifop. On ne saurait sous-estimer l'importance stratégique de cette profession qui contribue beaucoup plus que les autres à la formation des esprits. Nous y reviendrons en détail au chapitre suivant.

De toute évidence, Macron a exercé un véritable effet de fascination sur la petite bourgeoisie CPIS. Je l'ai dit, j'appartiens à cette classe et j'ai effectivement vu autour de moi pas mal d'amis tomber sous la fascination du personnage et de son discours. Il y a là un mystère à élucider.

En 2015, au moment de l'épisode Charlie, j'avais noté l'inquiétude existentielle de la petite bourgeoisie CPIS[1]. Si l'attentat des frères Kouachi fut absolument épouvantable, la réaction émotionnelle qu'il y a suscitée m'a semblé pourtant exagérée. En me situant sur un plan idéologique neutre et en invoquant des catégories purement psychologiques, je me demande aujourd'hui si l'engouement pour Macron, n'est pas la deuxième grande manifestation d'un état de fièvre émotionnelle méritant analyse, la preuve que nous avons ici affaire à une classe constituée d'individus fragiles, diminués, « fatigués » dirait peut-être ici Ehrenberg (je le prie d'excuser mon usage de sa pensée, sociale et psychologique, dans un sens si politique). Il faut être bien désorienté pour se reconnaître avec enthousiasme dans la pensée macronienne.

On a beaucoup parlé de la capacité de séduction de Macron. On a dit qu'il pourrait envoûter une chaise, qu'il suffisait de l'approcher pour succomber. (Qui sait, d'ailleurs, si je ne suis pas si sceptique à son égard uniquement parce que je ne l'ai jamais rencontré ? Si je l'avais vu en chair et en os, dans ses chemises blanches immaculées, son regard bleu perçant fixé sur moi, peut-être me serais-je converti). Mais plus encore que sa séduction, ce qui a semblé mettre tout le monde d'accord était sa sublime intelligence.

1. Cette surémotivité a été particulièrement visible à Paris où l'ampleur de la manifestation, la plus massive en nombre absolu de participants, ne peut, comme pour d'autres villes, s'expliquer par le catholicisme zombie (Paris est au cœur de la France laïque). Le déterminant décisif est, dans la capitale, l'appartenance à la classe petite bourgeoise.

Dans une société qui se croit toujours méritocratique, il est normal que l'intelligence devienne un enjeu idéologique. Souvenons-nous qu'en 2004, une pétition dénonçant la guerre contre l'intelligence menée par Raffarin avait été publiée dans *Les Inrockuptibles*, avec d'emblée 8 000 signatures[1]. Se pourrait-il que les petits bourgeois CPIS aient trouvé en Macron, contre l'évidence, l'incarnation de cette valeur d'intelligence, politiquement faible ?

Depuis vingt ans, je me suis fait une spécialité d'insulter nos présidents. J'ai eu l'occasion de traiter Chirac de « crétin » sur France Inter, Sarkozy de « machin » sur France 3, Hollande de « nain » dans *Marianne* (je ne suis plus très sûr). Mes estimations défavorables de leur niveau intellectuel n'étaient pas toujours justifiées (pour Chirac et Sarkozy, du moins). Mais, dans tous les cas, les journalistes me laissaient dire. Bon client, on s'amuse. Quand j'ai commencé à faire de même avec Macron, je me suis aperçu que, quel que soit l'interlocuteur, je touchais une corde sensible. Mettre en question l'intelligence supérieure du candidat puis du président Macron revenait à commettre un acte contre nature, impensable. Ceci est d'autant plus étrange que son parcours scolaire n'est pas un sans-faute. Il a raté le concours de Normale sup puis fait Sciences Po. Il est entré à l'ENA dont il est certes sorti inspecteur des Finances. Ce qui, comme on l'a dit plus haut, suppose, non pas un génie particulier, mais surtout de savoir se comporter en cireur de pompe efficace. Et, de fait, quand on lit ses biographies ou croise ses anciens condisciples, on constate que Macron a laissé, tout au long de son premier parcours, du lycée Henri-IV à Sciences Po, une flamboyante réputation de fayot : Agnan dans *Le Petit Nicolas*.

En résumé, Macron n'a pas un profil d'excellence. Fabius est un premier de la classe, Juppé aussi, Wauquiez également : tous trois ulmiens, agrégés, énarques, sortis dans la « botte » de l'ENA. Macron, du reste, le reconnaît dans *Révolution* – et c'est presque émouvant : il était un besogneux. Il n'est nullement responsable qu'on le considère comme un prodige d'intelligence. C'est le regard de certaines catégories sur lui qui est en cause ici – leur besoin de croire en une

1. « Pétition contre Raffarin et sa "guerre à l'intelligence" » par Vanessa Schneider, *Libération*, 18 février 2004.

intelligence supérieure. Besoin de croire, voilà le concept indispensable à la compréhension d'un monde vide de Dieu et de sens autre qu'économique. Croire en l'Europe, croire en l'action magique du marché, croire en la création par le verbe, croire en Macron.

Nous avançons.

Chapitre 11
Le macronisme comme fausse conscience

La sublimation de Macron en génie de la pensée par une partie considérable des Français d'en haut constitue un problème sociologique central. J'aurais aussi bien pu parler de « divinisation », d'ailleurs : qu'un gamin (et, on va le voir, un gamin mal élevé) puisse laisser qualifier sa présidence de « jupitérienne » sans faire rire nous met sur la piste d'une situation réellement psychopathologique de la petite bourgeoisie CPIS, qui semble se complaire désormais, non seulement dans la dénégation de la réalité, mais dans son inversion.

Nous avons retracé, au chapitre 2, l'évolution intellectuelle du pays et anticipé la baisse du niveau éducatif médian qui va commencer bientôt ainsi que la déconnexion entre niveau de diplôme et intelligence réelle. L'uniformité sociale de la baisse, qui va toucher tous les niveaux, études supérieures comprises, et peut-être même les meilleures, est l'un de ses traits marquants. On peut ainsi émettre l'hypothèse qu'en insistant sur l'intelligence de Macron le monde médiatique, bain nutritif du sous-monde politique, ne fait que confirmer, croyant le compenser, l'état de déficience cognitive de la caste – l'aristocratie stato-financière – dont le président est l'émanation.

D'une fausse conscience l'autre : les **loosers** *d'en haut*

Nous l'avons dit au chapitre 9, la petite bourgeoisie CPIS a longtemps été, dans le système politique français classique, un monde à deux pôles : un pôle du privé et un pôle du public, un pôle de droite et un pôle de gauche. Comme 37 % en faveur de Macron constituent certes une belle valeur modale, mais pas la majorité de la catégorie, il faut se demander lequel des deux pôles a le plus soutenu le candidat d'En marche.

Macron a très vite été présenté comme l'incarnation d'un maléfique capitalisme bancaire et on aurait donc tendance à croire qu'il a trouvé ses principales réserves de voix à droite. Or il semble bien, comme nous l'avons déjà suggéré plus haut, que ce soit la petite bourgeoisie venant de la gauche et du centre qui a assuré sa victoire. On a vu que 47 % des électeurs de Hollande en 2012 et 51 % des électeurs de Bayrou ont voté Macron en 2017 contre 17 % seulement des électeurs de Sarkozy. Globalement, Macron a recueilli au premier tour 23 % des voix chez les salariés du privé, mais 26 % chez les salariés du public. De nouveau, derrière Macron, on retrouve l'appareil d'État, à un autre niveau cette fois. Surtout, notre promoteur de la « start-up nation » a obtenu un soutien écrasant de la part de la catégorie du secteur public qui traditionnellement constituait l'un des socles électoraux du parti socialiste : les enseignants.

Au chapitre 9, on a vu ces derniers se réorienter pour la première fois à droite lors de la présidentielle de 2007. Et, au chapitre 10, une remarquable étude de l'Ifop nous a révélé qu'ils s'apprêtaient à voter à 38 % pour Macron au premier tour de l'élection de 2017. C'est légèrement supérieur à l'ensemble de la petite bourgeoisie CPIS. En comparaison, Mélenchon, on l'a dit, ne recueille chez les enseignants que 23 % des voix et Hamon 15 % : Macron pèse donc à lui seul, dans cette catégorie, autant qu'eux deux réunis. On compte aussi 11 % d'irréductibles fillonistes. J'imagine qu'ils se trouvent pour l'essentiel dans l'enseignement privé[1]. Cette très belle étude nous permet de situer le vote des enseignants selon leur statut et leur diplôme : les maîtres auxiliaires et contractuels ont choisi Macron à 24 %, les professeurs des écoles à 33 %, les professeurs certifiés et assimilés à 45 %, les professeurs agrégés à 50 %. Les professeurs des universités et les maîtres de conférences n'ont été, en revanche, « que » 37 % à voter pour Macron.

1. Cette enquête se fonde non pas sur un sondage de sortie des urnes, mais sur les intentions de vote entre les 16 et 19 avril 2017, très peu de temps avant le premier tour. Je pense que la marge d'erreur est très faible puisque l'étude prévoyait par ailleurs un vote de l'ensemble des Français pour Macron de 23,5 %, très proche des 24 % finalement obtenus.

Il existe un décalage formidable entre l'image et la réalité du vote Macron. Les macronistes étaient censés représenter une France « ouverte », celle des gagnants de la mondialisation. On a mis en exergue le vote des Français de l'étranger qui furent et sont peut-être toujours effectivement des macronistes forcenés. Cette France « ouverte » s'opposait à la France « fermée », celle des électeurs lepénistes, piégés dans des zones industrielles en décomposition (et même, à vrai dire, décomposées depuis si longtemps qu'on ne sait plus trop ce qui y subsiste). Or ce qui a assuré la percée initiale de Macron, ce n'est pas un engouement des cadres du privé, c'est un engouement de la petite bourgeoisie CPIS rattachée à la fonction publique, particulièrement facile à mesurer et à hiérarchiser dans l'enseignement. Et il est évident – on l'a vu dans la première partie de ce livre – que les enseignants, loin d'être parmi les gagnants de la mondialisation, font partie des victimes du système. À l'échelle européenne, leurs salaires sont misérables et décroissent tendanciellement. Aujourd'hui, le seul moyen pour eux de vivre mieux consiste à accumuler des heures supplémentaires.

Il semblerait ainsi que tout un pan de la petite bourgeoisie CPIS, en s'identifiant au discours macroniste, soit passé d'une fausse conscience à une autre. Les enseignants se pensaient de gauche et se penser de gauche consistait pour eux à voter socialiste. Autrefois certains d'entre eux auraient voté communiste, mais l'idéologie d'affinité maximale pour les profs restait le socialisme, que ce soit sous sa forme PS, PSU ou SFIO. Quand, en 1998, dans *L'Illusion économique*, je parlais des deux cœurs de la gauche – le cœur ouvrier et le cœur enseignant –, je constatais que le cœur ouvrier avait lâché le premier, en faisant défection pour le FN, mais je notais aussi que les enseignants étaient toujours proches du PS, et qu'ils cautionnaient donc, de fait, une politique économique défavorable au monde ouvrier[1]. À travers les professeurs d'histoire, ils inculquent depuis des décennies l'idée d'un horizon européiste indépassable et ont ainsi contribué à ancrer dans de jeunes esprits une idéologie (objectivement) de droite. Rien ne nous interdit de les comparer, en mode inversé, aux instituteurs de la IIIe République qui

1. Emmanuel Todd, *L'Illusion économique*, *op. cit.*, p. 259-261.

biberonnaient les écoliers d'avant 1914 au nationalisme belliciste. Les conséquences sont, certes, moins graves : pas de boucherie dans les tranchées cette fois-ci, juste la négation de l'idée de nation, qui seule permet à mes yeux une action collective digne de ce nom. Si l'on fonctionne selon une éthique de la vérité et que l'on pense, avec Freud, qu'une conscience plus transparente de soi-même est plutôt bénéfique (Jung ne serait pas d'accord), on ne peut qu'applaudir au fait que les enseignants, enfin, aient admis qu'ils n'étaient plus de gauche. Leur *coming out* macroniste est une bonne chose. Toute forme de désaliénation doit être encouragée. Le problème, c'est que cet abandon d'une fausse conscience se fait en plongeant tout droit dans une seconde fausse conscience.

Élargissons le champ d'analyse au-delà des seuls enseignants. Les petits bourgeois CPIS se croient supérieurs, ils s'imaginent « d'en haut » et privilégiés parce qu'ils vivent majoritairement dans les grandes villes, et non dans la « France périphérique ». Mais ils habitent – surtout les jeunes – dans de minuscules appartements pour lesquels ils paient des loyers exorbitants. Ils voyagent à l'étranger, mais de plus en plus souvent en vols *low cost*. Leurs privilèges ne représentent pas grand-chose. On ne peut les penser privilégiés que par rapport à l'état de destitution de ceux qui en ont encore moins. Nous retrouvons ici le genre de distinctions qui pouvaient être observées dans les sociétés paysannes traditionnelles : de toutes petites différences sont interprétées comme ayant énormément de signification.

En réalité, les petits bourgeois CPIS font partie des perdants du système. Pour respecter leur autoreprésentation subjective tout en rendant compte de leur situation objective, je propose donc de les considérer comme les « *loosers* d'en haut ». Et je ne parle que d'eux, pas de leurs enfants, bien partis pour rejoindre le centre majoritaire atomisé. Telle est l'ironie du macronisme : l'homme qui a aboli l'ISF a été plébiscité par des salariés très moyens. Il existe un terme technique français pour désigner les individus placés dans ce genre de situation : « cocus ».

La fausse conscience de la petite bourgeoisie CPIS macroniste est donc double. Elle croit, à tort, appartenir au monde des *winners*. Et elle s'imagine être « ouverte » alors que, comme les cartes 9.1 et

10.3 l'ont montré, elle est surtout « à l'abri ». La surreprésentation du vote Macron dans le secteur public confirme cette appartenance à la France abritée.

France « ouverte » contre France « fermée »

Passons de la France « ouverte » à la France « fermée ». Il est très facile d'opposer l'électorat de Macron et l'électorat de Marine Le Pen : d'un côté, des petits bourgeois éduqués, de l'autre des ouvriers non éduqués. Tout le monde l'a fait – et à juste titre. Cette opposition par le niveau éducatif peut se vérifier par des sondages, mais aussi par d'autres voies. Nous avons vu que, désormais, les régularités et différences découlant de la pratique religieuse ou des systèmes familiaux sont effacées. L'une des conséquences de cette disparition de la structuration religieuse et familiale du territoire est que d'autres variables déterminantes peuvent apparaître sur le plan spatial, si leur écart-type (ampleur de variation) au niveau départemental est suffisant. L'effet éducation, par exemple peut désormais se lire directement dans l'espace. Ainsi, pour l'élection présidentielle de 2017, on trouve au premier tour une corrélation de + 0,59, au niveau départemental, entre le vote Macron et la proportion d'éduqués supérieurs, et inversement, une corrélation de – 0,63 avec la proportion des moins éduqués. Pour Marine Le Pen, la corrélation est de + 0,62 avec la proportion des moins éduqués, de – 0,69 avec le vote des éduqués supérieurs. Se contenter de comparer les électorats macroniste et lepéniste, présentés comme symboliques de deux France opposées, l'une ouverte, l'autre fermée, relève pour une part du tour de passe-passe intellectuel, puisque Macron et Le Pen, ensemble, représentent en gros 45 % des suffrages exprimés. 55 % des électeurs français ne peuvent être rangés dans la « France ouverte » ou dans la « France fermée ». Et cela reste vrai pour presque toutes les catégories socioprofessionnelles : 53 % de la petite bourgeoisie CPIS n'ont voté ni pour Macron ni pour Le Pen, 56 % des professions intermédiaires, 52 % des employés, 62 % des travailleurs indépendants. La France n'est pas aussi polarisée que le prétendent les médias.

Seuls les ouvriers peuvent l'apparaître en première analyse : 46 % seulement d'entre eux n'ont voté ni pour Macron ni pour Le Pen.

Nous avons vu plus haut que l'électorat de Macron comporte au moins une catégorie spécifique qui a voté à 50 % en sa faveur : les professeurs agrégés. Existe-t-il une profession équivalente pour Marine Le Pen ? Grâce aux études de l'Ifop et de Jérôme Fourquet, dont je conteste dans ce livre la thèse générale d'une archipélisation de la société française, mais qui, il faut le dire, est le sondeur d'opinion le plus créatif de la période, nous savons qu'il existe une catégorie qui a voté à 50 % – davantage encore que les ouvriers – pour Marine Le Pen : les gendarmes. On peut donc dire que l'électorat du FN ne se limite pas aux plus pauvres et aux plus paumés. Les gendarmes constituent un autre pôle de l'État, celui de l'application concrète, si nécessaire, de son monopole de la violence légitime (pour parler comme Max Weber). Comme le sondage sur les enseignants, celui sur les gendarmes est préélectoral, réalisé par l'Ifop en avril 2017, mais doit tomber assez juste. Il ne concerne que les gendarmes, qui offrent pour nous l'avantage d'appartenir à l'armée tout en exerçant une activité de police. À l'interface de l'armée et de la police, ils représentent assez bien, me semble-t-il, l'attitude d'ensemble de l'appareil de violence légitime. En 2017, ils ont voté (ou s'apprêtaient à voter) pour Le Pen à 51 %, pour Macron à 16,5 %, pour Fillon à 14 %, pour Dupont-Aignan à 5,5 %, pour Mélenchon à 5 %, pour Hamon à 4 %, pour Asselineau à 1,5 %, pour Jean Lassalle à 1,5 % et pour Poutou à 1 %. (J'aimerais tant connaître ce dernier 1 % !) Voilà qui donne une idée de l'orientation phénoménale à droite de nos forces de l'ordre, traditionnellement conservatrices certes, mais désormais de manière très extrême. Notons l'élévation tendancielle de leur soutien au Front national : en 2012, les gendarmes n'avaient voté pour Marine Le Pen qu'à 43 %.

Nous verrons plus loin que l'existence stable et croissante d'un flou central majoritaire est la vraie caractéristique de notre situation. Mais on voit bien dans l'espace, deux France. Il suffit de regarder, sur la carte 10.3, les 30 départements qui ont le plus voté Le Pen et les 30 départements qui ont le plus voté Macron : les deux groupes sont disjoints, sans aucune superposition.

Relevons cependant une différence qui n'est pas visible sur les cartes : le niveau de polarisation n'est pas le même pour les deux candidats. Le vote Macron est plus diffus, le vote Le Pen plus intense : l'écart-type du premier est de 3,4 et l'écart-type du second de 5,9.

Comment le lepénisme a accouché du macronisme

J'en arrive à ce qui constitue pour moi la découverte la plus surprenante de sociologie et de géographie électorale de ce livre. La plupart des coefficients de corrélation que nous avons vus jusqu'à présent n'ont jamais dépassé + 0,7 (ou – 0,7, ce qui revient au même). Celui entre la gauche et la proportion de messalisants était ainsi de – 0,61 en 1936 et de – 0,68 en 1974. Je viens de donner ceux qui lient Macron et Le Pen aux plus et moins éduqués, qui sont compris entre 0,59 et 0,69. Dans la première partie, nous avions vu que le coefficient de corrélation entre l'indicateur de fécondité et la présence de prénoms arabo-musulmans à la naissance était de + 0,51. Tous ces coefficients de corrélation (R) sont hautement significatifs : ils expliquent une partie, mais non la majeure partie, de la variance, puisqu'il faut calculer R2 pour obtenir la part de variation que l'un des facteurs imprime à l'autre. Ainsi, un coefficient de corrélation de + 0,7 nous permettra de dire, sous réserve d'une taille adéquate de l'échantillon, que les variations du facteur A expliquent 49 % de celles du facteur B (0,7 multiplié par 0,7). Avec 96 observations départementales, j'ai établi dans l'introduction le seuil de significativité, pour ce livre, d'un coefficient de corrélation à 0,32. Ce coefficient minimal explique 10 % de la variance. Et la probabilité de se tromper est de l'ordre de 1 pour 1 000. Je rappelle ces éléments de base pour que le lecteur puisse apprécier l'ampleur de la découverte qui suit.

J'ai donc calculé le coefficient de corrélation entre le vote Le Pen et le vote Macron, au premier tour de l'élection présidentielle de 2017, dans un esprit de vérification et de routine. Je précise qu'il est normal d'avoir entre deux gros candidats un coefficient de corrélation significatif et négatif, dans la mesure où ils se partagent un électorat qui a une masse limitée. Si on prend, par exemple, Le Pen et Chirac en 2002 au premier tour, on obtient un coefficient de corrélation de – 0,51. Mais pour Le Pen et Macron, au premier tour de la présidentielle de 2017, on obtient – 0,93. Je n'ai, de ma vie de chercheur, jamais calculé un coefficient de corrélation aussi élevé. Il signifie que la relation entre les deux variables explique 86 % de la variance. Autrement dit, si on vous donne le vote Le Pen d'un département, vous pouvez pratiquement dire ce que sera le vote Macron. C'est comme si l'un déterminait l'autre ou inversement. Comme si, au fond, ils étaient… la même chose.

Jusqu'ici, les coefficients de corrélation les plus élevés auxquels j'avais été confronté concernaient le lien entre immigration maghrébine et vote Le Pen dans les années 1990 ou entre alphabétisation et âge au mariage : ils étaient compris entre + 0,80 et + 0,85. Je me souviens m'être dit, à l'époque, qu'il fallait se méfier des coefficients de corrélation trop élevés et je m'étais établi une règle pour moi-même : si le coefficient de corrélation dépasse 0,90, alors ce qui est mesuré n'est pas une association entre deux variables, mais deux formes de la même variable, c'est-à-dire deux manifestations d'un seul et même phénomène. Nous retombons ici sur une loi commune à Hegel, Marx, à tous les fans de la dialectique, et à Sacha Guitry qui nous assure que « dire le contraire de la vérité, c'est s'en être approché, de dos mais de bien près… » : d'une certaine manière, dans l'ordre catégoriel, une chose et son contraire sont identiques.

J'ai tracé deux graphes qui montrent le lien statistique entre vote Macron et vote Le Pen en 2017. Chaque point représente un département. Le vote Le Pen est l'abscisse x, le vote Macron l'ordonnée y. Le premier graphe fait apparaître une droite d'ajustement linéaire ; la deuxième un ajustement non linéaire qui montre que la relation est marginalement plus complexe, avec une inflexion de tendance dans les départements les plus lepénistes.

J'ai également fait une carte simplifiée de ce que l'on nomme, familièrement, les résidus, c'est-à-dire des départements où le vote Macron, tel que déterminé par Le Pen, est un peu trop bas ou un peu trop élevé. Je dirai plus loin comment on peut démontrer que c'est Le Pen qui détermine Macron et non l'inverse.

En gris homogène donc, sur la carte 11.1, les départements où le vote Macron est un peu plus fort que ne le laisserait attendre le vote

Le Pen, en gris rayé ceux où il est un peu plus faible. Nous observons bien un sur-vote Macron dans la Somme, c'est-à-dire autour d'Amiens, sa ville d'origine, et un effet breton. Les autres ne sont que des variations marginales difficiles à expliquer. Du côté du sous-vote Macron, nous voyons pour lui une difficulté relative en Seine-Saint-Denis, où Mélenchon a été le candidat le plus important, et dans les Pyrénées-Atlantiques, où Lassalle a déformé la loi générale. Mais nous devons être conscients de ce que, compte tenu de la puissance exceptionnelle de la détermination du vote Macron par le vote Le Pen, ces résidus de régression ne peuvent être que très faibles.

Carte 11.1. Sur-vote et sous-vote Macron par rapport à Le Pen en 2017

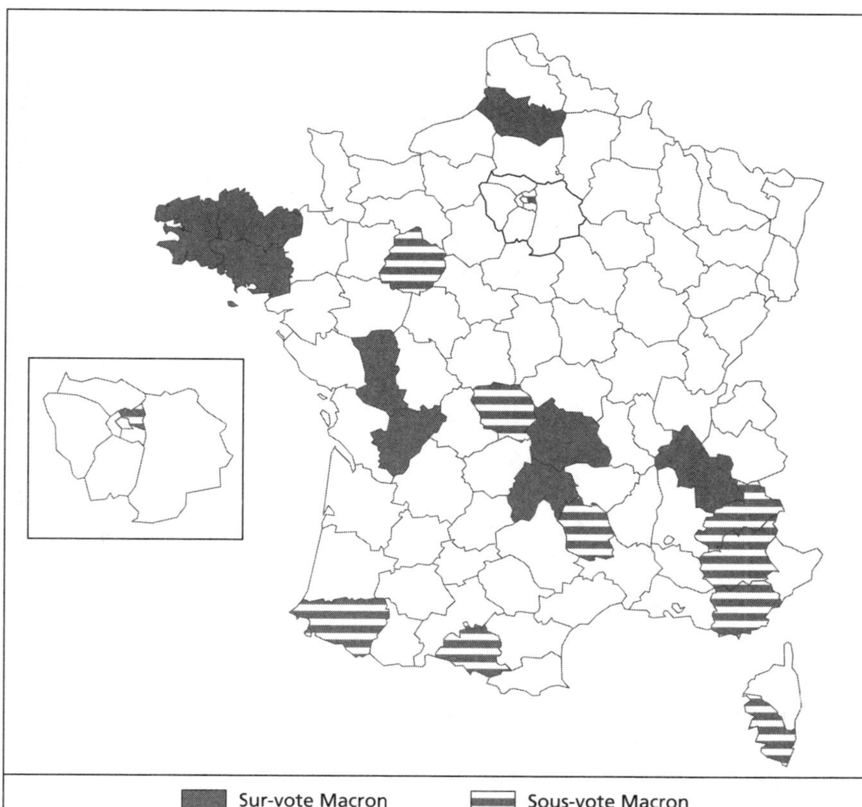

Graphique 11.1. Le lien entre vote Macron et vote Le Pen
(1er tour de l'élection présidentielle 2017)

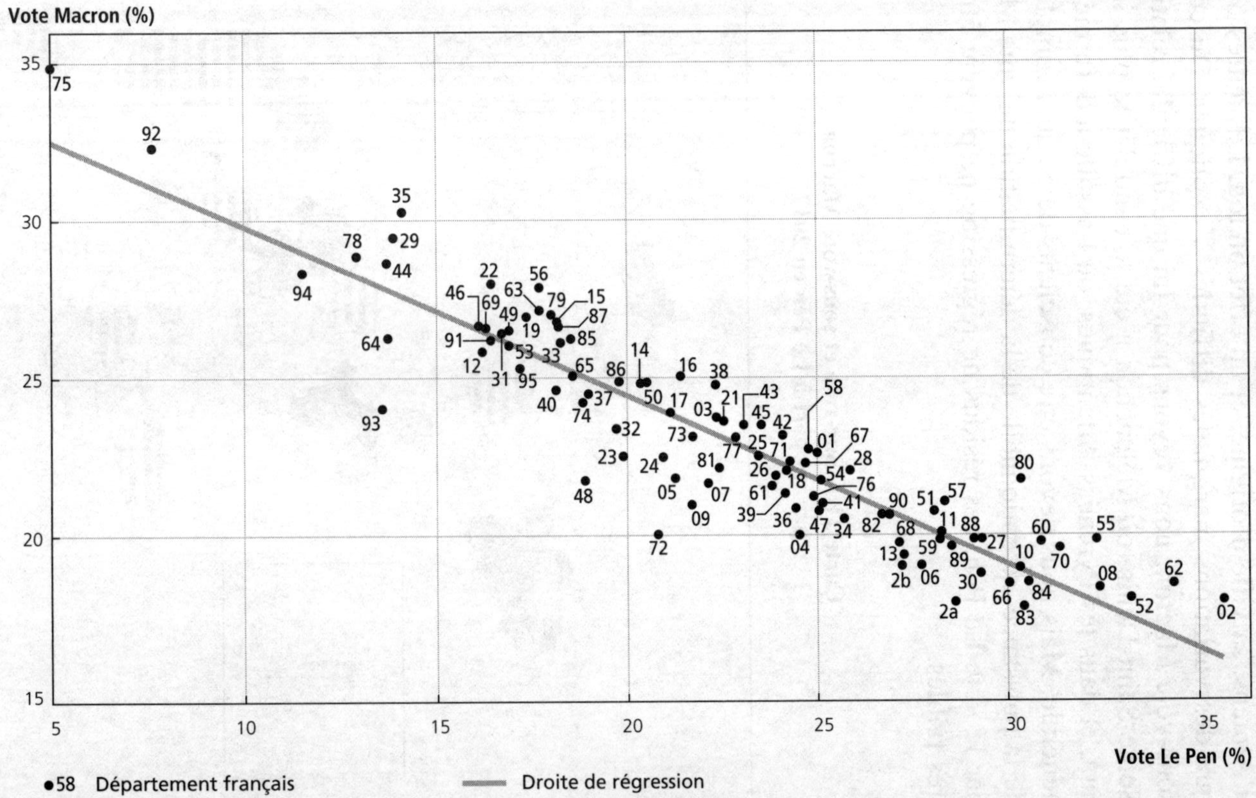

Graphique 11.2. Le lien entre vote Macron et vote Le Pen (1er tour de l'élection présidentielle 2017)

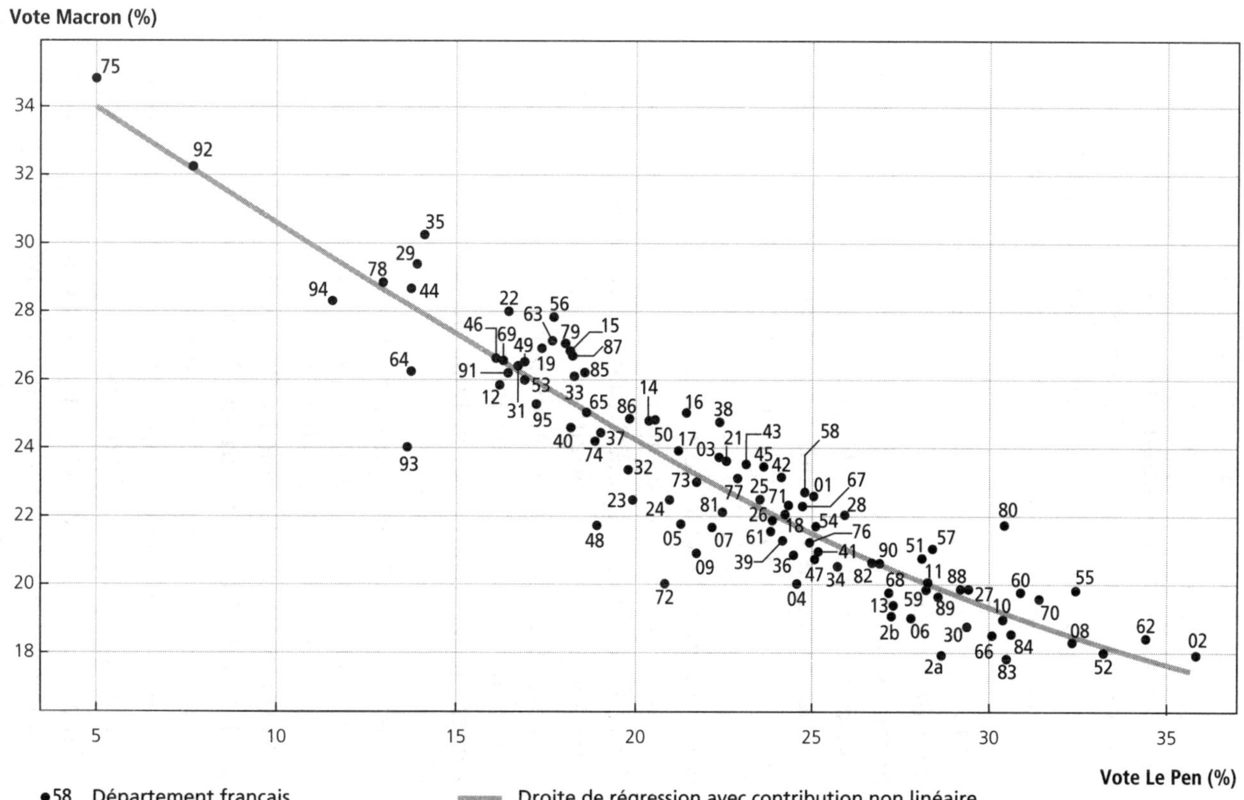

Ce que nous révèle ce coefficient de corrélation au premier tour des élections de 2017, c'est que Macron et Le Pen, qui nous sont présentés comme opposés l'un à l'autre, le sont tellement que, d'une façon mystérieuse qui reste à définir, ils sont la même chose. On peut aisément établir des oppositions, nous l'avons fait déjà : Le Pen représenterait les sous-éduqués, la xénophobie et la méfiance envers les classes supérieures, Macron les suréduqués, l'indifférence aux questions ethniques et le mépris des classes supérieures pour le peuple français.

Mais cela ne suffit pas. Pour avancer dans notre compréhension de cette corrélation, situons les phénomènes Le Pen et Macron dans le temps. Le Pen a existé avant Macron et la géographie du lepénisme, ancrée dans la « France des tempêtes », présente depuis de longues années une stabilité déconcertante. Le coefficient de corrélation calculé au niveau départemental entre le vote Le Pen de 2012 et le vote Le Pen de 2017 est ainsi de + 0,98. Il est donc encore plus élevé qu'entre le vote Le Pen 2017 et le vote Macron 2017. On ne saurait s'étonner d'un tel niveau qui répond tout à fait à mon hypothèse de départ : si le coefficient de corrélation dépasse 0,90, c'est sans doute que l'on a affaire au même phénomène. L'antériorité et la stabilité du lepénisme nous permettent de le considérer comme le facteur causal, et le macronisme comme l'effet. Compte tenu de l'intensité du lien, on serait tenté de parler du macronisme comme d'un reflet du lepénisme.

En termes mathématiques, nous pouvons considérer le vote Macron comme une fonction, de type $y = \mathrm{f}(x)$ du vote Le Pen, soit précisément : Macron = 35,2 – 0,54 Le Pen.

Résumons-nous. Le vote Le Pen existe, stable en structure de 2012 à 2017. En 2017, il détermine à 86 % (R2) le vote Macron. Voter Macron, dès le premier tour, c'est donc voter contre le Pen. L'acte n'a pas d'autre contenu. Ce qui nous permet de comprendre pourquoi le vide programmatique de Macron n'a pas représenté un problème pour son électorat. Dans la mesure où le Front national n'a aucun projet national positif, nous pouvons désormais affirmer que le macronisme, c'est d'une certaine façon la négation d'un zéro. Et surtout montrer à quel point le macronisme signifie l'absence de projet dans la petite bourgeoisie CPIS pour laquelle Le Pen semble être devenue un élément de structuration idéologique et mental nécessaire : la lutte contre le populisme (ou contre le peuple lui-même) est devenue son seul projet. Voilà qui est hautement compatible avec notre vision d'un pouvoir politique français impuissant dans l'Union européenne et la zone euro.

Le dérapage dans le grand vide

L'élection d'Emmanuel Macron, candidat surprise sans parti, moins soutenu qu'on l'a dit par les grands patrons et les banques, s'explique donc mieux par le vide. Effondrement des grandes idéologies politico-religieuse, trahison finale du PS sous la direction de François Hollande, autodestruction de la droite sous le leadership de Fillon, désespoir d'un monde englué dans l'échec économique, sans perspective de changement par la grâce de l'encastrement de la France dans les interdits de l'Union européenne et la contrainte de l'euro. Macron l'a d'ailleurs emporté d'assez peu au premier tour : 24 % des voix contre 21,3 % pour Le Pen, 20 % pour Fillon, et 19,6 % pour Mélenchon. Nous sommes, en vérité, proches d'une distribution aléatoire entre quatre candidats principaux dont aucun n'avait la moindre idée réaliste de la façon dont il pourrait sortir son pays de la crise. Le but de la politique en France, c'est de passer à la télé, éventuellement d'être élu, si possible président, mais en aucun cas de gouverner. Avec les rêves néolibéraux de Macron, dignes des années 1980, les fantasmes ethniques de Le Pen, l'auto-hallucination de Fillon en incarnation de la droiture, l'insoumission de Mélenchon qui veut sortir du capitalisme mais pas de l'euro, la France a véritablement atteint le degré zéro du sérieux politique.

Macron l'emporte parce qu'il a, avec lui, non pas le grand capitalisme mais l'État profond et parce que tout en lui suggère que rien ne va changer. Il est inspecteur des Finances, il a été ministre de l'Économie, il a publié un livre mais n'a pas de programme. Le discours conscient des journalistes le présente comme incroyablement jeune et intelligent, capable d'innovations stupéfiantes. Il est probable qu'en réalité, son succès résulte du fait qu'il a été le plus rassurant des candidats, une garantie de continuité, avec la prime d'une bonne conscience : je vote pour le changement. L'échec de Mélenchon vient de ce que l'insoumission n'est pas un programme économique ou géopolitique, et que les électeurs ne sont pas des idiots (j'ai quand même héroïquement voté pour lui). Ce devrait être une règle de base de l'analyse électorale : ne jamais sous-estimer le réalisme des électeurs. Les retraités savent qu'une sortie de l'euro ne fera pas du bien, dans un premier temps, à leur pension. La plupart des Français savent qu'il vaut mieux s'entendre intelligemment avec les États-Unis ou l'Allemagne qu'avec le Venezuela pour que survive la France là où la géographie, l'histoire ou Dieu l'ont placée.

Reste que l'élection de Macron, candidat surprise du Néant, a bel et bien déclenché une dynamique propre. Arrêter l'histoire est un exercice difficile. L'accession au pouvoir de Macron a été gérée par un petit groupe, une sorte de « bande », et elle a eu toutes les apparences d'un coup de main audacieux. Sa facilité a donné non seulement au président élu mais à son entourage aussi le sentiment que tout était, si ce n'est possible, du moins permis. Une Assemblée nationale improbable a été élue, dominée de façon écrasante par des députés recrutés sur CV, sélectionnés pour leur arrivisme et leur absence de conviction idéologique. Prête à voter ce qu'on lui demande. Voici une prédiction : on s'apercevra sans doute un jour que cette assemblée a battu des records de corruption et aura représenté, dans l'histoire, le triomphe idéologique de Cahuzac plutôt que celui de Reagan ou Thatcher. Au moment où je relis ce texte, la presse célèbre les homards géants de François de Rugy. La majorité LREM de l'Assemblée l'absout, ou peut-être s'absout elle-même pour l'avenir, qui sait. Quant à Richard Ferrand, son président, archange bien connu de la droiture mutualiste et immobilière, il s'inquiète, dans *Le Journal du dimanche* de ce 28 juillet, de la démission du ministre, en laquelle il voit une menace pour la démocratie. À mon avis, les gérants du *Livre Guinness des records* sont sur les starting-blocks pour donner à notre Assemblée la place qu'elle y mérite.

Dépourvu d'idées nouvelles, le gouvernement a toutefois pu appliquer avec une vigueur toute nouvelle les idées anciennes. Briser les syndicats de la SNCF, le code du travail, supprimer l'ISF. On peut évidemment s'imaginer des riches émerveillés célébrant le triomphe de la classe capitaliste. Le plus important, sociologiquement, me semble pourtant l'arrivée au sommet de l'État d'un groupe dépourvu de croyances, libéré de la morale commune, ne sachant plus s'il existe des limites. Anomique au sens durkheimien originel. Beaucoup plus qu'une dynamique néocapitaliste, néolibérale ou de classe, le macronisme me semble exprimer le souffle puissant né du vide social : vide de projet, vide de morale et déficit cognitif. Mais la dynamique est là, tant sur le plan national où elle produit des effets puissants, que sur le plan des relations extérieures, où elle a produit une véritable sortie de réalité.

L'Irrealpolitik

Le terme de « Realpolitik » est aujourd'hui associé au nom de Bismarck[1]. Gageons que celui d'« Irrealpolitik » sera un jour utilisé pour qualifier la politique étrangère de Macron. L'Élysée, placé à la tête, mais non aux manettes, d'une économie en déconfiture, a adopté une posture internationale de combat. Macron a fait tout ce qu'il pouvait pour envenimer, dans la négociation du Brexit, les relations entre le Royaume-Uni et la France, alors que 200 000 Français vivent à Londres. Bel instinct historique : l'Angleterre fut et reste notre grande alliée, depuis l'Entente cordiale, et le seul pays d'Europe avec lequel nous ayons une collaboration militaire réelle et efficace. Mais l'homme qui pense que Venise a réussi sa reconversion économique doit aussi s'imaginer que la France a gagné la guerre de Sept Ans, et sans doute aussi Trafalgar et Waterloo. Avec les Anglais, il me semble qu'un minimum de prudence historique s'impose.

1. Pour être absolument précis, l'inventeur du mot Realpolitik est Ludwig von Rochau. Son propos touchait plutôt à la politique intérieure. Il a forgé l'idéologie des nationaux-libéraux allemands après l'échec de la révolution de 1848. L'idée de fond était qu'une représentation égalitaire de l'ensemble de la population dans une Assemblée nationale était illusoire ; comme il était impossible de revenir à la représentation par « ordres », il fallait trouver un moyen de donner le pouvoir et le contrôle du Parlement à la bourgeoisie nationaliste en expansion. En gros, c'est sur la base de ses idées que les nationaux-libéraux se sont ralliés à Bismarck. C'est le mélange de Realpolitik extérieure et intérieure qui a conduit Treitschke à faire de Rochau le penseur de l'unité allemande et a permis le glissement sémantique vers la Realpolitik comme essentiellement une réalité diplomatique.

Macron s'est aussi attaqué à l'Italie « populiste » en insultant ses dirigeants. J'admets que notre sœur latine n'a jamais représenté pour nous une importante menace géopolitique. Mais il faut prendre les Italiens au sérieux, réfléchir à ce qui se passe de l'autre côté des Alpes. L'Italie vient de nous administrer la preuve que le vieillissement de la population ne rend pas le changement politique impossible. Deux mouvements « populistes » que tout semblait opposer ont réussi à s'y entendre un moment pour former un gouvernement, uni par une détestation commune de l'Europe et de l'Allemagne. J'ajoute, pour qui serait tenté de considérer ce qui se passe en Italie comme une aimable farce, que ce pays a tout de même inventé le fascisme. Comme me l'a fait remarquer Marc Lazar, que j'interviewais pour me remettre à niveau sur ce pays, on doit bien admettre qu'en matière de « populisme » l'Italie a été une nouvelle fois précurseur : Berlusconi est arrivé bien avant Trump.

Avec l'Angleterre et l'Italie, Macron nous jette contre nos véritables sœurs dans l'histoire, les pays où nous aimerions vivre éventuellement. C'est très grave, mais au moins ces deux nations sont-elles à notre niveau de puissance.

Depuis qu'il est arrivé à l'Élysée, Jupiter s'est aussi attaqué à Poutine, qui s'en moque. Et, si à l'été 2019, il commence de comprendre qu'être en mauvais termes avec la Russie n'est pas bon pour la France, c'est pour immédiatement lui trouver un gros substitut, le Brésil, et insulter le patriotisme de ce pays de 210 millions d'habitants. Plus stupidement encore, Macron s'est posé d'emblée en rival de Donald Trump. Défier sans moyens économiques la première puissance mondiale ne témoigne pas d'une grande habileté diplomatique. En revanche, c'est un élément nouveau qui m'orienterait vers un diagnostic psychiatrique du mental présidentiel : autisme, psychose paranoïaque ou maniaco-dépressive.

En ce qui concerne les Allemands, Macron a été « raisonnable » selon les critères du conformisme d'en haut : il a fait preuve, comme promis dans son livre, d'une servilité motivée par l'espoir enfantin d'obtenir quelques faveurs. Mais, chaque fois qu'il a tenté de prendre la main en Europe, il s'est fait sèchement remettre à sa place par le vrai patron. Dans l'ensemble s'est en tout cas épanoui avec notre jeune président un genre tout nouveau d'autisme géopolitique. Quand on a affaire à Donald Trump, Vladimir Poutine ou Angela Merkel, c'est-à-dire aux dirigeants de puissances de premier plan – dans l'ordre économique pour l'Allemagne, dans l'ordre militaire pour la Russie, dans l'ordre économique et militaire pour les États-Unis –, on ne donne pas de leçons. On négocie du mieux qu'on peut.

Il n'est pas impossible, toutefois, que l'agressivité généralisée face à l'Angleterre, l'Italie, les États-Unis, la Russie ou le Brésil ne représente qu'une adaptation psychique perverse de l'humiliation permanente qu'est le fait de devoir concrètement, jour après jour, obéir à l'Allemagne. Un détournement de ressentiment. Il ne doit pas être agréable, pour notre pauvre aristocratie stato-financière, de voir s'étendre, inexorablement, la lourde main de l'Allemagne sur des institutions européennes où nous avions été leader. L'Irrealpolitik de Macron serait l'effet d'un complexe d'infériorité et de soumission. Le potentiel explicatif du concept d'agressivité détournée va montrer sa puissance « interne », dans l'examen des rapports sociaux en France même. Il va nous aider à saisir le sens de certaines évolutions idéologiques et mentales essentielles à l'Élysée ou chez les Français « ouverts ».

L'affaire Benalla comme tournant

Ce que l'état d'anomie qui règne à l'Élysée (perte de repères existentiels et moraux, selon Durkheim, je le répète) a engendré de plus original, en quelque mois, est une dynamique de l'agression, née donc au sommet de l'État. Nous venons de l'observer, impuissante, en politique extérieure. Elle va finir par se tourner contre la population elle-même.

Nous ne pouvons traiter l'affaire Benalla comme une anecdote, tout simplement parce qu'elle a constitué, pour l'opinion française et une partie des gens d'en haut qui entouraient Macron, un tournant. Elle a conduit au retour de Gérard Collomb dans sa bonne ville de Lyon et a fait plonger la popularité du président. L'explosion de l'affaire Benalla, en juillet 2018, a changé l'image et la trajectoire du président. La façon dont les Français ont immédiatement perçu cette violence venue d'en haut comme importante sur le plan des principes est formidablement intéressante et rassurante. En pleine affaire, Macron est tombé à 27 % d'opinions favorables et 62 % d'opinions négatives[1]. Nous sommes déjà très proches des 70 % qui soutiendront les Gilets jaunes.

Il est clair que le jeune bourgeois de province censément bien élevé a alors cédé la place, dans l'esprit des Français, à un personnage au comportement moral douteux, bien éloigné du robinet d'eau tiède qui s'écoulait de son livre *Révolution*. Je pense personnellement que nous avons eu, avec l'affaire Benalla, la révélation ultime de ce qui se passait dans l'esprit d'Emmanuel Macron à l'époque. Conseiller particulier sans statut bien défini, Alexandre Benalla n'est pas intéressant en lui-même. Tout au plus permet-il de valider l'intuition géniale de Marx qu'il existe une plèbe d'en haut comme il existe une plèbe d'en bas et qu'elles peuvent se rejoindre dans l'absence de valeurs. Mais cet homme très jeune, spécialisé dans la sécurité, vivait dans l'entourage immédiat de Macron et, mû par un sentiment d'impunité dû à cette proximité (sentiment justifié puisque, pour le moment, il ne lui est pas arrivé grand-chose), il n'a pu résister au besoin psychique d'aller casser du manifestant. La dérive de Benalla me semble avoir révélé au monde extérieur la violence latente du macronisme et je pense que beaucoup de Français ont eu la même intuition. Il n'est pas possible qu'un tel comportement n'ait reflété, d'une manière ou d'une autre, ce qui se pensait et se disait à l'Élysée, entre le président et son cercle de proches, et qui incluait sans doute une brutalité qui allait au-delà des grossièretés méprisantes mais visibles adressées par notre président à des gens ordinaires en toutes occasions. Tout s'est passé, en ce 1er mai 2018, comme si la vérité de Macron s'était échappée de son cerveau puis des salons feutrés du palais pour, à travers la course folle d'Alexandre Benalla, éclater place de la Contrescarpe. Le plus important pour nous est, sans surinterpréter, de noter que les premières violences du quinquennat sont venues du pouvoir, ce qui nous contraindra à analyser plus loin le retour d'une violence venue du bas de la société comme un mécanisme défensif.

1. « La popularité de Macron plombée par l'affaire Benalla », *LExpress.fr*, 2 août 2018.

Chapitre 12

La France en mode aztèque : hiérarchie, stagnation et sacrifice

Au chapitre suivant, nous aborderons la crise des Gilets jaunes, qui a remis sur le devant de la scène la question fondamentale des rapports de force socio-économiques. Mais avant de voir les luttes de classes ressurgir avec une clarté éblouissante sur les Champs-Élysées, il faut admettre qu'elles avaient repris leur marche dès les années 1980, selon une forme inverse, cependant, de celle qu'avait décrite Marx en son temps, avec un esprit nouveau : on a eu alors affaire à une offensive des classes supérieures contre les classes populaires. Le phénomène fut occidental et ses initiateurs furent américain et britannique, Reagan et Thatcher. En France, il s'est manifesté, comme ailleurs, mais sans aboutir à une défaite finale du monde populaire. Sur le plan idéologique, la France se distingue par son invention d'une cascade du mépris, chaque catégorie sociale regardant non plus vers le haut et vers l'avenir, mais vers le bas et vers le passé. Ses classes supérieures, frustrées dans leurs attentes, ont fini par donner libre cours à un inutile sadisme social que j'appellerai « modèle aztèque », en hommage au cannibalisme sacrificiel de cet empire condamné par l'histoire.

La délocalisation du prolétariat

Au lendemain de la Seconde Guerre mondiale s'était imposée dans le monde développé une situation d'équilibre et de respect mutuel entre les classes, et un État à dominante sociale, qu'il s'agisse de celui fondé par Roosevelt aux États-Unis, du *Welfare State* travailliste au Royaume-Uni ou, en France, de l'État né des rêves du Conseil national de la Résistance. Cet État accordait sa juste part à la classe ouvrière. Après bien des luttes, il était arrivé à maturité dans des sociétés nationales unifiées par les efforts et les souffrances de la guerre. À partir des années 1980, toutefois, s'amorce aux États-Unis ce que Christopher Lasch a nommé dans son texte posthume de 1995, « la révolte des élites »[1].

Margaret Thatcher et Ronald Reagan représentent le début de la phase politique active de cette offensive dirigée par les classes supérieures contre la démocratie sociale d'après-guerre. Des politiques néolibérales vont alors transformer en profondeur bon nombre de pays avancés, en libérant la circulation du travail et du capital, en baissant les impôts des privilégiés. Quelle fut la motivation profonde de cette reprise de la lutte des classes par en haut ? La nouvelle stratification éducative ? La nature trop humaine de classes supérieures cherchant à donner un sens nouveau, combatif, à leur vie ? Avant toute chose, il faut se rappeler un élément qui ne pourra que faire plaisir aux marxistes de stricte obédience : aux États-Unis, l'équilibre économique du capitalisme devenait problématique parce que le taux de profit y était tombé trop bas. Mais la réaction du patronat et des classes qui l'ont soutenu – les nouveaux éduqués supérieurs – n'a pas été un petit réajustement, une légère correction de trajectoire. L'offensive (ou contre-offensive, selon le point de vue) a mené le monde occidental à des extrémités qu'on n'aurait jamais osé envisager au XIXe siècle. Peut-être John A. Hobson, penseur britannique d'une immense originalité, est-il le seul à les avoir entrevues dans son livre de 1902 sur l'impérialisme, dans lequel il avait prédit la mise au travail par l'Occident du prolétariat chinois[2]. Il m'est arrivé de me demander si certains de nos « globalisateurs » n'avaient pas lu Hobson, à l'envers, et transformé la menace en un projet selon eux positif. Car ce que nous vivons, depuis les années 1980, est bien une tentative « globale » de délocalisation de la classe ouvrière à l'échelle mondiale.

Lorsqu'on analyse le concept en termes de luttes de classes, la délocalisation n'est pas seulement celle des usines et la recherche d'un meilleur taux de profit par l'utilisation d'une main-d'œuvre étrangère à bas coût. C'est aussi et peut-être surtout le rêve inouï d'être débarrassé de son propre prolétariat, de ces ouvriers qui avaient pris

1. Christopher Lasch, *La Révolte des élites*, *op. cit.*
2. John Atkinson Hobson, *Imperialism. A Study*, New York, J. Pott & Company, 1902.

trop de place sociale, dont le niveau de vie était devenu trop élevé, qui, aux États-Unis, se pensaient membres des classes moyennes et, en France, se croyaient sur le point de les intégrer. Si nous « taillons plus large » conceptuellement, si nous tenons compte des masses statistiques des années 1970 et associons aux ouvriers leurs femmes employées, nous pouvons même parler d'un projet presque métaphysique de délocalisation du peuple.

La défaite du monde ouvrier a été en Angleterre et aux États-Unis d'une radicalité qui défie l'imagination. Elle y a été si totale, à vrai dire, qu'aujourd'hui ces sociétés sont en crise démographique, subissent des hausses de mortalité et passent vraisemblablement à la phase historique suivante : une partie des élites a admis que le néolibéralisme avait été trop loin et que vivre sans peuple ou avec un peuple composé uniquement de domestiques n'est pas, au XXIe siècle, un projet tenable à long terme. Le Brexit et Trump marquent sans doute la fin du rêve grandiose de délocalisation des peuples américain et britannique.

Le « pat » social français

En France, le phénomène a pris une forme particulière. La situation du monde ouvrier n'y ressemblait pas à ce qu'on pouvait observer ailleurs, notre société ayant été, au XXe siècle, essentiellement petite-bourgeoise : héritage de 1789, d'une croissance démographique arrêtée et d'une révolution industrielle de rythme lent. Le grand parti de la démocratisation en France ne fut pas social-démocrate ou travailliste, mais radical-socialiste. Dès la IIIe République, par la grâce de l'incroyance religieuse, on l'a dit, le parti communiste a pu finalement faire partie de l'alliance des gauches françaises et de son système de désistement de second tour. Avec le Front populaire, une synthèse social-républicaine a commencé d'être mise en place, celle-là même qui s'est épanouie immédiatement après la guerre. Reste que le Front populaire fut lui-même sabordé par la défection radicale-socialiste et, il faut l'admettre, quelques belles erreurs de gestion économique. Mais nous devons garder à l'esprit que la classe ouvrière française a toujours été marginale sur le plan sociopolitique, même si elle fut bien ancrée dans la radicalité par l'égalitarisme des structures familiales du Bassin parisien et de la façade méditerranéenne.

C'est pourquoi notre prolétariat, confronté à l'offensive des classes supérieures, a réagi d'une manière tout à fait singulière. Il ne pensait pas encore appartenir aux « classes moyennes » et n'était donc pas *a priori* idéologiquement vulnérable comme son homologue américain. Il n'était pas, comme son homologue anglais, désarmé par une longue tradition de déférence sociale. Étape après étape, il s'est replié sur un vote contestataire séparé, pour le Front national. Nous avons vu que ceux des ouvriers qui subsistent et ne sont pas d'origine maghrébine votent désormais pratiquement à 50 % pour le parti de Marine Le Pen. Le prolétariat s'est comme enfermé dans une attitude de refus et, pour ainsi dire, de sortie de la société.

Le niveau de stabilité du Front national est remarquable. Dès 1988 il était à 15 %. Et il est aujourd'hui un peu au-dessus de 20 %. En 2017, dans bon nombre de communes du Nord-Est et même à l'échelle de départements entiers comme l'Aisne et le Pas-de-Calais, Marine Le Pen a fait mieux que Macron au second tour. Dans ces territoires, le FN est comme enkysté par son assise populaire-ouvrière. En termes de motivation, le vote ouvrier du FN est double. Il est un vote de classe puisque tourné contre une classe dirigeante considérée comme illégitime. Il est un vote xénophobe puisque clairement déterminé à l'origine par des sentiments anti-arabes.

Ce vote d'une stabilité quasi ethnique est sans issue – ce qui devrait rassurer les macronistes venus de la gauche – et ne peut déboucher sur une solution politique. Les chances du FN d'arriver au pouvoir sont nulles et elles ne risquent pas d'augmenter puisque, justement, sa base électorale principale, le monde ouvrier, est en contraction rapide, ainsi que nous l'avons vu au chapitre 1. Le FN, devenu Rassemblement national, n'a d'ailleurs même plus de programme concernant l'Europe et l'euro. Comme n'importe quel socialiste ou mélenchoniste, Marine Le Pen veut désormais « une autre Europe », obtenue par l'alliance improbable avec les partis frères des autres pays de l'Union. Le FN nous garantit en revanche une France ethniquement divisée, un monde populaire divisé. En un sens politique pratique, voter FN ne sert à rien et ses électeurs, dont nous ne devons en aucun cas sous-estimer l'intelligence politique, le savent.

Le vote FN est un vote d'adhésion mais sur un mode quasi religieux. De la même manière qu'en allant à la messe, on vote pour Dieu sans en attendre un changement sur terre très rapide, les électeurs du Front national ont conscience que leur vote ne va leur apporter aucun bénéfice. Mais ils éprouvent certainement, en l'exprimant, un bien-être d'ordre psychologique. Dans les communautés du Nord et de l'Est en déconfiture, il y a une véritable satisfaction à dire, au fond, à l'aristocratie stato-financière et à la petite bourgeoisie CPIS : nous n'en sommes plus, vos combines et vos vies continueront sans nous. Si l'on oublie un instant la xénophobie du RN, cette opposition de type quiétiste au pseudo-capitalisme pseudo-néolibéral français peut apparaître, en un sens, admirable.

Mais on ne saurait faire abstraction de cette autre dimension du vote frontiste. La motivation initiale reste la xénophobie et un sentiment anti-arabe, qui, au-delà des immigrés au sens strict, s'est étendu à leur descendance française. Cette dimension est indiscutable. Au départ, dans la seconde moitié des années 1980, le coefficient de corrélation entre le vote FN et la présence de populations maghrébines sur le territoire national était de + 0,84, ce qui, sans atteindre le niveau du coefficient de corrélation associant le vote Macron au vote Le Pen, est très élevé. On peut l'interpréter, classiquement, à l'instar de ce qui s'observe aux États-Unis entre Blancs et Noirs, comme l'expression du besoin de désigner un inférieur pour apaiser sa propre souffrance.

Beaucoup considéreront que l'existence du Front national a empêché la mise en place d'une opposition efficace, l'émergence d'une gauche sociale capable de s'opposer à l'offensive des classes supérieures. L'exemple du monde anglo-américain, où n'existe rien de comparable au FN et où la débâcle ouvrière a été encore plus massive, conduit à en douter. D'ailleurs, force est de constater qu'en France les classes supérieures n'ont pas vraiment atteint leur objectif : l'État social n'a toujours pas été complètement détruit, la Sécurité sociale tient le coup. On peut encore en France tomber malade sans aggraver son propre état en se demandant si l'on va pouvoir financer le traitement de la maladie qu'on vient de vous diagnostiquer. Pour combien de temps, je ne sais, mais l'offensive contre la démocratie sociale n'a pas été chez nous un franc succès.

Une sorte de négociation étrange continue d'associer ceux du haut, du milieu et du bas de la société, qu'autorise un sentiment commun d'irresponsabilité nationale. L'accroissement de la dette publique doit être interprété comme un reste pervers de l'équilibre des classes d'après-guerre, l'expression d'une sorte d'armistice. La dette permet de perpétuer le financement de l'État social. Le monde populaire, certes laminé sur le marché du travail, peut néanmoins toujours se faire soigner si nécessaire. La petite bourgeoisie CPIS, elle – et c'est décisif –, peut continuer de faire éduquer ses enfants – secondaire et supérieur compris – pour l'essentiel aux frais de l'État. Mais les 1 % d'en haut aussi y trouvent leur compte : ils peuvent placer en bons du Trésor, ou équivalents, l'argent que la hausse du taux de profit et les baisses d'impôts ont mis à leur disposition. Nous retrouvons ici la grande tradition de la rente à la française. Cet armistice des classes, par la dette publique, très original il faut l'admettre, ne peut être qu'une fuite en avant, intenable sur le long terme puisqu'il empêche l'investissement utile et le redéveloppement des forces productives et appauvrit inexorablement la nation. Un jour du Jugement dernier approche, avec une hausse de la mortalité à l'américaine et une augmentation du coût des études supérieures. L'évolution de la mortalité infantile, analysée au chapitre 1, ainsi que le développement d'un supérieur privé, entrevu au chapitre 2, nous montrent que nous en sommes très proches, que nous y sommes peut-être déjà. La destruction du système hospitalier nous permettra peut-être de rattraper ici les Américains.

Le mépris : une nouvelle théorie du ruissellement

On vient de voir, à la fin du chapitre précédent, que l'on peut mesurer un coefficient de corrélation ahurissant de – 0,93 entre le vote Macron et le vote Le Pen, et que le premier est déterminé par le second puisque le vote Le Pen, est antérieur et d'une belle stabilité temporelle. Je serais donc tenté de dire qu'est apparu, au sein de la petite bourgeoisie CPIS, un vote essentiellement déterminé par du ressentiment envers l'électeur FN, tout comme le vote de l'électeur FN est déterminé par du ressentiment envers les Arabes. Le petit bourgeois CPIS macroniste est une sorte de petit Blanc au deuxième degré, qui déverse sur une catégorie supposée inférieure son désarroi et ses frustrations, cette catégorie-là ayant elle-même choisi son bouc émissaire encore plus bas.

Le mépris est au cœur du macronisme. Le verbe de Macron, depuis l'époque même où il était ministre de l'Économie, s'est caractérisé par des insultes à répétition envers les pauvres et les humbles, envers les gens ordinaires, envers les vieux – surtout s'il s'agit de vieux intellectuels comme moi. On l'a entendu qualifier des salariées d'usine d'« illettrées », comparer le « Gaulois réfractaire au changement » au « peuple luthérien » danois, les « gens qui ne sont rien » aux « gens qui réussissent », exhorter un jeune à travailler pour, comme lui, le président, pouvoir un jour « se payer un costard », expliquer à un autre que, pour trouver un emploi, lui n'aurait qu'à « traverser la rue » et, d'une manière générale, fustiger les « fainéants ». Je l'ai dit : notre Jupiter national est surtout un gamin mal élevé. Si le vote FN permet aux ouvriers de se sentir supérieurs aux immigrés dans un contexte économique catastrophique, on peut se demander si le vote Macron n'est pas, lui aussi, une affirmation de supériorité, un moyen pour la petite bourgeoisie CPIS d'échapper, symboliquement, au déclassement qui résulte de la situation économique et la mine.

Nous voilà donc face à deux mépris en cascade : le mépris des électeurs du FN pour les populations d'origine maghrébine et le mépris des petits bourgeois macronistes pour les électeurs du FN. Pourquoi s'arrêter en si bon chemin ? Examinons le cas de l'aristocratie stato-financière. Sa situation n'est pas tellement brillante, au fond. Ses riches peuvent continuer de s'enrichir, certes. Mais, même si certains revenus explosent, l'affaiblissement du système technologique, industriel et productif français nous garantit pour aujourd'hui ou pour demain une chute de prestige et de puissance de ces 1 % ou même 0,1 % d'en haut. Sur le plan politique, l'affaire est entendue : ils ont perdu le contrôle de leur part d'Europe et de leur propre pays et obéissent à des forces extérieures. On l'a dit plus haut : l'Allemagne a pris les commandes, les classes supérieures françaises ont été dépossédées de leur pouvoir et transformées en une sorte de bourgeoisie coloniale. Aucune distinction ne doit plus être faite ici entre dirigeants du public et dirigeants du privé. Les inspecteurs des Finances et tant d'autres de leurs équivalents de la « botte » de l'ENA doivent, avant l'âge de quarante ans, on l'a vu, passer par le privé, qu'ils contrôlent au fond, pour s'y enrichir et le saborder par leur incompétence technique et commerciale. La dégringolade de Jean-Marie Messier à la suite du rachat d'Universal n'est que le plus connu de ces ratés. Plus stupéfiant encore, le rêve néolibéral de nos hauts fonctionnaires tourne court ou plutôt se retourne contre lui-même. Chacun de leurs efforts pour favoriser le secteur privé au détriment du public n'aboutit en fin de compte qu'à accroître la puissance de l'État dans la société.

Ils peuvent tout vendre, tout brader, tout voler à la nation : le rétrécissement du capitalisme industriel français nous garantit l'affaiblissement du secteur privé. Paradoxalement, les politiques « néolibérales » suivies en France, en détruisant le capitalisme industriel, en restreignant, par l'euro, l'initiative privée, ne peuvent que mener à un renforcement de l'État en tant qu'agent autonome. Et d'ailleurs, on l'a vu, fortune faite, les inspecteurs des Finances retournent souvent en fin de carrière se remettre au chaud dans l'appareil d'État. Courant de fiasco en fiasco, notre aristocratie stato-financière court à sa perte. Son pouvoir effectif interne à la société française s'accroît, toutefois, parce que, autour de l'État, les ruines s'accumulent.

Une classe ouvrière humiliée, une petite bourgeoisie CPIS humiliée. Nous devons envisager une aristocratie stato-financière humiliée elle aussi, qui a perdu son pouvoir et ne va sans doute pas tarder à perdre son argent. Si notre modèle a ici quelque validité, nous devons donc postuler l'émergence d'un troisième mépris de compensation, de la part de ce qui reste d'aristocratie stato-financière, contre la petite bourgeoisie CPIS et, en vérité, contre toute la société.

Nous avons déjà cité au chapitre 9, la thèse de Franck Dedieu[1]. Son idée générale : le patronat français (je rappelle ici son cordon ombilical étatique) a adopté depuis la Grande Récession une attitude beaucoup plus antipatriotique que ses homologues allemand, suédois et même anglais. Depuis la crise de 2007, alors qu'outre-Manche, outre-Rhin et outre-Baltique on tendait à revenir sur le mouvement de délocalisations, en France, il s'est accéléré. Entre 2006 et 2016, «[l]a chute des effectifs en France peut atteindre 60 % à l'image d'Alcatel (– 63 %),

1. Franck Dedieu, *Le Patriotisme économique à travers le cas de cinquante firmes industrielles françaises. Analyses, faits empiriques et comparaisons internationales*, *op. cit.*

Lafarge (– 45 %) ou encore Faurecia (– 41 %), sous l'effet de plans de licenciement mais aussi de non-remplacement des départs et surtout des diverses cessions d'actifs. [...] Des sociétés comme Seb, Danone ou Valeo emploient au moins deux fois plus de personnes en Asie, en Amérique latine, en Afrique et dans les pays de l'Est qu'en France[1] ». Cette radicalisation est tout à fait hors norme au niveau européen. Dans son interprétation, Dedieu évoque un universalisme spécifique à la France, une volonté de dépassement de la nation qui, couplée avec le néolibéralisme, prendrait un caractère autodestructeur. C'est sans doute vrai en partie. Les Français, qui ont tout de même inventé le système métrique, ont une capacité à penser le monde de façon abstraite. Leur idée de la globalisation ne fait pas exception : elle est sans doute finalement moins libérale, moins individualiste, mais aussi plus universaliste et antinationale que la conception anglo-américaine.

Mais on peut aussi analyser le comportement de notre aristocratie stato-financière, lorsqu'elle est aux commandes d'entreprises « privées », comme l'expression d'une radicalisation de l'hostilité au monde des inférieurs. Je serais tenté, pour ma part, d'interpréter l'antipatriotisme de nos « élites politico-économiques » françaises comme l'expression d'une vengeance. Il ne s'agirait pas d'une expression retardée du genre de luttes des classes initié dans le monde anglo-américain au début des années 1980, mais de tout autre chose. En échec partout, humiliée partout, notre classe supérieure s'est trouvé le peuple français comme bouc émissaire en le traitant de fainéant allergique aux réformes. On m'accordera que cette hypothèse colle parfaitement avec le comportement verbal du président Macron. Les petits bourgeois CPIS ont pour l'instant, me semble-t-il, été épargnés par ses insultes mais je doute que le mépris de son entourage n'atteigne pas les professeurs certifiés qui ont voté pour lui.

Selon le schéma marxiste, les classes inférieures, dynamiques, en croissance numérique, tournent leur regard vers le haut, les unes après les autres, pour affronter, supplanter ou terroriser les classes qui leur sont supérieures. La bourgeoisie veut se débarrasser de la noblesse, puis la petite bourgeoisie conteste la prédominance de la haute bourgeoisie, avant que les classes populaires entrent à leur tour dans la danse. On pourrait dire que la IIIe République représente l'accès au pouvoir de

1. *Ibid.*, p. 293.

la petite bourgeoisie, et le lendemain de la Seconde Guerre mondiale l'intégration du monde ouvrier à la victoire générale des forces démocratiques. Dans cette lutte des classes, qui a pour cadre une société dont le niveau de vie progresse, tout le monde regarde au-dessus de soi, sauf ceux qui sont au sommet : eux ont peur et regardent vers le bas.

Nous voyons aujourd'hui tout autre chose : à l'intérieur d'un système contraint qui a perdu son autonomie nationale et qui s'appauvrit, nous observons, entre 1986 et 2017, une lutte des classes descendante où tout le monde regarde vers le bas, y compris la classe ouvrière. Chaque classe développe une attitude agressive vis-à-vis de la classe qui lui est immédiatement inférieure ou de toutes les classes qui lui sont inférieures.

Le temps du sadisme sociopolitique

À la veille du soulèvement des Gilets jaunes, quelle est la situation ? Nous sommes dans une société qui, sur le plan des indicateurs économiques objectifs, est déjà en régression, mais qui, sans doute, se pense encore seulement en stagnation. La plupart des gens n'ont pas pris la mesure du déclin, de la chute vertigineuse qui les attend, classes dirigeantes comprises, qui d'ailleurs ne devraient plus s'appeler ainsi – elles ne sont plus que des classes privilégiées. Dans cette société de l'humiliation généralisée, sans moyen d'action, de quoi peut-on rêver ? Pourquoi faire de la politique ? Pourquoi gouverner ? Comment s'occuper à la tête de l'État ?

J'avais évoqué en ouverture de la deuxième partie, à propos du désarroi récurrent des très riches, les oligarchies méso-américaines précolombiennes, et leur propension à l'expérimentation sadique sur les inférieurs de tous rangs. Pour mieux comprendre, par l'absurde, l'histoire récente de la France, tentons un retour aux Aztèques. La société aztèque – j'y inclus les cités tributaires de l'empire qui devaient fournir leurs contingents de chair fraîche – était certes allée un peu loin en matière de cannibalisme rituel. Elle me semble néanmoins offrir un modèle de réflexion pertinent et utile, un point de repère limite.

Je suis intéressé par toutes les sciences humaines mais je pars du principe que notre psychisme fondamental – ce dont l'homme est capable et donc ce qu'il est – ne peut nous être révélé par des psychologues ou des psychanalystes travaillant sur des individus. Le potentiel psychique de l'être humain nous est dévoilé par l'histoire : c'est ce qu'ont fait les hommes à travers les siècles qui nous dit ce qui est « humain ». Or ce que nous révèle l'histoire, c'est que les humains, *a priori* ni chrétiens ni kantiens, sont capables d'agir de façon « invraisemblable » dans certaines circonstances. Ainsi, lorsque les premières sociétés ont accumulé quelques surplus agricoles, elles ont « marché à l'inégalité », commencé de pratiquer des guerres qui n'avaient plus rien à voir quant à l'échelle avec celles des chasseurs-cueilleurs (les premiers agriculteurs étaient pacifiques), elles ont institué l'esclavage, elles ont mis en place des rituels de sacrifice. Dans des sociétés qui, à leur échelle, étaient riches mais stables, pour ne pas dire technologiquement stagnantes, elles ont inventé des mécanismes de sadisme institutionnel[1].

Repassons au présent, adoucissons, atténuons, polissons et gardons (surtout) une pointe d'humour.

Dans une société comme la société française, menacée de régression, où les inégalités n'ont pas encore terriblement augmenté, mais où aucun groupe social – pas même la petite bourgeoisie ou l'aristocratie stato-financière – n'a plus le sentiment de pouvoir faire quoi que ce soit pour améliorer son destin, je me demande si, au fond, la motivation principale, ce qui peut « brancher » certains individus et les orienter vers l'action politique, n'est pas l'expression d'une certaine forme de sadisme social. Certes le discours politique reste en France globalement bienveillant (si on met à part les saillies macronistes), un discours d'humanité et même humanitaire. Il évoque une amélioration de la situation économique, un refus de principe de la violence. J'admets que si nous nous comparons aux Aztèques, nous vivons dans un monde paisible, où l'on commence même d'ailleurs à se soucier du bien-être physique des animaux. Mais je raisonne par défaut. J'essaye d'expliquer

1. J'invite tous ceux qui seraient tentés par une essentialisation indianiste du mécanisme à lire le très bel ouvrage de Bruno Boulestin et Anne-Sophie Coupey, *Cannibalism in the Linear Pottery Culture : The Human Remains from Herxheim* (Oxford, Archaeopress, 2015). Ce lieu cultuel était situé un peu au nord de l'actuelle Alsace, en Allemagne, et fut occupé entre 5300 et 4950 avant l'ère commune, bien avant la densification agricole donc. L'analyse minutieuse des nombreux restes humains qui y ont été trouvés, travaillés façon boucherie, indique que le cannibalisme a existé en Europe il y a sept mille ans, et était pratiqué pour des raisons rituelles. Ce lieu semble avoir été une sorte de Delphes du cannibalisme avec des restes humains et des objets venus d'un rayon de 400 à 500 kilomètres.

l'inexplicable. Je ne parviens pas à donner à nos dirigeants le crédit de la bêtise ; ils sont limités intellectuellement, c'est une évidence, mais pas à ce point : c'est en pleine connaissance de cause qu'ils détruisent leur pays. On pourrait, bien entendu, pour qualifier leur attitude, empiler les concepts de lâcheté, de mimétisme et de passivité. Mais quel plaisir leur resterait-il alors à faire de la politique ? Celui de gagner, d'être élu ? Et après, quoi ? Détruire les acquis sociaux, les familles, la France : voilà un objectif grandiose. Je remercie sincèrement Emmanuel Macron et Alexandre Benalla de m'avoir ouvert les yeux par leur violence : ils ont exprimé du mieux qu'ils pouvaient la rage d'un groupe social qui entend désormais faire payer au Français son échec total. Nous serions ici confrontés à une forme perverse mais réelle de plaisir politique, comme il y en a eu tant dans l'histoire.

Je vois les sceptiques lever un sourcil. Nous pourrions nous contenter de voir dans le macronisme un pur cynisme, une recherche du pouvoir pour lui-même. Mais la réflexion ne peut s'arrêter là. Le pouvoir lui-même doit avoir un but. Même Machiavel était un patriote. Il y a deux possibilités de base :

1) un pouvoir peut s'exercer pour le bien de la communauté ;

2) un pouvoir peut s'exercer pour l'expansion de la communauté au détriment d'autres communautés.

Or, à mes yeux, l'Union européenne et l'euro excluent ces deux modes d'expression du pouvoir en France.

Le pouvoir y est impuissant dans ces deux dimensions. Il ne peut donc s'exercer que négativement, contre ses propres sujets. Son impuissance même le contraint, pour exister, au sadisme. Telle est selon moi l'origine profonde et réelle de choix comme la suppression de l'ISF, la réforme du Code du travail, la liquidation d'Alstom, la vente programmée d'Aéroport de Paris. Cette tendance au pouvoir négatif est bien antérieure à Macron, mais la victoire de Macron a comme libéré cette pulsion sadique et autodestructrice.

La fièvre immigrationniste petite-bourgeoise

Revenons à cette petite bourgeoisie européiste qui a renoncé à jouer un rôle dans la marche vers un avenir meilleur. On voit se développer chez elle toutes sortes de sentiments tout à fait honorables concernant l'écologie, le féminisme et, de plus en plus, les réfugiés. J'ai été ainsi très frappé d'apprendre que, dans une communauté de communes bretonne de 55 000 habitants, une association comprenant 250 à 300 personnes, plutôt des profs et des retraités, se consacrait à la défense et à la protection des droits d'une famille géorgienne et d'une famille tchétchène. Plusieurs centaines de personnes mobilisées pour deux familles, donc. Les réfugiés s'installent dans la littérature française contemporaine encore plus massivement que dans l'Hexagone. *La Mer à l'envers*, dernier roman de Marie Darrieussecq, est de ce point de vue archétypal[1]. Les réfugiés forment désormais, pour une partie de la petite bourgeoisie CPIS, le cœur de ses préoccupations sociopolitiques.

Nous avons vu au chapitre 3 que la France fait l'expérience de mouvements migratoire non négligeables, que l'immigration y a des effets à long terme, puisque 19 % des nouveau-nés y portent désormais un prénom arabo-musulman, mais que la situation n'a rien d'alarmant, parce qu'il est compréhensible, à une époque où aucune norme n'existe plus dans le choix des prénoms, que certains groupes s'en tiennent, pour une génération, à la tradition, s'assimilant tout à fait par ailleurs. Trois de mes petits-enfants ont un père d'origine algérienne et je suis très bien placé pour ne pas m'affoler. Je trouve mon propre « remplacement » par ces petits Français-là merveilleux, sans oublier leurs cousins, autres merveilles du monde.

Ironiquement, la France est protégée dans l'immédiat de toute immigration massive par son niveau de fécondité qui, malgré une baisse récente, reste élevée à l'échelle européenne, et plus encore par son taux de chômage tournant autour de 10 % qui repousse les réfugiés-immigrés vers des économies plus généreuses en emplois. Le mur de Trump, au stade actuel, semble nettement moins efficace que notre barrière du chômage garanti. Enfin une ligne Maginot qui réussit, et immatérielle qui plus est ! Les gouvernants, du reste, ont adopté sur ces questions une ligne moyenne plutôt prudente, conscients sans doute que 80 % au moins de la population n'appartenaient pas à la petite bourgeoisie.

1. Marie Darrieussecq, *La Mer à l'envers*, Paris, POL, 2019.

C'est au moment même où les classes populaires françaises commençaient à s'inquiéter un peu plus des migrations planétaires, de l'augmentation de la population arabe et africaine sur le territoire, qu'une partie de la petite bourgeoisie CPIS s'est découvert, elle, une passion nouvelle pour les réfugiés. Il me semble que le modèle général élaboré dans ce livre permet de comprendre pourquoi. Le petit bourgeois CPIS n'a plus d'existence idéologique en soi, dans notre monde de moi fatigués, et ce qui lui reste d'identité est négatif : il n'aspire plus qu'à être le contraire d'un lepéniste. Le lepéniste rejette les migrants, le petit bourgeois CPIS les accueillera donc à bras ouverts. C'est un début d'explication, mais qu'il faut conjuguer à un autre phénomène, qui (curieusement) est à l'opposé même du concept de sadisme sociopolitique développé plus haut : le besoin, chez l'homme de faire le bien.

L'altruisme non sacrificiel comme besoin humain

Dans son très beau livre *Un si fragile vernis d'humanité*, Michel Terestchenko conteste l'idée commune qu'il n'existerait de véritable altruisme que sacrificiel : « Et s'il est une conclusion que l'on peut tirer, avec quelque assurance, de ces analyses de la personnalité altruiste, c'est qu'on ne saurait comprendre ses motivations sur la base de l'opposition traditionnelle entre un égoïsme défini exclusivement comme le souci de soi, indifférent à tout souci d'autrui, et un altruisme qui ne serait authentique – un souci absolument désintéressé d'autrui – qu'à condition d'exclure absolument tout souci de soi[1]. » Il tente de montrer que l'homme a besoin d'être altruiste, qu'il se réalise ainsi et que donner à autrui revient souvent à se faire du bien à soi-même : « Si l'altruisme n'exige pas de chacun le sacrifice de soi, de ses aspirations, de ses désirs les plus profonds, y compris le désir du bonheur – sacrifice que réclament toujours les institutions aliénantes –, c'est qu'il conduit à l'épanouissement de soi, entendu comme accomplissement de l'une des plus hautes capacités de l'être

1. Michel Terestchenko, *Un si fragile vernis d'humanité. Banalité du mal, banalité du bien*, Paris, La Découverte, 2005, p. 16 de l'édition de poche.

humain : la capacité de prendre sur soi la souffrance d'autrui[1]. » Il se révèle dans son livre une sorte d'anti-La Rochefoucauld, auteur dont il montre la subtilité mais aussi les insuffisances. Prenons l'une des maximes les plus représentatives de l'esprit du célèbre moraliste : « L'intérêt parle toutes sortes de langues, et joue toutes sortes de personnages, même celui de désintéressé. » Elle est séduisante au premier abord. Elle a toute l'apparence de la profondeur. Mais elle a un défaut : elle ne rend pas compte de l'expérience humaine, elle nie ce qu'on constate tous les jours. « Il faut dire ce qui s'impose : l'axiome selon lequel les hommes obéissent toujours en dernier ressort à des motivations égoïstes est empiriquement faux[2] ! », rappelle Terestchenko. Après avoir lu *Un si fragile vernis d'humanité*, je me suis dit que La Rochefoucauld, que j'admirais, n'était au bout du compte qu'un faux malin, un petit joueur du cynisme – un défaut très français.

Éclairé par Terestchenko, je pense désormais qu'il existe effectivement un altruisme non sacrificiel. En darwinien optimiste, qui pense que le succès adaptatif d'un groupe dépend de l'altruisme réciproque de ses membres, j'estime que le besoin de faire le bien est génétiquement programmé, un effet de la sélection naturelle. Cette nécessité du bien me semble plus profonde que l'expérimentation sur le mal qui fut le propre des classes supérieures en tant de lieux et d'époques.

Mais il nous reste un problème : les implications pratiques d'un altruisme non sacrificiel – et donc qui enrichit plutôt qu'il n'appauvrit. Dans le cas des innombrables Français qui ont sauvé des Juifs pendant la Seconde Guerre mondiale – permettant la survie de 75 % d'entre eux, ainsi que l'a montré Jacques Sémelin –, ce problème ne se pose pas[3]. Mais si je reconnais dans le dévouement de la petite bourgeoisie actuelle aux réfugiés un bel exemple d'altruisme non sacrificiel, j'y constate aussi une absence de réflexion sur les conséquences pratiques pour d'autres d'un tel dévouement.

Le démographe et statisticien en moi se doit de le rappeler, si cruelle que soit cette vérité : une attitude « ouverte » vis-à-vis des passages en Méditerranée, avec la promesse intenable d'une récupération totale

1. *Ibid.*, p. 18.
2. *Ibid.*, p. 204.
3. Jacques Sémelin, *Persécutions et entraides dans la France occupée*, Paris, Les Arènes, 2013.

par des ONG, fera immanquablement monter le nombre des réfugiés noyés. Il y a ici chez les petits bourgeois CPIS un refus de penser l'évidence. Tout comme d'envisager les conséquences de l'augmentation du nombre des réfugiés-immigrés pour le monde ouvrier et employé français, de toutes origines. J'ai moi-même évolué sur ces questions. J'ai toujours été, me semble-t-il, et je reste, un immigrationniste raisonnable. Mon histoire familiale m'interdirait toute autre attitude. Pendant longtemps, toutefois, je me suis surtout intéressé à l'aspect anthropologique de la question. Comme je l'ai rappelé au chapitre 3, en 1994, dans *Le Destin des immigrés*, j'avais noté le surcroît de difficultés que pouvaient rencontrer les populations maghrébines à s'intégrer en France, difficultés qui n'ont rien à voir avec la religion et tout à voir avec les structures familiales, et qui sont par ailleurs tout à fait surmontables[1]. Je ne m'étais pas tellement intéressé à quelques effets économiques simples de l'immigration. Pourtant, ils existent et ont été décrits avec lucidité et mesure par Oren Cass dans l'ouvrage qu'il a consacré au sauvetage de la classe ouvrière américaine[2]. L'immigration en masse d'individus prêts à accepter n'importe quelles conditions de travail exerce une pression à la baisse sur les salaires ouvriers et employés. Avant de lire Cass, je pensais naïvement que les immigrés récents prenaient les emplois dont les ouvriers nationaux ne voulaient pas. Erreur ! L'immigration est l'une des raisons pour lesquels les ouvriers nationaux ne veulent pas de ces emplois – et Cass le montre admirablement : parce que les salaires y ont été dépréciés par la main-d'œuvre immigrée. Peut-être accepteraient-ils de travailler dans le bâtiment, comme les ouvriers japonais, si les salaires y étaient corrects et leur permettaient de mener une vie décente.

J'ajoute, pour terminer, que ce nouvel immigrationnisme petit-bourgeois réduit en priorité les opportunités de travail et de salaires pour les enfants d'immigrés des générations précédentes, déjà français. Mais le petit bourgeois CPIS, combinant son besoin humain de faire le bien et son besoin, tout aussi humain dans un contexte de déclassement, de se distinguer du prolo FN, ne se rend même pas compte que, parmi les victimes de son altruisme, il y aura des

1. Emmanuel Todd, *Le Destin des immigrés*, *op. cit.*

2. Oren Cass, *The Once and Future Worker : A Vision for the Renewal of Work in America*, *op. cit.*

enfants d'immigrés maghrébins et, plus tard, si ça continue, des enfants de réfugiés. On aimerait franchement que son altruisme soit un peu plus sacrificiel, qu'il lui coûte un minimum, pour l'obliger à réfléchir aux conséquences de sa générosité.

Et la majorité atomisée ?

J'ai bien conscience d'offrir ici une vision plutôt sombre de notre société. J'aimerais terminer ce chapitre sur une note sinon d'espoir, du moins d'incertitude : notre spéculation sur les mécanismes de classes, le mépris en cascade, le sadisme social et le dévoiement de l'altruisme a laissé de côté 55 % de la population, la « majorité centrale atomisée » de notre typologie dynamique. Les patrons qui délocalisent avec jouissance, les petits bourgeois qui votent Macron pour dire qu'ils ne sont pas devenus des prolétaires, les prolétaires qui votent Le Pen pour dire qu'ils ne sont pas des Arabes, ensemble, ne représentent que 45 % de la population. Il nous reste, et c'est heureux, une inconnue fondamentale dans l'équilibre et la dynamique des classes en France.

Comme on l'a vu dans l'analyse des résultats électoraux, au chapitre 9, le bloc central majoritaire centré sur les professions intermédiaires s'aligne au moment de voter tantôt sur la petite bourgeoisie CPIS, tantôt sur le prolétariat et tantôt il est divisé dans son vote.

Ce groupe intermédiaire constitue l'épicentre des tendances culturelles et psychologiques que nous avons étudiées dans le chapitre 5. Le taux de divorce et la proportion d'enfants nés hors mariage y sont maximaux. L'individualisme y atteint son degré le plus extrême. Une enquête de l'Ifop, datant il est vrai de 2011, y révèle une incidence maximale de l'homosexualité. Les professions intermédiaires, insaisissables sur le plan politique, sont pourtant bien l'axe des évolutions sociétales qui comptent. On pourrait même faire l'hypothèse que l'une des causes majeures de dysfonctionnement du système politique est l'indéfinition du groupe central qui définit l'évolution des mœurs individuelles et sociales.

Tableau 12.1. Pourcentage de premières unions commencées hors mariage selon la CSP en 2005

	Hommes	Femmes
Artisans, commerçants et chefs d'entreprise	84,7	88,0
Cadres et professions intellectuelles supérieures	83,3	87,9
Professions intermédiaires	**90,0**	**91,4**
Employés	89,3	88,1
Ouvriers	89,0	86,5

Sources : France Prioux, « Les couples non mariés en 2005 : quelles différences avec les couples mariés ? », *Politiques sociales et familiales*, nº 96, juin 2009, p. 87-95.

Tableau 12.2. L'homosexualité selon la CSP

Catégories	% des Français	% des homosexuels	Coefficient de sur ou sous-représentation
Actifs	57	76	1,3
Travailleurs indépendants	5	7	1,4
Cadres et prof. intell. supérieures	8	11	1,4
Professions intermédiaires	13	21	**1,6**
Employés	16	23	1,4
Ouvriers	15	14	0,9
Inactifs	43	24	0,6

Sources : Ifop, « Le profil de la population gay et lesbienne en 2011 », 25 juin 2011.

Lecture : Les actifs, par exemple, représentent 57 % des Français et 76 % des homosexuels, soit un coefficient de surreprésentation de 76/57 = 1,3.

Les autres catégories de notre typologie sont toutes pourvues d'une forme ou d'une autre de conscience de classe ou, tout du moins, de fausse conscience de classe. Les prolétaires lepénistes sont, d'une certaine façon, les plus lucides : ils ont une conscience aiguë du mal qui leur est fait, de ce qu'ont signifié pour eux les politiques de libre-échange. Ils forment la catégorie sociale la plus hostile à l'euro. Ils savent que l'immigration massive d'une main-d'œuvre corvéable à merci détériore leurs conditions de travail. À côté, ils se pensent contre des populations elles aussi françaises mais d'origine maghrébine, et se condamnent ainsi à l'isolement, à un séparatisme social sans issue. Doit-on parler d'une conscience de classe suicidaire ?

Les petits bourgeois CPIS macronistes sont plutôt dans la fausse conscience. Ils se croient ouverts mais restent sourds à la souffrance des couches populaires de leur pays. Ils se pensent en *winners* alors qu'ils ne sont que des *loosers* d'en haut. L'aristocratie stato-financière aussi vit dans la fausse conscience, puisqu'elle pense incarner la modernité néolibérale alors qu'elle personnifie la domination et la corruption étatique. Sa vassalisation en Europe doit cependant commencer de créer en son sein une tension psychique, d'où cette tentation du sadisme social interne à la France comme dérivatif. Tous ces groupes sont donc dans une conscience de classe quelconque. Résumons, en forçant le trait, en hommage à Marx, Lukacs et Gabel : conscience de classe suicidaire, fausse ou sadique[1].

Le centre majoritaire atomisé, lui, est dans la non-conscience de l'être. J'ai évoqué son atomisation professionnelle et la puissance de l'individualisme d'un genre nouveau qui s'y déploie. Ajoutons un troisième facteur, peut-être le plus important : ce monde vient de naître, il s'agit d'une classe toute neuve. La catégorie des ouvriers rétrécit, mais elle est ancienne. Celle des cadres gonfle, mais elle est ancienne aussi. La majorité atomisée, jusqu'à il y a peu, n'existait pas. Son évolution proche, dans un monde qui s'appauvrit, est une question centrale pour le prospectiviste.

1. Georg Lukacs, *Histoire et Conscience de classe*, Paris, Éditions de Minuit, 1960, et Joseph Gabel, *La Fausse-conscience*, Paris, Éditions de Minuit, 1962.

Chapitre 13
Le cycle Gilets jaunes : 2018-2068

Nous voici arrivés à novembre 2018 et à cet événement majeur qu'a été le soulèvement des Gilets jaunes. Je l'interprète d'abord comme un mécanisme de type défensif. Une réaction à une attaque venue du haut de la société, pas forcément concertée, mais qui a mis une partie de la population française au pied du mur. L'augmentation programmée de la « taxe intérieure de consommation sur les produits énergétiques » (TICPE) et, plus exactement, de sa « composante carbone », devait se traduire au 1er janvier 2019 par une hausse de 2,9 centimes sur l'essence et de 6,9 centimes sur le diesel. Soit, pour les ménages dépendant de la voiture et parfois se chauffant aussi au fioul, un coût supplémentaire annuel pouvant atteindre plusieurs centaines d'euros. Certaines catégories, placées déjà dans une situation économique limite, n'ont eu d'autre choix que de se battre ou de crever.

Remarquons tout d'abord que l'augmentation de la TICPE fait voler en éclat le mythe central de notre système d'information économique quotidien. Il nous est sans cesse rappelé par les médias que 55 à 60 % des foyers français ne payent pas l'impôt, sans qu'il soit précisé qu'il ne s'agit là que de l'impôt direct sur le revenu, qui ne compte que pour 24 % (en 2018) des recettes de l'État. Les impôts indirects sur la consommation, que tout le monde paie – même les SDF vivant de la mendicité – pèsent beaucoup plus lourd : 52 % des recettes pour la TVA et un peu moins de 5 % pour la TICPE notamment. Mais l'automobile et le chauffage sont tellement centraux, particulièrement pour les ménages de revenus modestes chassés des centres villes, que la hausse révèle brutalement à tous que l'impôt sur la consommation représente, aussi sûrement que l'impôt sur le revenu, un prélèvement sur le niveau de vie.

Le rideau de fumée jeté par l'Insee sur l'évolution réelle du niveau de vie, analysé au chapitre 1, avait obscurci la situation et l'institut porte donc une part de responsabilité dans le déclenchement des événements. Mais, au-delà des facteurs conjoncturels, il faut essayer de remettre ce soulèvement dans une perspective historique longue. Dans la façon d'agir des Gilets jaunes, dans leur révolte spontanée, à la fois anarchique et organisée, nous avons retrouvé la France. Notre vieille culture libérale et égalitaire a soudain réémergé et, avec elle, une capacité typiquement française de s'opposer à ses dirigeants. Les représentants de la deuxième gauche, ou de la première droite, qui pensaient qu'elle avait disparu, en ont pris pour leur grade : la France rebelle est toujours vivante. Nous verrons ce que cela signifie dans le contexte d'une disparition des systèmes familiaux et anthropologiques régionaux.

Le Mai 68 de la baisse du niveau de vie

Ayant vécu Mai 68 à l'âge de 17 ans, à une époque où j'étais membre des Jeunesses communistes, il m'est impossible de ne pas comparer les deux événements : j'ai retrouvé dans le soulèvement des Gilets jaunes la dimension émotionnelle, la fraternité humaine et le sentiment de puissance qu'il engendre, typiques de Mai 68 et sans doute, à leur début, de tous les phénomènes révolutionnaires. Autour des ronds-points, les individus ont rompu leur isolement. Des retrouvailles ont eu lieu entre des êtres humains qui ne se connaissaient pas et qui se sont découverts semblables et justes.

Mais le parallèle avec Mai 68 va plus loin. L'explosion étudiante et ouvrière de Mai 68 (temps 1) avait mené aux accords de Grenelle et à des hausses considérables de salaires (temps 2). Avait succédé à ces temps 1 et 2 positifs une défaite politique spectaculaire des forces de gauche aux législatives de juin 1968 (temps 3). L'implosion politique fut cependant suivie, dans les décennies postérieures, par une victoire radicale des idéaux sociétaux de Mai 68 (temps 4). La séquence 68 peut donc se résumer ainsi : choc social et émotionnel, victoire dans l'instant, défaite politique et, avec le temps, victoire finale de l'une des dimensions du mouvement. Je dis « l'une des dimensions du mouvement » parce que tous les aspects de Mai 68 n'ont pas triomphé par la suite. On ne le savait pas alors, mais le soulèvement de la classe ouvrière était un adieu, la fin d'un monde. Le gauchisme, ainsi que je l'avais senti d'emblée, était un élitisme (et donc, ce que je ne pouvais nullement imaginer, l'annonce du néolibéralisme). Apparemment, j'étais déjà, à 17 ans, un intellectuel bourgeois qui respectait les ouvriers.

La victoire sociétale de Mai 68 s'est produite par étapes. La proportion de naissances hors mariage avait commencé de croître un peu avant 1968 ; elle a continué d'augmenter pour atteindre, en 2017, 60 % d'enfants nés hors mariage, dépassant donc en France les chiffres de la Suède. L'interruption volontaire de grossesse a été votée en 1975. La tolérance sexuelle a peu à peu gagné du terrain et l'on pourrait dire que le succès final de Mai 68 a été consacré très récemment, en 2013, par le « mariage pour tous ». L'homosexualité a fini d'être acceptée par les classes bourgeoises (nous avons vu, au chapitre 5, que la classe ouvrière d'avant-guerre y était plutôt tolérante avant de « s'embourgeoiser »).

Le soulèvement des Gilets jaunes rappelle le schéma de Mai 68. Au départ, le choc émotionnel et l'ampleur sociale du soulèvement (temps 1). Puis la reculade du gouvernement. Le 4 décembre, le Premier ministre ajourne l'augmentation des taxes sur les carburants. Le 10 décembre, on voit apparaître sur les écrans de télévision un président de la République française terrorisé – quelques semaines plus tôt, il appelait les mécontents à « venir le chercher ». Il semble soudain ne plus y tenir tellement et cède (temps 2). Cette victoire pourrait être comparée aux accords de Grenelle du 27 mai 1968. Cette fois, le gouvernement, outre la suspension de la taxe sur les carburants, annule la hausse de la CSG pour les retraites inférieures à 2 000 euros mensuels, augmente le SMIC de 100 euros, défiscalise les heures supplémentaires. Un ensemble de mesures que Bercy chiffrait à 17 milliards en avril 2019[1].

Ensuite, le « flop » politique. Les Gilets jaunes ne parviennent pas à s'organiser, le mouvement retombe et, dans les médias, se répand un discours conservateur-conformiste de normalisation. Le président se lance dans ce Grand Débat qu'on aurait dû appeler le Grand Monologue et qui avait quelque chose d'orwellien par sa logique d'inversion du réel. Une chape tombe sur la société française. Nous sommes ici dans l'équivalent des législatives de juin 1968 (temps 3). Pour ce qui me concerne, c'est le moment où j'ai arrêté de regarder la télévision : je n'en pouvais plus de voir sur toutes les chaînes pérorer un président

1. « Bercy chiffre à 17 milliards d'euros "en tout" le coût des mesures annoncées par Macron », *Le Monde*, 30 avril 2019.

de la République, qui venait d'être vaincu, accompagné de journalistes recommençant à commenter son intelligence politique. Une sortie de réalité trop violente pour moi.

On s'apercevra sans doute un jour qu'il ne s'agissait là que d'un troisième temps. Un quatrième s'annonce pour les décennies qui viennent : les problèmes de niveau de vie et de représentation populaire, posés par les Gilets jaunes, prendront toute leur ampleur à mesure que des catégories sociales de plus en plus larges seront aspirées par l'urgence économique. Nous ne sommes donc qu'au tout début d'un nouveau cycle, le « cycle Gilets jaunes », auquel j'ai affecté dans le titre de ce chapitre, comme pour le précédent cycle, une durée de cinquante ans.

À nouveau cycle de lutte des classes, nouveau cycle policier

Le cycle historique amorcé par les Gilets jaunes ne se contente pas de ressembler au cycle amorcé par Mai 68. Il lui succède. Les années 1968-2018 furent un cycle « sociétal » de cinquante ans : le niveau de vie s'élevait, la priorité nouvelle fut l'épanouissement de l'individu, en conformité avec la hiérarchie des besoins humains de Maslow, même si nous avons déjà dû constater, en fin de parcours, à la suite d'Ehrenberg, une certaine fatigue du moi libéré. Le cycle qui s'ouvre avec les Gilets jaunes correspond au début de la baisse du niveau de vie et il marque le retour de la lutte des classes. Nous sortons du sociétal pour retrouver le socio-économique. Cette hypothèse d'un changement de cycle nous permet d'intégrer, de façon pour ainsi dire harmonieuse, le changement de comportement des forces de l'ordre.

Mai 68 avait aussi ouvert un cycle nouveau pour les forces de l'ordre, qui avait fait de la police française l'une des plus civilisées du monde – un changement important par rapport à la période de la guerre d'Algérie et des morts du métro Charonne en 1962. En Mai 68, le préfet Grimaud, alors en poste à Paris, a voulu et réussi à éviter les débordements sanglants. Sa méthode avait, pour ainsi dire, fait jurisprudence. À partir de Mai 68, la police française cherche à protéger les personnes plutôt que les biens et elle fait l'admiration du monde. En 2005, alors que le Front national réalise déjà de très beaux scores, le comportement de la police est toujours de type soixante-huitard : on laisse des jeunes, dont beaucoup sont d'origine étrangère – mais pas tous, loin de là – incendier des voitures, comme, en 1968, on avait laissé les étudiants en incendier rue Gay-Lussac, par exemple. En 1968, certains avaient expliqué la mansuétude de la police par le fait qu'elle avait affaire à des enfants de bourgeois. En 2005, face à la « racaille » de banlieue, elle n'a pas agi différemment.

L'une des caractéristiques importantes du début du « cycle Gilets jaunes », c'est la sortie de ces cinquante ans de maintien de l'ordre civilisé. À la lettre admirable du préfet Grimaud aux forces de l'ordre, où il écrivait que « frapper un manifestant tombé à terre, c'est se frapper soi-même en apparaissant sous un jour qui atteint toute la fonction policière », répond le renvoi en mars 2019, du préfet Delpuech, jugé trop clément envers les manifestants. La priorité est désormais donnée à la protection des biens sur la protection des personnes. Le 1er février 2019, le Conseil d'État valide l'usage du LBD (lanceur de balles de défense, connu aussi sous le nom de la marque Flash-Ball). Ce jour-là, l'énarchie entérine un changement d'interprétation du concept de monopole de la violence légitime et signe un changement d'époque historique.

Le 7 mai 2019, six mois après le début du mouvement, on compte 2 448 blessés parmi les manifestants, 24 éborgnés, 5 ayant eu une main arrachée après plus de 13 000 tirs de LBD[1]. Toutefois, dans la gendarmerie, l'esprit ancien fait un peu de résistance. Le journal *L'Essor de la gendarmerie nationale* du 1er février 2019 se félicite que « seuls 10 % des tirs LBD 40 ont été effectués par des gendarmes[2] ».

On a recensé également 11 morts, essentiellement des accidents de la route. De leur côté, les forces de l'ordre ont déploré 1 797 blessés dans leurs rangs, sans que la gravité de ces blessures soit précisée. Je n'ai pas eu connaissance de main ou d'œil arraché.

Reste que le Parlement européen et l'ONU ont condamné l'usage disproportionné de la force par la police française. Le quotidien britannique *Guardian*, par exemple, plutôt francophile, a consacré des articles entiers aux éborgnés des manifestations[3]. L'image de notre pays à l'étranger a

1. D'après un article du site de LCI, daté du 17 mai 2019, « Gilets jaunes : six mois de mobilisation en dix chiffres clés ».

2. Pierre-Marie Giraud et Matthieu Guyot, *L'Essor de la gendarmerie nationale*, 1er février 2019.

3. Voir, entre autres, l'article du 30 janvier 2019, « French police weapons under scrutiny after gilets jaunes injuries ».

été ternie, et celle de notre président probablement détruite. Sa violence visible, l'émergence pour ainsi dire statistique et publique du macrobénallisme, n'a pu que réduire à l'extérieur sa capacité de négociation.

Le phénomène Gilets jaunes, opposé théorique du lepénisme

Analyser sociologiquement le mouvement des Gilets jaunes pose de gros problèmes méthodologiques. Par comparaison, l'activité du politologue classique, qui s'appuie sur des résultats électoraux et des sondages de sortie des urnes, est une véritable sinécure. Je parle en connaissance de cause. Je pratique l'analyse électorale depuis 1981 : un peu de cartographie, un peu de sondage, ça monte, ça descend, on fait le tri par catégories socioprofessionnelles, les sondés répondent honnêtement, rien de bien sorcier. Ces dernières années, tout était devenu presque trop facile puisque, désormais, même les électeurs du Front national n'ont plus vraiment peur de se déclarer comme tels. Avec le mouvement des Gilets jaunes, en revanche, nous sommes confrontés à une masse complexe et multiforme d'événements, à plusieurs niveaux, avec des évolutions rapides dans le temps, dans l'espace, tant géographique que social.

Commençons donc par préciser les catégories d'analyse et les niveaux d'activité de la population. J'en compte trois.

Le premier, que l'on pourrait qualifier de « traditionnel », a joué un rôle très important. Il est constitué par les sondages qui ont indiqué un soutien massif de la population au mouvement : autour de 70 % au cœur de la crise.

Un sondage du 6-7 novembre 2018 indique 51 % de soutien et 20 % de sympathie, soit un total de 71 % en faveur du mouvement. Les 27-28 novembre, le soutien est à 48 % et la sympathie à 23 %. Total : 71 % toujours. Tout cela après la multiplication des blocages routiers, les opérations aux péages et une activité paralégale tout à fait significative. On voit sur le graphique 13.1 que, malgré les dégradations de l'Arc de Triomphe du 1er décembre 2018, le soutien n'a guère fléchi. Et c'est bien parce que la majorité de la population a continué de soutenir le mouvement que le gouvernement a pris peur et cédé. Le sondage d'opinion, qui saisit l'attitude majoritaire de la population française, a donc eu une influence cruciale.

Graphique 13.1. La popularité des Gilets jaunes

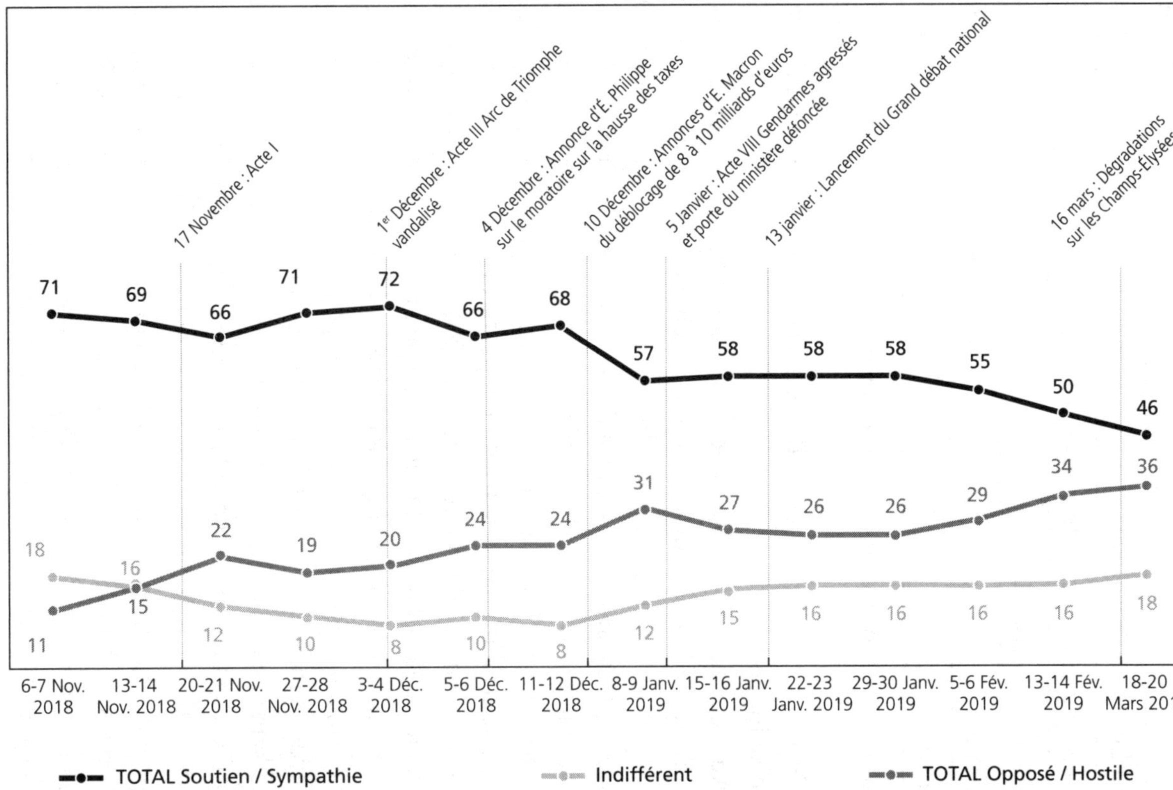

Sources : Ifop.

Tableau 13.1. Le soutien aux Gilets jaunes par CSP au cœur de la crise

	Soutien	Sympathie
Travailleurs indépendants	62 %	20 %
Cadres et professions intellectuelles supérieures	33 %	27 %
Professions intermédiaires	39 %	24 %
Employés	63 %	18 %
Ouvriers	59 %	24 %

Sources : Ifop, sondage des 27-28 novembre 2019.

Ce soutien a été général. Il concerne toutes les catégories socio-professionnelles.

Au cœur de la crise, fin novembre, même la petite bourgeoisie CPIS est favorable à 60 % aux Gilets jaunes. On note certes une gradation de classes, mais il faut admettre le fait social capital qu'à un moment donné la société française a été majoritairement, toutes catégories confondues, derrière le mouvement. Il est, bien sûr, impossible de se prononcer sur l'aristocratie stato-financière, noyée ou plutôt dissimulée, pour l'essentiel, au sein de la catégorie CPIS. On peut l'imaginer plus réservée. Mais qui sait ? Dans l'édition de décembre 2018 du *Neuilly Magazine*, journal local de la commune la plus riche de France, on découvre un article de deux pages intitulé « Les Neuilléens solidaires des Gilets jaunes »[1].

Ce soutien massif de l'ensemble de la population permet de définir dès le départ le mouvement des Gilets jaunes comme un inverse exact du Rassemblement national. Le parti lepéniste n'est capable de récolter au second tour des élections présidentielles que 33 % des voix et trouvera toujours les deux tiers des Français pour voter contre lui et l'empêcher d'arriver au pouvoir. Le mouvement des Gilets jaunes a, lui, vu sa popularité fluctuer, mais le fait qu'il a pu bénéficier du soutien de 70 % de la population invalide d'avance toute tentative d'amalgame avec le frontisme. Les Gilets jaunes ont, eux, été capables, un court moment, d'unifier la société française, de la rassembler, à l'inverse du « Rassemblement » national.

1. *Neuilly Magazine*, no 27, décembre 2018, p. 20-21.

Bien entendu, après que le gouvernement a cédé et alors que les violences continuaient, le soutien au mouvement a faibli. En premier lieu, chez les cadres, suivis, comme il est d'usage, par les professions intermédiaires dont les oscillations, les hésitations, l'indécision maintiennent le système en état de flottaison et de flottement. Les catégories les plus populaires – ouvriers et employés – sont restées plus fidèles au mouvement. Mais en mars 2019, l'hostilité aux Gilets jaunes n'est même pas, ainsi que le montre le tableau 13.2, majoritaire dans la catégorie CPIS puisque la différence entre 42 et 43 % n'est pas significative.

Tableau 13.2. Le soutien aux Gilets jaunes par CSP en mars 2019

	Soutien/ sympathie	Hostilité
Cadres et professions intellectuelles supérieures	42 %	43 %
Professions intermédiaires	48 %	34 %
Total des catégories populaires	57 %	25 %

Sources : Ifop.

Nous partons d'un taux de soutien ou de sympathie global de 71 % et qui, en mars 2019, reste de 46 %, tandis que le taux d'opposition monte, lui, de 11 à 36 %. Les indifférents fluctuent et sont 18 % en mars. Conclusion : même si la sympathie a baissé à partir du moment où Macron a lâché, elle reste majoritaire, malgré six mois de désordre. Je ne nie pas qu'une partie de la population est devenue hostile au mouvement, mais l'analyse des élections européennes, présentée au chapitre 15, nous permettra de voir que cette hostilité n'a pas bénéficié à Macron.

Pour achever de dissocier le mouvement des Gilets jaunes du frontisme auquel les idéologues du macronisme ont voulu l'assimiler, nous devons aussi regarder le soutien selon la sympathie politique. Il est vrai qu'au début la France insoumise eut un peu de mal à embrayer et que les sondages indiquaient un maximum de soutien chez les électeurs lepénistes. Nous y reviendrons. En fin de période, en revanche, la sympathie pour le mouvement atteint son maximum chez les mélenchonistes (qui sont alors 79 % à le soutenir).

Tableau 13.3. Le soutien aux Gilets jaunes selon la sympathie politique (en mars 2019)

Électeurs…	Soutien/sympathie pour les Gilets jaunes
De La France insoumise	79 %
Du Rassemblement national	66 %
De La République en marche	19 %

Sources : Ifop.

Le sondage a eu une importance fondamentale, comme analyseur et acteur, puisqu'il a donné le juste sentiment de ce que le gouvernement était isolé et qu'il l'a, au fond, forcé à céder. Belle validation de sa contribution à la résistance de la démocratie. Mais aucun sondage ne saurait saisir la réalité d'ensemble du mouvement. Même les sondages les plus sophistiqués de l'Ifop, qui tentent des distinctions subtiles, en demandant, par exemple, à la personne interrogée si elle se « sent Gilet jaune », échouent, me semble-t-il, à établir avec précision *qui* sont les Gilets jaunes. Se sentir Gilet jaune reste en effet affaire de subjectivité. Aurais-je moi-même répondu oui ? Aucune idée. Nous nous heurtons ici aux limites de ce que peuvent faire les sondages, qui ne rendent jamais compte que de la strate consciente des choses. Lorsque nous sommes confrontés à un processus semi-insurrectionnel, ils ne suffisent plus. On ne peut, en outre, se contenter de définir les Gilets Jaunes à partir d'échantillons de 1 000 personnes réparties sur tout le territoire national. Car le sondage, à moins d'utiliser d'énormes échantillons (ce qui est rarement possible) ne permet aucune géographie des attitudes ou des processus.

La réunification du territoire français

Nous avons parlé d'un mouvement des Gilets jaunes qui se laisse analyser à trois niveaux. Les sondages nous ont permis d'appréhender le premier : le soutien de la population. Seule une approche de terrain nous donne accès aux deux suivants. Elle consiste à regarder où ont eu lieu les actions des Gilets jaunes et qui y a participé. Ces actions incluent les blocages puis ce qu'on a appelé les « ronds-points », avec ces tentatives d'établissement de cabanes, qui, après dix ou quinze jours de tolérance, ont été systématiquement détruites par la police. Ces blocages et établissements de ronds-points constituent notre deuxième niveau. Les données recueillies n'ont jamais toute la précision nécessaire, mais elles nous permettent de saisir le mouvement à la fois socialement et dans l'espace. Commençons par l'espace.

Carte 13.1. Les blocages prévus au 17 novembre

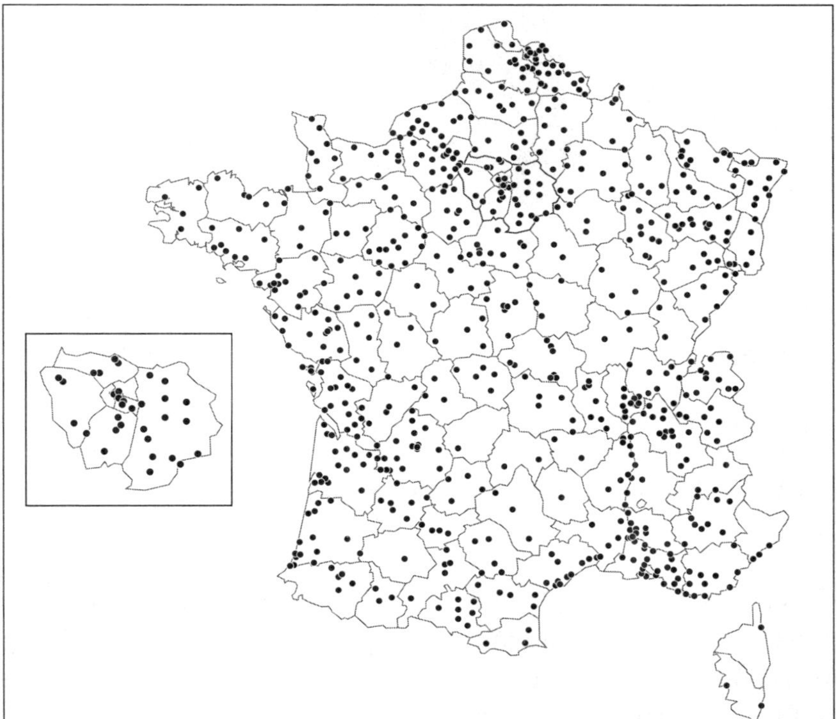

• Communes où un ou plusieurs blocages sont prévus par les manifestants

Sources : www.17novembre.com.

Cartes 13.2. Les blocages prévus au 17 novembre par région et selon la population

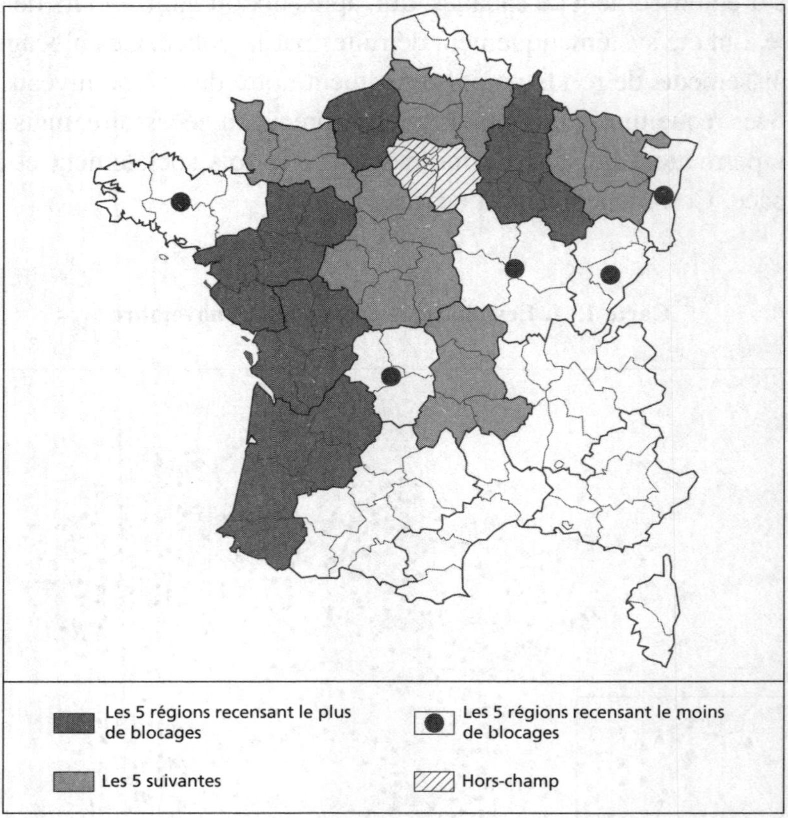

Sources : Mon calcul d'après la carte précédente.

Les cartes 13.1 et 13.2 représentent le même phénomène sous deux formes différentes. La première indique par des points les blocages prévus pour le 17 novembre. La deuxième classe les régions (d'avant la réforme de 2015) selon le nombre de blocages prévus rapporté à la population. Le tableau 13.4 explicite cette seconde carte.

La carte 13.1 nous dit d'emblée à quel point l'ensemble de la France a été touché. À elle seule, elle jette le doute sur la plupart des théories de la fragmentation de la société française. Elle montre une France unie, hors région parisienne – mais je montrerai en fin de chapitre à quel point l'attitude des banlieues a été mal comprise.

Tableau 13.4. Les blocages prévus au 17 novembre par million d'habitants

Champagne-Ardenne	22,8
Poitou-Charentes	18,9
Pays de Loire	17,5
Haute-Normandie	16,8
Aquitaine	16,6
Auvergne	14,7
Centre	14,0
Basse-Normandie	13,9
Picardie	13,7
Lorraine	12,4
Rhône-Alpes	12,1
Provence-Côte d'Azur	10,7
Midi-Pyrénées	10,0
Corse	10,0
Nord-Pas-de Calais	9,8
Languedoc-Roussillon	9,0
Limousin	8,2
Franche-Comté	8,0
Bourgogne	7,6
Alsace	6,9
Bretagne	6,4

Sources : Répartition des points de la carte précédente et chiffres de population de l'Insee.
L'Île-de-France est exclue à cause de sa morphologie urbaine massive.

Les discours opposant le centre à la périphérie et les villes au périurbain sont à la source d'énormément de confusions. Tentons de clarifier les choses. Si on retrouve partout sur le territoire national une opposition centre-périphérie, qui concerne, à chaque fois, une métropole régionale et la zone qui l'entoure, cela traduit de fait une homogénéité nouvelle du territoire national. Dans un pays où les traditions religieuses et familiales finissent de s'effacer, seules restent les structures de classe, lesquelles s'incarnent spatialement, en chaque région, dans une opposition centre/périphérie : ce sont certes des groupes venus des zones périurbaines qui viennent bloquer les centres-villes. Mais la société française a réagi, de fait, à peu près partout de la même façon. Pas d'archipel français en vue ici.

Lorsqu'en revanche, on rapporte les projets de blocages au nombre d'habitants, des différences apparaissent. La carte 13.2 répartit les quinze anciennes régions françaises en trois : les cinq régions où il y a le plus de projets de blocage pour le 17 novembre, les cinq suivantes et les cinq où il y a le moins de projets de blocage. Le résultat surprend : l'épicentre relatif des zones de blocages se situe dans ce que j'ai appelé la France abritée, celle qui n'a pas été frappée de plein fouet par la désindustrialisation et où l'immigration reste modérée. Il semble que le président Macron ait donc réussi un tour de force : porter la lutte des classes dans la France la plus paisible. Peut-être cela s'explique-t-il par le fait que cette France plus paisible est aussi plus homogène, qu'elle n'a pas, justement, de problèmes d'immigration et que la mobilisation générale a pu y être plus facile, plus rapide. Ce n'est là qu'une hypothèse. Je l'avais d'ailleurs déjà formulée à l'époque des Bonnets rouges, en 2013. La mobilisation concernait la Bretagne, autrement dit la région de France la plus homogène, la moins touchée par l'immigration. Elle avait été causée, comme le mouvement des Gilets jaunes, par une taxe écologique. Et, comme le mouvement des Gilets jaunes, elle avait abouti à une reculade du gouvernement.

Passons de la mi-novembre à la mi-décembre. La capitulation de Macron a lieu le 10 décembre, mais la lutte continue. Elle se tend. C'est le moment d'évoquer, après les sondages d'opinion massivement favorables et les blocages, le troisième niveau de la machine de guerre spontanée qu'a été le mouvement des Gilets jaunes. Son fer de lance, pourrait-on dire : les manifestations en centre-ville, et notamment à Paris.

Je vais ici parler en historien et non en apôtre d'une quelconque violence : l'affrontement dans les centres-villes et la capacité des manifestants à s'approcher des lieux du pouvoir ont contribué de manière décisive à la défaite macroniste. Il est très difficile d'en obtenir une géographie réaliste, beaucoup plus, en tout cas, que pour les manifestations « Je suis Charlie » de 2015 qui s'étaient produites un jour donné (ou parfois sur deux jours) dans l'ensemble de la France et permettaient de calculer des corrélations significatives (avec l'empreinte catholique antérieure ou la présence de petits bourgeois CPIS, on l'a vu plus haut). Cette fois, les chiffres sont trop controversés. Ceux qu'avance le ministère de l'Intérieur constituent, pour moi, à l'instar de l'omniprésence du président sur les écrans de télévision, une information de type orwellien. Le Nombre Jaune, quant à lui, calculé par une équipe du mouvement et beaucoup plus réaliste, a commencé d'être calculé trop tard.

Heureusement, nous disposons, pour cartographier ce moment clé, du travail extraordinaire d'un jeune géographe, Geoffrey Pion. Pendant trois jours, à la mi-décembre, avant que certains groupes ne s'autodissolvent ou que Facebook, qui n'a jamais été par essence une institution démocratique, ne les dissolve autoritairement, il a recensé tous les groupes et individus Gilets jaunes présents sur Facebook à travers toute la France, au niveau local, départemental et régional. Il a aussi, pour évaluer l'intensité des manifestations, repris les chiffres disponibles sur la page Facebook Le Nombre Jaune (dont les animateurs ont, eux aussi, accompli un travail remarquable). Il les a ensuite complétés, puis mis en forme et cartographiés.

Selon son estimation, il a atteint 95 % des groupes et individus concernés. Compte tenu de l'importance qu'a eue Facebook dans la mobilisation, il s'agit certainement de l'un des meilleurs indicateurs du niveau d'activité des Gilets jaunes à cet instant.

Plusieurs éléments frappent dans la carte 13.3 (page suivante). D'abord, une sorte de ceinture s'est constituée, qui prend la région parisienne par le sud. Nous sommes à l'époque où les manifestations atteignent le cœur de Paris et font trembler les beaux quartiers : cet état de siège se perçoit clairement à l'échelle du pays. Ensuite, on observe un début de cristallisation dans des départements du Sud, entre les Pyrénées-Atlantiques et l'Aude, ainsi qu'entre la Drôme, les Hautes-Alpes et les Basses-Alpes. D'une manière générale, on constate, par rapport à la carte précédente, un mouvement de vague dans l'espace national. Les foyers de la révolte ne sont plus ceux du mois précédent. La facilité et la vitesse de ces déplacements dans l'espace sont un signe supplémentaire de l'homogénéité culturelle de la société française. Ils ne sauraient se produire si l'espace n'était pas unifié.

Carte 13.3. Les Gilets jaunes à la mi-décembre 2018

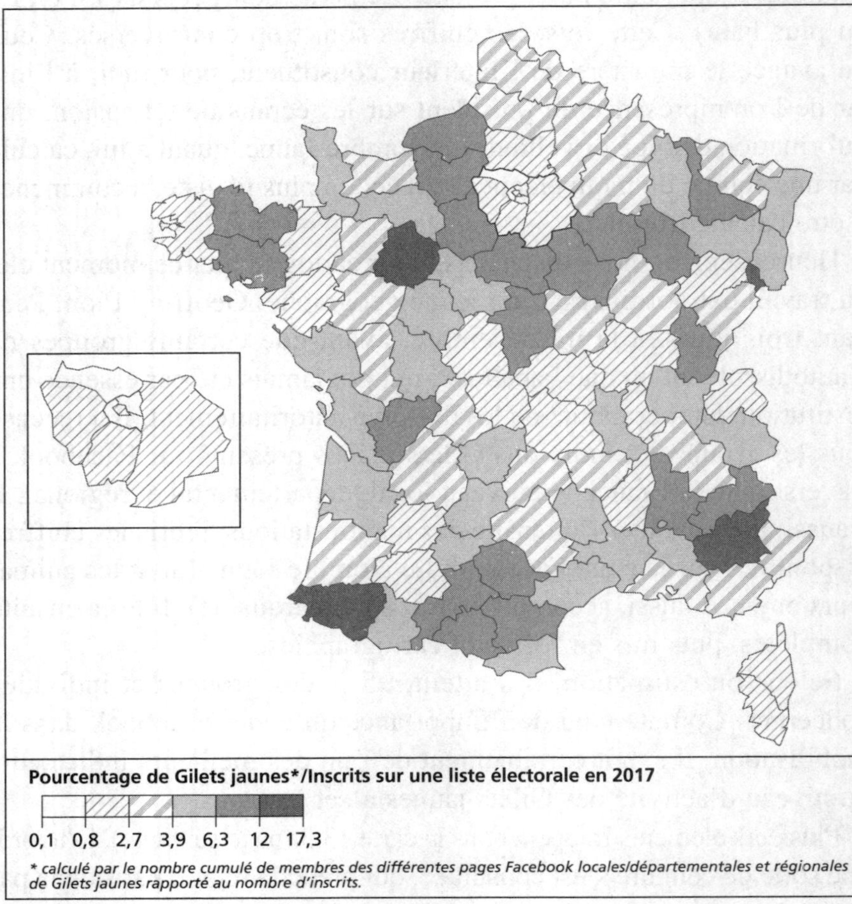

Sources : statistiques : Geoffrey Pion et ministère de l'Intérieur 2017 ; cartographie : Geoffrey Pion.

C'est à cette époque que les tentatives idéologiques macronistes d'identification du mouvement des Gilets jaunes au frontisme et à la xénophobie ont commencé, mais remarquons à quel point cette carte ne correspond pas à l'implantation du vote lepéniste. Le coefficient de corrélation, positif est à + 0,27, ce qui est au-dessous du seuil de significativité que j'ai établi dans l'introduction.

Carte 13.4. Le vote Le Pen en 2017

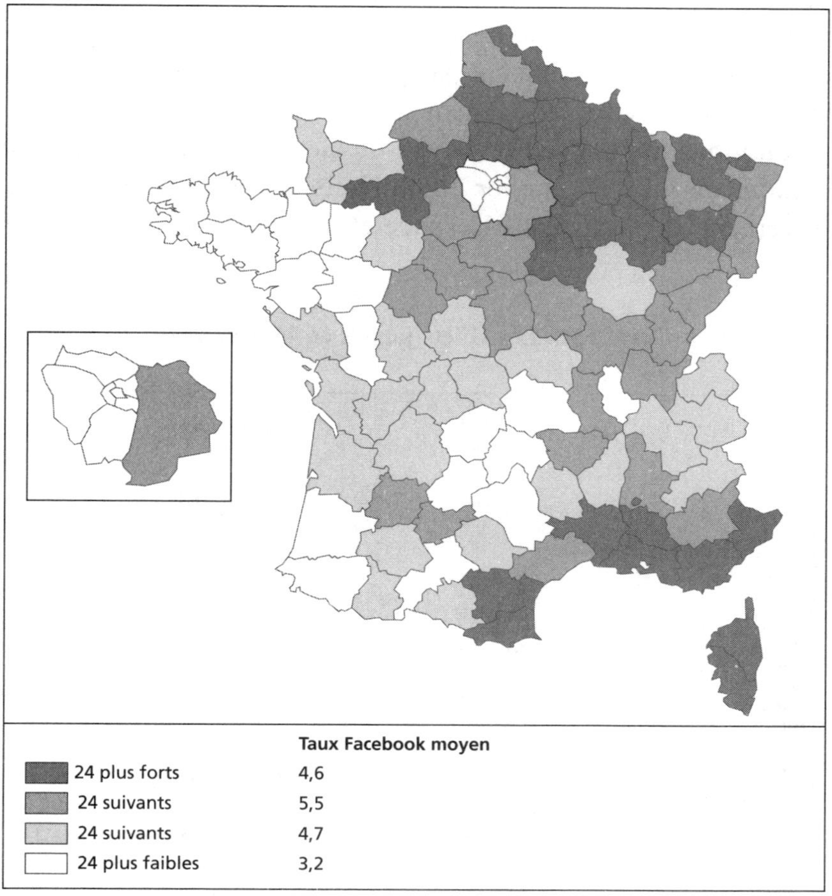

Sources : Ministère de l'Intérieur.

Approfondissons. J'ai réparti les 96 départements métropolitains en quatre quartiles, selon que les scores de Marine Le Pen en 2017 y étaient plus ou moins élevés. J'ai calculé par ailleurs le taux Facebook moyen des départements dans les divers quartiles. Le taux d'activité Facebook des Gilets jaunes est de 4,6 dans le quart des départements où le vote Le Pen est le plus fort. Il monte à 5,5 dans le quart suivant. Il repasse à 4,7 dans le troisième quart et tombe à 3,2 au sein du quart le plus faible. À la mi-décembre 2018, le taux d'activité maximale des Gilets jaunes ne correspond pas aux zones de force du Rassemblement national. Il se trouve dans une zone intermédiaire. J'ajouterais que ce sont là des régions dans lesquelles le Rassemblement national n'a absolument pas progressé lors des élections européennes qui ont suivi les événements.

Examinons maintenant le travail de Geoffrey Pion sur les manifestations en ville en janvier 2019. Nous devons en effet suivre le mouvement, évolutif, dans l'espace et le temps.

Carte 13.5. Les Gilets jaunes en janvier 2019

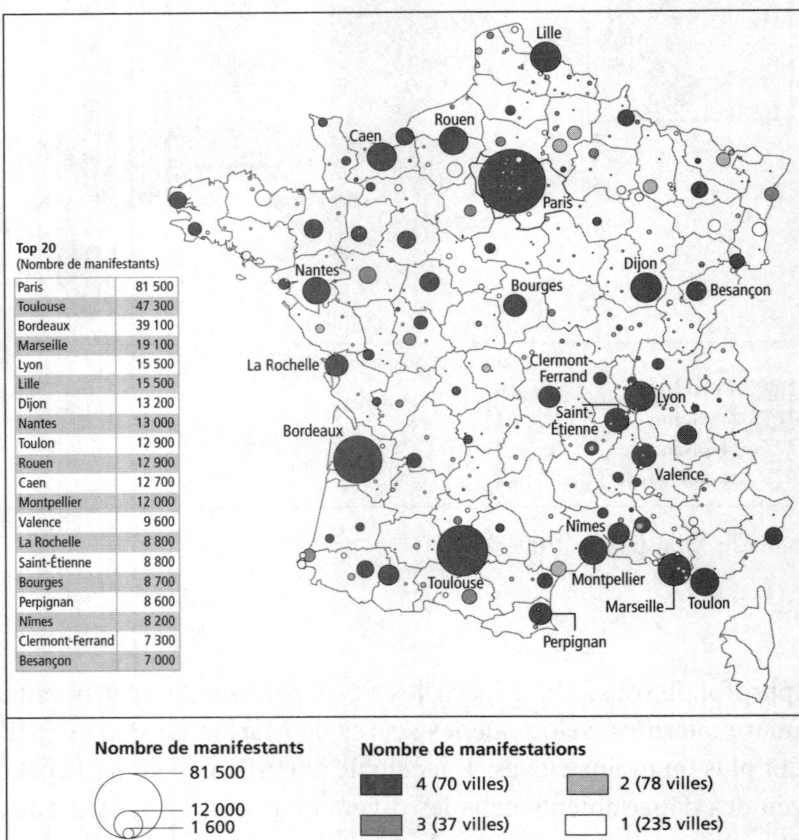

Paris	81 500
Toulouse	47 300
Bordeaux	39 100
Marseille	19 100
Lyon	15 500
Lille	15 500
Dijon	13 200
Nantes	13 000
Toulon	12 900
Rouen	12 900
Caen	12 700
Montpellier	12 000
Valence	9 600
La Rochelle	8 800
Saint-Étienne	8 800
Bourges	8 700
Perpignan	8 600
Nîmes	8 200
Clermont-Ferrand	7 300
Besançon	7 000

Sources : statistiques : Geoffrey Pion et Le Nombre Jaune ; cartographie : Geoffrey Pion

Carte 13.6. Les Gilets jaunes en janvier 2019 par département

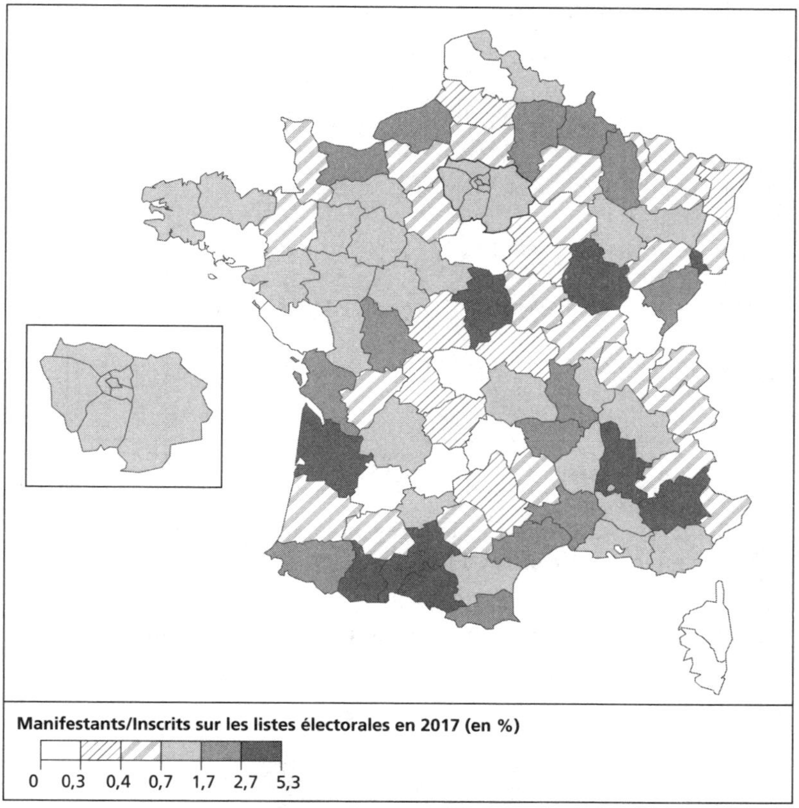

Sources : statistiques : Geoffrey Pion, Le Nombre Jaune et ministère de l'Intérieur 2017 ; cartographie : Geoffrey Pion.

Ces deux cartes indiquent respectivement les villes et, en proportion par inscrit électoral, les départements où les manifestations ont été les plus importantes en janvier. Le mouvement dans l'espace se poursuit : on observe la suite de l'incrustation dans le Midi avec l'apparition de Toulouse et de Bordeaux comme grandes villes de manifestations. Cette stabilisation dans le Sud-Ouest se confirme en mars.

Carte 13.7. Les Gilets jaunes en mars

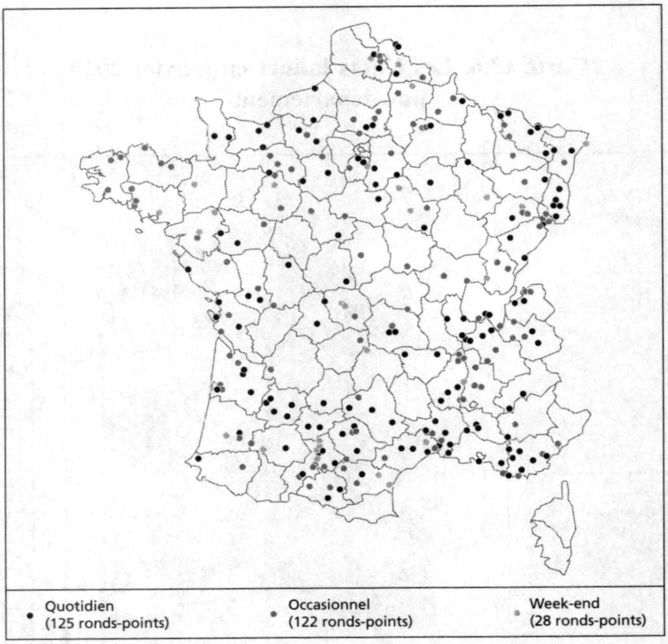

Sources : statistiques : Geoffrey Pion et Le Nombre Jaune ; cartographie : Geoffrey Pion.

Carte 13.8. Les Gilets jaunes en mars par région et par habitant

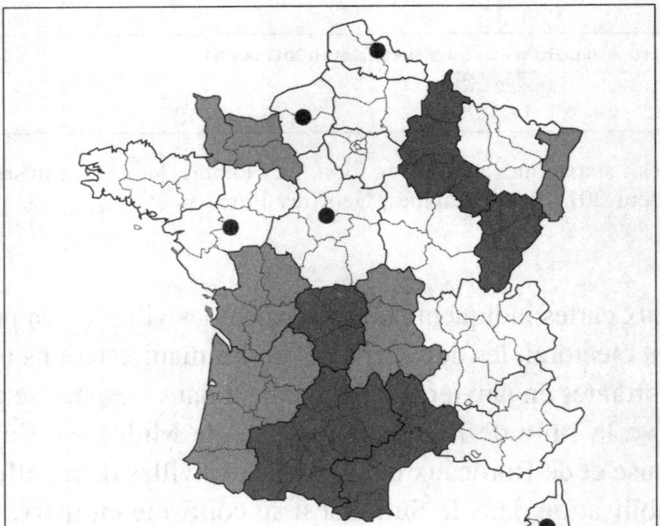

Sources : Dérivée par moi de la précédente.

Je ne suis pas parvenu à des conclusions définitives sur la résistance plus longue qu'on observe dans le Sud-Ouest. Elle pourrait avoir un rapport avec le fait que le vote Mélenchon y était plus fort en 2017. Ou bien avec le fait qu'on y trouve, de manière résiduelle, plus de petits patrons et de petits commerçants que dans le reste de la France – et que les petits patrons comme les petits commerçants ont joué un rôle particulièrement actif sur le terrain. Ces indépendants sont un héritage de la famille-souche qui transmettait dans le Sud-Ouest l'atelier ou l'échoppe aussi bien que la ferme, ou plutôt, l'*ostal* : dernière flambée anthropologique régionale, dans notre Hexagone unifié, au plus loin de Paris ?

Carte 13.9. Le vote Mélenchon en 2017

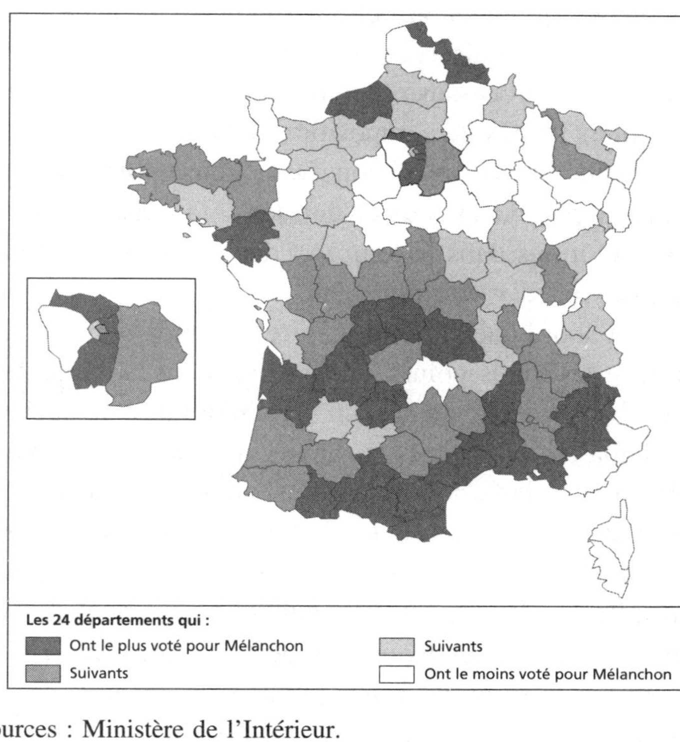

Sources : Ministère de l'Intérieur.

Au-delà des incertitudes sur les chiffres et sur certaines interprétations, revenons à l'essentiel que nous livre l'examen de ces cartes : l'unité nouvelle de la France, prouvée simultanément par la dispersion du phénomène Gilets jaunes sur l'ensemble du territoire national et par son étonnante mobilité entre novembre et mars.

Le profil sociologique des Gilets jaunes

Nous avons jusqu'ici à peine effleuré l'un des aspects les plus importants du mouvement des Gilets jaunes : sa composition sociologique. Mais il fallait au préalable établir l'homogénéité du territoire français par la cartographie pour que l'analyse en termes de catégories sociales prenne son sens. Comme nous n'observons pas de grosses différences religieuses ou familiales selon les régions, cette analyse est moins biaisée qu'elle a pu l'être par le passé. Cela ne signifie pas pour autant qu'elle est aisée. Je me méfie des moyennes statistiques dans l'examen des processus révolutionnaires-insurrectionnels. Dans le cas des Gilets jaunes, la composition sociologique du mouvement est difficile à établir avec précision. Dans l'ensemble, on sait que les Gilets jaunes appartenaient aux catégories défavorisées. On note toutefois des évolutions dans le temps et des différences selon le type d'action. Essayons d'y voir plus clair.

On relève d'abord une différence entre les ronds-points et les manifestations. Sur les ronds-points, on a trouvé, dans la durée, beaucoup de retraités, beaucoup de jeunes, un certain nombre de déclassés. Au début participaient aussi des artisans et des catégories mieux intégrées : des petits chefs d'entreprise et même quelques cadres, des médecins. Puis cette composante s'atténue, à mesure que le phénomène dure et se durcit. Mais notons qu'elle a été importante au départ, comme d'ailleurs elle l'avait été pour le mouvement des Bonnets rouges en Bretagne, dans lequel les petits patrons avaient joué un rôle moteur. Par la suite, les ronds-points sont devenus des lieux de sociabilité pour des individus qui étaient assez isolés dans la société française et dont on pourrait évaluer le niveau de vie à 1 000 euros par mois.

Les manifestations font intervenir, elles, des catégories légèrement différentes. Elles ont lieu le samedi parce que ceux qui y participent travaillent, qu'ils ont, de fait, plus de moyens. Nous pourrions dire que les ronds-points rassemblent des personnes qui gagnent 1 000 euros par mois et les manifestations des personnes qui gagnent 1 400 euros par mois. Dans les deux cas, notons-le, nous sommes en dessous du revenu médian, qui s'établit, en 2018, à un peu plus de 1 700 euros par mois[1], au-dessous donc des professions intermédiaires.

Les groupes démographiques concernés ne sont pas non plus les mêmes. Sur les ronds-points, nous trouvons une proportion importante de retraités et de femmes. Une étude d'Elabe et de l'Institut Montaigne évalue la proportion globale des femmes à 47 %[2]. Ce taux élevé est caractéristique de tous les mouvements révolutionnaires. « Quand les femmes s'en mêlent, quand la ménagère pousse son homme, quand elle arrache le drapeau noir qui flotte sur la marmite pour le planter entre deux pavés, c'est que le soleil se lèvera sur une ville en révolte », écrit Jules Vallès dans *L'Insurgé*. On a pu constater une nouvelle fois, avec le mouvement des Gilets jaunes, à quel point la présence des femmes indiquait que l'affaire devenait sérieuse.

Nous l'avons dit plus haut, une grande partie des Gilets jaunes appartenait, de toute évidence, aux catégories les plus défavorisées, à notre prolétariat. L'étude Elabe-Institut Montaigne parle de 26 % d'ouvriers et 21 % d'employés. C'est ce qui explique sans doute que 29 % de l'échantillon étudié disent avoir voté pour Marine Le Pen en 2019 (contre 17 % pour Jean-Luc Mélenchon et 27 % d'abstentions, de votes blancs ou de non-inscriptions sur les listes électorales). Dans un mouvement révolutionnaire normal on devrait trouver un nombre non négligeable de défecteurs des catégories sociales supérieures. Or je n'ai pas l'impression que les membres de la petite bourgeoisie CPIS aient été fort représentés dans le mouvement. Et pour ce qui concerne les professions intermédiaires, je n'en jurerais pas non plus. Sur toutes ces questions, une grande prudence s'impose. Je peux tout

1. Voir chapitre 1.

2. Cette étude du 20 mars 2019, intitulée « Les Gilets jaunes : la partie émergée de la crise sociale française ? », évalue le salaire mensuel moyen des Gilets jaunes à 1 486 euros. Je l'ai soumise à François Boulo, qui l'a validée.

de même rapporter ce que m'a dit François Boulo, qui a émergé en janvier comme l'un des leaders de la région rouennaise.

Boulo a 32 ans, il est avocat en droit du travail. C'est un membre des catégories intellectuelles supérieures. Il m'a confié qu'en janvier, quand il avait été désigné comme leur représentant officiel par trois ronds-points représentant 400 personnes, il pensait être le premier d'une longue liste. La longue liste n'est pas venue. C'est ce qui rend ce mouvement remarquable. Il a grandi et a obtenu des résultats tangibles sans participation active des éduqués supérieurs complets. Nous retrouvons peut-être ici l'idée, évoquée au chapitre 2, d'une déconnexion des études et de l'intelligence. Les leaders qui sont apparus, Priscillia Ludosky, Éric Drouet, Maxime Nicolle, Ingrid Levavasseur, ont une trentaine d'années. Ils sont autoentrepreneuse, chauffeur routier, intérimaire, aide-soignante. Peut-être en sommes-nous déjà arrivés au point où toutes ces personnes, fort intelligentes mais qui n'ont plus l'occasion de faire des études supérieures, sont en train de redonner des cadres à la révolte des masses. Il est bien entendu tentant de les opposer aux chefs de file du macronisme, leurs doubles négatifs, surdiplômés imbéciles[1].

Les Gilets jaunes eux-mêmes ne semblaient pas préoccupés par les questions éducatives. Leur problème était le niveau de vie. Le clivage éducatif a néanmoins servi de marqueur aux sondeurs. Si les sondages d'opinion indiquent un certain soutien, on n'a pas assisté, sur le terrain, à un déchaînement de solidarité de la part des éduqués supérieurs. Plutôt, au contraire, à une sorte de mise à distance. L'attitude des éduqués supérieurs contribue à expliquer les décalages entre soutiens mélenchonistes et lepénistes. Tandis que le Rassemblement national était, dans les mots en tout cas, parfaitement clair dans son soutien – on verra son jeu trouble au chapitre suivant –, Mélenchon a commencé par se montrer plus réservé. En 2013, il avait eu des propos hostiles aux Bonnets rouges. Notons chez lui, toutefois, des Bonnets rouges aux Gilets jaunes, une sorte d'accélération des processus mentaux.

Au-delà des questions de leadership, la composition des électorats lepéniste et mélenchoniste explique aussi cette divergence initiale.

1. Voir le chapitre 2 du présent ouvrage.

L'électorat frontiste de 2017 est, sans ambiguïté, un électorat populaire rassemblant ouvriers et employés. L'électorat mélenchoniste de 2017 est, lui, un électorat mixte, comprenant certes une proportion d'ouvriers, mais aussi une bonne part d'éduqués supérieurs. Nous y reviendrons au chapitre 15, lorsqu'il s'agira d'expliquer la déroute de la France insoumise aux européennes.

Tableau 13.5. Le vote des classes en faveur de Marine Le Pen et de Jean-Luc Mélenchon en 2017

	Le Pen	Mélenchon
Prolétariat (ouvriers)	39 %	25 %
Masse centrale atomisée (intermédiaires)	17 %	26 %
Petite bourgeoisie CPIS	10 %	16 %

Sources : Ifop.

Pour analyser la composition sociologique des manifestations, on pourrait supposer qu'un bon moyen consisterait à examiner la catégorie sociale des personnes qui ont été interpellées. Mais, comme François Boulo me l'a fait remarquer, ce serait une fausse bonne idée : ceux qui se font prendre sont en général les moins rapides, les moins violents, les plus « innocents », en aucun cas les plus actifs et les plus significatifs. Ceux qui n'ont rien à faire en prison s'y trouvent surreprésentés. Quand nous aurons des chiffres, ils ne vaudront rien. D'autant que l'une des particularités de l'action policière a été de frapper et de mettre en prison n'importe qui.

« Flash-Ball pour tous »

J'ai parlé de l'homogénéité du territoire français que fait apparaître le mouvement des Gilets jaunes. Quand on regarde les cartes, deux zones semblent néanmoins venir nuancer cette homogénéité : la Bretagne et les banlieues. Malgré la présence de quelques ronds-points et une certaine agitation dans quelques localités, comme Morlaix, la

Bretagne est restée relativement en retrait du mouvement. Quant aux banlieues – cela a été beaucoup souligné et même surligné –, elles n'ont pas participé aux manifestations, elles ne sont pas descendues dans les centres-villes. Une première explication pourrait être que, dans les deux cas, leur soulèvement avait déjà eu lieu auparavant. La Bretagne avait été l'épicentre de la révolte des Bonnets rouges en 2013, et les banlieues s'étaient embrasées en 2005. Un humoriste dirait que c'était à présent au tour des autres, restés passifs jusque-là.

Pour les banlieues si ce n'est pour les Bretons, nous devons nuancer, et même contredire, l'orthodoxie. Un jeune chercheur, Yoan Gwilman, a mené une enquête pour déterminer leur véritable attitude à l'égard des Gilets jaunes et tenter de comprendre pourquoi elles ne leur avaient pas prêté main-forte. Son étude remet en cause l'idée d'une fragmentation ethnique de la société française[1]. Et elle donne deux bonnes raisons pour lesquelles les banlieues n'ont pas bougé.

La première est absolument indiscutable : la peur. Une peur justifiée puisque le gouvernement a envoyé la BAC, autrement dit les unités de police qui tapent d'ordinaire sur les jeunes de banlieue, réprimer les manifestants. En un sens, le gouvernement a réalisé en pratique l'unification des banlieusards et des Gilets jaunes, il les a assimilés les uns aux autres par sa manière de les maltraiter. Je pense personnellement que les jeunes de banlieue ont très bien fait de s'abstenir. À plusieurs reprises, il avait été question d'une intervention de l'armée et de l'éventualité d'aller plus loin que l'usage du Flash-Ball. Qui peut affirmer qu'on n'aurait pas tiré à balles réelles si les jeunes de banlieue étaient entrés dans Paris ?

La vérité est que les jeunes de banlieue vivent avec un sentiment de peur qui ne se résume pas à celle de la police. Les manifestations monstres de janvier 2015 n'y sont pas étrangères. On manifeste pour montrer sa force, pour intimider, et je crois qu'au fond les manifestations « Je suis Charlie » avaient aussi pour but de rappeler à l'ordre les banlieues perçues comme « musulmanes » ou « maghrébines » par notre petite bourgeoisie. Ou par ce que j'avais appelé dans *Qui est Charlie ?* le bloc MAZ (classes moyennes, gens âgés, catholiques zombies). Nous

1. Yoan Gwilman, *Dans la même galère : comment les Gilets jaunes ont désamorcé Charlie*, mémoire non publié, 2019.

pouvons faire l'hypothèse que cet objectif d'intimidation a été atteint. Les manifestations ont contribué au maintien d'un certain type d'ordre social.

Cette explication par la peur, une peur qui empêcherait la sympathie de s'exprimer positivement par une fusion et une participation dans les cortèges, me paraît incontestable. Gwilman avance une autre interprétation intéressante, plus discutable, mais qui mérite d'être évoquée. Il nous dit d'abord à quel point les questions d'image et de légitimité par l'image ont été importantes durant la révolte des Gilets jaunes, au cœur des préoccupations des acteurs. Selon lui, les jeunes de banlieue auraient fait preuve d'esprit de responsabilité, craignant de ternir l'image du mouvement s'ils le rejoignaient. Il avance le très joli concept d'« ostracisme solidaire ». J'avoue ne pas être vraiment convaincu. Il table sur un niveau de responsabilité idéologique quelque peu exagéré.

L'objectif intellectuel de Gwilman est de montrer que la non-participation des banlieues aux manifestations Charlie et leur non-participation aux manifestations des Gilets jaunes sont des phénomènes d'ordre différent. Dans le dernier chapitre de son livre, il nous en offre la preuve définitive, par le… rap (qui n'est pas que de banlieue mais qui est lié à la banlieue). « Si, en 2015, lors d'une simple recherche "Rap – Je Suis Charlie" sur la barre de recherche du site YouTube, les trouvailles restent rares (sinon hostiles), en revanche, en 2018-2019, si la recherche porte sur les mots-clés "Rap – Gilets jaunes", la liste des morceaux s'allonge sur des pages entières[1] », écrit-il. Il dresse une liste impressionnante des rappeurs, « professionnels ou non, issus ou vivant en banlieue », qui se sont déclarés en faveur du mouvement des Gilets jaunes : « Fianso, Kery James, Alonzo, Lacrim, Rémy, Georgio, Kalash Criminel, Seth Gueko, SCH, Jul, Dinor Rdt, D-Ace, Hayce Lemsi, Kozi, Noziii, Daks, FRT, Seff-ormidable, Amon L'Algérian'Staff, Wesson Terrien, Tauraux, Zepeck, Nani Danksi 93, D1ST1 ». Et de citer les paroles d'un morceau de ce D1ST1, intitulé « Gilets jaunes – Acte 2 » :

Et même si tu vis bien et qu't'as pas besoin d'militer,
Rejoins les Gilets jaunes pour retrouver de l'humanité !
Y'a de l'entraide et du partage, je vous invite à descendre,
Vous comprendrez que c'est de la police que l'on doit se défendre.

1. *Ibid.*, p. 134.

Plaçons-nous un instant à la place des jeunes de banlieue, qui appartiennent aux catégories dominées de la société, habitués à vivre sous la surveillance de la police nationale et la menace des Flash-Ball. Il me paraît en réalité absolument improbable qu'ils n'aient pas éprouvé un violent sentiment de sympathie pour ces Français venus des provinces qui prenaient des tirs de LBD dans la figure et se faisaient crever les yeux. Le contraire est impensable. En tant qu'historien de la longue durée et contre tous les théoriciens de la fragmentation de la société française, je suis prêt à parier que les mutilations et les incarcérations de Français ordinaires mal payés – employés, caristes, chauffeurs routiers, électeurs ou non du Rassemblement national ou parfois de Mélenchon, venant ou non de provinces de l'Ouest où il n'y a pas de problèmes d'immigration – ont amorcé une réunification de la société française dans ses masses populaires. Peut-être parlera-t-on un jour du soulèvement des Gilets jaunes comme du moment où les jeunes de banlieue et les autres rejetés du système français se sont sentis unis dans l'oppression. Et ce, d'autant plus que, grâce au pouvoir macroniste, la détention de centaines de manifestants est en train d'établir dans les prisons une interaction entre Gilets jaunes et jeunes de banlieue.

Paroles des banlieues sur les Gilets jaunes

1. « Gilets jaunes depuis 40 ans » (Saïd, 40 ans, Limay).

2. « Gilets jaunes de cœur » (Jo et Kevin, 25 à 35 ans, Asnières-sur-Seine).

3. « Les Gilets jaunes ? C'est pour tout le monde. Ils nous représentent ! » (Nasser, 50 ans, agent de maintenance dans un établissement scolaire, Villiers-le-Bel).

4. « C'est bien qu'ils se réveillent avec leurs gilets et qu'ils voient ce que c'est que la France et sa police. Y a pas de démocratie depuis longtemps ! » (Coursier, célibataire, 26 ans, parents d'origine tunisienne).

5. « Et 2005 ? Pourquoi on irait avec eux ? Vous voyez qu'on n'était pas des racailles ! » (Abdel, 18 ans, parents d'origine marocaine, Argenteuil).

6. « Ça veut dire quoi faire appel aux banlieusards ? Les banlieusards étaient là depuis le début. On ne fait pas appel aux banlieusards, on fait appel à des citoyens concernés par la cause. Fin » (Kizo Bomayé, ancien d'un gang, aujourd'hui médiateur social, Grigny).

7. « Y a les Gilets jaunes et les gilets stones. C'est très intéressant, ça. Je suis de tout cœur avec les Gilets jaunes, mais ce n'est pas mon combat. Mon combat est dans les quartiers nord » (Soso Maness, star du rap, après un bref passage en prison, originaire de la cité Font Vert à Marseille).

8. « Les Gilets jaunes ? Ils connaissaient pas le système D. Nous, on a appris à se débrouiller tout seuls. Mais je soutiens leur combat. Ça concerne tout le monde. On va pas rentrer dans la concurrence victimaire. La France mérite mieux que ça ! » (Hadama, 33 ans, militant associatif, Aulnay-sous-Bois).

9. « Pour mes camarades de promo, en banlieue, on est les beaufs de Paris [...]. Mais nous, on connaît l'ennemi de près » (Farès, 23 ans, étudiant en AES, Gennevilliers).

10 « En prison, on aimait bien les samedis. Ils ont raison les Gilets jaunes ! À croire qu'en France, il faut tout casser pour se faire entendre ! » (Kevin, 26 ans, foreur, après six mois de prison, Créteil).

11. « Après les Champs-Élysées, on s'est dit... en fait, ils sont comme nous ! » (Nawufal Mohammed, 30 ans, en recherche d'emploi, associatif, Clichy-sous-Bois).

12. « Déter comme un Dettinger. Il renforce le mouvement, Christophe Dettinger ! Patate de Gitan, Christophe Dettinger ! Il vient de ma ville, Christophe Dettinger. (Ouais !) Je sais ce qui peut les déranger, réunissons tous les Christophe Dettinger ! » (Daks, rappeur, 25-30 ans, Massy – et le morceau de finir par un appel de Christophe Dettinger à continuer le mouvement pacifiquement).

13. « Le boxeur, je l'ai bien aimé. C'est un bon. Il a parlé pour tous les mecs de cités ! » (Amine, 24 ans, en recherche d'emploi depuis six mois, Paganini, cité de Paris intra muros).

14. « Le Flash-Ball pour tous ! » (Un trafiquant de cannabis, 21 ans, niveau bac général, célibataire).

15. « C'est malheureux, mais ça fait du bien de plus être tout seuls à manger dans la gueule » (Mme Mezdad, 46 ans, sans emploi, quartier du Bois-l'Abbé, Champigny-sur-Marne/Chennevières-sur-Marne).

16. « On est dans la même galère » (Bilal, 22 ans, sans emploi, Aubervilliers).

17. « On est de tout cœur avec les Gilets jaunes, mais si on se déplace à Paris, on va être direct pris pour des casseurs. Aux contrôles, s'ils voient que vous êtes de Corbeil, c'est chaud, alors des Tarterêts... » (jeunes hommes de la cité des Tarterêts, Corbeil-Essonnes).

18. « On va nous montrer du doigt… Et ça c'est pas bon, ça va niquer le mouvement ! » (« Diegve » Diallo, 25-30 ans, concierge, Grigny).

19. « C'est un peu un droit qu'on nous ôte. Le droit de manifester » (Khaled Maiza, président de club de rugby Les Spartiates, Corbeil).

20. « On est avec eux, à notre manière » (Mamadou, 24 ans, Champigny-sur-Marne).

21. « Bloquer en banlieue ? Tu veux rire ? Qui ça dérange ? Tu vas juste déranger les gens de chez toi. Dehors, les gens s'en foutent de la banlieue. Il faut viser des lieux ciblés ! » (Virgile, 40 ans, conducteur de bus, Vitry-sur-Seine).

22. « En France le samedi tu réclames ton pain tu perds un œil […]. Ma cité va craquer et croyez-moi c'est pas la seule ! » (Nani Danksi 93, entre 18 et 22 ans, rappeuse amateure, dans le service à la personne, Romainville, 93).

23. « Ces gens-là, ils disent ce que nous pouvons pas dire. Ils parlent de ce que nous souffrons très fort. Et que nous n'avons pas un endroit pour l'exposer » (Lise, retraitée, Grigny).

24. « Les Gilets jaunes ! Les Gilets jaunes ! Si j'avais quelqu'un pour garder les enfants, je serais venue ! » (Une femme, quarantaine d'années, sur le passage des Gilets jaunes en banlieue lors de « l'acte 30 »).

25. « Je suis à fond sur les réseaux sociaux » (Hind, 45 ans, deux enfants, 12 et 5 ans, sans emploi, Chennevières).

26. « J'ai pas les papiers. Je suis allé manifester. Ils ont cassé. Je me suis barré. Je veux pas être pris dans les problèmes. Mais je suis bien d'accord avec les Gilets jaunes. C'est pour l'ensemble, par pour une personne, donc je suis bien d'accord avec eux. C'est pour tous les Français » (Sans-papiers africain, 25-30 ans, Bagnolet).

27. « Les Gilets jaunes, c'est pas des casseurs, mais les deux ont raison. Franchement. Macron, démission ! » (Étudiant, 20-25 ans, Aubervilliers).

28. « Les Gilets jaunes ? Je m'en bas les couilles ! » (Loïc, 20-25 ans, Grigny).

29. « Plutôt gilet jaune que Charlie ! Au moins les Gilets jaunes, ils sont venus chez nous ! Ils sont comme nous. C'est la même galère. Tu vois les Charlie venir manifester en banlieue, toi ? Je veux dire, à part derrière la police ? » (Luc, niveau bac, parents béninois, Orly).

30. « Je soutiens pas le mouvement. Quand est-ce que les Gilets jaunes ils ont soutenu les musulmans ? Je soutiendrai quand les Gilets jaunes, ils me soutiendront, moi aussi. Depuis le temps, mon gilet jaune, il est devenu noir, mais je suis musulman et français ! » (jeune homme habitant de banlieue, 25-30 ans, à la terrasse d'un café, Bibliothèque François Mitterrand).

Propos recueillis par Yoan Gwilman, *in* Yoan Gwilman, *Dans la même galère : comment les Gilets jaunes ont désamorcé Charlie*, 2019 (mémoire non publié). La moitié des citations proviennent de la presse nationale ou indépendante (France Culture, Le Media TV, *Slate*, *Abcdrduson.com*, *Le Parisien*, Arte, RP Médias TV…), trois citations proviennent des réseaux sociaux (YouTube et Facebook). Le reste est issu d'entretiens informels.

Chapitre 14
La réaction macroniste : le nouveau parti de l'ordre et l'antisémitisme 2.0.

L'une des grandes leçons du mouvement des Gilets jaunes est que l'appareil d'État a tenu bon et que son monopole de la violence « légitime » n'a pas été sérieusement ébranlé. J'ai été impressionné, à vrai dire, par sa résistance. La machine répressive a admirablement fonctionné. La police n'a pas flanché, la justice a été implacable, les chaînes publiques sont très vite redevenues conformistes.

Une manifestation, on l'a dit à propos de celles de janvier 2015, sert à montrer sa force. Le plus souvent symbolique, la démonstration ouvre toujours la possibilité de devenir physique. Certaines manifestations de Gilets jaunes se sont imposées dans des lieux stratégiques proches du pouvoir d'État, palais de l'Élysée et ministères, préfectures. Les manifestants, venus de zones urbaines périphériques sont entrés dans les centres des villes et les ont occupés, samedi après samedi. Des déprédations ont été commises et elles ne l'ont pas été seulement par des « black blocs » spécialisés dans ce type d'action. Bien des jeunes ordinaires, peu familiers des manifestations, se sont laissé aller à en commettre. Soyons encore plus clairs : certains participants ont été violents, mais essentiellement contre les biens. Je ne crois pas que de tels manifestants aient pu sérieusement mettre en danger physique des policiers transformés par leur équipement en Robocop. La police, elle, sur ordre, a été violente contre les personnes. Lequel de ces deux types de violence est-il le plus admissible ? La réponse à cette question va sans doute définir une nouvelle ligne de partage au sein de la société française. Il y aura désormais, d'un côté, ceux qui pensent qu'il est plus grave de vandaliser le Fouquet's que d'éborgner un homme et, de l'autre, ceux qui estiment, à l'ancienne, que la protection des biens ne saurait justifier la mutilation des personnes.

La solidité de la police n'allait pas de soi. Début décembre, beaucoup la pensaient sur le point de craquer face à l'absurdité de la situation et à la surenchère répressive qui la menait au point de rupture, et l'on soulignait, à tort, la grande proximité de ses revenus avec ceux des manifestants, lesquels, d'ailleurs, lançaient souvent avec entrain des « la police avec nous ». La frayeur du pouvoir fut bientôt telle que l'Assemblée nationale vota en catastrophe, dans la nuit du 18 au 19 décembre, une prime de 300 euros en faveur des forces de l'ordre.

Le Rassemblement national au service de l'ordre

Cette prime, je pense, n'a pas été le stabilisateur fondamental des forces de l'ordre.

Tout au long des événements, le Rassemblement national a joué un rôle trouble. Tout en affirmant soutenir les Gilets jaunes, il a, de fait, entériné la répression. Je rappelle que la moitié des gendarmes et probablement des membres de la police ont voté pour Marine Le Pen. Si elle avait été une femme d'État républicaine, elle aurait appelé à faire cesser les violences policières. Elle n'avait qu'à s'y opposer clairement par des discours forts. En faire une priorité. Elle ne l'a pas fait. C'est l'un des non-dits de la période. Durant cette crise sociale sans précédent, dirigeants lepénistes et macronistes ont collaboré contre les Gilets jaunes.

Mais si la police ne s'est pas ralliée aux manifestants, c'est aussi en raison de son autonomie par rapport au reste de la société. Souvenons-nous de la réflexion de Marx déjà citée au chapitre 4, sur l'autonomie de l'État en France :

> L'indépendance du pouvoir exécutif se révèle au grand jour lorsque son chef n'a plus besoin de génie, ni son armée de gloire, ni sa bureaucratie d'autorité morale pour se justifier. La machine de l'État s'est à tel point consolidée en face de la société civile qu'il lui suffit d'avoir à sa tête le chef de la Société du Dix-Décembre, ce chevalier de fortune accouru de l'étranger, élevé sur le pavois par une soldatesque ivre, qu'il a achetée avec de l'eau-de-vie et du saucisson, et à laquelle il lui faut sans cesse recommencer à servir du saucisson.

Dans notre société sans âme politique, chaque métier, d'ailleurs, devient pour chaque individu son seul point de repère social : le prof, l'infirmière, l'avocat, le juge, le journaliste, le chercheur, le militaire, le flic donc, développent chacun leur esprit de corps particulier, s'appuyant sur une valeur centrale : enseigner, soigner, défendre, punir, dire le vrai, découvrir quelque chose, défendre la France, ou l'ordre intérieur. Un rapport du Sénat du 27 juin 2018 sur « l'état des forces de sécurité intérieure » évoque un taux de suicide, qui, tous paramètres de sexe et d'âge étant pris en compte, serait supérieur de 36 % à la moyenne nationale[1]. Cette particularité révèle certes une conscience malheureuse, mais aussi une séparation d'avec la population. Notons au passage que les deux branches socioprofessionnelles qui votent massivement pour le Rassemblement national, les forces de l'ordre et les ouvriers, se rejoignent par un taux de suicide plus élevé que la moyenne.

Juges et journalistes au service de l'ordre

Les magistrats n'ont pas été en reste dans la répression. Ils ont infligé des peines ahurissantes pour des délits insignifiants : 1 954 condamnations prononcées entre le 17 novembre et le 22 mars, dont 40 % à de la prison ferme (313 peines d'emprisonnement avec mandat de dépôt et 449 peines d'emprisonnement sans mandat de dépôt)[2]. Cette sévérité n'allait pas de soi. J'y vois néanmoins un aspect positif. Dans la mesure où 66 % des juges désormais sont des femmes, personne ne pourra plus prétendre qu'ici elles ne sont pas capables de faire leur métier avec autant d'efficacité que les hommes[3]. Quoique massivement féminisée, la justice n'a pas fléchi et a suivi, sans états d'âme, les injonctions du pouvoir : elle a sévi, elle a enfermé, se révélant parfaitement adaptée à la réouverture violente de la lutte des classes.

1. Rapport au Sénat n° 612.
2. Voir l'article du 11 avril 2019, signé Fabien Leboucq, sur le site de *Libération*, « Est-ce que 40 % des Gilets jaunes condamnés ont écopé de prison ferme ? ».
3. Voir « Les magistrats : un corps professionnel féminisé et mobile », *Infostat Justice*, n° 161, avril 2018.

Venons-en à l'appareil d'information. Au cœur de la crise, on pouvait voir des Gilets jaunes sur les plateaux de télévision. J'ai moi-même eu accès une fois à France Culture et une fois à France 2 pour analyser les événements. J'ai pu y déclarer, dans l'une de ces émissions foutoirs improvisées qui contribuent à l'originalité et à la grandeur de la France, que le mouvement des Gilets jaunes m'avait rendu ma fierté d'être français. Mais le pouvoir n'a pas tardé à sonner la fin de la récréation et nous sommes entrés ensuite dans ce tunnel, déjà évoqué, le « Grand Débat ».

Si l'on y réfléchit, ce Grand Débat constitue sans doute un événement unique dans l'histoire de France. Tout d'un coup, BFM TV (je prends cet exemple parce que je suivais les événements sur cette chaîne), qui avait largement donné la parole aux Gilets jaunes, fort injustes d'ailleurs à son endroit, a été envahie de façon continue par l'image d'un président parlant tout seul, à travers toute la France, à des publics hypnotisés, et allant jusqu'à convoquer ses intellectuels à l'Élysée pour déverser sur eux, des heures durant, son ignorance soporifique. L'information continue devenait bourrage de crâne continu. Le même président explique alors à des journalistes ébahis, reçus à l'Élysée en février 2019, sa conception personnelle de l'information : « tout simplement [...] un programme de tutelle », selon le directeur du *Point*, qu'on ne peut soupçonner d'être un gauchiste, Étienne Gernelle, qui précise que « [l]e fantasme macronien de ce service d'information d'État délégué à des journalistes stipendiés à cet effet amusera certainement les amateurs d'histoire soviétique. Le rôle de la *Pravda* – "vérité", en russe – était aussi de servir de référence aux autres journaux, qui reproduisaient d'ailleurs régulièrement ses éditoriaux[1]... ». Et Gernelle de poursuivre : « Évidemment, en lisant ce compte rendu des réflexions présidentielles, on songe à *1984,* de George Orwell, et à la description qui y est faite du "Miniver", ou ministère de la Vérité, en réalité un organe de mensonge d'État. »

Le problème dépasse largement l'individu Macron. Ce qui est sidérant, c'est que la société française d'en haut ait permis de tels excès. Pour la seconde fois en quelques années, j'ai eu le sentiment que le système mental français était en train de chavirer. La première fois,

1. Étienne Gernelle, « Macron ou la tentation de la *Pravda* », *Le Point*, 4 février 2019.

c'était en janvier 2015, pendant l'affaire Charlie, moment de panique durant lequel des enfants de 8 ans étaient convoqués au commissariat pour « apologie du terrorisme »[1]. Durant le Grand Débat du début de 2019, il m'a semblé qu'une nouvelle vague de folie parcourait notre pays. Les médias, s'abstenant en majorité de critique de fond, alors que c'eût été leur devoir (avec des exceptions, on l'a vu), faisaient comme si nous vivions toujours dans un pays normal. Notre petite bourgeoisie CPIS qui, par nature, englobe, crée et cautionne l'idéologie dominante, semble avoir un instant perdu toute notion de ce qu'étaient la liberté d'expression et le devoir critique. Une attitude impensable en Angleterre ou aux États-Unis.

La vérité est que les dirigeants français ont eu peur. Alors que certaines portes de ministère étaient défoncées, ils se sont terrés. Ils ont été humiliés. Un traumatisme psychologique qui n'a sans doute pas atténué leur détestation du peuple, déjà forte à l'origine. Ils en ont été transformés sans doute.

On ne peut qu'admirer Macron pour sa survie politique. Mais nous devons comprendre pourquoi il a survécu. Parce que la société – je vais ici bien au-delà de l'aristocratie stato-financière et de la petite bourgeoisie CPIS – avait besoin qu'il survive pour incarner l'État. Ce qui l'a sauvé, ne nous y trompons pas, ce n'est pas son talent. C'est le besoin d'ordre qui existe en toute société, dans une logique hobbesienne : n'importe quel chef plutôt que l'anarchie. N'importe qui au pouvoir, même un enfant capricieux, même Joffrey Lannister de *Game of Thrones*. Tout sauf l'absence de pouvoir. Ces choses étant dites, nous ne pouvons plus en vouloir à Macron d'avoir laissé libre cours à sa logorrhée naturelle, à peine peut-on lui en vouloir, au fond, d'une violence d'État venue d'une sphère plus vaste que lui, qu'il représente plutôt qu'il ne la crée. Tel est le monde de la lutte des classes. Des ressentiments sociaux dignes du XIXe siècle refont surface, la peur des gens d'en haut se nécrose en haine de ceux d'en bas.

Il est un point, cependant, sur lequel Macron et les macronistes du cercle rapproché sont impardonnables : l'instrumentalisation de l'antisémitisme dans leur lutte contre les Gilets jaunes.

1. Voir Emmanuel Todd, *Qui est Charlie ?*, *op. cit.*, p. 12.

Une stratégie antisémite 2.0

En 2017, Macron avait, sur le terrain de l'universalisme français traditionnel, plutôt bien démarré en abandonnant la thématique ethno-religieuse. Il a été élu en ne nous parlant ni des Arabes ni des musulmans, uniquement d'économie – même s'il ne la comprend pas. Après le Kärcher de Sarkozy et les projets de déchéance de nationalité avancés par Valls et Hollande, ce fut un authentique bol d'air. Nous ne devons jamais oublier que c'est à mettre au crédit de Macron : il nous avait fait passer de la haine de « l'étranger » à la haine du peuple, pour nous ramener vers ce bon vieux fond français de la lutte des classes qui est notre véritable tradition nationale. En ce sens-là, il a été un vrai patriote.

Notons toutefois qu'à l'automne 2019, son « projet » une fois vaporisé, il a remis cyniquement l'immigration au cœur du débat politique. C'est le destin de nos « présidents » : l'impuissance économique les conduit irrésistiblement à parler des immigrés ou des musulmans.

Mais, plus tôt, dès le premier choc de classes, le macronisme était revenu, de la manière la plus perverse, à une approche ethno-religieuse. Alors qu'il était évident, criant, que la révolte des Gilets jaunes parlait de niveau de vie, puis de la représentation politique des humbles et n'exprimait, sur le fond, qu'un pur phénomène de lutte des classes, les macronistes ont œuvré à en faire… un mouvement antisémite. Quelques quenelles isolées, l'agression verbale d'une poignée d'excités contre Alain Finkielkraut ont suffi à Macron et à ses hommes de main – Castaner en tête – pour s'autoriser à parler des Gilets jaunes comme d'une secte animée par la haine des Juifs.

Graphique 14.1. Les actes antisémites en France

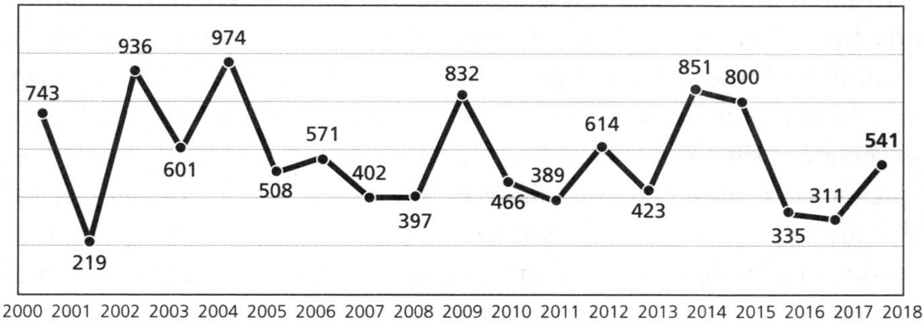

Sources : Blog de Jérôme Latta sur le site de *Mediapart*.

En pleine crise, le 11 février 2019, Christophe Castaner, notre ministre de l'Intérieur, déclare : « L'antisémitisme a progressé de 74 % l'année écoulée. » Il s'agissait, bien entendu, et comme le montre très bien une note du blog de Jérôme Latta dans *Mediapart*, de faire croire en une « explosion » des actes antisémites dont les Gilets jaunes auraient été les responsables. Or, comme le remarque Latta, « l'examen de cette donnée depuis l'année 2000 indique que :

– ses variations annuelles sont très importantes ;
– le chiffre a été plus élevé 9 fois (sur 19);
– le chiffre 2018 est en dessous de la moyenne (541);
– il est très en deçà des niveaux de 2014 (851) et 2015 (800)».

Pour que le lecteur puisse évaluer le réalisme de l'interprétation qui va suivre, et en contradiction avec la pratique habituelle de l'historien, je vais dire « d'où je parle ». Je viens d'une famille fort mélangée de Bretons, de Britanniques, de Juifs austro-hongrois et, surtout, de Juifs français émancipés par la Révolution en 1791, qui devinrent souvent la bourgeoisie « israélite ». J'ai été baptisé – six ans environ après la guerre – et j'ai fait ma première communion. Je n'ai, pour autant qu'il m'en souvienne, jamais été croyant. Mais il me reste de ce passage d'enfant par le catholicisme un véritable sentiment de bien-être quand je suis dans une église, pour la visiter ou pour y méditer. J'ai passé les six premières années de ma vie, et parmi les plus belles, avec mes arrière-grands-parents juifs, Robert Alphen et Germaine Hesse, dont je vénère la mémoire. Je descends directement par cette arrière-grand-mère de Simon Lévy, grand rabbin de Bordeaux à partir de 1864 (je ne sais jusqu'à quand), auteur d'un *Moïse, Jésus et Mahomet* (que l'on peut trouver réimprimé) auquel j'ai été fidèle, sans le dire, dans l'interprétation que je donne de l'universalisme juif dans *Où en sommes-nous ?*[1]. Je suis aussi, par mon arrière-grand-père, descendant direct d'Isaac Strauss, musicien officiel de Napoléon III (presqu'un représentant de fait de la communauté juive sous le Second Empire), qui a recueilli la collection d'objets rituels juifs qu'on peut aujourd'hui voir au musée du Marais. Sur l'arbre généalogique descendant d'un John-Martin Hatzfeld, mort vers 1840, je peux trouver, non seulement mon arrière-grand-mère, mais aussi la femme du capitaine Dreyfus, Lucie Hadamard.

L'instrumentalisation par le pouvoir de l'antisémitisme m'a ulcéré. Les macronistes ont tenté une opération politique d'une perversité absolue.

L'antisémitisme classique se contente de dire que les Juifs sont des êtres nuisibles, disposant non seulement d'argent mais surtout d'un pouvoir occulte et malfaisant. Avec le macronisme, nous sommes confrontés à un procédé plus subtil : on accuse les milieux populaires français, dont les préoccupations sont tout autres, d'être antisémites. On se présente en défenseurs de Juifs que personne n'attaque en réalité – en tout cas pas de ce côté-là. Ce faisant, on tente de remettre, de manière subliminale, le Juif au cœur des problèmes sociaux français.

Je considère qu'une telle opération est une opération authentiquement antisémite, revenant à désigner, d'une manière nouvelle, je l'admets, le Juif comme bouc émissaire.

Cette manœuvre est dangereuse parce que la recrudescence de l'antisémitisme est une réalité, non seulement en France mais dans l'ensemble du monde occidental. Ce nouvel antisémitisme n'est pas toujours bien compris. Je passe rapidement sur les restes probables d'antisémitisme dans la bourgeoisie française de province. Ces dernières années, on a surtout vu se développer un antisémitisme des banlieues au sein des populations d'origine maghrébine. Ce phénomène est avéré. L'erreur serait de l'interpréter comme découlant principalement de la politique d'Israël vis-à-vis des Palestiniens.

1. Emmanuel Todd, *Où en sommes-nous ?*, *op. cit.*, p. 109-137.

On observe un antisémitisme du même type en Angleterre, où on a affaire à une immigration certes musulmane, mais essentiellement d'origine pakistanaise. Doit-on supposer un immense intérêt pakistanais pour la Palestine ? C'est peu probable. Admettons-le toutefois, pour la beauté du raisonnement. En revanche, si nous traversons l'Atlantique, nous découvrons aux États-Unis des populations noires antisémites et, ici, nous ne pouvons sérieusement imaginer qu'elles se sentent une communauté de destin avec la Palestine. Il y a eu, certes, une petite mode de la conversion à l'islam chez les Noirs américains mais la plupart d'entre eux sont protestants et notamment baptistes, plus pratiquants en moyenne que les Américains blancs. Dans *Où en sommes-nous ?*, j'avais noté l'incidence du vote noir dans l'échec de Bernie Sanders aux primaires démocrates face à Hillary Clinton : « Le coefficient de corrélation associant “vote pour Sanders à la primaire” et “proportion de Noirs” fut négatif au niveau des États, égal à – 0,81. Un tel coefficient, extrêmement élevé, rare en sciences humaines [je n'avais pas encore eu sous les yeux la corrélation Macron-Le Pen], signifie, selon la théorie statistique, que près des deux tiers de la “variance” du vote anti-Sanders peuvent être expliqués par la présence noire[1]. » À l'époque, dissuadé par des amis américains, bien-pensants sur ce point, je n'avais pas osé écrire que c'était parce que Sanders était juif. Je le fais ici.

Si ce nouvel antisémitisme ne concerne pas seulement des Français d'origine maghrébine, mais également les populations britanniques d'origine pakistanaise et les Noirs américains, c'est bien que la situation au Proche-Orient n'est pas son déterminant réel. Comment l'expliquer alors ? L'antisémitisme d'autrefois était associé à l'argent ; je fais ici l'hypothèse que le nouvel antisémitisme est un effet de la nouvelle stratification éducative. Nous vivons désormais dans un monde où la répartition des gens, le tri social, se fait en fonction du niveau d'études. Les exclus de ce système éprouvent du ressentiment envers les plus éduqués et, plus particulièrement, envers la part surreprésentée au sein de ces éduqués supérieurs : les Juifs. Le judaïsme fut, avant le protestantisme, une religion du respect de l'écrit et de la lecture, mieux, d'une certaine divinisation de la vie de l'esprit,

1. *Ibid.*, p. 346.

arts visuels exclus. Les populations d'origine juive sont, aujourd'hui comme hier, particulièrement bien adaptées au progrès éducatif.

L'antisémitisme des populations d'origine maghrébine n'est pas majoritaire et me semble en fait d'une intensité moindre que celui des Pakistanais en Angleterre ou des Noirs aux États-Unis, tout simplement parce que la France, dans son ensemble, est moins intéressée par ce qui est ethnique ou religieux que les sociétés anglo-américaines. Mais il existe. C'est un antisémitisme de ressentiment. Un mépris de plus. Dans la description de la cascade des mépris sociaux que j'ai présentée au chapitre 12, j'avais placé la population d'origine immigrée française au point le plus bas du système. Elle-même, objectivement, n'a plus personne à mépriser : il n'y a rien, théoriquement, au-dessous. À moins d'y ajouter une catégorie supplémentaire, aussi mythique que maléfique, les Juifs. Ces derniers ne se situent, statistiquement, pas plus bas sur l'échelle sociale objective puisque les Juifs français appartiennent, non pas, comme l'imaginent certains, au sommet de l'aristocratie stato-financière, mais de façon écrasante à la petite bourgeoisie CPIS. Ce rejet des Juifs, qui peut se penser moralement descendant – regardant vers le bas – ou socialement ascendant regardant vers le haut –, est donc d'une nature différente de ceux que nous avons examinés précédemment ; il se tourne contre un groupe symbolique et largement fantasmé, supposé cohérent, tout-puissant et responsable, du point de vue de ceux qui l'expriment, de leurs malheurs.

J'aurais tendance à interpréter l'obsession des macronistes pour l'antisémitisme des Gilets jaunes comme une tentative pour étendre l'antisémitisme des banlieues à l'ensemble de la strate la moins éduquée de la population française, espace social où il est, par tradition, proche de l'inexistence. Rappelons que si 75 % des Juifs en France ont survécu à l'occupation allemande, comme il a été noté au chapitre 12, c'est parce qu'ils ont trouvé de l'aide au sein de la population française. Mais cette aide n'est pas venue majoritairement de la bourgeoisie, qui était largement antisémite. Elle a été le fait, statistiquement, de classes plus populaires[1].

1. Voir le très beau livre d'Asher Cohen, *Persécutions et sauvetages. Juifs et Français sous l'Occupation et sous Vichy*, Paris, Cerf, 1993. Il explique très bien que la survie ne dépendait pas de la capacité d'autodéfense des Juifs de l'époque, mais du soutien de la population, de la question de savoir si la personne chez qui on allait chercher refuge

Hypothèse : sur le plan systémique, consciemment ou inconsciemment, le macronisme, accoucheur dans un premier temps de la nouvelle lutte des classes, prend peur et désigne ensuite, à la vindicte populaire, plutôt que les riches qui viennent d'être libérés de l'ISF, les Juifs. Tout en prétendant les défendre.

Une interprétation alternative, ou complémentaire, peut être évoquée si nous revenons à une figure logique centrale pour moi et qui apparaît plusieurs fois dans ce livre : une chose et son contraire sont presque la même chose. Prenons l'exemple du philosémitisme et de l'antisémitisme. Qu'ont-ils en commun ? L'obsession du Juif. J'ai toujours considéré un philosémite comme une menace car celui qui idéalise les Juifs sera toujours, à un moment ou à un autre, déçu, tout simplement parce que les Juifs, ainsi que nous l'a si bien rappelé Shakespeare dans *Le Marchand de Venise*, sont des hommes comme les autres, parfois grands, parfois petits, le plus souvent ordinaires malgré leurs bons résultats scolaires.

Le philosémite, inévitablement déçu par le caractère simplement humain des Juifs concrets, mutera spontanément en un antisémite actif. Seul est vraiment fiable celui qui ne s'intéresse pas, au fond, aux Juifs en tant que tels. Si le lecteur trouve ces considérations un peu trop théoriques, ou même talmudiques, je le renvoie à un très important livre de Simon Epstein, *Un paradoxe français. Antiracistes dans la collaboration, antisémites dans la Résistance*[1]. Il y trouvera une surreprésentation des défenseurs des Juifs d'avant la guerre sombrant dans la collaboration pendant.

Voilà pourquoi, en tant que citoyen français d'origine juive je ne suis pas tellement rassuré d'avoir pour protecteur un petit bourgeois de province président, même et surtout s'il est passé par la banque Rothschild, secondé par un ministre de l'Intérieur qui a commencé sa carrière en jouant au poker avec des truands marseillais[2]. Ces deux-là nous parlent trop des Juifs. Cette boue-là ne renvoie pas à la bonne histoire, celle du *J'accuse* de Zola.

---

ouvrirait sa porte. On trouve dans le livre une localisation sociologique de l'antisémitisme de l'époque. Le passage du négatif au positif dans l'attitude de soutien aux Juifs se situe entre les médecins et les dentistes.

1. Paris, Albin Michel, 2008.

2. C'est ce qu'indique la fiche Wikipédia de Christophe Castaner. Elle s'appuie sur un article du *Journal du dimanche* du 2 juin 2018, pudiquement intitulé « Les erreurs de jeunesse de Christophe Castaner ».

Chapitre 15

Le retour au XIXe siècle : les élections européennes de 2019

L'historien qui doit analyser et expliquer le mouvement des Gilets jaunes a de la chance : des élections générales ont eu lieu au moment de la retombée de cette crise sociale majeure, dont les résultats enrichissent considérablement notre compréhension du phénomène. Des élections au Parlement européen étaient prévues et se sont déroulées normalement. Le contraste entre l'ampleur de ce qui s'était passé les mois précédents et les résultats à première vue peu spectaculaires de ces élections est toutefois saisissant. La crise des Gilets jaunes a mis en mouvement des centaines de milliers de gens, fait des milliers de blessés, abouti à des centaines de prisonniers. Elle a changé l'image de la France à l'étranger. Pourtant, les votes pro-Macron et pro-Le Pen n'ont guère bougé, en apparence. Car une analyse plus fine va révéler une évolution importante du macronisme et un début d'évolution du Rassemblement national.

On ne peut, bien entendu, comparer directement des élections européennes à des présidentielles ou à des législatives. Celles-ci, comme nous l'avons expliqué au chapitre 7, relèvent de la Grande Comédie : on fait comme si le président ou l'Assemblée avaient un pouvoir réel de changer notre avenir. Les élections européennes sont un autre genre de comédie. Elles aboutissent aussi à l'impuissance, mais par un autre chemin : la confusion structurelle d'un Parlement multilingue où, jamais, 28 pays n'arriveront à définir un pouvoir législatif capable de contrôler une oligarchie exécutive devenue folle. La participation y est donc habituellement beaucoup plus faible que pour les élections nationales. Cette fois-ci, elle a été de 50,5 % contre 42,4 % en 2014, plus élevée que d'habitude, ce qui a été immédiatement interprété par la presse, contre toute logique, comme un regain d'intérêt pour l'Europe, alors même que les raisons premières de cette hausse ne pouvaient être que la colère et la peur sociales issues de la crise française. Aucune élection au Parlement européen n'a probablement jamais été aussi nationale, si autocentrée, et si indifférente, au fond, à l'Europe, ainsi d'ailleurs que le fut le mouvement des Gilets jaunes lui-même dans son ensemble. La France « ouverte », quant à elle, avait montré dès 2017 qu'elle était plus motivée par la haine d'un lepénisme bien français (c'est le sens de la corrélation Macron/Le Pen de – 0,93) que par le désir de découvrir le monde. La France, on l'a dit, est engagée, toutes classes sociales confondues, dans un processus généralisé d'introversion.

Macron avait réalisé 24 % au premier tour de la présidentielle. Sa liste est tombée à 22,4 % aux européennes, avec une note d'humour tout de même : ce président qui n'en finit pas de lutter contre la menace d'extrême droite que représenterait le Rassemblement national s'était choisi une tête de liste, Nathalie Loiseau, qui avait appartenu dans sa jeunesse à l'extrême droite. Nous sommes désormais tous des Alice au pays des merveilles.

Le Rassemblement national est passé devant LREM. Marine Le Pen était à 21,4 % aux présidentielles ; son parti réalise 23,3 % aux européennes. Si l'on compare ce score à celui des européennes de 2014, toutefois, on s'aperçoit que le Rassemblement national a reculé, puisqu'en 2014 il était à 24,9 %. Difficile de ne pas conclure à… une certaine inertie. Le taux de participation « plus élevé » qu'en 2014 ne change rien au sens de ce résultat, même s'il permet aux spécialistes de la « menace d'extrême droite », en suggérant une progression absolue en voix du Rassemblement national, de recommencer à agiter leur petit chiffon rouge. Mais pourquoi, alors, ne pas mesurer, entre la présidentielle de 2017 et les européennes de 2019, l'effondrement absolu en voix du RN ?

Au lendemain de ces européennes, la plupart des commentateurs ont à nouveau souligné la polarisation du système. C'est désormais une incantation de routine, le *Notre Père* du commentaire électoral macroniste. Le président Macron avait tout fait pour l'exacerber. Il s'est montré violent, nous l'avons suffisamment montré, non seulement en interne, au sein de la société française, mais aussi en externe, en tentant de pousser les Allemands à la confrontation avec les Britanniques, en insultant les Italiens. Au-delà du calcul politique, la confrontation brutale doit être son style. Avec son parti, il a fini par développer une théorie générale de la menace populiste en Europe.

Le résultat des élections donne d'abord l'impression que rien ne s'est passé, puis révèle un début de dépolarisation : d'un côté, l'électorat macroniste a, en se contractant légèrement, changé de nature. De l'autre, l'électorat du Rassemblement national garde, *grosso modo*, la même taille et la même structure mais évolue un peu, en parallèle avec le vote macroniste. La corrélation LREM/Rassemblement national a donc chuté à – 0,79 (62 % de variance expliquée et non plus 86 %), ce qui doit être interprété en termes de dépolarisation : voter pour le parti du président, ce n'est plus seulement voter contre le lepénisme. Dans l'espace théoriquement compris entre ces deux extrémismes de droite, le RN (représentant une violence xénophobe et verbale) et LREM (représentant une violence bourgeoise, verbale et physique), on trouve toujours presque 55 % d'un électorat qui a atteint un niveau de pulvérisation extrême, incarnée au premier chef par le nombre record de listes présentées : 34. Comme si ces listes avaient fait l'effort d'être à l'image de cet électorat pulvérisé idéologiquement. Pourquoi d'ailleurs, ne pas mettre les deux partis violents du même côté de la représentation graphique ?

Tableau 15.1. La non-polarisation de la politique française

32 listes	LREM	RN
54,3 %	22,4 %	23,3 %

La droitisation du macronisme

Si les élections européennes ont globalement marqué une bonne résistance du macronisme à son échec au pouvoir, cette stabilité ne doit pas cacher le changement partiel de nature qui s'est opéré entre 2017 et 2019. L'électorat du président a évolué de façon sensible. En premier lieu, il a vieilli. En 2017, Macron recueillait 23 % des voix chez les moins de 35 ans. En 2019, il est tombé dans cette catégorie à 15 %. Il était à 26 % chez les plus de 65 ans, il est maintenant à 33 %.

L'équilibre entre catégories socioprofessionnelles n'est plus exactement le même non plus. Macron a perdu bon nombre de petits bourgeois CPIS puisqu'il est tombé chez eux de 37 % des voix à 30 %. Une chute substantielle. Il s'est effondré au sein des professions intermédiaires, passant de 27 % à 18 %. Il a continué de baisser chez les employés et les ouvriers, où il n'était de toute manière pas bien haut : il passe de 18 % à 14 % chez les employés et de 15 % à 11 % chez les ouvriers. Chez les retraités, il remonte de 27 % à 32 %, mais cela revient à parler à nouveau des plus de 65 ans. Il réalise une poussée chez les indépendants, de 19 à 26 %. Ces indépendants correspondent aux petits commerçants et représentent l'une des clientèles historiques du Rassemblement national, moins stable dans la période récente que le prolétariat, aussi instable en réalité que les professions intermédiaires. On peut imaginer ici, compréhensibles, un effet « vitrines brisées » et un besoin d'ordre. Vieillissement, indépendants, tout cela traduit une droitisation du macronisme qui a d'ailleurs été assumée, recherchée, par une politique d'ouverture renouvelée aux cadres de la vieille droite. Notons que le vote LREM 2019 fait apparaître, au niveau départemental, une corrélation positive significative de + 0,45 avec le vote Fillon de 2017.

Même s'il est en baisse, le vote Macron reste fort chez les petits bourgeois CPIS et l'électorat Macron est toujours situable sociologiquement par son niveau d'étude : 17 % chez les personnes qui ont moins que le bac, 19 % chez ceux qui n'ont que le bac, 31 % chez les éduqués supérieurs (et 25 % à Paris, où les éduqués supérieurs sont surreprésentés). Les caractéristiques générales du vote Macron sont donc les mêmes qu'en 2017 : on a toujours affaire à un vote de petits bourgeois qui se croient privilégiés. Mais est venu s'y ajouter ce que j'appellerais le « syndrome de Mathusalem », un phénomène de vieillissement accéléré, une droitisation assez classique en somme. Paré de toutes les vertus de la jeunesse, Macron se définissait comme le président de la « start-up nation ». Il est clair que la violence de la crise des Gilets jaunes, la violence de la répression en particulier, a fait de lui le président du parti de l'Ordre. Le voici qui se rapproche de son modèle inconscient, Louis-Napoléon Bonaparte. En 2017, il était le président du XXIe siècle. Au sortir des européennes, il est un président du XIXe siècle.

À la veille des événements de l'automne 2018, Macron était en perte de vitesse. Tous ses ministres l'abandonnaient. Gérard Collomb, l'un des piliers de son gouvernement, préférait retourner diriger Lyon que demeurer au ministère de l'Intérieur. Ceux qui prétendent que la crise des Gilets jaunes a, d'une certaine façon, sauvé le président n'ont donc pas forcément tort. Mais les Gilets jaunes en ont fait autre chose : Macron est devenu le jouet d'une histoire dont il continue, pour notre malheur, de profiter. Les résultats des élections européennes confirment ce qui a été dit plus haut : le sentiment de péril a été tel, l'irruption de la lutte des classes si brutale, que, comme il est habituel en pareille situation, bon nombre de personnes ont développé une indifférence absolue à qui gouverne, l'essentiel étant que quelqu'un gouverne, que l'État reste sur pied, que les mécanismes de répression continuent de fonctionner. Macron a bénéficié du fait qu'il était en place. Il a été, d'une certaine manière, relégitimé par le désordre qu'il avait lui-même créé. C'est paradoxal. Mais ce n'est pas nouveau : on avait vu Sarkozy mettre le feu aux banlieues puis être élu président de l'Ordre.

Stagnation et début d'évolution du Rassemblement national

Le vote lepéniste est passé de 21,4 % lors des présidentielles à 23,3 % aux européennes. Mais, comme on l'a dit, il était à 24,8 % en 2014. D'européennes en européennes, le vote Le Pen est, on le voit, en stagnation. L'examen de l'évolution par groupes d'âge et par catégories professionnelles révèle, certes, la persistance d'une opposition structurelle avec le vote Macron, mais aussi quelques éléments de rapprochement.

Pour ce qui est des différences, la plus évidente concerne le niveau éducatif des électorats. Comme le vote Macron, le vote Le Pen est très structuré par le niveau éducatif, mais la gradation est inverse : plus on a le bac, moins on vote Le Pen, moins on est éduqué, plus on vote Le Pen. Si on compare le vote des ouvriers en 2017 et en 2019, on a l'impression d'une poussée de 39 à 47 % en faveur du Rassemblement national. C'est une pure illusion : comme on l'a vu au chapitre 9, le vote ouvrier était déjà de 46 % en faveur du Front national aux européennes de 2014. Il semble que ce soit une tradition : aux européennes, Le Pen fait mieux que d'habitude chez les ouvriers. Plus significative me semble la hausse chez les indépendants : de 19 à 30 %, parallèle à celle qu'on observe chez ces mêmes indépendants en faveur de Macron (de 19 à 26 %). On note aussi, comme pour l'électorat macroniste, un début de vieillissement : le vote des plus de 65 ans passe de 14 à 19 %, tandis que celui des moins de 35 ans baisse de 23 à 19 %.

Le Rassemblement national reste donc enkysté dans le monde ouvrier mais il a donné, lors de ces élections européennes, les premiers signes d'un mouvement vers les forces traditionnellement favorables à l'ordre : les petits commerçants et les vieux. On retrouve là certains des éléments de droitisation observés à propos du vote Macron.

La France insoumise explose en vol

Mais les mutations les plus spectaculaires ne concernent à l'évidence ni LREM ni le Rassemblement national.

L'un des phénomènes majeurs de ces élections européennes est la pulvérisation de la France insoumise. Elle est passée d'un beau score de 19,6 % aux présidentielles de 2017 à 6,3 %. Une contre-performance dont on a peu d'exemples dans l'histoire électorale. L'interprétation d'une telle vaporisation n'est pas très facile.

Avant qu'éclate la crise des Gilets jaunes, on avait pu constater l'excellent maniement de l'appareil d'État par les macronistes, ou des macronistes par l'État profond, je ne saurais dire. En octobre 2018, une quinzaine de perquisitions touchent les cadres de la France insoumise. On assiste alors au spectacle ahurissant d'un Mélenchon perdant le contrôle de lui-même devant policiers et magistrats et, surtout, prenant l'initiative originale de se filmer lui-même, dans un accès d'exhibitionnisme autodestructeur. On ne saurait faire abstraction de cet incident pour comprendre la plongée historique de la France insoumise. Mais cet accès de panique de son chef ne suffit pas à expliquer l'effondrement électoral de la France insoumise. Celui-ci intervient au lendemain du soulèvement des Gilets jaunes et il serait absurde de ne pas poser la question d'un rapport de cause à effet.

Au chapitre 13, j'ai constaté, dans le phénomène historique Gilets jaunes, deux éléments en apparence contradictoires.

1) d'un côté, un soutien de la population dépassant les 70 % fin novembre 2018, majoritaire y compris dans la petite bourgeoisie

CPIS, et qui projetait l'image d'une société française réunifiée contre son président et son aristocratie stato-financière.

2) d'un autre côté, un mouvement qui, sur le terrain, des ronds-points paisibles jusqu'aux manifestations violentes, semble n'être pas sorti des strates les moins éduquées de la population française. La plupart des témoignages évoquent une gêne de contact entre les Gilets jaunes concrets et les catégories les plus éduquées de la population, surtout si elles sont titulaires d'un diplôme supérieur complet. Lorsqu'on enquête dans les banlieues, ainsi que l'a fait Yoan Gwilman, on y découvre très facilement de la sympathie. Si on enquête de la même manière auprès des professeurs, certifiés ou agrégés, et même auprès des maîtres des écoles, on trouve plutôt l'opposé : une grande indifférence et souvent une vraie gêne. Un sentiment de distinction sociale, l'idée que l'on appartient à un autre monde.

Nous avons vu plus haut dans ce livre que l'électorat lepéniste est relativement homogène en ce sens qu'il se situe globalement à l'extérieur de la sphère culturelle à diplôme élevé. L'électorat mélenchoniste est beaucoup plus composite, beaucoup plus interclassiste. En tout cas, il l'était en 2017, quand il représentait une masse significative. On y trouvait des cadres, des enseignants (même si Macron avait fait beaucoup mieux chez eux que Mélenchon), on trouvait des professions intermédiaires, des ouvriers. Bref, on trouvait de tout.

À l'issue des dernières présidentielles, j'avais cru que c'était une force, je voyais dans la France insoumise l'amorce d'une possible réunification de la société française. Le mouvement des Gilets jaunes a été une terrible épreuve de vérité. Comme je l'ai dit, l'appareil du parti a mis du temps à s'engager, parce que le mouvement des Gilets jaunes, avec ses petits patrons et ses participants pas toujours de gauche, ne correspondait pas aux *a priori* du mélenchonisme. Ces réticences ont par la suite été levées. Mais mon sentiment est que, pour des raisons de clivage culturel, l'électorat de la France insoumise est resté déchiré par le mouvement des Gilets jaunes. Même si, comme on l'a vu, c'est dans cet électorat qu'à la fin on trouvait le soutien maximal (79 % contre 66 % au sein de l'électorat lepéniste). Je le répète, un sondage ne révèle que du conscient et l'image idéale que les sondés ont d'eux-mêmes.

Je crois que les Français étaient sincèrement solidaires des Gilets jaunes, mais avant tout pour des raisons économiques. Or les clivages éducatifs définissent des attitudes et des forces indépendantes de l'économie. La première victime de ces clivages culturels a probablement été la France insoumise. Hétérogène, partagée entre une composante populaire et une composante « éduquée se pensant élite », elle n'a pas résisté au choc de l'histoire concrète. Je n'ai pas dressé le détail de son effondrement par catégories socioprofessionnelles, niveaux éducatifs et tranches d'âge : la chute est telle que ce serait un exercice inutile et cruel.

Beaucoup de commentateurs ont mis en évidence – et ici, on ne peut guère les critiquer – l'hostilité des Gilets jaunes aux partis politiques classiques. Mais, d'une certaine façon, les partis dont les électeurs leur étaient le plus favorables, le Rassemblement national et la France insoumise, leur ont bien rendu leur méfiance. L'évolution idéologique du RN et de la France insoumise, avant et après la crise, les éloigne des Gilets jaunes.

Je ne vois pas comment interpréter le phénomène des Gilets jaunes autrement que comme un phénomène de lutte des classes : pour des raisons d'urgence économique, une partie de la population se révolte contre un président qui a supprimé l'ISF, défait le code du travail et surtout met en péril leurs conditions d'existence. Pourtant, bien avant les élections européennes, Marine Le Pen, toujours groggy de son débat présidentiel durant lequel elle n'avait pas brillé sur le plan économique, se recentre sur des thématiques xénophobes. Sécurité intellectuelle oblige. Mélenchon, lui, déçu par son résultat à la présidentielle, revient vers la petite gauche PS. Il se détache du populisme, ainsi que le montre Jérôme Sainte-Marie dans une interview au *Figarovox*, le choix de Manon Aubry comme tête de liste aux européennes étant de ce point de vue emblématique[1].

Dès novembre 2018 Djordje Kuzmanovic, souverainiste, avait dû quitter la France insoumise.

Bref, avant même les élections, les deux grandes forces dites « populistes » se sont d'elles-mêmes éloignées des objectifs du mouvement des Gilets jaunes. On pourrait représenter cet éloignement par un schéma :

1. Louise Darbon, *Figarovox*, 31 août 2019.

Graphique 15.1. Les partis « populistes » à contre-pied des Gilets jaunes

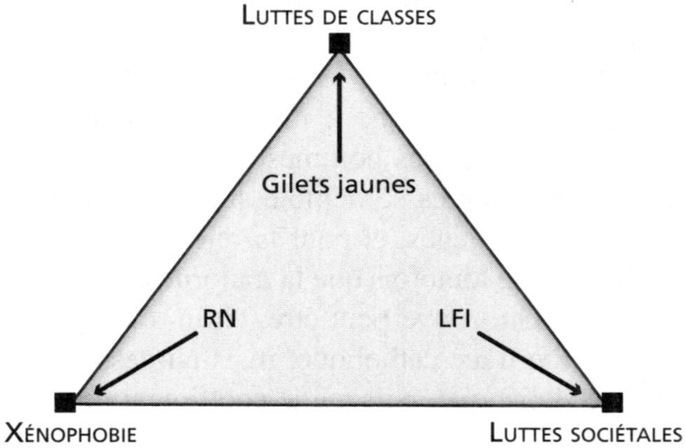

Ainsi s'explique sans doute le fait que, au lendemain de l'événement historique majeur qu'a été le soulèvement des Gilets jaunes, les deux partis qui auraient dû en tirer profit, ont, soit stagné, soit explosé.

Le vote Vert : « ni Macron ni le peuple »

Nous avons assisté, comme il est d'usage désormais, quand les petits bourgeois CPIS ne savent pas pour qui voter, à une « poussée verte ».

Il convient, en première analyse, de la considérer avec sympathie. Le comportement de Macron en tant que président a été si abominablement violent qu'il a écœuré une partie de son électorat. Cet écœurement place les déserteurs du macronisme du bon côté, du côté de ceux qui pensent que le respect des personnes est plus important que celui des biens. Macron, en compensation, a attiré des électeurs en quête d'ordre social à tout prix, de ceux qui pensent qu'il est plus grave de casser une vitrine que d'éborgner quelqu'un.

Europe Écologie les Verts a donc réalisé un beau score de 13,1 %. Son électorat est un électorat « bobo » classique. Jeune : 17 % des moins de 35 ans et seulement 9 % des plus de 65 ans. Les petits commerçants sont peu représentés. Chez les cadres et professions intellectuelles supérieures (nos petits bourgeois CPIS), tout comme dans les professions intermédiaires (le cœur de notre majorité atomisée), EELV atteint 20 %. Les employés et les ouvriers ont continué, quant à eux, de moins s'intéresser au vote Vert : EELV n'atteint que 11 % chez les premiers et 7 % chez les seconds. Comme pour LREM et le Rassemblement national, c'est un vote très marqué par le niveau éducatif, avec un tropisme du supérieur. Une caractéristique le distingue des autres : il est fortement sexué, de 10 % chez les hommes et de 16 % chez les femmes. L'émancipation des femmes se déploie simultanément pour assumer la violence, en tant que juges, et pour la rejeter, en tant qu'électrices. (Ne perdons pas de vue toutefois que la majorité des Françaises ne sont ni juges ni vertes.) On trouve peut-être, enfin, dans la géographie du vote Vert, une petite trace catholique, mais au-dessous de notre seuil de significativité statistique, puisque le coefficient de corrélation avec les départements anciennement catholiques n'est que de + 0,27.

S'il me paraît légitime d'interpréter la défection d'une partie de l'électorat macroniste vers les Verts comme un refus de la violence, nous ne devons pas être aveugle au fait qu'il perpétue une mise à distance des milieux populaires et des Gilets jaunes. Après tout, c'est à propos d'une taxe écologique que la crise s'est nouée. Le 16 mars 2019, marche pour le climat et acte 18 des Gilets jaunes n'ont guère convergé. Dès le début du soulèvement, on a pu entendre des Gilets jaunes affirmer avec humour que l'avenir de la Planète dans cent ans, c'était très bien, mais que leur problème à eux, c'était de manger demain. Le vote Vert est aussi un vote *contre* le Jaune. Non à Macron, non aux Gilets jaunes aussi. Un vote « ni ni », en somme.

Fort de ces 13,1 %, Yannick Jadot s'imagine déjà à la tête d'un parti qui ne serait plus le supplétif d'un autre, et – pourquoi pas ? – ferait de lui un recours possible face à Macron. Il a le droit de rêver. Il est vraisemblable que ce vote Vert est un vote d'attente, un vote faute de mieux pour l'instant. Une pause, un refuge provisoire pour des électeurs au moi fatigué.

L'échec du Frexit

Ce livre est parti d'une question : pourquoi, alors que l'échec de l'euro est avéré, l'opposition à l'euro s'est-elle écroulée ? Nous avons étudié l'ensemble de la séquence historique allant du référendum sur Maastricht en 1992 aux élections européennes de 2019. Nous avons vu la baisse du niveau de vie, nous avons vu les territoires s'enflammer, les manifestants se faire éborgner, les prisons se remplir, les phénomènes de lutte des classes s'exacerber. Nous connaissons la cause du blocage de la société : encastrée dans l'euro et dans les règlements commerciaux de l'Union européenne, la France est incapable de faire ce que les Américains sont en train de faire, ce que les Anglais vont devoir faire, ce que les Allemands font déjà depuis longtemps, faire de l'intérêt national une priorité. Pourtant, le candidat principal du Frexit, François Asselineau – un inspecteur des Finances déviant, notons-le –, n'obtient que 1,17 % des voix[1]. Moins que le parti animaliste. Il est clair que le mouvement des Gilets jaunes n'a ici rien changé.

Carte 15.1. Le vote Frexit en 2019

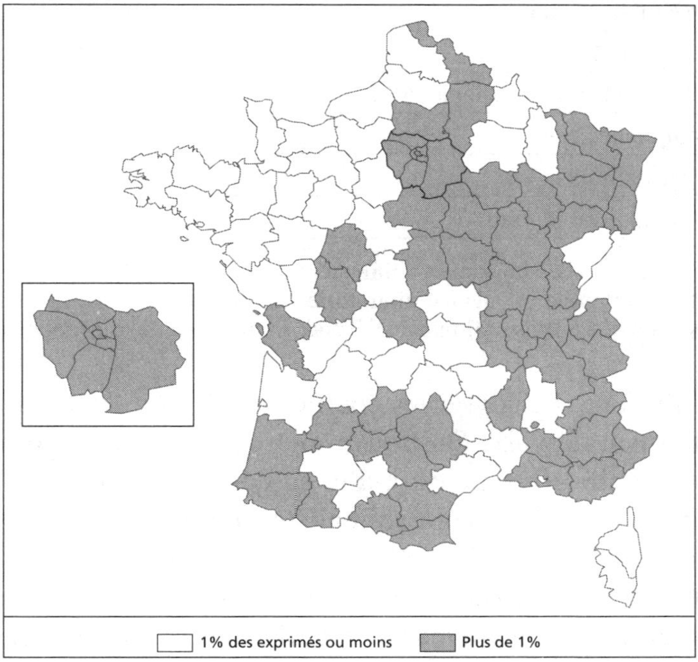

Sources : Ministère de l'Intérieur.

1. Nous avons retenu François Asselineau plutôt que Florian Philippot, lui aussi en faveur du Frexit, pour trois raisons. D'abord Asselineau est le plus ancien candidat du Frexit, le candidat « historique », pour ainsi dire. Ensuite, il est inspecteur des Finances tandis que Philippot, certes énarque lui aussi, ne l'est pas : c'est un énarque de rang inférieur. Plus sérieusement, Asselineau est celui qui a réalisé le meilleur score. Philippot est à 0, 65 % des voix.

Malgré ce score très bas, la carte du vote pro-Frexit a un sens : Asselineau dépasse le 1 % des voix dans la France qui souffre et il est au-dessous dans la France qui souffre moins.

Tableau 15.2. Les corrélations du vote Frexit 2019 avec…

Asselineau 2017	+ 0,64
Animalistes	+ 0,49
Prénoms arabo-musulmans	+ 0,41
Mélenchon 2017	+ 0,24
France insoumise 2019	+ 0,15
Diplômés supérieurs	+ 0,14
Cadres et professions intellectuelles supérieures	+ 0,13
Mortalité infantile	+ 0,11
Le Pen 2017	– 0,01
Rassemblement national 2019	– 0,05
Diplômes bas	– 0,06
Messalisants 1960	– 0,19
Balance migratoire	– 0,19

Sources : Données politiques : ministère de l'Intérieur. Éducation : PCS. Mortalité infantile et balance migratoire : Insee. Prénoms : Ifop. Messalisants : Hervé Le Bras et Emmanuel Todd, *L'invention de la France*, *op. cit.*

Il est difficile d'analyser les coefficients de corrélation d'un parti qui fait si peu de voix. On trouve tout de même deux corrélations positives significatives, c'est-à-dire au-dessus de + 0,32, et surprenantes : l'une avec le vote animaliste, que j'analyserai en détail pour clore ce chapitre ; l'autre avec la proportion de prénoms arabo-musulmans (+ 0,41). Dans l'électorat minuscule d'Asselineau nous pouvons distinguer un groupe de Français d'origine arabo-musulmane. Mais sont-ils attirés par l'idée de sortie de l'Union européenne ou par celle de sortie de l'Otan, par l'idéal d'indépendance nationale ou par l'antiaméricanisme d'Asselineau ?

Le coefficient de corrélation entre Asselineau 2019 et Asselineau 2017 n'est toutefois que de + 0,64. Pour un même parti, ce n'est pas très élevé. Il s'agit d'un vote qui n'est donc même pas stabilisé.

Les animalistes ne sont pas ceux que l'on croit

Je voudrais terminer ce chapitre sur le parti animaliste qui a réalisé une percée impressionnante à 2,16 % des voix et sur lequel je m'étais complètement trompé. J'imaginais le vote animaliste à l'image du vote Vert : bobo, éduqué. J'étais prêt à l'interpréter comme typique de gens sans âme ne faisant plus la différence entre les hommes et les animaux dans une société cruelle. Or, quand on regarde les corrélations et la carte du vote animaliste, on découvre tout à fait autre chose.

La carte du vote animaliste est incroyable de cohérence pour un si petit score. C'est vraiment la carte des zones qui souffrent : elle est centrée sur le Nord-Est, avec une pointe avancée vers la Dordogne, à travers le Limousin et la région Centre. La corrélation la plus forte est avec le vote pour le Frexit, à + 0,49, ce qui n'est pas très élevé, mais reste tout à fait significatif. La seconde corrélation la plus forte est avec le vote Rassemblement national, à + 0,44. Ensuite on trouve des corrélations à des niveaux faibles mais qui sont significatives et habituelles dans des zones qui vont vraiment mal : – 0,43 avec la balance migratoire (ce qui veut dire que le vote est typique de territoires que leurs populations fuient), + 0,35 avec une faible éducation, + 0,32 avec la mortalité infantile, notre limite théorique de significativité.

Nous sommes loin de mon préjugé initial, loin de « boboland ». Nous devons toutefois être prudents : le nombre d'électeurs étant très réduit, on pourrait avoir affaire à des gens irresponsables et ravis de se sentir bien dans des régions qui souffrent. Votant contre leur environnement. Alors jouerait ce que l'on appelle en statistique un paradoxe écologique : une corrélation qui signifie le contraire ce qu'elle semble évoquer. Cela dit, c'est une possibilité théorique qui ne me semble guère probable. Les affiches animalistes montraient un chien ou un chat évoquant toute la tendresse du monde. Moins qu'un vote sur la souffrance animale, le vote animaliste a sans doute été, par identification, un vote sur la souffrance humaine.

Carte 15.2. Le vote animaliste en 2019

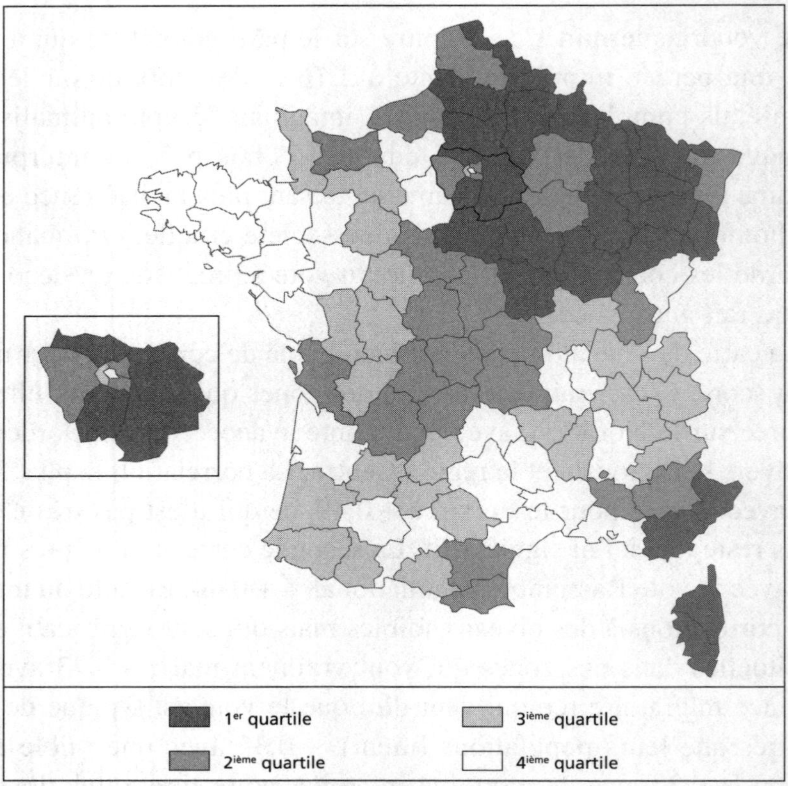

Sources : Ministère de l'Intérieur.

Il faut revenir à La Fontaine. Ses fables mettent souvent en scène des types opposés d'animaux. « Le Loup et l'Agneau » est exemplaire à cet égard : d'un côté, un animal faible et gentil, de l'autre un animal fort et abusant de sa force. Il est clair que le chien et le chat très enfantins des affiches sont du côté de l'agneau et nous pourrions interpréter le vote animaliste comme une identification à l'agneau. Dès lors, une question se pose : qui est le loup ? On le devine : c'est Macron. Je dois dire cependant qu'identifier notre président à un loup, même au loup cruel de la fable, ne me satisfait pas. Le loup a quelque chose d'estimable, il veille sur les siens. Je ne peux pas me faire non plus à l'idée de Macron en lion. Trop majestueux. Le renard ? Dans *Le Roman de Renart*, celui-ci est méchant et hostile aux « vilains », autrement dit aux paysans, aux plus faibles, mais il est aussi très intelligent. Il ne convient donc pas.

Tableau 15.3. Les corrélations du vote animaliste en 2019

Frexit	+ 0,49
Rassemblement national	+ 0,44
Faible éducation	+ 0,35
Mortalité infantile	+ 0,32
Prénoms arabo-musulmans	+ 0,09
Messalisants 1960	+ 0,04
France insoumise	– 0,14
Écologistes	– 0,26
LREM	– 0,41
Balance migratoire	– 0,43

Sources : Données politiques : ministère de l'Intérieur. Éducation, mortalité infantile et balance migratoire : Insee. Prénoms : Ifop. Messalisants : Hervé Le Bras et Emmanuel Todd, *L'invention de la France*, *op. cit.*

À bien y réfléchir, le bon animal totémique pour Macron, dans une société dont le tissu est en décomposition, dont il s'acharne à dépouiller les entreprises publiques et à attaquer les blessés, c'est peut-être la hyène. Le vote animaliste serait, selon cette interprétation (dont je précise qu'elle n'est pas complètement sérieuse, ni même à moitié sérieuse), consciemment ou inconsciemment, un vote anti-hyène. Au stade actuel, d'après sa carte et les corrélations qu'on peut en tirer, il s'agit donc d'un phénomène plutôt positif : un espoir. Nous voyons enfin sortir de zones plutôt dominées par le Rassemblement national quelque chose de neuf et de plus aimable que l'hostilité aux populations d'origine maghrébine.

Conclusion

Le terme de ce livre approche. Le moment est venu de lâcher Marx. Car Marx croyait savoir où allait l'histoire, et nous n'allons pas commettre la même erreur. Nous sommes partis d'une question, ou plutôt d'une double question, à laquelle nous allons maintenant tenter de répondre, sans certitude, c'est l'esprit même de ce livre.

En 1992, les Français ont voté de justesse l'adhésion au traité de Maastricht, à l'euro et, sans le savoir il est vrai, tenté de proclamer par un acte civique étonnant la... dissolution de leur communauté nationale. Sans franc, plus de souveraineté, plus de France. Ce fut un acte héroïque.

L'euro a été un échec économique à la mesure de la folie de la tentative. Il a entraîné un effondrement industriel et un début de baisse du niveau de vie. Or, si l'on excepte le petit sursaut de 2005, quand 55 % des Français se sont prononcés contre le Traité constitutionnel européen – un non massif, mais qui, notons-le, ne remettait pas en cause l'euro lui-même –, l'opposition à la monnaie unique n'a fait que décliner jusqu'à devenir presque inexistante. L'euro semble désormais accepté comme allant de soi et la sortie de cette monnaie suicidaire relève de l'impensable. Comment l'expliquer ? Première question.

Cette passivité face à la monnaie unique n'a pas empêché une remontée de la lutte des classes et de la violence dans notre pays. Comme si la France, en dépit de son projet d'autodissolution nationale, ne pouvait, au bout du compte, s'empêcher d'être elle-même. Car les luttes de classes, comme l'avait très bien écrit Marx, sont une affaire avant tout française. Pas de contestation de la monnaie unique, donc, mais une puissance contestataire toujours là. Et quand le premier stade de l'explosion sociale a eu lieu, avec les Gilets jaunes, il n'a pas été dirigé contre l'euro : comment un tel paradoxe est-il possible ? Deuxième question.

Les vieux contre la sortie de l'euro

L'un des premiers éléments que j'ai évoqués, dans cette exploration de la société française, et qui fut pour moi une surprise d'ordre quantitatif, est son extraordinaire vitesse de vieillissement entre 1992 et 2018. En vingt-cinq ans, le nombre de personnes âgées a explosé : + 60 %. En 1992, les plus de 65 ans, étaient 8,2 millions ; ils sont aujourd'hui 13,1 millions. Bien entendu, les retraités sont ceux qui ont le plus à craindre d'une sortie de l'euro parce que celle-ci entraînerait inévitablement des perturbations et très vite une forme quelconque d'érosion monétaire qui mettrait les revenus fixes en péril. Autrefois j'aurais ajouté que les vieux sont par nature conservateurs. Aujourd'hui, retraité moi-même, j'estime plutôt que l'euro les a privés du droit de vote. Car, si l'on vous dit que voter pour revenir à votre communauté nationale, à votre monnaie nationale, c'est perdre votre revenu ou une fraction substantielle de ce revenu, on ne vous laisse pas vraiment le choix : vous pénétrez dans l'isoloir avec un pistolet sur la tempe. Je serais donc moins sévère avec les retraités. D'autant qu'on sent, par ailleurs, que les attaques contre leurs revenus ont commencé.

Il est toutefois frappant que les deux forces contestataires, dites « populistes », pour lesquelles le vote des personnes âgées est sous-représenté, le Rassemblement national et la France insoumise, n'aient jamais fait d'efforts explicites et prioritaires pour rassurer les retraités. Il aurait suffi pourtant de leur dire que, certes, on allait changer de système monétaire, mais prévoir une mesure technique pour les protéger. Il existerait un moyen plutôt simple : l'indexation des pensions, au-dessous de 3 000 euros, dans une phase de transition, sur le dollar, par exemple, ou sur un panier de monnaies. Je vois dans cette absence programmatique une preuve supplémentaire de ce que ni Marine Le Pen ni Jean-Luc Mélenchon n'ont jamais eu réellement l'intention d'exercer le pouvoir. Je parle ici de leur inconscient plutôt que de leur objectif affiché.

Mais l'histoire des vieux n'est pas achevée. Nous en avons vu, à l'automne 2018, en colère sur les ronds-points et nous savons que leur niveau de vie, qui avait augmenté pendant une certaine période, passera au-dessous de la moyenne de celui de la population vers 2025. Le jour où un parti politique nouveau proposera une technique compréhensible par tous, et fiable, de sécurisation des pensions jusqu'à 3 000 euros, l'opinion des retraités sur une éventuelle sortie de l'euro pourrait changer. Dans le contexte d'appauvrissement et de contraction des dépenses de santé qui les menace spécifiquement, les personnes âgées se trouvent face à une version économique d'un dilemme fréquent : attendre passivement la mort (rester dans l'euro) ou prendre le risque d'un triple pontage tout de suite (la sortie de l'euro).

Une société au métabolisme ralenti

Le vieillissement ne concerne pas seulement les personnes âgées. Entre 1991 et 2016, l'âge médian a augmenté de 6,5 ans, passant de 33,7 ans à 40,2 ans. En fait, tout le monde en France, à part les enfants, est de plus en plus âgé : les travailleurs, les étudiants même qui n'en finissent pas d'accumuler des diplômes, d'enchaîner doctorats et post-docs. Nous sommes dans une société dont le métabolisme s'est ralenti. Je m'en suis aperçu un jour en parlant avec une Russe. Nous commentions la mortalité épouvantable de ses compatriotes et elle avait eu cette formule superbe : « En Russie, tout est plus rapide. Les gens se marient plus jeunes, ils divorcent plus tôt, ils meurent plus vite. » En France, à l'inverse, tout devient de plus en plus lent, y compris, comme j'ai pu m'en apercevoir en développant pendant un quart de siècle des arguments contre l'euro, la réflexion et l'évolution idéologique. Vingt-cinq ans à tourner en rond ! C'est là un autre élément qui explique que la contestation de Maastricht se soit éteinte. Cette société au métabolisme ralenti a d'ailleurs éprouvé le besoin d'élire un jeune président pour, au fond, nier la réalité de son vieillissement.

Nous avons vu, au chapitre 1, que ce métabolisme démographique ralenti masquait une évolution accélérée de la structure sociale : les classes bougent à très grande vitesse. La baisse du nombre des ouvriers s'accélère, au rythme du naufrage industriel. La masse des petits bourgeois, dits CPIS, augmente, ainsi que celle des professions intermédiaires, devenues le nouvel axe central de la société. L'erreur consisterait à s'imaginer qu'une société dont les structures socio-professionnelles évoluent rapidement va bouger très vite sur le plan idéologique. En réalité, une société en mutation est une société qui perd ses marques et qui est désorientée. Paradoxalement, la vitesse d'évolution de notre société dans la phase récente contribue à expliquer son incapacité à produire une contestation idéologique sérieuse, structurée et solide.

Des classes sociales qui regardent vers le bas

L'évolution sociologique observée dans ce livre est, me semble-t-il, en opposition avec le discours ambiant sur le triomphe du capitalisme néolibéral, sur la puissance de la finance internationale, sur la montée des inégalités. Je rappelle la typologie proposée au chapitre 4 : en haut, l'aristocratie stato-financière où l'État est central. Au-dessous d'elle, la petite bourgeoisie CPIS qui n'a donc rien de vraiment « supérieur ». Un bloc central majoritaire dans lequel j'ai mis les professions intermédiaires, les artisans et les employés qualifiés. Et puis, en bas, un prolétariat qui correspond aux ouvriers et aux employés non qualifiés. Et, dans ce prolétariat, une fraction immigrée dont une étude récente sur les prénoms a montré la place importante. J'ai fait l'impasse sur la dispersion des enfants d'immigrés dans toutes les classes autres qu'ouvrières. J'ai trouvé, dans le cours de cette étude, une France où (si l'on met de côté une pellicule supérieure qui s'enrichit, mais sans projet et qui doit souffrir à sa manière) les inégalités entre la petite bourgeoisie CPIS, le bloc central majoritaire et le prolétariat ne s'accroissent pas tellement. La société reste assez homogène dans ses évolutions : le niveau de vie baisse pour la plupart. Il est vrai que, chez les petits bourgeois, cette baisse concerne surtout les jeunes qui vont s'entasser en famille dans des deux-pièces du XIe arrondissement en se racontant qu'ils sont des privilégiés, représentants d'une société ouverte s'opposant au monde soi-disant fermé de Roubaix (par exemple).

J'ai croisé dans ce travail de recherche quelques phénomènes inquiétants mais que j'ai dû accepter, même s'ils ne me faisaient pas plaisir (pour moi, le patriotisme, ce n'est pas se raconter que tout va bien chez soi). En premier lieu, la baisse à venir du niveau éducatif médian. J'ai relevé à ce sujet deux consolations d'ordre démocratique : comme pour la baisse du niveau de vie, tous les milieux sociaux sont concernés. On constate, de plus, une déconnexion du niveau intellectuel et du niveau éducatif. Si bien que les classes dites inférieures se remplissent de gens intelligents, tandis que les classes supérieures voient augmenter en leur sein, jour après jour, le taux de crétins diplômés.

Pas d'augmentation fabuleuse des inégalités, donc, comme on a pu l'observer dans le monde anglo-américain. Pas de classe dite « moyenne supérieure » qui se détacherait objectivement, financièrement, du reste de la population. Mais, au pays de Bouvard et Pécuchet, plutôt des petits bourgeois gavés de fausse conscience. Le maintien des inégalités à un niveau constant, associé à un appauvrissement, a produit un phénomène de compensation idéologique classique, mais chez nous généralisé, que j'ai compris lors de l'émergence du discours macroniste sur la « France ouverte » et la « France fermée » : un mépris affiché de la petite bourgeoisie pour le prolétariat qui ressemble terriblement au mépris du prolétariat pour la population d'origine immigrée plus récente.

Peu à peu, poursuivant ma quête statistique, la réalité de la société française m'est apparue : un monde dont le niveau de vie et le niveau éducatif baissent, dont les espérances se réduisent et où le sentiment dominant est désormais la peur du déclassement, une société qui regarde non pas vers l'avenir et vers le haut, mais vers le passé et vers le bas, une société où chaque classe méprise, pour s'en distinguer, la classe du dessous – je profite de l'occasion pour dire mon regret d'une partie au moins des critiques que j'ai faites, tout au long de ma vie (et donc dans ce livre !), à Pierre Bourdieu, auteur de *La Distinction*[1]. Les petits bourgeois, donc, méprisent les ouvriers, les ouvriers d'origine française lointaine méprisent les ouvriers d'origine maghrébine. Et l'on peut ajouter

1. Pierre Bourdieu, *La Distinction. Critique sociale du jugement*, Paris, Les éditions de Minuit, 1979.

que les immigrés d'origine maghrébine s'efforcent de mépriser les Juifs. Ce dernier mépris est d'ordre symbolique puisque, en aucun cas, les Juifs français ne peuvent être décrits comme socialement au-dessous des ouvriers ou des chômeurs.

Je postule enfin, dans le cours de mon étude, un mépris que je ne peux démontrer : celui de l'aristocratie stato-financière pour la petite bourgeoisie CPIS. Mais si mon système est valide, j'en déduis cet ultime mépris – comme Le Verrier, au XIXe siècle, avait pu déduire des lois de Newton l'existence de Neptune, sans l'avoir observée, à cause d'irrégularités dans l'orbite d'Uranus.

Graphique C.1. La cascade des mépris

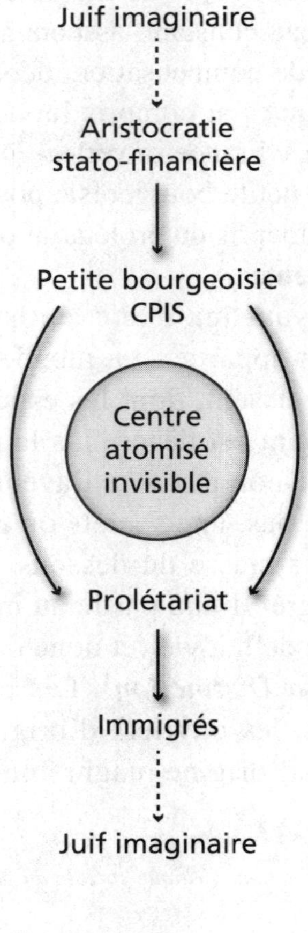

Mon modèle présente une béance. Dans cette cascade de mépris descendants, il n'a pas été question du centre majoritaire, atomisé, de la société française auquel je pourrais ajouter ici le qualificatif d'« invisible ». Ce n'est pas complètement illogique. Les classes que j'ai intégrées dans ce mécanisme des mépris descendants sont celles qui ont un certain niveau de conscience, même s'il s'agit le plus souvent de fausse conscience. L'aristocratie stato-financière se croit financière, alors qu'elle est étatique ; mais elle se croit du moins dominante. La petite bourgeoisie CPIS se croit représentante d'un monde ouvert et dynamique alors qu'elle est en déclassement ; mais elle a une certaine conscience de son existence. Le prolétariat se pense ouvrier, prolétaire, opprimé, français mais exclu. Il vote, à 35 ou 50 % pour le Rassemblement national. Un vote qui ne sert à rien, politiquement perdant, donc symbolique, totémique, ethnique, en ce sens qu'il est simplement une façon d'exprimer ce qu'on est ou croit être. Ce monde d'en bas a conscience d'exister. Je pense que les jeunes d'origine maghrébine des banlieues ont eux aussi conscience d'exister, ne serait-ce que par les phénomènes de méfiance dont ils sont victimes. Ce qui caractérise le bloc central majoritaire, à l'inverse, n'est ni la conscience de classe ni la fausse conscience de classe, c'est sa non-conscience d'exister.

Le cœur mou de la France

Peut-être est-ce à ce bloc central majoritaire avec, comme axe, les professions intermédiaires, que les gens pensent quand ils parlent des classes moyennes. À vrai dire, je n'en suis même pas sûr. L'expression « classes moyennes » est employée sans cesse à tort et à travers.

Cette masse centrale constitue un monde fragmenté par des compétences, des diplômes et des métiers très divers[1]. C'est dans ce groupe que sont intervenues les évolutions sociétales les plus significatives et irréversibles des dernières décennies : féminisation, acceptation de l'homosexualité, effacement du mariage comme institution. L'expérience individualiste, si elle se présente comme une nécessité

1. Voir Jean-Paul Cadet, Christophe Guitton et collaborateurs, *Les Professions intermédiaires*, Paris, Armand Colin, 2013.

historique, est aussi une épreuve. C'est donc aussi, très logiquement, la classe sociale où se manifestent à plein les évolutions psychologiques que nous avons pu observer au chapitre 5, en particulier l'émergence d'un moi fatigué. Ce moi est si fatigué qu'il en a perdu l'impulsion du suicide. Nous avons dû constater, en effet, alors que tout le monde parle de son augmentation ici ou là, que le taux de suicide s'est effondré, en dépit du fait que la situation s'aggravait et que le niveau de vie baissait.

L'un des indicateurs les plus sûrs de la fatigue psychique est le besoin de se soigner. Nous avons sur cette question une excellente étude : *Psychothérapie et société*[1]. Un chapitre de ce livre nous indique le recours aux soins thérapeutiques par catégories socioprofessionnelles[2]. On y note d'abord une non-surprise : les paysans et les ouvriers recourent moins aux psychothérapeutes. Puis une vraie surprise : les professions intermédiaires recourent autant que les cadres à la psychothérapie. Intégrons le paramètre du revenu, malgré les remboursements partiels de la Sécurité sociale. Compte tenu du différentiel de revenus de 30 % entre cadres et professions intermédiaires, l'égalité de pratique évoque un effort de soin plus élevé dans les catégories intermédiaires.

La prééminence statistique de cette catégorie intermédiaire est désormais claire.

Le tableau C.1. montre la prédominance des femmes dans cette masse atomisée.

J'aurais tendance à mettre au cœur de l'inactivité idéologique et contestataire de la société française la croissance très rapide de ce groupe hétérogène, désorienté, qui ne sait même pas qu'il existe et dont nous ne savons pas exactement ce qu'il est. On a pu voir, dans la deuxième et la troisième partie de ce livre, les incessantes fluctuations de son vote modal (le plus fréquent lors d'une consultation électorale donnée) : oui à Maastricht en 1992, non au Traité constitutionnel en 2005, mais, après ce non, un réalignement sur des partis classiques, une étrange embardée frontiste aux européennes de 2014, un vote Macron en 2017 et, en 2019, un passage chez les Verts. Le

1. Françoise Champion (sous la dir. de), *Psychothérapie et société*, Paris, Armand Colin, 2008.

2. *Ibid.*, p. 109.

contraste entre cette instabilité et la stabilité politique du prolétariat, solidement installé dans son vote Rassemblement national, est saisissant. Les deux phénomènes contribuent à expliquer notre impuissance sociale et idéologique.

Tableau C.1. Les catégories socioprofessionnelles selon le sexe en 2018 (en %)

Catégorie socioprofessionnelle	Sexe	
	Femmes	Hommes
Agriculteurs exploitants	0,8	2,2
Artisans, commerçants, chefs d'entreprise	3,8	8,9
Cadres et professions intellectuelles supérieures	15,7	20,8
Professions intermédiaires	28,3	23,3
Employés qualifiés	21,6	6,8
Employés non qualifiés	21,1	5,9
Ouvriers qualifiés	3,4	22,6
Ouvriers non qualifiés	4,8	9,1
Non déterminé	0,4	0,5
Total	100,0	100,0

Sources : Insee, Enquête emploi. La ventilation entre employés qualifiés et non qualifiés se fonde sur la nomenclature des professions et catégories socioprofessionnelles à 4 chiffres (PCS). Lecture : en 2018, 17,3 % des personnes en emploi âgées de 15 à 24 ans sont employés qualifiés. Champ : France hors Mayotte, population des ménages, personnes en emploi.

Cette description de la société française nous offre une explication très directe et très simple de notre paysage politique. Les médias nous parlent sans cesse d'une polarisation entre le Rassemblement national et la République en marche. C'est une fiction.

Il existe certes deux pôles stables, même si l'on a pu observer aux dernières élections européennes un vieillissement de l'électorat

LREM, atteint précocement du syndrome de Mathusalem. Le cœur du vote Macron demeure la petite bourgeoisie CPIS avec sa fausse conscience. Ce pôle stable sur le plan politique correspond à un pôle clair sur le plan socio-économique. Il en va de même pour le Rassemblement national avec son électorat ouvrier. On notera au passage que cet enkystement dans la classe ouvrière française est le contraire d'une force : le Rassemblement national est devenu le parti dominant d'un groupe social qui disparaît. En ce sens, il est l'exact contraire du parti communiste selon les marxistes, qui représentait une classe sociale appelée à devenir majoritaire, espoir qui ne se réalisa jamais, sauf, peut-être en Angleterre, et sans le résultat politique attendu. L'échec du RN est programmé par son succès prolétarien.

Toutefois, entre ces deux pôles règne un désordre total : une multiplicité de partis qui apparaissent puis disparaissent. Les 34 listes présentées aux dernières européennes ont été comme une illustration politique de cet état de fragmentation du cœur majoritaire invisible de la société française.

État partout, capitalisme nulle part

L'un des enseignements majeurs de ce livre concerne la puissance de l'État en France. Si on le relit, on y verra, à chaque page, non pas le triomphe du capitalisme mondialisé, mais celui de l'État. Partout. On verra un président qui est un énarque, un Premier ministre qui est un énarque, un ministre de l'Économie et des Finances qui est un énarque. Il est vrai qu'on trouvera aussi autour d'eux une masse de dépendants au pedigree plus incertain : un Richard Ferrand mutualiste-immobilier, un François de Rugy fan de homard, et surtout un Christophe Castaner qui, à l'instar d'Alexandre Benalla, semble n'être là que pour valider l'intuition de Marx sur les mœurs douteuses du bas qui rejoignent celles du haut.

Parmi les principaux soutiens de Macron, nous avons découvert, non pas les forces vives de l'entreprise privée, mais le secteur public et, en particulier, les enseignants qui ont, en le soutenant, achevé une sorte de *coming out* de droite. Parmi les piliers du vote RN, nous n'avons pas trouvé seulement les ouvriers d'un appareil industriel en décomposition, mais aussi et encore plus fortement, les forces de l'ordre. Le fait que Macron soit passé par la banque ne doit pas faire illusion. Ce qu'on appelle la banque, en France, n'a que peu à voir avec la vie industrielle et l'économie réelle. Pas ou peu de traces d'un capitalisme productif là-dedans.

Tout ceci contredit le discours et l'action anti-État, anti-fonctionnaires, qui ont été longtemps l'apanage de la droite et qui sont désormais la marque du macronisme. Ces gens qui se pensent libéraux ou néolibéraux sont sans doute sincères dans leur combat. Mais ils se heurtent à une réalité qu'ils ignorent : l'euro, monnaie créée pour des raisons politiques et géopolitiques, est en lui-même intensément « étatique ». Il détruit l'économie industrielle réelle. Il est comme une incarnation maléfique de la « théorie étatique de la monnaie » de Knapp, passée en mode suicidaire[1]. Knapp considère dans sa *Théorie étatique de la monnaie*, publiée en 1905, que l'État, plus que tout autre agent social, permet l'existence de la monnaie. Une monnaie, pour Knapp est d'abord l'instrument qui permet de payer ses impôts. L'acceptation de son pouvoir libératoire par l'État garantit son pouvoir libératoire général. Cette conception a permis l'émergence de la monnaie-papier et l'abandon des monnaies métalliques. Knapp fut un révolutionnaire utile mais il ne doit pas nous conduire à oublier qu'une partie de la création monétaire résulte des prêts bancaires. Si l'État valide la monnaie, il ne peut la contrôler. Je pense que nos énarques, sans en être bien conscients, fonctionnent avec la représentation d'un euro qui peut dominer la société et échapper aux lois du marché – conception ultra-étatiste, au fond assez proche de celle qui régnait pour le rouble en Union soviétique.

Nous voici à nouveau dans un monde digne de Philip K. Dick, quelque part entre *Total Recall* et *Blade Runner* : celui qui se pense ultralibéral est le contraire de ce qu'il croit être, ultra-étatiste. Il voudrait bien réduire la place de l'État, mais détruit en pratique l'industrie et entrave la production libre sur le marché. L'effet global du mécanisme euro, pour la France, est une contraction de la société civile qui aboutit à la constante augmentation du poids sociopolitique relatif de

1. Georg Friedrich Knapp, *Staatliche Theorie des Geldes*, 1905. Keynes l'a fait traduire en anglais en 1924 sous le titre *The State Theory of Money*.

l'État. Parce que l'industrie et le commerce s'atrophient peu à peu, à la fin il ne reste que lui.

Dans *L'Illusion économique*, j'avais décrit l'euro comme une monnaie hiératique, de nature religieuse, qui était là pour discipliner la société[1]. Mais l'euro contient aussi en lui-même l'idée d'un État si puissant qu'il peut s'opposer aux forces du marché. Il est donc absolument logique qu'il ait eu pour effet de saper l'activité marchande. Nous retrouvons ici le concept marxiste d'autonomisation de l'État, mais dans un contexte tout différent puisque Marx parlait du cœur d'une société industrielle en plein essor et non pas, comme la nôtre, en déroute complète.

Si la production n'a plus d'importance, pourquoi s'intéresser encore aux histoires de monnaie ? C'est là que réside la vraie victoire de l'euro. Il est accepté parce qu'il a réussi à détruire l'économie. Je ne sais si c'était son but. Mais en détruisant l'économie, l'euro a détruit les raisons de sa contestation. Qui s'intéressait encore à l'organigramme de l'armée française à la mi-juin 1940 ?

La nouvelle homogénéité territoriale

Une littérature considérable a mis en évidence une organisation nouvelle de l'espace français. Christophe Guilluy et Jérôme Fourquet ont montré l'existence d'une dualité centre/périphérie, principalement autour des grandes villes. J'accepte pleinement cette représentation, avec cette réserve qu'elle n'est possible que parce que l'Hexagone, dans son ensemble, est de plus en plus homogène. La fin du catholicisme, l'effacement des différences régionales familiales ont créé un pays plus uniforme dans lequel les polarités sociales ou éducatives peuvent partout s'exprimer localement de la même manière.

Une nuance tout de même : il existe, depuis les années 1990 au moins, une nouvelle opposition entre une France des tempêtes – au Nord, à l'Est et le long de la Méditerranée – et une France abritée, à l'Ouest essentiellement, où ni la destruction de la vieille industrie ni l'immigration n'ont désorganisé en profondeur le tissu social. Le Front national s'est implanté dans la France des tempêtes. Le PS moribond

1. Emmanuel Todd, *L'Illusion économique*, *op. cit.*, p. 210-213.

puis Macron ont prospéré dans l'Ouest abrité avec l'ajout dans le cas de Macron des grandes métropoles de provinces et de Paris, où, comme on l'a dit, des familles de petits bourgeois CPIS vivant dans 45 m^2 peuvent s'imaginer membres d'une élite mondiale branchée.

Le travail novateur réalisé par Geoffrey Pion, nous permet d'ajouter une nuance dans la nuance. Il m'a communiqué une carte des fermetures de petits commerces en France, qui montre que la crise de la société française est en train de se diffuser des vieilles régions industrielles du Nord-Est vers les régions abritées.

Carte C.1. La propagation du malaise français

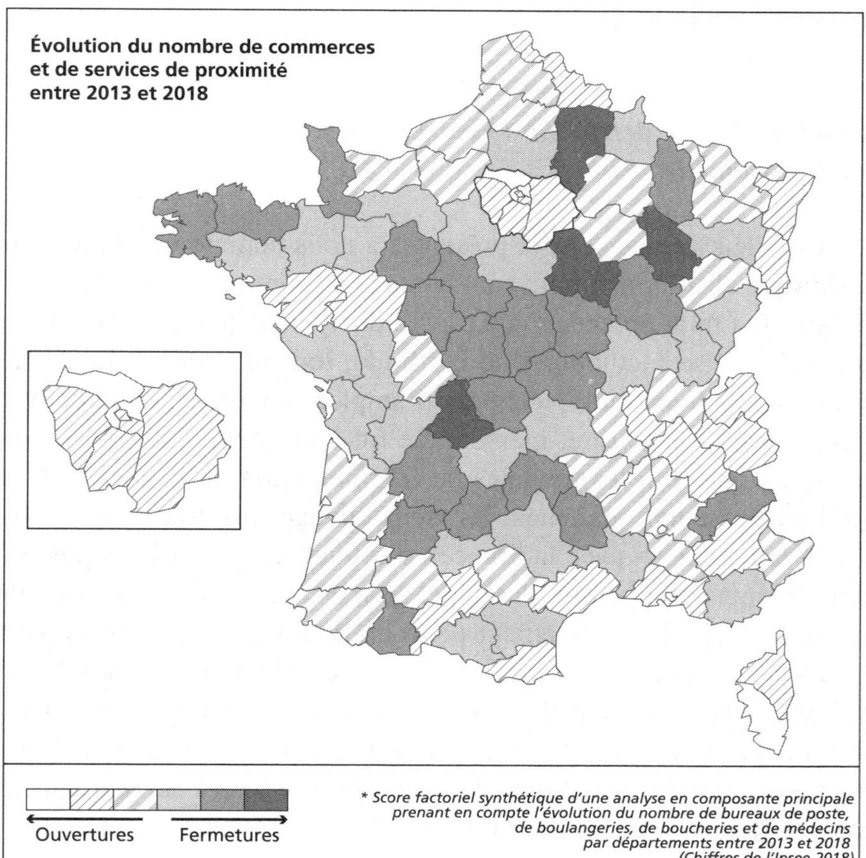

Sources : statistiques : Geoffrey Pion et Insee 2013-2018 ; cartographie : Geoffrey Pion.

La ligne de front séparant la France des tempêtes de la France abritée vient d'être percée. À l'Ouest, avec une intensité maximale entre Sarthe et Allier, entre Dordogne et Cantal, et entre Finistère et Morbihan, nous voyons s'effondrer entre 2013 et 2018 le nombre des commerces et des services de proximités. Pas de problème pour les métropoles – Paris, Lyon, Lille, Strasbourg, Marseille, Montpellier, Toulouse, Nantes. Mais, pour le reste du territoire, la désorganisation socio-économique à l'Ouest ajoute désormais ses effets unificateurs à ceux du reflux religieux et de la fin des systèmes familiaux anciens. La marée descendante affecte désormais l'ensemble du territoire.

C'est dans cette reconfiguration territoriale que s'est inscrit le mouvement des Gilets jaunes.

Toute la France derrière les Gilets jaunes, mais pas tous les Français

Les Gilets jaunes se sont présentés à nous comme un phénomène historique absolument nouveau. Nous nous sommes demandé qui ils étaient. Il a fallu procéder à un travail difficile et, je l'admets, incomplet, d'analyse factuelle. Une certitude, tout de même : les Gilets jaunes constituent un mouvement d'ampleur nationale, qui a couvert l'ensemble du territoire, même si ce fut à des degrés divers. Ils ont remis en question les modèles de fragmentation de la société française, dépassé non seulement les vieux clivages historiques qui opposaient la France laïque à la France catholique, mais aussi l'opposition plus récente entre ce que j'ai appelé une France des tempêtes et une France abritée. Le mouvement pourrait, de plus, amorcer une réconciliation de Français d'origines très diverses. Du point de vue géographique, le soulèvement des Gilets Jaunes peut s'analyser en termes d'unité nationale retrouvée et, en ce sens, la présence du drapeau tricolore aux côtés de ceux qui chantaient *Le Temps des cerises* dans les manifestations était significative et, à mes yeux, bienvenue.

Dans le détail, les régions les plus actives n'ont pas été les régions du Nord-Est, celles où le Front national est le plus implanté même si, au début du mouvement, d'après les sondages d'opinion, les personnes qui soutenaient le plus les Gilets jaunes étaient les électeurs du FN et, dans une moindre mesure, ceux de la France insoumise. De manière très frappante, la France « abritée », celle-là même qui votait socialiste et avait voté Macron en 2017, a été particulièrement touchée. Comment l'interpréter ? Le début de diffusion du malaise économique des zones déjà sinistrées vers des zones jusqu'ici plutôt épargnées, qu'on observe sur la carte de Geoffrey Pion, y est pour quelque chose. Ajoutons-y la plus grande capacité de mobilisation d'un Ouest-Sud-Ouest plus homogène parce qu'on y trouve des proportions faibles de personnes d'origine immigrée.

La belle enquête de Yoan Gwilman *Dans la même galère : comment les Gilets jaunes ont désamorcé Charlie*, montre, au-delà des discours convenus, que les banlieues doivent être incluses dans le processus de réunification par les Gilets jaunes. Le gouvernement Macron a d'ailleurs fait de son mieux pour les encourager à se sentir françaises comme les autres, par sa politique du « Flash-Ball pour tous ». Le 20 juillet 2019, nous en avons eu un début de confirmation : ce jour-là des Gilets jaunes se sont joints au collectif La Vérité pour Adama Traoré « avec un même mot d'ordre : stop aux violences policières[1] ».

Si, maintenant, on analyse le mouvement des Gilets jaunes en termes de classes, on s'aperçoit qu'il est double. Il a touché des catégories qui, majoritairement, sont au-dessous des professions intermédiaires, lesquelles, même si certains de leurs éléments ont participé, n'ont, dans l'ensemble, pas été touchées. Il est caractéristique que l'une des figures emblématiques ait été Ingrid Levavasseur, une aide-soignante plutôt qu'une infirmière diplômée, catégorie dont la vie est dure mais le statut solide. Le revenu des infirmières est proche du revenu médian français (1 710 euros), celui des aides-soignantes inférieur du quart ou du tiers. Les personnes qui se sont battues ont mené une lutte de classes de nature défensive et existentielle. Les taxes sur les carburants qui avaient été annoncées mettaient leur existence même en péril. Pourtant, bien qu'il n'ait essentiellement mobilisé sur le terrain que les catégories les plus fragilisées, le mouvement des Gilets

1. Julie Ménard, « "Justice pour Adama Traoré" : des Gilets jaunes à la marche contre les violences policières », *Le Parisien*, 19 juillet 2019.

jaunes a bénéficié dans les sondages d'un soutien massif, 70 % de la population, du moins jusqu'à ce que le gouvernement recule. Car les Gilets jaunes ont bien gagné, ce qui, pour un mouvement social, est assez rare pour être signalé. Et le pouvoir a bel et bien reculé avant de mettre en place une fanfare médiatique pour faire disparaître cette réalité. Nous passons ici du monde de Dick à celui d'Orwell : la défaite, c'est la victoire. Le mensonge gouvernemental mis de côté, il nous reste à souligner un paradoxe aigu, et presque douloureux : la sympathie de l'opinion a été vécue à distance, sur un mode abstrait. Les professeurs certifiés ou agrégés eux-mêmes ont donné l'impression de ne pas vouloir toucher les Gilets jaunes, même avec des pincettes. Cette ambiguïté est constitutive du phénomène et me laisse perplexe. Je ne pense pas que les différences d'éducation expliquent pleinement cette réserve.

Nous avons parlé de l'État omniprésent en France. Les Gilets jaunes ont pour point commun dominant d'être comme extérieurs à la sphère étatique ou, du moins, à ses statuts les plus sûrs. On a relevé que, comme dans le cas des Bonnets rouges bretons, les petits patrons ont pris une part active aux débuts du mouvement. Il y eut parmi eux aussi des petits commerçants et, surtout, un nombre considérable de travailleurs salariés précaires en situation d'incertitude et qui n'étaient protégés par aucun statut de type fonction publique. Le mouvement des Gilets jaunes s'est caractérisé par un épicentre dans le secteur privé. Cet élément contribue à comprendre la réserve des profs, la non-participation de ceux que protège la fonction publique.

Nous retombons sur le modèle d'une société où le problème central n'est pas le monstre néolibéral, mais bien plutôt un État qui dévore la société et qui, par inadvertance idéologique et bureaucratique, menace soudain de mort sociale, par des taxes, les plus fragiles, qui sont souvent du côté de l'entreprise, salariés ou tout petits entrepreneurs. Je serais d'ailleurs tenté de dire que l'efficacité du mouvement des Gilets jaunes, auto-organisé sur des bases individualistes, représente d'une certaine manière un triomphe de cet entrepreneuriat que certains appellent de leurs vœux à HEC.

L'idéologie de la libre entreprise nous a valu l'un des plus beaux mouvements sociaux de l'histoire de France.

Classes populaires libérales et égalitaires contre petite bourgeoisie CPIS autoritaire et inégalitaire ?

Dans le chapitre 3, nous avons posé une question : puisque l'opposition entre le centre libéral, égalitaire, laïque de la France et sa périphérie hiérarchique, inégalitaire, catholique a disparu, que reste-t-il des valeurs de la société française ? Un mélange ? Plus rien ? Une grande bouillie informe ? Le retour à l'indifférenciation primitive ? Lorsque j'ai vu les Gilets jaunes, mon premier réflexe a été de reconnaître en eux notre culture libérale-égalitaire dans toute sa splendeur, avec cette capacité typiquement française des milieux populaires à affronter leurs « élites » et leurs classes supérieures. Mais, cette fois-ci, cette culture libérale-égalitaire n'était pas cantonnée au centre du pays et à sa façade méditerranéenne, elle s'étendait à l'ensemble du territoire et sa dernière incrustation a été dans le Sud-Ouest, traditionnellement de famille-souche, autoritaire et inégalitaire donc. Il semblerait ainsi que les valeurs de liberté et d'égalité recouvrent désormais toute la France.

Mais, dans le même temps, il est évident que la vieille polarisation n'a pas disparu : la réaction haineuse et violente des classes supérieures aux Gilets jaunes l'a prouvé. Bien avant la révolte, l'aristocratie stato-financière et la petite bourgeoisie CPIS, avaient, d'ailleurs, à travers la politique du franc fort puis la construction de l'euro, manifesté une adhésion aux valeurs d'autorité et d'inégalité d'une ampleur, d'une intensité et d'une continuité jamais atteintes.

Je tire de cette double constatation l'hypothèse suivante : la dualité de valeurs française continue d'exister, mais elle a perdu son assise géographique pour opposer désormais le bas de la société à son haut, qui, lui, a gonflé en termes de masse relative. Si j'étais un jeune chercheur disposant de nombreuses années devant moi, je me demanderais si, dans la partie inférieure de la société et jusqu'à un niveau qui demanderait à être défini, les valeurs libérales-égalitaires ne sont pas non seulement toujours là, mais aussi particulièrement virulentes, et si, dans la partie supérieure, les valeurs autoritaires et inégalitaires n'ont pas proliféré, tout aussi virulentes mais de sens opposé. Le mouvement de l'éducation expliquerait assez bien un tel mécanisme parce qu'il a créé une strate d'éduqués supérieurs beaucoup plus massive que ne le fut jamais la noblesse d'Ancien Régime – 1,5 % de la population tout au plus au XVIIIe siècle selon les estimations les plus généreuses[1]. Le système éducatif est devenu une gigantesque machine à trier la société, et il ne serait pas illogique que tout ce qui a été trié vers le haut adhère d'une façon consciente, subconsciente ou inconsciente à un idéal autoritaire et inégalitaire.

Ce n'est, encore une fois, qu'une hypothèse. Mais le regard que portent les groupes sociaux sur le monde extérieur me semble très révélateur. Jérôme Fourquet rappelle bien, dans son livre, à quel point l'attribution de prénoms comme Kevin, Steve ou Jordan est le fait des milieux populaires[2]. C'est vers l'Amérique qu'ils regardent, vers le pays de la liberté et de la démocratie. Les classes supérieures françaises, elles, se distinguent surtout par un amour immodéré de l'Allemagne (pas jusqu'au point d'appeler leurs enfants Helmut, Wolfgang ou Ulrich, il est vrai). La réconciliation avec l'Allemagne, sur une base égalitaire entre nations, fut et demeure un défi moral et historique nécessaire et, de plus, hautement compatible avec la tradition universaliste française. Une telle réconciliation ne peut, au fond, que renforcer notre identité nationale. Mais le délire amoureux de nos classes supérieures fixé sur ce pays constitue un problème et surtout un révélateur. Il est devenu une sorte de test de Rorschach qui nous dit ce que l'aristocratie stato-financière et la petite bourgeoisie françaises ont vraiment dans l'esprit. Leur amour de l'Allemagne n'évoque pas des sentiments libéraux et égalitaires.

Sauvés par un choc externe ?

Les Gilets jaunes ont fait naître de grands espoirs et, en ce qui me concerne, m'ont réconcilié avec mon pays, dont je commençais à désespérer. Je considère, à titre personnel, que j'ai une dette envers eux. Ils ont prouvé que nous, Français, étions encore capables de grandes choses.

1. D'après l'article de Robert Dauvergne, « Le problème du nombre des nobles en France au XVIIIe siècle », *Annales de démographie historique*, 1973, p. 181-192.
2. Jérôme Fourquet, *L'Archipel français, op. cit.*, p. 119-126.

Pour autant, la volonté de faire durer le mouvement m'a paru déraisonnable. Le niveau de mobilisation maintenu semaine après semaine n'était pas tenable. User le gouvernement après qu'il a cédé, pour bien rappeler qu'il avait cédé, pourquoi pas ? Mais, à partir de janvier, tout cela n'avait plus tellement de sens. Les spéculations sur une éventuelle organisation politique des Gilets jaunes, sachant qu'ils n'avaient pas les cadres, qu'ils n'avaient pas échappé à la stratification éducative, étaient vaines. Sans sombrer dans un quelconque robespierrisme, léninisme ou gramscisme primaires, il faut admettre que l'on n'a jamais vu réussir un mouvement politique sans participation de la petite bourgeoisie éduquée. J'en avais parlé dans *Le Fou et le Prolétaire :* le parti bolchevique était solidement structuré par des petits bourgeois et même des membres de la petite noblesse. Les choses changeront lorsque les jeunes éduqués supérieurs de la petite bourgeoisie CPIS échapperont à l'aliénation idéologique de leurs parents, comprendront qu'ils sont parmi les perdants du système et feront défection, en masse, pour passer à la révolte et lui fournir ses cadres. Je sens que le phénomène est en train de s'amorcer. Mais ce ne sera pas facile. Nous avons vu au chapitre II que c'est dans la jeunesse que la division par l'éducation est la plus forte et le subconscient inégalitaire le plus intense.

Essayons de nous projeter dans l'avenir. J'admets que je ne suis pas optimiste pour la période proche. Aucun élément n'autorise à se projeter à brève échéance dans un avenir radieux. Rappelons aussi quelques régularités historiques simples : les révolutions positives ne se produisent pas dans les phases de déclin économique de longue durée. Elles surviennent au moment d'une baisse conjoncturelle du niveau de vie à l'intérieur d'un cycle ascendant de longue durée. C'est le progrès économique qui rend les gens d'en bas optimistes et capables d'affronter les gens d'en haut. Le mécanisme de déclin de longue ou même de moyenne durée, qu'on vient de décrire, et dont on ne voit pas pour le moment la fin, n'incite donc pas à l'optimisme.

Mais il nous faut être humble et refuser des conclusions hâtives, abandonner toute posture messianique, positive de type marxiste ou négative de type collapsologique, et admettre que prévoir n'est pas vraiment possible. Nous sommes dans un monde nouveau. Nous n'avons jamais vécu dans une société si riche malgré son appauvrissement en cours, si éduquée malgré la chute qui approche de son niveau éducatif, et qui, de plus, dispose de moyens de diffusion de l'information extrêmement rapides. Nous sommes, par ailleurs, dans un monde qui va être soumis dans les années qui viennent à des chocs externes. Outre les répercussions possibles du Brexit, il est évident, ainsi que le montre Édouard Husson dans son dernier livre, que l'Allemagne ne sait plus trop où elle va[1]. Tout le monde commence à comprendre qu'elle a profité de l'environnement international plutôt qu'élaboré un modèle économique durable. Enfin, une menace nouvelle plane sur l'Union européenne. Si les États-Unis se trouvaient satisfaits d'une Europe libérale-égalitaire qui leur obéissait, ils ne veulent pas d'un système impérial dirigé par l'Allemagne, pays de plus en plus perçu par ses géopoliticiens, et par Trump, comme un rival stratégique à abattre.

La société française pourrait donc se retrouver mise en liberté sans en avoir elle-même décidé – parce que certains des acteurs majeurs de l'histoire en ont décidé ainsi.

J'ai bien conscience qu'une telle hypothèse contredit l'état d'esprit de la société française, qui a manifesté ces derniers temps une capacité quasi religieuse à se penser comme existant indépendamment du monde, hors du monde, comme dans un bocal. On pense à la grenouille mettant la tête hors de son puits et s'exclamant : Comme le monde est vaste !

C'est, en un sens, normal pour une économie industrielle en train de disparaître. On dit parfois du Japon qu'il est *in the world but not of the world*, dans le monde mais sans en faire partie. Il est indubitable que les Japonais donnent parfois l'impression qu'ils fonctionneraient très bien en mode introverti, entre Japonais seulement, comme à l'époque Tokugawa. Mais cela ne les empêche pas de maintenir une économie industrielle qui reste technologiquement la deuxième du monde et dont la planète a besoin (et une dette que détiennent ses citoyens…). Quand bien même ils ne le souhaiteraient pas, ils sont du monde parce que, sans eux, le monde se porterait moins bien.

Nous, Français – ici je parle des Français « d'en haut » – sommes à l'opposé : avec notre idéologie universelle à vocation planétaire et notre siège de membre permanent au Conseil de sécurité des Nations unies, nous avons une opinion sur tout, sommes toujours prêts à dire

1. Voir Édouard Husson, *Paris-Berlin. La survie de l'Europe*, *op. cit.*

le bien, le beau et le vrai. Mais si notre économie continue de disparaître, la planète pourra très bien se passer de nous et de notre verbe magique.

Je reste hanté par la Première Guerre mondiale, qui a fini par éclater à un moment où l'on pensait que sa menace s'éloignait. Et je me demande si l'euro ne va pas imploser alors même que l'on s'imagine enfin qu'il est éternel, comme la paix. Un choc externe, désastreux sans aucun doute pour ma pension de retraite, serait pourtant pour nous la meilleure chose du monde. La société française serait confrontée à de sérieuses difficultés économiques et sociales de réadaptation, à un défi. Libérés de l'euro, contraints à la solidarité nationale, les Français, j'en suis sûr, feraient face. La France, dans son excellent état d'homogénéité, pourrait, dans l'action, se réconcilier avec elle-même. Rien de tel qu'une épreuve pour forger à nouveau une nation et la relancer dans l'histoire. Une catastrophe monétaire en Europe présenterait, de ce point de vue, tous les avantages d'une guerre, sans ses inconvénients. Elle donnerait aux Français l'occasion de s'exprimer dans leur domaine d'excellence, l'improvisation. La performance des Gilets jaunes vient de nous révéler que notre capacité d'improviser est intacte. Une vaporisation de l'euro, dévoilant la vanité politique et intellectuelle de nos élites, serait le début d'une révolution sociale et, inévitablement, un retour à la mobilité sociale.

Un coup d'État 2.0

Cette réserve du choc externe étant faite, je le répète en appuyant, je suis pour l'immédiat pessimiste. Je vois une continuation et probablement une accélération de la baisse du niveau de vie, dans un état d'inorganisation, d'inactivité et de non-conscience de soi extraordinaire de la partie centrale de la société française, la majorité atomisée et invisible, et une fossilisation du vote RN dans un monde ouvrier en décomposition. Il y a plus inquiétant encore : dans ce contexte d'immaturité idéologique, de fausse conscience ou de conscience de classe pervertie aux deux extrémités de la société, de non-conscience de classe dans la partie centrale, il ne subsiste plus qu'une seule entité solide, l'État. Un tel tableau nous annonce des révoltes anarchiques, dispersées et qui n'auront plus la beauté splendide du mouvement des Gilets jaunes. Elles créeront un besoin d'ordre dont la caste en place saura tirer profit. Ma crainte fondamentale, pour les dix ou quinze ans à venir, est quelque chose qu'on pourrait appeler « coup d'État » mais qui prendra une forme qui permettra peut-être de ne pas l'appeler ainsi.

Nous constatons déjà toutes sortes de remises en question des libertés fondamentales, dénoncées par des avocats : des comparutions immédiates et des incarcérations abusives, une fermeture croissante du système médiatique à la critique. Savoir à quel stade on pourra parler de « coup d'État » n'est pas évident. En arrivera-t-on à la suppression des élections, dont j'ai dit tout au long de ce livre qu'elles étaient devenues une comédie ? Quelle sera la prochaine comédie ? Sera-t-elle convaincante ou si ridicule qu'elle provoquera dans l'opinion un rejet, qui obligerait à s'en passer ? Je ne sais pas, mais nous devons garder l'esprit ouvert, mieux, placer d'avance dans notre réflexion une case « nouveautés impensables ». Les vraies catastrophes historiques surviennent lorsqu'on n'a pas été capable d'imaginer le pire. Ce qui a rendu possible le fascisme ou le nazisme, c'est que, à l'exception d'eux-mêmes, personne ne les avait imaginés.

Bien entendu, ainsi que je l'avais dit le 3 octobre 2018, peu avant la crise des Gilets Jaunes, lors d'une conférence organisée à Sciences Po par Étienne Campion et le groupe Critique de la raison européenne (« Qu'est-ce que le macronisme ? »), un tel coup d'État exigerait l'accord, voire la participation, du Rassemblement national qui, implicitement, contrôle la moitié des forces de l'ordre et de l'armée, les hommes du rang plutôt que les gradés d'ailleurs. Une telle hypothèse semblera absurde à qui prend au sérieux la théorie de l'affrontement inexpiable de l'élitisme macroniste et du populisme frontiste. Mais si nous nous souvenons du fond idéologique commun aux deux forces – abolition fascistoïde de la distinction gauche-droite, désignation d'un ennemi intérieur et inférieur (les immigrés, le populo), violence implicite des conceptions politiques lepénistes et macro-bénalistes –, une telle convergence n'a rien d'inconcevable. Au niveau des « valeurs », en tout cas.

Un incorrigible optimiste y verrait peut-être des raisons d'espérer, à plus long terme, puisqu'une telle extension du dépassement du clivage gauche-droite incluant jusqu'à l'extrême droite aurait pour effet de libérer les électorats populaires de leur enlisement dans le vote frontiste. L'évidence de l'escroquerie xénophobe ne pourrait qu'avoir un effet cathartique.

Je n'emploie pas le terme de « fascistoïde » à la légère à propos de Macron. Une démocratie ne peut fonctionner qu'avec les notions de gauche et de droite. Elle est d'alternance ou elle n'est pas. Dès qu'un parti se dit « ni de droite ni de gauche », qu'il s'agisse du lepénisme ou du macronisme, nous commençons de remonter plus ou moins vite vers les sources du fascisme. Avec le concept d'UMPS, le FN s'est défini comme non républicain ; en annonçant la fin du clivage gauche-droite, Macron s'est aussi défini comme non républicain. Ce qu'on constate dans son usage de la police, dans son usage de la violence, dans les restrictions des libertés, dans sa tentative d'instrumentalisation de la question juive, évoque pour moi une sortie du républicanisme.

La grande faiblesse du macronisme autoritaire, c'est cependant son conformisme économique, son attachement puéril aux conceptions les plus éculées de la rigueur budgétaire, pour tout dire son retour au pré-keynésianisme, au XIXe siècle. « Réduire la dépense publique tout en s'enrichissant soi-même », je l'ai suggéré plus haut, pourrait être la devise de l'ENA 2.0. Seulement, réprimer coûte cher. Il faut investir dans la police et bien au-delà de quelques primes de circonstance ; il faut construire des prisons qui soient autre chose que des lieux d'entassement de Gilets jaunes et de jeunes des banlieues, lieux de fusion de l'opposition à venir. L'absurdité intrinsèque du système euro est qu'il stimule les conflits sociaux tout en restreignant les moyens d'y faire face sur le plan répressif. Le fascisme était économiquement expansionniste, il se donnait les moyens d'une relance, non seulement par la construction de routes et de voies ferrées, de projets industriels, mais aussi en débloquant des crédits pour la police et l'armée. Macron, dont nous avons déjà suggéré qu'il n'était pas Machiavel, n'est décidément pas non plus Mussolini.

Mais retournons à Marx et à son *18 Brumaire*, même s'il est difficile de se représenter Macron en futur Napoléon III. Dans l'anarchie sociale, l'État finit de s'autonomiser. Les groupes sociaux n'arrivent plus à s'entendre sur un pacte qui semble raisonnable à la majorité de la population. Les paysans, pommes de terre dans un sac de pommes de terre, ont certes été remplacés par les professions intermédiaires, que je décrirais plutôt, dans un esprit diététique et écologique, comme un amas de fruits et légumes variés. Dans ce système atomisé, instable, va s'exercer l'effet Léviathan. Au-delà de leurs belles espérances, les sociétés ont besoin d'ordre. Leurs populations peuvent concevoir, par une révolution, un ordre nouveau, qui améliorerait leur condition. Mais, en aucun cas, une société comme la France ne choisira l'anarchie. Si le choix est entre l'anarchie et un coup d'État, ce sera le coup d'État. Dans un premier temps.

On relèvera toutefois que Napoléon III vivait dans un monde dynamique et qu'il a présidé à une accélération de la révolution industrielle en France. Macron, s'il réalisait une forme de coup d'État, se retrouverait face au même double problème :

1) il n'est pas le patron puisqu'il obéit à l'Allemagne ;
2) le niveau de vie va continuer de baisser.

Je ne vois pas très bien comment le dictateur d'une nation qui perd son système industriel, s'enfonce dans la pauvreté et dans l'obéissance à une puissance étrangère, pourrait s'en sortir à long terme. Mais je dois avouer que j'arrive ici au bout du bout de mon imagination historique.

Priorité à l'indépendance nationale ; le besoin d'alliés

Malgré les incertitudes qui pèsent sur l'avenir, peut-on envisager une action positive quelconque ? Pour la première fois de ma vie, ne trouvant parmi mes ascendants que des gens de gauche, internationalistes, dont une grand-mère qui évoquait de Gaulle comme un « grand suppositoire que les Français allaient devoir se mettre dans le cul », je comprends de Gaulle. Dans un pays qui a perdu son indépendance, la reconquête de l'indépendance est la priorité absolue. Tout autre programme est une escroquerie.

Je suis frappé par le manque de sérieux des partis politiques actuels. Parmi ceux qui ont cessé d'être sérieux depuis longtemps, on trouvera tous ceux qui se définissent dans un cadre européen et n'ont aucune intention d'en sortir. Je ne les cite pas, on les connaît. Les partis dits « populistes », j'en ai parlé plus haut, ne sont pas sérieux dans la mesure où ils n'ont même pas été capables d'accoucher d'un programme de sécurisation des retraités en cas de sortie de la zone euro (à l'époque où ils envisageaient encore de sortir de l'euro). En outre, Marine Le Pen nous explique qu'elle veut la liberté de la nation tout en suggérant qu'une de ses composantes n'en fait pas partie. Chacun doit comprendre que la France, compte tenu de sa taille, de sa puissance relative, ne pourra s'en sortir que par une réconciliation de ses citoyens de diverses origines, et que le Rassemblement national est, au fond, le contraire d'un parti patriotique. Mélenchon, lui, n'a cessé de se discréditer avec ses plans A, B, C, Z, X, Y, ses trémolos contre les petits patrons Bonnets rouges, contre le concordat qui existe toujours en Alsace, et avec ses rêves vénézuéliens.

À l'âge de la globalisation, et prisonnière de l'euro, une nation qui veut reconquérir son indépendance ne peut se contenter de crier très fort qu'elle veut tout. Un pays qui vit sous emprise doit avoir des alliés puissants pour s'en sortir, qu'il n'a pas à aimer mais à utiliser. Un seul pays peut permettre à la France d'échapper à l'euro. J'y ai déjà fait allusion, c'est celui qui ne veut pas d'un système impérial européen dominé par l'Allemagne : les États-Unis. Le salut de la France passe par l'aide des Américains. Je serais tenté de dire : comme d'habitude.

Je suis absolument conscient que les Américains ont participé au dépeçage d'Alstom et à bien d'autres opérations économiques et financières qui ne nous étaient pas spécialement favorables. Mais pourquoi ne participeraient-ils pas au partage des dépouilles d'une nation massacrée par sa monnaie ? N'oublions pas par ailleurs – c'est notre naïveté suprême – que, si les États-Unis perçoivent désormais l'Allemagne comme une cible, notre amour de l'Allemagne aboutit à nous placer de nous-mêmes dans cette cible. Je crains ici de parler à une nation de sourds, dans un pays où la majorité des contestataires pense, encore plus que les conformistes, que l'Europe, certes encouragée par les États-Unis à ses débuts, est aujourd'hui encore la « chose » des États-Unis. Mais la vérité est que les dirigeants américains s'exaspèrent, depuis la guerre d'Irak au moins, de la prise d'indépendance d'une Allemagne qui ne tient plus jamais compte de leurs injonctions de relance économique. Le protectionnisme de Trump, je le rappelle, n'est pas seulement antichinois ; il est aussi dirigé contre le mercantilisme allemand, contre la pratique allemande d'accumuler des excédents commerciaux aux dépens de ses « alliés » et d'affaiblir la demande mondiale. Un véritable anti-universalisme en économie.

Avec l'euro, nous vivons une sorte de 1940 économique, à froid. Mais bizarrement, c'est un antiaméricanisme archaïque qui règne dans les esprits. Quand on écoute les forces de contestation, en France, elles évoquent parfois le chef invisible : l'Allemagne. Mais elles s'en prennent aussi, et plus souvent encore, aux États-Unis. Nous retrouvons ici cette illusion d'une centralité du néocapitalisme financier dans les problèmes de la France. La diabolisation de cet ultralibéralisme qui n'existe même pas vraiment chez nous, associée à un antiaméricanisme devenu une mauvaise habitude, empêche toutes les forces politiques d'accoucher d'un projet réaliste de sortie de la domination allemande. Je ne parle pas d'aimer les États-Unis, mais de leur faire savoir qu'il est de leur intérêt de nous dissocier de l'Allemagne, au minimum de leur faire comprendre que nous ne sommes pas seulement son satellite. Renoncer à demander la sortie de l'Otan serait un signe. Pour sortir de l'euro sans trop de casse, soyons clair, nous aurons besoin d'un appui massif des autorités monétaires américaines, de la FED.

L'apport de Lénine

L'avenir, nous l'avons dit, sera fait de surprises – et rien ne doit être *a priori* exclu de notre champ de spéculation.

L'émergence d'un nouveau parti, rendue possible par la béance sociale créée par la pseudo-polarisation entre Rassemblement national et macronisme autoritaire, est une possibilité. Je n'ose dire une nécessité, compte tenu de l'état d'atomisation et de non-conscience d'eux-mêmes des groupes centraux majoritaires, ces 55 % invisibles dont le niveau de vie va baisser, avec ou sans établissement d'un régime autoritaire.

Les Gilets jaunes ont montré la force de la société française : sa capacité de contestation par le bas d'un ordre établi plus stupide encore qu'injuste. Mais il a aussi montré sa principale faiblesse : sa propension à se dissoudre dans une sympathique anarchie, allant jusqu'à théoriser le refus de l'organisation. Ici, le révolutionnarisme se fait complice du pouvoir, de cet État dont l'autonomisation progresse sans cesse dans une société qui se désintègre. Ici, la tradition française, il faut l'admettre, démultiplie une tendance de l'individualisme postmoderne dont on trouve des exemples ailleurs dans le monde occidental.

Ce dont la France a besoin est d'un parti, avec un programme, des statuts et un organigramme simple. Je crois fondamentalement à un marché régulé par un État raisonnable, à un capitalisme apprivoisé par la démocratie politique ; je pense en termes de réconciliation des élites et des masses, non de populisme. Je ne suis pas opposé au référendum d'initiative citoyenne mais j'estime que la priorité est le rétablissement de la démocratie représentative, liquidée, depuis 1992, par le PS, la droite dite républicaine, le Front national et leur commune apothéose macronienne.

Il a été beaucoup question de Marx dans ce livre. Plus encore que sur sa pensée, je me suis appuyé sur son style, sur son tempérament, pour suivre et essayer d'anticiper les évolutions en cours. Le moment semble ici venu, par esprit de symétrie artistique peut-être, d'évoquer Lénine. Mieux que tout autre, il avait compris les limites du spontanéisme révolutionnaire, théorisé la nécessité de l'organisation. Ne le suivons pas dans sa fondation d'un parti bolchevique sectaire et violent. Mais admettons avec lui que sans organisation, sans un minimum d'esprit de système, sans la possibilité d'exclure les « mous » de cette organisation, toute tentative de reprise en main de notre destin est pure fiction. Je le dis sans plaisanter, il s'agit ici de définir un léninisme libéral qui se substituerait, entre autres, au léninisme narcissique et caudilliste de Mélenchon. J'évoque Lénine mais, je l'admets, je devrais le compléter par le préambule de la Constitution : « Les partis politiques et groupements politiques concourent à l'expression du suffrage. » Une exigence absolue de réalisme sera toutefois nécessaire, un abandon simultané du verbe magique français traditionnel et des bons sentiments postmodernes.

Le côté obscur de la force a beaucoup progressé depuis les temps bénis de la démocratie sociale. Nous allons devoir, dans les années qui viennent, affronter des forces cyniques, violentes ; j'ai évoqué dans le cours de ce livre la montée, en haut de la société, de formes diverses de sadisme sociopolitique. Une certaine dureté doit être envisagée pour un tel projet de rétablissement de la démocratie représentative et c'est pourquoi lire un peu de Lénine ne peut pas faire de mal. Je recommande *Que faire ?* et *L'État et la Révolution*. Il fut le maître du réalisme stratégique et tactique. La priorité de cette dureté sera toutefois défensive : s'organiser, dans un contexte de répression, de comparutions immédiates et de jugements expéditifs sans preuve, consistera d'abord dans la mise en place d'une section juridique du parti, non pas seulement pour défendre les individus injustement accusés, mais pour tenir le fichier des exactions commises, non par le pouvoir en général, mais par les individus qui l'exercent. L'existence d'un appareil de monitoring personnalisé de l'activité répressive devrait avoir rapidement des effets modérateurs sur les hommes et femmes en place. Ils sauront ouverte la possibilité, pour eux et elles, d'avoir à rendre des comptes.

Dans cet esprit, et à supposer qu'un tel parti se forme et arrive au pouvoir (allez, rêvons un peu), je précise ci-dessous quelques mesures d'urgence :

1) la libération de l'Insee qui devra sortir de la tutelle du ministère des Finances, et s'accompagner de la fondation d'un institut de prospective plus léger mais concurrent, dont la mission sera la définition de stratégies de sortie de la gangue européenne, commerciale et monétaire. Il sera piloté par une dizaine d'économistes et de sociologues qui ont fait la preuve de leur capacité à penser par eux-mêmes. La sélection sera facile puisqu'elle a déjà été réalisée par leur exclusion de la sphère conformiste contrôlée par la pensée dominante et la haute administration ;

2) un programme d'urgence de maintien en France de l'une de ses forces vives principales : les élèves de ses grandes écoles scientifiques. L'un des grands atouts de la France est sa tradition mathématique et scientifique. Il faut arrêter la double hémorragie, qui a déjà commencé, de ses ingénieurs vers des activités financières fondamentalement improductives, mieux, antiproductives, ainsi que vers des nations concurrentes, elles-mêmes en cours de rénovation. Un programme d'investissement considérable dans la recherche est donc une priorité, incluant une mise à la retraite anticipée d'une partie des bureaucrates de la science. Mais il va falloir accepter de prendre des risques, c'est-à-dire de dépenser dans des secteurs dont le succès n'est

pas assuré, pour permettre les percées décisives qui rétabliront la position de la France dans le jeu des nations. Le capital-risque n'est pas une tradition française ; l'État qui prend des risques si. Dépenser, ce sera aussi, sans s'embarrasser d'un quelconque égalitarisme *a priori*, prévoir de très bons salaires pour nos scientifiques et ingénieurs ;

3) une dimension punitive aidera au financement de ces mesures de renouvellement : le jeu français du pseudo-néolibéralisme n'a le plus souvent mené qu'à l'accaparement, par des hauts fonctionnaires ou par leurs clients, de biens de l'État, en une version soft de ce qui s'est passé en Russie sous Eltsine. Un audit général devra être engagé, avec pour but la restitution sans contrepartie du capital volé aux citoyens par leur haute fonction publique. Aucune mesure de prison ne doit en revanche être envisagée. Il s'agira d'être efficace et non sottement vindicatif. La réconciliation des Français est le but, non la stimulation d'une violence dont la dynamique autonome est déjà trop évidente. Mais un examen détaillé des biens accumulés par les membres des grands corps issus de l'ENA est une nécessité.

4) une enquête de police et de justice devra être menée sur les agissements des cercles dirigeants dans les années 2017-2019, de l'élection d'Emmanuel Macron à la répression systématique du mouvement des Gilets jaunes. Nous devons savoir si la montée de la violence a été encouragée par le pouvoir en place.

Faisons un rêve

La question qui se pose aux hommes politiques à venir est l'entrée dans un nouveau cycle historique : la montée d'une lutte des classes d'un genre nouveau, difficile à structurer, mais dont il est important d'anticiper les principes.

Ils devront articuler raisonnablement les concepts de nation et de classe. Pas de lutte des classes hors nation. C'est, on l'a vu, implicite dès le titre de Marx, *Les Luttes de classes en France*. Mais, chez nous, pas de nation sans lutte des classes. L'aristocratie stato-financière est, comme le fut l'aristocratie en 1789, la cible nécessaire dont la mise au pas permettra la renaissance de la nation. La révolution, venue de l'ensemble du corps social, réunifié

– petite bourgeoisie, majorité centrale atomisée, prolétariat, enfants d'immigrés –, devra être restauratrice de la justice, sans se perdre dans les rêveries d'un futur impossible, idéal, jamais vu et qui jamais ne sera. Nous ne sortirons pas du capitalisme. Les gens qui nous gouvernent ont trahi leur pays, ils ont ramené la violence dans les rapports sociaux et dans les manifestations, mais la France rétablie devra être douce et civilisée. Ainsi, face aux éborgnages de manifestants par le régime Macron, ce qui doit seulement être exigé est le retour à la tradition de protection des personnes inaugurée en 1968 par le préfet Grimaud, pas la disparition de la police. Bref, une police démocratique. Nos gouvernants se sont mis hors France. Nous sommes toujours français.

La doctrine nouvelle devra pleinement intégrer que la lutte des classes est l'avenir. Elle va devoir effacer de son agenda les vieilleries idéologiques du cycle précédent, positives ou négatives.

Du côté des valeurs positives, la révolution sociétale des années 1968-2018 doit être pleinement acceptée, intégrée et dépassée. Les femmes sont libres, on l'a vu sur les ronds-points et dans les résultats électoraux. L'homosexualité est libre – jamais le mariage pour tous ne doit être remis en question. L'orientation sexuelle cessera donc d'être un critère d'identité, condition nécessaire à la restructuration des identités de classe.

Du côté des valeurs négatives des années 1984-2018, le débat sur l'appartenance ethnique ou religieuse doit apparaître pour ce qu'il est : un truc de vieux. Je l'ai dit en introduction de ce livre, dans un pays ou le gilet jaune fait déjà plus peur aux puissants que le foulard islamique, où les banlieues découvrent que les Français « de souche » sont à leur tour violentés, le moment est venu d'oublier l'islam, le néocatholicisme, la Manif pour tous et tous ces vieux thèmes issus du cycle précédent. Nous sentons déjà le ridicule de ceux qui voient, dans les 18 ou 19 % d'enfants qui reçoivent à leur naissance un prénom « arabo-musulman », la preuve qu'ils ont raison. Mais raison de quoi ? Si s'appeler Mustapha, Kader ou Yasmina signifie que l'on n'est pas un vrai Français, alors, avec près de 20 % de faux Français parmi ses naissances, la France n'existe déjà plus.

Il va falloir vivre avec des nuances culturelles nouvelles, c'est vrai, avec le Ramadan comme avec l'homosexualité. Une lutte des classes théorisée, active, nous permettra de dépasser ces nuances. On ne rendra jamais suffisamment grâce à Emmanuel Macron et à son équipe d'avoir, en décrétant « le Flash-Ball pour tous », fait de tous les Français, potentiellement, des Arabes mal intégrés.

Une réponse religieuse à une crise religieuse

J'évoque ces mesures de fondation de parti, sans trop espérer et sur un mode vraiment spéculatif. Ma propre incrédulité découle d'une ultime réflexion historique et sociologique.

Tout le monde est aujourd'hui à peu près d'accord pour dire qu'à l'origine de la crise des capacités d'action collective, on peut identifier une crise religieuse. Je l'ai moi-même écrit dans *Après la démocratie* et dans *Qui est Charlie ?*[1]. L'existence d'une matrice religieuse de la politique est une idée acceptée, y compris, comme on l'a vu au chapitre 9, implicitement, par Marx lui-même, de même qu'est admise l'association du vide religieux à l'état d'atomisation de nos sociétés, à l'amoralité fondamentale de nos élites, à leur corruption, à leur amour de l'argent. Partir de ce constat pour aboutir à la conclusion que le remède social est seulement d'ordre technique, politique, économique ou même géopolitique est pur paralogisme. Il est évident que nous n'allons pas trouver dans les domaines politique, économique et géopolitique la solution à une crise religieuse.

Comment, alors, faire en sorte que la société retrouve cette cohésion qui lui venait des systèmes de pensée religieux ou quasi religieux ? Se remettre, en masse, à croire en Dieu me semble difficile. Soixante-huitard de soixante-huit ans, incroyant, je suis presque gêné de parler ainsi : ce dont nous aurions besoin, à défaut d'une religion nouvelle, ce serait d'un sursaut moral collectif, d'une « quasi-religion » qui nous autorise, entre convertis, à regarder de haut les nains qui nous gouvernent. C'est la condition d'une restructuration politique, ce qui permettrait de susciter les dévouements individuels et de bâtir une action collective structurée. Pour se sacrifier à une

1. Emmanuel Todd, *Après la démocratie*, *op. cit.*, chapitre 1 : « Le vide est religieux », p. 23-46, et *Qui est Charlie ?*, *op. cit.*, chapitre 1 : « Une crise religieuse », p. 27-66.

cause, il faut avoir la foi, et la seule foi envisageable aujourd'hui est l'amour de la patrie. Le vide actuel, qu'il soit considéré comme religieux ou patriotique, explique pourquoi il est tellement difficile de structurer une lutte des classes efficace, dans un univers devenu non pas simplement athée mais réellement postreligieux. Le bien et le mal ? Rien à cirer, les mecs. Pourquoi se battre alors, et pour quelle justice entre les hommes ?

Est-ce à dire qu'il n'y a plus d'espoir, rien à quoi se raccrocher ? Pas tout à fait. J'ai décrit la légitimité économique du mouvement des Gilets jaunes, qui se sont battus pour leur peau, pour leur survie. J'ai évoqué cette espèce d'affection sociale générale qu'ils ont suscitée, au-delà de toutes les incompréhensions. Mais cette affection n'aurait pu naître si la légitimité des Gilets jaunes n'avait été qu'économique. De toute évidence, elle a été morale. Ces retrouvailles symboliques autour des ronds-points entre des personnes de tous âges qui ne se connaissaient pas et se sont mises à refaire le monde ensemble comportaient une vraie beauté et, en vérité, une dimension religieuse, je dirais même : christique.

Le christianisme auquel je pense n'a que peu de choses à voir avec le catholicisme tardif, ou même zombie, évoqué dans mes derniers livres. Il s'agit du premier christianisme, celui du Christ et de Paul, qui fut, dans ses conceptions du rapport entre les hommes et du salut, libéral et égalitaire. Mais je ne songe pas ici seulement aux temps paléochrétiens. Au Moyen Âge encore, cette conception dominait et c'est pourquoi Edgar Quinet avait pu sentir, en 1845, à quel point notre Grande Révolution était l'héritière de ce christianisme-là[1]. Un coup d'œil sur l'Hexagone révèle immédiatement que l'espace des cathédrales, entre Saint-Denis, Notre-Dame de Paris, Beauvais, Amiens, Laon, Reims, Orléans et Bourges, fut celui de l'explosion de la Révolution.

« Je vous le dis, il est plus aisé pour un chameau d'entrer par le trou d'une aiguille, que pour un riche d'entrer dans le royaume de Dieu » (Évangile selon Matthieu 19, 24)[2]. Allons plus loin : en sac-

1. Edgar Quinet, *Le Christianisme et la Révolution française*,, *op. cit.*

2. Voir aussi Peter Brown, *Through the Eye of a Needle : Wealth, the Fall of Rome, and the Making of Christianity in the West, 350-550 AD*, Princeton University Press, 2012. Traduit en français : *À travers un trou d'aiguille. La richesse, la chute de Rome et la formation du christianisme*, Paris, Les Belles Lettres, 2016.

cageant les magasins et les banques des beaux quartiers, les Gilets jaunes n'ont-ils pas, à leur manière, tenté de chasser les marchands du temple ? Peut-être est-ce là la vraie leçon de ce mouvement : le début d'une reconstruction morale de notre pays.

Paris, le 2 décembre 2019

Table

TROISIÈME PARTIE

La crise

Du même auteur

AUX MÊMES ÉDITIONS

La Troisième Planète
Structures familiales et systèmes idéologiques
« Empreintes », 1983

L'Enfance du monde
Structures familiales et développement
« Empreintes », 1984

La Nouvelle France
« L'Histoire immédiate », 1988
et « Points Politique » n° 136, 1990

L'Invention de l'Europe
« L'Histoire immédiate », 1990
et « Points Essais » n° 321, 1996

Le Destin des immigrés
Assimilation et ségrégation dans les démocraties occidentales
« L'Histoire immédiate », 1994
et « Points Essais » n° 345, 1997

La Diversité du monde
Structures familiales et diversité
« L'Histoire immédiate », 1999
et « Points Essais » n° 821, 2017

Le Rendez-vous des civilisations
(avec Youssef Courbage)
Seuil/La République des idées, 2007
nouv. éd., 2011

Le Mystère français
(avec Hervé Le Bras)
Seuil/La République des idées, 2013
« Points Essais », n° 783, 2015

Qui est Charlie ?
Sociologie d'une crise religieuse
« Essais H.C. », 2015
« Points Essais », n° 795, 2016

Où en sommes-nous ?
Une esquisse de l'histoire humaine
« Essais H.C. », 2017
« Points Essais », n° 856, 2018

CHEZ D'AUTRES ÉDITEURS

La Chute finale
Essai sur la décomposition de la sphère soviétique
Robert Laffont, 1976
nouv. éd., 2004

Le Fou et le Prolétaire
Robert Laffont, 1979

L'Invention de la France
Atlas anthropologique et politique
Pluriel/Hachette, 1981
nouv. éd., Gallimard, 2012

L'Illusion économique
Essai sur la stagnation des sociétés développées
Gallimard, 1998
et « Folio Actuel », 1999

Après l'empire
Essai sur la décomposition du système américain
Gallimard, 2002
et « Folio Actuel », 2004

Après la démocratie
Gallimard, 2008
et « Folio Actuel », 2010

Allah n'y est pour rien !
Sur les révolutions arabes et quelques autres
Le Publieur, 2011

L'Origine des systèmes familiaux
1. L'Eurasie
Gallimard, 2011

RÉALISATION : NORD COMPO À VILLENEUVE-D'ASCQ
IMPRESSION : NORMANDIE ROTO IMPRESSION S.A.S. À LONRAI (61)
DÉPÔT LÉGAL : JANVIER 2020. N° 142682 (1905889)
IMPRIMÉ EN FRANCE